Soziologische Theorie

Herausgegeben von
Th. Kron, Aachen, Deutschland

Editorial Board
M. Junge, Rostock, Deutschland
A. Maurer, Neubiberg, Deutschland
U. Schimank, Bremen, Deutschland
J. Weyer, Dortmund, Deutschland

Theorien sind, in der Metapher des „soziologischen Werkzeugkastens" formuliert, Werkzeuge zur Problemlösung. Die Reihe „Soziologische Theorie" soll die Frage beantworten: Mit welchen soziologischen Werkzeugen kann man welche Probleme lösen und – noch wichtiger! – welche Probleme kann man nicht lösen? Ziel dieser Reihe ist die Einrichtung eines handhabbaren, „gut sortierten Werkzeugkastens" für die soziologische Theorie. Zielpublikum der Reihe sind Studienanfänger (besonders auch der neuen Bachelor-Studiengänge) sowie an der soziologischen Theorie Interessierte.

Herausgegeben von
Thomas Kron
RWTH Aachen University,
Deutschland

Editorial Board
Matthias Junge
Universität Rostock, Deutschland

Uwe Schimank
Universität Bremen, Deutschland

Andrea Maurer
Universität der Bundeswehr München,
Neubiberg, Deutschland

Johannes Weyer
TU Dortmund, Deutschland

Bernhard Miebach

Organisationstheorie

Problemstellung – Modelle – Entwicklung

2., überarbeitete und erweiterte Auflage

Dr. Bernhard Miebach
Ratingen, Deutschland

ISBN 978-3-531-17533-1			ISBN 978-3-531-93153-1 (eBook)
DOI 10.1007/978-3-531-93153-1

Die Deutsche Nationalbibliothek verzeichnet diese Publikation in der Deutschen Nationalbibliografie; detaillierte bibliografische Daten sind im Internet über http://dnb.d-nb.de abrufbar.

Springer VS
© Springer Fachmedien Wiesbaden 2007, 2012
Das Werk einschließlich aller seiner Teile ist urheberrechtlich geschützt. Jede Verwertung, die nicht ausdrücklich vom Urheberrechtsgesetz zugelassen ist, bedarf der vorherigen Zustimmung des Verlags. Das gilt insbesondere für Vervielfältigungen, Bearbeitungen, Übersetzungen, Mikroverfilmungen und die Einspeicherung und Verarbeitung in elektronischen Systemen.

Die Wiedergabe von Gebrauchsnamen, Handelsnamen, Warenbezeichnungen usw. in diesem Werk berechtigt auch ohne besondere Kennzeichnung nicht zu der Annahme, dass solche Namen im Sinne der Warenzeichen- und Markenschutz-Gesetzgebung als frei zu betrachten wären und daher von jedermann benutzt werden dürften.

Gedruckt auf säurefreiem und chlorfrei gebleichtem Papier

Springer VS ist eine Marke von Springer DE. Springer DE ist Teil der Fachverlagsgruppe Springer Science+Business Media.
www.springer-vs.de

Inhalt

1	**Problemstellung der Organisationstheorie**	**11**
2	**Organisationstheoretische Modelle**	**17**
	2.1 Individuum und Organisation	17
	2.1.1 Modelle der Integration von Individuen in Organisationen	17
	2.1.2 Beispiel: Fluktuationsmodell	40
	2.1.3 Agenturtheorie (Principal Agent Theory)	47
	2.2 Organisationskultur	50
	2.2.1 Modelle der Unternehmens- und Organisationskultur	50
	2.2.2 Beispiel: Strategieprozess	66
	2.2.3 Ökonomischer Erfolg der Unternehmenskultur	70
	2.3 Macht	73
	2.3.1 Modelle der Macht	73
	2.3.2 Beispiel: Projektmanagement	82
	2.3.3 Macht und Individuum	88
	2.4 Strukturen und Prozesse	93
	2.4.1 Gestaltung von Strukturen und Prozessen in Organisationen	93
	2.4.2 Beispiel: Business Unit	118
	2.4.3 Gestaltung der Prozessorganisation	122
	2.5 Institutionelle Einbettung	128
	2.5.1 Institutionalismus	128
	2.5.2 Beispiel: Führungs- und Steuerungsstruktur	145
	2.5.3 Das Institutionenmodell von Anthony Giddens	149
	2.6 Organisationaler Wandel	153
	2.6.1 Theorien organisatorischer Veränderung	153
	2.6.2 Beispiel: Restrukturierung von Geschäftsprozessen	184
	2.6.3 Population Ecology Theorie	189
3	**Entwicklung der Organisationstheorie**	**195**
4	**Technik und Organisation**	**201**
	4.1 IT-gestützte Prozessorganisation	201
	4.1.1 Technikabhängige Organisation	201
	4.1.2 Praxis der IT-gestützten Prozessorganisation	205
	4.1.3 Systemtheorie des Computers	209
	4.2 ERP-Systeme	214

4.3 Material Agency 218

Literaturverzeichnis 221

Sachregister 235

Personenregister 251

Abbildungsverzeichnis

Abbildung 1: Modell der begrenzten Rationalität 14
Abbildung 2: HRM-Modell 20
Abbildung 3: Traditioneller und zukünftiger Wandlungsprozess 21
Abbildung 4: Einflussfaktoren für den Wunsch des Job-Wechsels 24
Abbildung 5: Dimensionen der Qualität der Arbeit 26
Abbildung 6: Bedingtheit des Führungserfolgs durch Person und Situation . 28
Abbildung 7: Merkmale der Führungspersönlichkeit 28
Abbildung 8: Verhaltensgitter des Vorgesetztenverhaltens 29
Abbildung 9: Weg-Ziel-Modell von House 30
Abbildung 10: Symbolisches Management 32
Abbildung 11: Systemklassifikation 34
Abbildung 12: Rolle und Person 36
Abbildung 13: Fluktuationsmodell 41
Abbildung 14: Beispielfrage zur Motivation bei der Arbeit 43
Abbildung 15: Erfolgspotenziale von Auswahlverfahren 46
Abbildung 16: Organisationsform der Agenturtheorie 49
Abbildung 17: Ebenen der Organisationskultur 51
Abbildung 18: Technisches Kommunikationsmodell nach Shannon 55
Abbildung 19: Dimensionen der Kommunikation nach Luhmann 56
Abbildung 20: Typen von Kommunikationsprozessen 58
Abbildung 21: Organisationskultur als Kontingenzkultur 62
Abbildung 22: Leitlinien von IBM 66
Abbildung 23: Strategiefindungsprozess 68
Abbildung 24: Konkretisierung der strategischen Ziele auf Mitarbeiterebene 68
Abbildung 25: Vorgehensweise Strategieworkshop 69
Abbildung 26: Zielgrößen definieren (Beispiel BKK) 69
Abbildung 27: Geld und Macht als generalisierte Austauschmedien 79
Abbildung 28: Macht in Organisationen 80
Abbildung 29: Projektphasen für technische Entwicklungsprojekte 84
Abbildung 30: Das Forschungsprogramm des Situativen Ansatzes nach Kieser 94
Abbildung 31: Grundmodell der Kontingenztheorie nach Thompson 95
Abbildung 32: Strukturelle Kontingenztheorie 100

Abbildung 33:	Theorie des vom Erfolg getriebenen Wandels	100
Abbildung 34:	Sensemaking-Modell von Karl Weick	109
Abbildung 35:	Formen der Unsicherheitsabsorption	112
Abbildung 36:	Systemtheoretisches Organisationsmodell	114
Abbildung 37:	Kriterien für Business Units	120
Abbildung 38:	Gestaltungsprozess der Business Unit Organisation	122
Abbildung 39:	Beispiel einer Prozessgrafik (Workflow)	123
Abbildung 40:	Typen von Unternehmensprozessen	125
Abbildung 41:	Das Modell einer Wertkette von Porter	126
Abbildung 42:	Organisationserfolg und Überleben	132
Abbildung 43:	Zusammenfassung der Isomorphismusthese	134
Abbildung 44:	Anwendungsfelder des institutionellen Isomorphismus	136
Abbildung 45:	Formale und informelle constraints	139
Abbildung 46:	Das Parsonssche Organisationsmodell	142
Abbildung 47:	Mechanismen der Systemverknüpfung	144
Abbildung 48:	Strukturmodell der lebensfähigen Unternehmung	146
Abbildung 49:	Strukturmomente	150
Abbildung 50:	Strukturmodell	150
Abbildung 51:	Dualität der Struktur	151
Abbildung 52:	Institutionenmodell	152
Abbildung 53:	Individuelles Lernen	154
Abbildung 54:	Organisationales Lernen nach Hedberg	156
Abbildung 55:	Lernen in Organisationen	157
Abbildung 56:	Handlungstheorie	159
Abbildung 57:	Typen des organisationalen Lernens	160
Abbildung 58:	Beispiel für Deutero-Lernen nach Bateson	162
Abbildung 59:	Modell I handlungsleitender Theorien	164
Abbildung 60:	Modell II handlungsleitender Theorien	165
Abbildung 61:	Merkmale von Modell I und II	166
Abbildung 62:	Beispiel der Zwei-Spalten Dokumentation	167
Abbildung 63:	Prinzip des Hebels	168
Abbildung 64:	Wechselbeziehung von Mythen, Strategien und Realität	170
Abbildung 65:	Kulturelle Veränderungsmechanismen	171
Abbildung 66:	Modell des institutionellen Wandels nach Campbell	176
Abbildung 67:	Modell des Wandels nach North	178
Abbildung 68:	Wandel des kollektiven Handelns	180
Abbildung 69:	Evolutionsmodell	181
Abbildung 70:	Systemische Veränderungsmechanismen	183
Abbildung 71:	Ziele der Geschäftsprozessoptimierung	185
Abbildung 72:	Vorgehensmodell der Prozessoptimierung	186

Abbildung 73: SOLL-Prozess Bewerberauswahl 188
Abbildung 74: Kritische Pfade im Reifeprozess einer Unternehmung 193
Abbildung 75: Entwicklung der Organisationstheorie 195
Abbildung 76: Transaktionskostenanstieg in Abhängigkeit von Spezifität ... 202
Abbildung 77: Merkmale technisch vermittelter Kommunikation 211

1 Problemstellung der Organisationstheorie

Die Problemstellung der *Organisationstheorie* ist die Organisation als Gegenstand der Beschreibung,

a. Warum ist die theoretische Beschäftigung mit Organisation wichtig?
b. Was ist eine Organisation?

Zur ersten Frage geben James G. March und Herbert A. Simon in ihrem Klassiker der Organisationstheorie "Organizations" die lakonische Antwort, dass "Organisationen so wichtig sind, weil Menschen so viel Zeit in ihnen verbringen" (1993: 21; Übersetzung vom Verf.). Die neuere Organisationssoziologie erweitert die Fragestellung zu dem Begriff *Organisationsgesellschaft* (Jäger/Schimank 2005). Mit diesem Begriff ist nicht nur die Zeit gemeint, die Menschen in Organisationen verbringen, sondern vor allem die zentrale Bedeutung von Organisationen für die Gesellschaft[1]. Das bedeutet konkret, dass "die Organisationen die Gesellschaft einverleibt haben" (Jäger/Schimank 2005: 20), also dass die Individuen die Gesellschaft vorwiegend in Organisationen erleben und nur innerhalb von Organisationen in der Gesellschaft agieren können.

Die zweite Frage nach der Definition von Organisationen ist ungleich schwerer zu beantworten, obwohl z.B. in dem Lehrbuch von Kieser und Walgenbach (2003) zur Organisation eine klare Definition zu finden ist:

> Wenn wir im Folgenden von Organisationen sprechen, so meinen wir damit soziale Gebilde, die
> - dauerhaft ein Ziel verfolgen und
> - eine formale Struktur aufweisen, mit deren Hilfe die Aktivitäten der Mitglieder auf das verfolgte Ziel ausgerichtet werden soll. (Kieser/Walgenbach 2003: 6)

Schauen wir noch einmal in das klassische Buch zur Organisationstheorie von March und Simon hinein, so finden wir folgende Definition von Organisation:

---

[1] Interessant ist angesichts dieser Karriere der Organisationen innerhalb der Gesellschaft, dass es Organisationen "in einem größeren Umfang erst seit ca. 200 Jahren" gibt (Kieser/Walgenbach 2003: 4).

> Organisationen sind Systeme koordinierter Handlungen zwischen Individuen und Gruppen, die sich in Präferenzen, Information, Interessen und Wissen unterscheiden. Organisationstheorien beschreiben die schwierige Umwandlung von Konflikt in Kooperation, die Mobilisierung von Ressourcen und die Koordination der Anstrengung zur Sicherstellung des gemeinsamen Überlebens einer Organisation und ihrer Mitglieder. (March/Simon 1993: 2; Übersetzung vom Verf.)

Während die erste Definition den Fokus auf die Organisation als soziale Einheit legt, bezieht sich die zweite Definition auf das soziale Handeln von Individuen als Mitglieder der Organisation. Ist dieser Unterschied bedeutsam? Handelt es sich hier nur um unterschiedliche Sichten[2] auf denselben Gegenstand?

Richtig ist, dass das Objekt in beiden Definitionen identisch ist: Es handelt sich um eine Organisation. Allerdings ergeben sich durch den Blickwinkel der Definition unterschiedliche Schwerpunkte in der Beschreibung. Gemäß der Definition von Kieser und Walgenbach würden wir davon ausgehen, dass die Ziele der Organisation unabhängig von einzelnen Mitgliedern für die gesamte Organisation festliegen und vielleicht in Dokumenten nachzulesen sind. Für öffentliche Organisationen, wie z.B. Schulen, werden wir die Ziele in den Präambeln von Erlassen finden, und in Unternehmen gibt es häufig Imagebroschüren oder Internetauftritte mit den Leitzielen. Die formale Struktur ist in vielen Organisationen dem Organigramm zu entnehmen, wo Stellen mit ihren Aufgaben und der Beziehung der Unter- und Überordnung dokumentiert sind. Ergänzt werden Organigramme durch Organisationshandbücher, in denen die Aufgaben der Stelleninhaber genauer beschrieben und die Prozesse in Diagrammen abgebildet werden. Wie im Fall der Ziele werden auch hier die Strukturen unabhängig von den einzelnen Mitgliedern der Organisation beschrieben.

March und Simon würden die koordinierten Handlungen der Organisationsmitglieder beobachten und darauf Wert legen, die Unterschiede in den Präferenzen, Informationen, Interessen und im Wissen der unterschiedlichen Mitglieder und Mitgliedergruppen zu beschreiben. Bei der Analyse der Koordination der Handlungen, der Umwandlung von Konflikten zu Kooperation oder der Mobilisierung von Ressourcen stoßen wir mit March und Simon dann auf Organisationsziele, an denen sich die Mitglieder orientieren, auf Regeln, die die Mitglieder beachten müssen, und auf Routinen, die das Handeln in Organisationen in bestimmte Bahnen lenken. Beide Definitionen verwenden den Strukturbegriff, und auch Kieser und Walgenbach weisen den Strukturen die Funktion der Ausrichtung des konkreten Handelns der Organisationsmitglieder zu. Trotz dieser Übereinstimmung in den beiden Definitionen lenken March und Simon die Aufmerksamkeit auf die *Dynamik* des Organisationshandelns, die sich vor allem aus den

---

[2] In der modernen Computersprache würde man von "Views" sprechen.

1 Problemstellung der Organisationstheorie

unterschiedlichen Interessen der Mitglieder ergibt. Die Definition von Kieser und Walgenbach konzentriert sich auf den *statischen Aspekt* der vorgegebenen Ziele und Strukturen. Zusätzlich unterscheiden sich die beiden Definitionen in der Ebene der Analyse. Grundsätzlich unterscheidet die Organisationstheorie hier in die Ebenen des *Individuums,* der *Organisation* und der *Gesellschaft.* March und Simon gehen von der Ebene der Individuen aus und gelangen im Verlauf der Analyse zu den Strukturen der Organisation, während Kieser und Walgenbach von den Strukturen aus starten und von dort auf das individuelle Handeln blicken.

Um die dynamische Definition der Organisation noch besser zu verstehen, ist es notwendig, den Begriff der *Unsicherheit (uncertainty)* einzuführen, der zum Kernbegriff der Organisationstheorien seit den 50er Jahren des 20. Jahrhunderts geworden ist. Für Unternehmen ist nach Cyert und March Unsicherheit ein Merkmal von Entscheidungsprozessen:

> Im Fall von Unternehmen existieren Unsicherheiten in Bezug auf das Marktverhalten, die Lieferungen von Lieferanten, der Haltungen der Kapitalgeber, das Verhalten der Wettbewerber, die zukünftigen Aktionen der Regierungsstellen usw. Daraus folgt, dass sich der größte Teil der modernen Entscheidungstheorie mit dem Problem der Entscheidungsfindung unter der Bedingung von Risiko und Unsicherheit beschäftigt hat. (Cyert/March 1963: 118-119; Übersetzung vom Verf.)

Der Grund für die zentrale Bedeutung des Unsicherheitsbegriffs in der Organisationstheorie liegt darin, dass der Glaube an die Rationalität des organisatorischen Handelns bereits in der Mitte des letzten Jahrhunderts von dem Ökonomen Herbert Simon mit dem Begriff der *begrenzten Rationalität (bounded rationality)* erschüttert wurde. Grundsätzlich bedeutet rationales Handeln die optimale Zielerreichung durch den Einsatz geeigneter Mittel. In der ökonomischen *Wert-Erwartungstheorie* (Esser 1999: 251-259; Hill 2002: 47) ist eine Entscheidung rational, wenn die Konsequenzen der möglichen Handlungsalternativen nach ihrer Wahrscheinlichkeit des Eintreffens und nach den subjektiven Präferenzen des Akteurs bewertet werden. Die Alternative mit der höchsten Werterwartung wird ausgewählt als Entscheidung. Dieses Verfahren setzt voraus, dass die Alternativen überhaupt bekannt sind, dass deren Eintrittswahrscheinlichkeit realistisch eingeschätzt werden kann und dass den Akteuren klar ist, welche Konsequenz ihnen den größten Nutzen verspricht. Da diese Voraussetzungen im wirklichen Organisationsleben in der Regel nicht erfüllt sind, schlagen March und Simon vor, anstelle von optimalen Entscheidungen *zufrieden stellende (satisfactory)* Alternativen zu akzeptieren (1993: 161). Das Modell der *begrenzten Rationalität (bounded rationality)* wird in Abbildung 1 schematisch zusammengefasst (Simon 1997: 291; Übersetzung vom Verf.).

Abbildung 1: Modell der begrenzten Rationalität

Ökonomische Rational-Choice Theorie	Theorie begrenzter Rationalität
Wahlhandlungen/Entscheidungen werden getroffen unter folgenden Prämissen	*Alternative Prämissen*
(1) zwischen einer fixierten Menge von Alternativen	(1) Prozess der Generierung von Alternativen
(2) mit (subjektiv) bekannter Wahrscheinlichkeit der Folgen	(2) Einführung von Schätzprozeduren für die Wahrscheinlichkeit der Folgen und von Strategien des Umgangs mit der Unsicherheit, die Wahrscheinlichkeiten nicht zu kennen
(3) so dass der erwartete Wert der Nutzenfunktion maximiert wird	(3) Postulierung von befriedigenden Strategien (anstelle der Nutzenmaximierung)

Für praktisch orientierte Organisationstheoretiker wie March und Simon wäre es unbefriedigend, die begrenzte Rationalität nur zu erkennen und in Begriffe zu fassen. Entscheidend sind für beide Autoren die Konsequenzen im Handeln für die Organisationsmitglieder. Hier führen sie den Begriff der *Unsicherheitsabsorption (uncertainty absorption)* ein:

> Unsicherheitsabsorption findet statt, wenn Schlussfolgerungen aus einer Menge von Anzeichen (evidences) gezogen werden und diese Schlussfolgerungen, anstelle der Anzeichen, dann kommuniziert werden. (March/Simon 1993: 186; Klammereinschub und Übersetzung vom Verf.)

Als Beispiel nennen die beiden Organisationsforscher die schrittweise Transformation von Daten aus Fragebögen in statistische Auswertungen, so dass die ursprünglichen Daten nicht mehr präsent sind. Die Unsicherheit und Vieldeutigkeit der Originalantworten der Befragten werden durch die Auswertungen absorbiert, ohne allerdings aus der Welt zu verschwinden. Die Unsicherheit wird lediglich im weiteren Kommunikationsprozess der Datenauswertung und -interpretation ausgeblendet.

Die dargestellten Definitionen beschreiben den Gegenstand der Organisationstheorie als koordinierte Handlungen von Organisationsmitgliedern unter der Bedingung der Unsicherheit trotz vorgegebener Ziele und Strukturen durch die Organisation. Eine zentrale Problemstellung für die Modelle des organisationalen Handelns bildet das Spannungsverhältnis zwischen individuellen Interessen und Motiven der Organisationsmitglieder und den Strukturen und Prozessen auf

1 Problemstellung der Organisationstheorie

der Organisationsebene. Hier können die individuell verfolgten Ziele mit den Zielen der Organisation in Konflikt geraten. Umgekehrt stellt die Integration der Organisationsmitglieder in die Organisation eine Herausforderung für die organisationstheoretischen Modelle dar. Die durch Unsicherheit erzeugte Dynamik des organisationalen Handelns kann durch Machtstrukturen in Organisationen oder durch die Trägheit der Organisationskultur beschränkt sein, so dass ein notwendiger organisationaler Wandel erschwert wird. Hier stellt sich für die Organisationstheorie die Frage, wie organisationaler Wandel trotz eingebauter Trägheit funktioniert und ob er geplant ablaufen kann.

Eine Besonderheit der Organisationstheorie ist, dass es keiner umfassenden Theorie bislang gelungen ist, diese Fragen vollständig zu beantworten und zusätzlich zu den sich aus der Organisationspraxis aufdrängenden Problemstellungen, z.B. die Frage nach der richtigen Organisationsstruktur bei gegebenen Umweltanforderungen, Lösungsmodelle anzubieten. *Die* Organisationstheorie gibt es leider nicht! Bei der Vielzahl von Ansätzen handelt es sich "im eigentlichen Sinne nicht um wissenschaftliche Theorien, sondern um Sammlungen von Erfahrungswissen, welches in einen ideologischen Rahmen eingebettet ist" (Kieser/Walgenbach 2003: 32). Soweit die schlechte Nachricht. Es gibt aber auch die gute Nachricht, dass die etablierten Organisationstheorien durchaus präzise Modelle und plausible Erklärungen für bestimmte Problemkonstellationen leisten. Auf dieser Basis sind sie in der Lage, auch Prognosen aufzustellen: Sie können vorhersagen, dass unter definierten Bedingungen bestimmte Handlungsfolgen in Organisationen mit einer bestimmten Wahrscheinlichkeit eintreten werden. Diese Prognosen sind durch die enge Eingrenzung der Startbedingungen eingeschränkt und decken nur einen Teil der Organisationsrealität ab.

In diesem Lehrbuch der Organisationstheorie werden die wichtigsten organisationstheoretischen Modelle in Verbindung mit konkreten Problemstellungen der Organisationspraxis dargestellt und aufgezeigt, wie sich die theoretischen Modelle anwenden lassen. Kapitel 2.1 legt den Fokus auf die Organisationsmitglieder mit den Themen der Motivation und Integration. Im Kapitel 2.2 wird die Organisationskultur behandelt, die einerseits in den Orientierungen der Organisationsmitglieder verankert ist, andererseits aber auch einen Bestandteil der Gesamtorganisation bildet. Es ist kein Zufall, dass gerade die Organisationskultur eine Domäne der Organisationssoziologie ist, während das Thema von Kapitel 2.1 stärker von Psychologie und Sozialpsychologie beeinflusst worden ist. Auch das Thema der Macht als Gegenstand des Kapitels 2.3 verschränkt die individuelle und organisationale Ebene, indem sich die betroffenen Individuen den Machtstrukturen nur mit hohen Folgekosten entziehen können. In Kapitel 2.4 wird der Blickwinkel auf die Organisation als soziales Gebilde gelenkt, indem Strukturen und Prozesse im Hinblick auf den Erfolg der Organisation in der

Umwelt analysiert werden. Mit der Beziehung zwischen der Organisation und der institutionellen Umwelt beschäftigt sich Kapitel 2.5, während die Theorien des evolutionären und des geplanten Wandels den Gegenstand von Kapitel 2.6 bilden. Das 3. Kapitel beinhaltet einen Abriss der Entwicklung der Organisationstheorie aus historischer Perspektive und das 4. Kapitel behandelt den Einfluss der Technik auf die Organisation mit dem Fokus auf der IT-gestützten Prozessorganisation.

In den Kapiteln 2.1 bis 2.6 und 4 werden im ersten Unterkapitel die zentralen *organisationstheoretischen Modelle* vorgestellt, die sich zur Analyse der jeweiligen Problemkonstellation besonders eignen. Der erste Abschnitt in diesem Unterkapitel stellt die klassischen organisationstheoretischen Ansätze dar. Der zweite Abschnitt beschreibt die handlungstheoretischen Modelle und der dritte Abschnitt ist jeweils für die Systemtheorie reserviert. Dann wird im zweiten Unterkapitel für diese Problemstellung das Handwerkszeug der *Organisationsanalyse und -gestaltung* auf ein Beispiel aus der Praxis der Organisationsberatung angewendet. Das dritte Unterkapitel stellt zu dem Problemfeld ein *alternatives Modell* aus den angrenzenden Wissenschaften dar. Insgesamt soll nachgewiesen werden, dass sich die Phänomene der Organisationswirklichkeit mit den organisationstheoretischen Konzepten direkt beschreiben und erklären lassen. Zusätzlich zu der *Anwendungsperspektive* wird die Einbettung der organisationstheoretischen Modelle in die *handlungstheoretischen Paradigmen*[3] der Systemtheorie, der Rational-Choice Theorie, der interpretativ-interaktionistischen Theorie und der Praxistheorie aufgezeigt.

Dieses Lehrbuch erscheint in der Reihe *Soziologische Theorie*. Mit dieser Reihe sollen Theorien als Werkzeuge zur Problemlösung vorgestellt werden. Diese *2. Auflage* wurde in allen Kapiteln überarbeitet und um neue theoretische Ansätze und empirische Anwendungsbeispiele ergänzt mit dem Ziel, den Stand der Organisationsforschung bis 2012 darzustellen. Eine wesentliche organisationstheoretische Erweiterung stellt die Praxisforschung in der Tradition von Bourdieu und Giddens dar, für die sich der Begriff *practice turn* etabliert hat. Wegen der besonderen Bedeutung der Computer im Sinne von Programmpaketen und Internet wurde das neue Kap 4 eingefügt.

Thomas Kron danke ich für die Anregung zu diesem Lehrbuch und seine Unterstützung bei der Ausrichtung der Gliederung auf die Charakteristika der Buchreihe.

---

3 Der Begriff des Paradigmas wurde durch den Wissenschaftshistoriker Thomas Kuhn populär gemacht. Nach Kuhn besteht ein Paradigma aus *symbolischen Verallgemeinerungen* und *Modellen* (1978: 392), also wissenschaftlichen Begriffen, festgelegten Begriffsrelationen und Konzepten.

2 Organisationstheoretische Modelle

2.1 Individuum und Organisation

2.1.1 Modelle der Integration von Individuen in Organisationen

2.1.1.1 Motivation und Zufriedenheit von Mitarbeitern

Die Mitarbeiter sind der entscheidende Erfolgsfaktor von Organisationen. Diesem Grundsatz werden Organisationstheoretiker und -praktiker zustimmen. Allerdings steht dem breiten Konsens folgende Anekdote aus einem Wirtschaftsunternehmen entgegen. Im Foyer des Hauptgebäudes sind die Unternehmensleitsätze im Hochglanzformat auf einer farbigen Tafel an der Wand aufgehängt, die beim Betreten des Gebäudes sofort auffällt. Der erste Leitsatz lautet: *Der Mitarbeiter steht im Zentrum unseres Unternehmens.* Kurz nach der Anbringung der Wandtafel hat sich ein unbekannter Mitarbeiter erlaubt, mit Filzstift einen Zusatz anzubringen: *Und dort stört er am meisten!*

Diese Bemerkung trifft die Wirklichkeit in vielen Organisationen. Das Management wird nicht müde, die Priorität der Mitarbeiter zu betonen, während die Mitarbeiter den Eindruck haben, "wie der letzte Dreck" behandelt zu werden. Wie lässt sich organisationstheoretisch dieser Widerspruch erklären? Hält die Organisationstheorie Modelle und Rezepte bereit, um diese Diskrepanz zu vermeiden und die optimale Entfaltung der Mitarbeiter zum Wohle der Organisation zu erreichen? Es gibt eine Vielzahl von Methoden und Modellen, die versprechen, dieses Ziel zu erreichen, wenn sie nur richtig angewendet werden. Allerdings streiten sich die Gelehrten darüber, welche der Methoden und Modelle zum Erfolg führt.

Ein Beispiel ist das *360-Grad-Feedback* (Neuberger 2000). Hier wird eine mittlere Führungskraft in einer Organisation aus mehreren Perspektiven bewertet: durch den nächst höheren Vorgesetzten, durch die eigenen Mitarbeiter, durch eine Selbsteinschätzung und durch die Bewertung von Kollegen oder Kunden. Die vier Bewertungen repräsentieren bildlich jeweils ein Viertel (90 Grad) eines Kreises, der das Gesamtbild erzeugt (360 Grad). Der raschen Ausbreitung in Organisationen liegt nach Neuberger die Erwartung zugrunde, dass sich mit dieser Methode ein positiver Kommunikationsprozess anstoßen lässt, durch den sich die Mitarbeiter enger an das Unternehmen binden und abweichendes Verhalten durch den Feedback-Prozess abgestellt und zumindest eingeschränkt wird (Neuberger 2000: 40).

Nöcker berichtet, dass Unternehmen wie RWE, ALLIANZ, MAN, Bayer und Lufthansa die Methode praktizieren (2006: C1). Maylett (2008: 2) zitiert eine Schätzung, dass ca. 90% der 500 größten Unternehmen in den USA ("Fortune 500") das 360-Grad-Feedback einsetzen. Trotz der hohen Akzeptanz bezweifelt Neuberger die Zuverlässigkeit der Methode[4]. In Bezug auf die Qualität der Erhebungsinstrumente hat die schnelle Ausbreitung als Managementmode dazu geführt, dass die Qualität der am Markt verfügbaren Befragungsinstrumente teilweise unzureichend ist (Tosti/Addison 2009).

In ihrem Überblickartikel der Anwendungspraxis weist Maylett darauf hin, dass sich die "multisource" Feedback Methode von einem Instrument der Personalentwicklung, aus dem Vorschläge zum Training der Mitarbeiter abgeleitet werden, zu einer Methode der Leistungsbeurteilung neben den traditionellen Feedbacks zwischen Vorgesetzten und Mitarbeitern entwickelt hat (2009: 6). Falls die Ergebnisse verwendet werden, um das Gehalt zu korrigieren oder einen Bonus festzulegen, tritt bei den Mitarbeitern eher Widerstand gegen die Methode auf als bei reinem kommunikativen Feedback (Maylett 2008: 3). Wesentlich für die Akzeptanz des Verfahrens durch die Mitarbeiter ist auch, wer der Eigentümer der erhobenen Daten ist (Maylett 2008: 4-5): Gehören die Daten dem beurteilten Mitarbeiter, der sie dem Vorgesetzten zum Feedback zur Verfügung stellt, oder bekommen die Vorgesetzten und das Management die Daten zuerst?

Wie diese Zitate aus der Diskussion des 360-Grad-Feedbacks zeigen, gehen die Autoren von sehr unterschiedlichen organisationstheoretischen Modellen in ihrer Bewertung aus. Diese Modelle beruhen auf dem Menschenbild der jeweiligen Organisationstheorie. Wird der Mitarbeiter grundsätzlich positiv als *selbstmotiviert* zum Wohle des Unternehmens eingestuft? Das Management braucht in diesem Falle nur *Ziele* mit dem Mitarbeiter zu vereinbaren[5], die er dann selbständig verfolgt und auch erreicht, wenn man ihm die notwendigen Mittel zur Verfügung stellt. Dieser mitarbeiterorientierten Position steht das pessimistische Menschenbild der *Principal Agent Theory*[6] gegenüber, deren Vertreter sich ge-

---

[4] Nöcker (2006: C1) zitiert Neuberger mit der Aussage: "Wenn man einen Manager von fünf Mitarbeitern mit Hilfe desselben Fragebogens beurteilen lässt, ist die Überlappung der Aussagen im Schnitt 30 Prozent."
[5] Diese Methode der *Zielvereinbarung (MBO)* wird in Kap. 2.1.1.2 dargestellt.
[6] Die Prinzipal-Agent Theorie (Agenturtheorie) wird in Kap. 2.1.3 dargestellt.

2.1 Individuum und Organisation

genseitig in der Erfindung von Kontroll- und Sanktionssystemen des Mitarbeiters übertreffen[7].

Die meisten Organisationstheoretiker vertreten eine Position zwischen diesen beiden Extrempolen. Traditionell tendieren Organisationspsychologen stärker zur mitarbeiterorientierten Seite. In der Geschichte der Organisationstheorie startet diese Sichtweise mit der *Human-Relations-Bewegung* in der Organisationspsychologie (Kieser 2001: 101). Ausgangspunkt dieser Forschungsbewegung sind die *Hawthorne-Experimente*, die ab 1924 in den Hawthorne-Werken der Western Electric Company stattfanden (Kieser 2001: 109). Das Forschungsziel war, mit Hilfe empirischer Experimente den Zusammenhang zwischen der Arbeitsplatzbeleuchtung und der Arbeitsleistung zu untersuchen. Die Forscher beobachteten die widersprüchlichen Phänomene, dass sowohl die Erhöhung als auch die Absenkung der Beleuchtung in den Werkstätten zum Zusammenbau von Telefonrelais einen positiven Effekt auf die Arbeitsleistung hatten. Die Erklärung ist einfach: Die Mitarbeiter haben auf die besondere Aufmerksamkeit von Management und Forschern im Rahmen der Studie positiv durch Leistungssteigerung reagiert. Die einzelnen Maßnahmen spielten in diesem Zusammenhang eine untergeordnete Rolle.

Der zur wissenschaftlichen Begleitung 1928 hinzugezogene Psychologieprofessor Elton Mayo weitete die Experimente aus, indem er als weitere Faktoren zur Beeinflussung der Arbeitsleistung die *Art der Aufgaben*, die *Erholungspausen und Arbeitszeit*, das *Entlohnungssystem* und den *Führungsstil* heranzog. Das Ergebnis ist aus heutiger Sicht nicht mehr so überraschend wie zu Mayos Zeiten: Der *Führungsstil* hat mit einer Outputsteigerung von 30% den größten Effekt auf die Arbeitsleistung (Kieser 2001: 110). Neben dem Führungsverhalten des Managements gegenüber den Arbeitern und Vorarbeitern bringt die Kommunikation über die Arbeitsbedingungen weitere Verbesserungsideen. "Heute würde man sagen: Das Interviewprogramm und die sich daran anschließenden Schulungen wiesen Merkmale eines *Organisationsentwicklungsprozesses* auf" (Kieser 2001: 112).

Die Fortsetzung der Hawthorne-Studien 1931-1932 in der *Bank-Wiring* Gruppe, die mit der Fertigung elektronischer Spulen beschäftigt war, legte den Fokus auf die zwischenmenschliche Ebene der Arbeitsgruppe. Übersetzt man den Begriff *Human-Relations,* so handelt es sich um *Beziehungen*: beim Thema *Führungsstil* um die Relation des Vorgesetzten zu den Mitarbeitern und *innerhalb der Arbeitsgruppe* um die informellen Beziehungen untereinander. Hier steht die Entstehung von *Gruppennormen* zur Leistungsminderung oder

---

[7] Während im Englischen *Controlling* "Steuerung" bedeutet, handelt es sich hier um *Kontrolle*. Bei *Sanktionen* wird unterschieden in *positive* Sanktionen, wie Geld oder soziale Anerkennung, und *negative* Sanktionen, wie Bestrafungen und soziale Ablehnung.

-steigerung und die Beeinflussungsmöglichkeiten durch Vorgesetzte und Kontrollsysteme im Vordergrund der Analysen[8]. Die Human-Relations-Bewegung sorgte für den Aufschwung der *Organisationspsychologie*[9], die sich zu einer anerkannten Fachdisziplin innerhalb der Organisationswissenschaft entwickelt hat (Weinert 2004; Schuler 2004; von Rosenstiel 2000). Die Schwesterdisziplin der *Personalentwicklung*[10] (Becker 2005) hat erreicht, dass in den meisten Organisationen Stellen für Personalentwickler eingerichtet worden sind. Auch hier hat sich der Trend zur Amerikanisierung mit dem Begriff *Human Resources Management*[11] durchgesetzt. Obwohl in dem in Abbildung 2 dargestellten HRM-Modell von Lichtsteiner (2001: 22) die Geschäftsstrategie und organisationale Konzepte wie Organisationsentwicklung integriert sind, liegt der Schwerpunkt des Modells auf dem *Mitarbeiter*, so dass der oben zitierte Leitsatz "Der Mitarbeiter steht im Zentrum" zumindest auf das HRM-Modell zutrifft.

Abbildung 2:   HRM-Modell

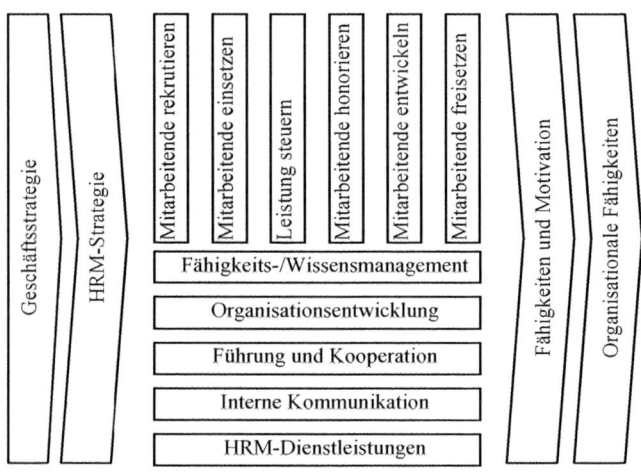

---

8 Innerhalb der Soziologie hat George C. Homans die *Verhaltenstheorie* als theoretische Verallgemeinerung aus den Beobachtungen der Human-Relations-Bewegung entwickelt (Homans 1972a; 1972b). Eine Einführung findet sich in Münch (2002: 13-62) und Miebach (2006: 439-445).
9 Der Begriff *Organisationspsychologie* wurde 1973 vom amerikanischen Psychologenverband eingeführt. Forschungen und Ergebnisse dieser Fachdisziplin reichen bis zum Anfang des 20. Jahrhunderts zurück; vgl. Greif 2004.
10 "Personalentwicklung umfasst alle Maßnahmen der Bildung, der Förderung und der Organisationsentwicklung, die von einer Person oder Organisation zur Erreichung spezieller Zwecke zielgerichtet, systematisch und methodisch geplant, realisiert und evaluiert werden" (Becker 2005: 3).
11 In der Organisationspraxis hat sich das Kürzel *HRM* für *Human Resources Management* durchgesetzt (Lichtsteiner 2001).

2.1 Individuum und Organisation

Auch in den neueren Managementtheorien spielt der *Mitarbeiter als Erfolgsfaktor* eine zentrale Rolle. Ein Anschauungsbeispiel ist das Buch *Managing Across Borders*, in dem Bartlett und Ghoshal (2002) das Modell des *transnationalen Unternehmens* entwickeln. Wie in Abbildung 3 (2002: 291-292) dargestellt wird, sehen die beiden Autoren den Übergang von dem traditionellen zum zukünftigen Wandlungsprozess primär darin, dass das Individuum zum Treiber für die Veränderung von Strukturen und Prozessen in Organisationen wird.

Abbildung 3: Traditioneller und zukünftiger Wandlungsprozess

Modell I: Traditioneller Wandlungsprozess	Modell II: Zukünftiger Wandlungsprozess
Wandel in formalen Strukturen und Verantwortlichkeiten ⇩ Wandel in zwischenmenschlichen Beziehungen und Prozessen ⇩ Wandel in individuellen Einstellungen und Mentalitäten	Wandel in individuellen Einstellungen und Mentalitäten ⇩ Wandel in zwischenmenschlichen Beziehungen und Prozessen ⇩ Wandel in formalen Strukturen und Verantwortlichkeiten

Während sich seit den 20er Jahren des 20. Jahrhunderts die Organisationstheoretiker mit Organisationsstrukturen wie Divisionalisierung[12] und dazu passenden Managementmodellen beschäftigt haben, steht nach Bartlett und Ghoshal heute die Wende zum *individualisierten Unternehmen* (*individualized corporation*) auf der Tagesordnung der Organisationstheorie, wo die Entfaltung (*Empowerment*) von dezentralen Einheiten und Individuen sowie *organisationales Lernen (organizational learning)*[13] im Zentrum stehen (2002: xi).

Beim Lesen des Buches von Bartlett und Ghoshal gewinnt man den Eindruck, dass das Thema des Individuums in Organisationen gerade erst erfunden worden ist. Das trifft selbstverständlich nicht zu. Die erste umfassende Organisationstheorie nach den klassischen Ansätzen[14] der Bürokratietheorie, des Taylorismus und der Human-Relations-Bewegung veröffentlichen James March und Herbert Simon 1958 mit dem Buch *Organizations* (1993). Diese *Organizational*

---

12 Das Thema der *Divisionalisierung* wird in Kap. 2.4.2 im Zusammenhang mit der *Business Unit Organisation* dargestellt.
13 Das Modell des *organisationalen Lernens* wird in Kap. 2.6.1 dargestellt.
14 Die klassischen Organisationstheorien werden ausführlich in dem Lehrbuch von Kieser (2001) dargestellt. Eine kurze Zusammenfassung findet sich in Kap. 3.

Behavior Theory wird von Kieser und Walgenbach als *Verhaltenswissenschaftliche Entscheidungstheorie* (2003: 40) übersetzt, während Bea und Göbel den Ausdruck *Entscheidungsprozessorientierter Ansatz* (1999) verwenden. In der Einführung zur Neuauflage 1993 beschreiben March und Simon den Gegenstand der *organisationalen Verhaltenstheorie* als die Beschreibung und Erklärung, wie Organisationen als Systeme koordinierten Verhaltens Individuen und Gruppen mit divergierenden Interessen, unterschiedlichem Informationsstand und Wissen zu einem koordinierten und motivierten Handeln bewegen, das auf die Ziele der Organisation ausgerichtet ist (March/Simon 1993: 2).

Das Hauptziel ist zu verstehen, "wie eine Ansammlung von Individuen und Gruppen sich in relativ systematischer Weise koordiniert" (1993: 2; Übersetzung vom Verf.). Mit diesem organisationstheoretischen Programm stellen March und Simon den individuellen Akteur in das Zentrum der wissenschaftlichen Beschreibung und Erklärung von Entscheidungsprozessen. Die verhaltensorientierte Analyse geht im Sinne des Rational-Choice Paradigmas von zwei Prämissen aus (1993: 8):

1. Handlungen werden ausgewählt durch die Bewertung ihrer wahrscheinlichen Folgen für die Präferenzen des Akteurs.
2. Handlungen werden ausgewählt durch die Wahrnehmung einer vertrauten, regelmäßig erlebten typischen Situation und durch den Abgleich der wahrgenommenen Situation mit einer Menge von Regeln.

Während die erste Bedingung die *Wert-Erwartungstheorie*[15] als Kernmodell des Rational-Choice Ansatzes beschreibt, fasst die zweite Bedingung das Modell der *begrenzten Rationalität (bounded rationality)*[16] als Einschränkung des ökonomischen Rationalitätsmodells zusammen. Anstelle der uneingeschränkten Rationalität ist hier das Entscheidungskriterium die *Logik der Angemessenheit (logic of appropriateness)*[17]. Dieser Abgleich der individuellen Nutzenkalkulation mit einem sozialen Kontext ist erforderlich, weil Akteure nicht über ausreichende *Informationen* unter der Bedingung von Unsicherheit verfügen, die gemäß der Wert-Erwartungstheorie erforderlich wären.

March und Simon analysieren mit diesem organisationstheoretischen Modell die *Motivation* der Mitarbeiter in Organisationen: "Unsere Analyse legt nahe, dass der Einfluss auf die Motivation zum Produzieren abhängt von dem Einfluss über (a) die Bereithaltung von Handlungsalternativen für das Indivi-

---

15 Eine Zusammenfassung findet sich in Esser (1999: 251-259).
16 Vgl. Tabelle 1 in Kap. 1.
17 In der ersten Buchauflage 1958 verwenden March und Simon (1993: 161) den Begriff *zufriedenstellend (satisfactory)*, wie in Kap. 1. dargestellt wird.

2.1 Individuum und Organisation

duum, (b) den vom Individuum antizipierten Konsequenzen der bereitgehaltenen Handlungsalternativen und (c) dem Wert, den das Individuum den Konsequenzen der bereitgehaltenen Alternativen beimisst" (1993: 101; Übersetzung vom Verf.). Die Leistungsmotivation der Mitarbeiter ergibt sich aus einer Kongruenz zwischen *individuellen Einstellungen* und *organisationalen Anforderungen*.

Die Entscheidung der Mitarbeiter zur *Mitwirkung (participation)* hängt wesentlich von der *Zufriedenheit* der Mitarbeiter ab. Mitarbeiter sind zufrieden, wenn die erhaltenen *Anreize (inducements)* größer sind als die *Beiträge (contributions)*, die das Individuum leisten muss. Die *Anreiz-Beitrags-Bilanz* muss also für den Mitarbeiter positiv sein, um weiter aktiv mitzuarbeiten. Der Entschluss, die Partizipation aufzukündigen, wird in der Regel zum Verlassen der Organisation führen, kann aber auch in einer inneren Kündigung münden, die für die Organisation Gehaltskosten ohne angemessene Gegenleistung des Mitarbeiters zur Folge hat. Wie in Abbildung 4 dargestellt wird, hängt die Job-Zufriedenheit nach March und Simon von der Übereinstimmung des Jobs mit dem Selbstbild[18] des Mitarbeiters, der Voraussagbarkeit von Job-Beziehungen[19] und von der Kompatibilität des Jobs mit anderen Rollen[20] des Mitarbeiters ab. Ein unzufriedener Mitarbeiter wird das Unternehmen verlassen, wenn ihm innerhalb der Organisation nicht ein anderer Job angeboten wird. Diese interne Wechselmöglichkeit ist wahrscheinlich in größeren Organisationen höher als in kleineren.

In einer umfangreichen neueren Studie belegt Fietze den hohen Einfluss der "*Effort-Reward Balance*" für die Arbeitszufriedenheit (2011: 11), womit das Modell der Anreiz-Beitrags-Bilanz bestätigt wird. Falls diese Balance kippt, kommt es zu der beruflichen Gratifikationskrise (2011: 11). Neben diesen situativen Faktoren der Arbeitssituation erforschen Persönlichkeitspsychologen den Effekt von *Persönlichkeitseigenschaften* auf Arbeitszufriedenheit, wobei das Fünf-Faktoren Modell (FFM) der "Big Five" - Extraversion, Verträglichkeit, Gewissenhaftigkeit, Neurotizismus und Offenheit - besonders populär ist (Fietze 2011: 6). Insbesondere lassen sich für Extraversion durchgehend ein positiver und für Neurotizismus ein negativer Zusammenhang mit Arbeitszufriedenheit (2011: 9) nachweisen. Als weiterer wesentlicher Faktur der Arbeitszufriedenheit weist Fietze die *Autonomie im Beruf* nach (2011: 26).

---

18 Das *Selbstbild* entscheidet über das Anspruchsniveau des Mitarbeiters an den Job. Von einem qualifizierten Akademiker ist nicht zu erwarten, dass er sich dauerhaft mit einer schlecht bewerteten Hilfsarbeit identifizieren wird.
19 Hier sind *instrumentelle Beziehungen* gemeint, die den Mitarbeiter in die Lage versetzen, das Verhalten der anderen und die Auswirkungen des eigenen Verhaltens auf andere Bereiche einzuschätzen. Der Mitarbeiter benötigt ein gewisses Maß dieser Einschätzbarkeit, um mit der Unsicherheit der Organisation fertig zu werden.
20 Das klassische Beispiel *anderer Rollen* sind Verpflichtungen gegenüber Familie oder Freundeskreis, die z.B. mit den zeitlichen Anforderungen des Jobs kollidieren können.

Abbildung 4: Einflussfaktoren für den Wunsch des Job-Wechsels[21]

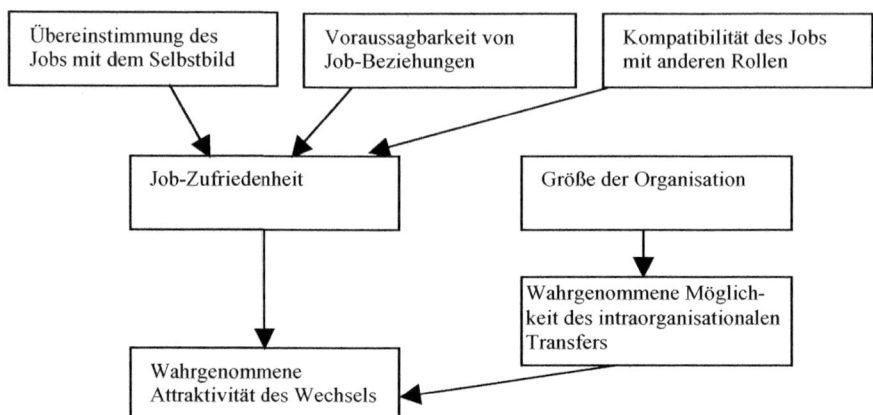

In dem in Abbildung 4 dargestellten Modell wird die Job-Zufriedenheit als intermediäre Variable verwendet. Einerseits ist die Job-Zufriedenheit von anderen Variablen, wie die Übereinstimmung von Job und Selbstbild, beeinflusst und damit eine *abhängige* Variable. Da andererseits die Wechselattraktivität von der Job-Zufriedenheit abhängt, ist die Job-Zufriedenheit in dem Modell auch eine *unabhängige* Variable. Die Organisationspsychologie hat beide Kausalrichtungen in der Folgezeit nach der Veröffentlichung des Grundlagenwerks von March und Simon eingehend untersucht. So haben weitere Forschungen ergeben, dass aus *Arbeitszufriedenheit* nicht nur eine geringere *Fluktuation*, sondern auch geringere *Fehlzeiten*, geringere *Unfallhäufigkeit* und höhere *Leistung* resultieren (von Rosenstiel 1999a; Fietze 2011: 3).

March und Simon nehmen einen direkten Effekt der Motivation auf die *Produktivität* des Mitarbeiters an. Die Motiviertheit des Mitarbeiters ergibt sich nach dem Rational-Choice Modell aus der Nutzenbilanz des Mitarbeiters in einer sozialen Situation (1993: 101). Auch die Organisationspsychologen gehen davon aus, dass Motivation das Leistungsniveau und die Arbeitszufriedenheit beeinflusst. Allerdings ist Motivation nicht wie in der Rational-Choice Theorie als Resultat einer Nutzen maximierenden Entscheidung des Akteurs zu verstehen, sondern wird auf persönliche *Motive* als "Beweggründe des Verhaltens, die im Menschen liegen" (von Rosenstiel 1999a: 175) zurückgeführt. Die klassischen

---

21 Die Abbildung entspricht Figure 4.1 in March/Simon (1993: 119; Übersetzung vom Verf.).

2.1 Individuum und Organisation

psychologischen Motivationstheorien, wie die Bedürfnispyramide von Maslow[22] oder die Zwei-Faktoren-Theorie von Herzberg[23], gehen von menschlichen Grundbedürfnissen als Beweggründe für das Verhalten aus (Weinert 2004: 191-205). Die Befriedigung der Grundbedürfnisse hat Einfluss auf die Arbeitszufriedenheit und die Leistungsbereitschaft. Diese Kausalkette der *Inhalt-Ursachen-Theorien* (Weinert 2004: 190) klingt zwar plausibel, ist aber theoretisch und empirisch umstritten (Weinert 2004: 203-204).

Anstatt zu versuchen, das Persönlichkeitssystem weiter auszuleuchten, hat die Organisationspsychologie erfolgreich analysiert, wie die organisationalen Rahmenbedingungen in der Wechselbeziehung mit Persönlichkeitsfaktoren auf Motivation und Arbeitszufriedenheit wirken. Ein theoretisch begründetes und empirisch getestetes Modell erklärt organisationale Leistung von Arbeitseinheiten und individuelle Arbeitsleistung und -zufriedenheit mit dem Konstrukt des *Empowerment* von Seibert, Silver und Randolph (2004), das stärker als der Motivationsbegriff auf den sozialen Kontext der Arbeitssituation zielt. Auf der organisationalen Ebene der Arbeitseinheit wird das *Empowerment-Klima* (2004: 338) als Einflussgröße mit den drei Indikatoren Informiertheit (information sharing), Autonomie im Sinne der Mitgestaltung von Prozessen über Abteilungsgrenzen (autonomy through boundaries) und Teamverantwortung (team responsibility and accountability) empirisch gemessen, während auf der individuellen Ebene das *psychologische Empowerment* (2004: 335) mit den vier Indikatoren Sinn (meaning) als Kongruenz mit den eigenen Werten, Kompetenz (competence) als das Selbstvertrauen in die eigene Leistungsfähigkeit, Selbstbestimmung (self-determination) im Sinne der eigenständigen Arbeitsgestaltung sowie Einflussmöglichkeit (impact) auf die Ergebnisse der Organisation operationalisiert wird. Die Autoren können statistisch nachweisen, dass erstens die beiden Empowerment-Konstrukte unabhängige Variablen sind (2004: 340), dass zweitens das Empowerment Klima einen positiven Effekt auf die Teamleistung (2004: 341) hat und dass drittens das psychologische Empowerment die Arbeitsleistung und -zufriedenheit positiv beeinflusst (2004: 342).

Nach von Rosenstiel sind die in Abbildung 5 dargestellten Dimensionen der Qualität der Arbeit besonders geeignet, eine "motivierende Arbeitssituation" (1999a: 191) zu fördern.

---

22 Maslow unterscheidet fünf Motivklassen, die hierarchisch angeordnet sind: Physikalische Bedürfnisse (Hunger, Durst, Atmung, Schlafen), Sicherheitsmotive (Schutz, Vorsorge, Angstfreiheit), Soziale Motive (Kontakt, Liebe, Zugehörigkeit), Ich-Motive (Anerkennung, Status, Prestige, Achtung), Selbstverwirklichung (von Rosenstiel 1999a: 180).
23 Herzberg unterscheidet zwei Faktoren: (a) Motivationsbedürfnisse und (b) Hygienebedürfnisse. *Extrinsische* Arbeitsbedingungen (z.B. Geld, Arbeitsplatzsicherheit) verhindern Unzufriedenheit. *Intrinsische* Arbeitsbedingungen (z.B. Wachsen an der Arbeit, Anerkennung, Verantwortung) sind dagegen Motivatoren, die Zufriedenheit erzeugen (Weinert 2004: 192).

Abbildung 5: Dimensionen der Qualität der Arbeit

1. Autonomie (Selbst- und Mitbestimmung, Entscheidungsfreiheit)
2. Komplexität und Lernchancen (Qualifizierungsangebote)
3. Variabilität und Aktivität (Reichhaltigkeit der Tätigkeit)
4. Kooperationserfordernisse und soziale Unterstützung
5. Kommunikationsmöglichkeiten (informelle Beziehungen)
6. "Ganzheitlichkeit" und "Sinnhaftigkeit" (Transparenz)

Neben diesen Bedingungen der Arbeitssituation werden von Organisationspsychologen die *materiellen Anreizsysteme*, wie Gehalt, flexible Vergütungsformen (Bonus) sowie Mitarbeiter-Beteiligungsmodelle, und die *immateriellen Belohnungen*, wie Lob, Anerkennung, Auszeichnungen, Statussymbole sowie Autonomie und Freiheit, als Motivationsfaktoren angesehen (Weinert 2004: 225-239; Wegge et al. 2010). Diese Modelle liefern die theoretische Begründung der in der Praxis weit verbreiteten *Zielvereinbarungsgespräche*[24], in denen der Vorgesetzte mit dem Mitarbeiter dessen Ziele festlegt. Wesentlich für den Erfolg von Zielvereinbarungsgesprächen ist das Erreichen eines *Commitments*[25]. Der Begriff des Commitments zielt auf die Passung zwischen Person und Organisation, die Weinert als *Person-Organisation-Fit* (2004: 160) bezeichnet[26].

Die Wirkung von *Arbeitszufriedenheit* auf die *Arbeitsleistung* konnte bislang empirisch nicht durchgehend nachgewiesen werden (Weinert 2004: 268; Bowling 2007). Einen alternativen Zugang zu den Einflussfaktoren auf Arbeitsleistung und Gesundheit eröffnet die Erforschung von Stressfaktoren, der soge-

---

24 In der Fachliteratur wird der Begriff MBO (Management by Objectives) verwendet (Weinert 2004: 218). Die Ziele werden in Zielspezifität und Zielschwierigkeit unterschieden und haben zusammen mit Selbstvertrauen und persönlichen Fähigkeiten Einfluss auf die Arbeitsleistung (Vgl. Abb. 4 in: Waldforst 2007: 28). Interessant ist Waldforsts Analyse *relativer* Ziele im Verhältnis zu anderen Mitarbeitern zusätzlich zu den *absoluten* Zielen: Relative Ziele sind in einem dynamischen Umfeld besser geeignet, weil sie nicht nachträglich an neue Entwicklungen angepasst werden müssen (2007: 2-3). Um ein dynamisches Unternehmensumfeld stärker zu berücksichtigen, ist die klassische "goal-setting Theorie" des MBO erweitert worden um die Analyse der Effekte von individueller Unsicherheit und Risikoeinstellung der Akteure (2007: 66) sowie um Wettbewerb (2007: 76). Das Zielvereinbarungsgespräch als Instrument der Führung wird in Kap. 2.1.1.2 dargestellt.
25 *Commitment* bedeutet die *Verpflichtung* des Mitarbeiters auf die Unternehmensziele (Weinert 2004: 179). Waldforst verwendet den Begriff *Zielverpflichtung* (2007: 51).
26 Während der Person-Organisation-Fit (PO-Fit) aus der Kongruenz der Wertorientierungen des Mitarbeiters mit der Organisationskultur sowie der Übereinstimmung individueller Präferenzen mit dem Organisationssystem besteht (Sekiguchi 2004: 182), wird der Person-Job-Fit (PJ-Fit) auf die Kongruenz zwischen den Stellenanforderungen und den Fähigkeiten der Mitarbeiter bezogen (2004: 184). Trotz der theoretischen Annahme, dass der PO-Fit und der PJ-Fit die Arbeitsleistung und die Anpassungsfähigkeit von Mitarbeitern sowie den Unternehmenserfolg positiv beeinflussen, konnten empirisch nur schwache Zusammenhänge nachgewiesen werden (Hoffman/Woehr 2005: 394).

nannten *Stressoren*, z.B. Rollenambiguität, Rollenkonflikt, Jobunsicherheit, Arbeit-Familie Konflikt, Umweltunsicherheit oder situationale Einschränkungen (Gilba et al. 2008)[27]. Obwohl empirisch keine globalen Zusammenhänge zwischen Stressoren, Gesundheit und Arbeitsleistung nachgewiesen werden konnten (Binnenweis/Sonnentag 2006: 59), ergibt sich aus der Gesamtsicht der Forschung, "dass es gute Gründe dafür gibt, dass die negative Wirkung von Stressoren auf Arbeitsleistung zumindest teilweise über Gesundheit und Wohlbefinden vermittelt wird" (2006: 61)[28].

2.1.1.2 Integration und Führung

Das Thema *Führung* spielt in der Organisationspraxis eine besondere Rolle. Dafür gibt es unterschiedliche Gründe. Erstens wird angenommen, dass das Führungsverhalten ein wichtiger Faktor für den Unternehmenserfolg darstellt. Zweitens ist mit Führung Macht[29] verbunden, die für den Vorgesetzten und den Mitarbeiter gravierende Auswirkungen im Arbeitsalltag hat. In den meisten Organisationen hängen drittens die Karrierechancen[30] von dem Ausfüllen von Führungspositionen ab. Von Rosenstiel definiert Führung als "zielbezogene Einflußnahme" (1999c: 4). Abstrakter definieren Hoch, Wegge und Schmidt die Führung als Interaktionsprozess, ohne ihn auf Zielsetzung zu beschränken:

> Führung ist ein Sammelbegriff für alle Interaktionsprozesse, in denen eine absichtliche soziale Einflussnahme von Personen auf andere Personen zur Erfüllung gemeinsamer Aufgaben im Kontext einer Arbeitssituation zugrunde liegt. (Hoch/Wegge/Schmidt 2009: 309)

Grundsätzlich hängt der *Führungserfolg* von dem konkreten *Führungsverhalten* ab, das wiederum von den *Persönlichkeitsmerkmalen* der Führungskraft beeinflusst wird. Der kausale Effekt der Persönlichkeitsmerkmale auf das Führungsverhalten und der kausale Effekt des Führungsverhaltens auf den Führungserfolg sind abhängig von den organisationalen Rahmenbedingungen (Situation). So ist es plausibel, dass eine Führungskraft mit hoher Durchsetzungskraft sich nicht in einer demokratisch auf die Partizipation aller Mitglieder an Entscheidungen

---

27 Vgl. dazu die in Kap. 2.1.2 dargestellten Ergebnisse.
28 Aus mitarbeiterorientierter Sicht ergibt sich die Frage, warum Motivation und Zufriedenheit nicht grundsätzlich erstrebenswert sind, unabhängig von ihrer Wirkung auf die Arbeitsleistung. Diese Frage führt zu einer Wertediskussion, die wissenschaftlich nicht entscheiden kann; vgl. die These der *Werturteilsfreiheit* der Wissenschaft des Soziologen Max Weber (1973: 146-214, 489-540).
29 Zur *Macht* in Organisationen vgl. Kap. 2.3.
30 Zum Begriff der *Karriere* vgl. Kap. 2.1.1.3.

ausgerichteten Organisationskultur[31] entfalten kann[32]. In Abbildung 6 wird das Zusammenhangsmodell schematisch dargestellt.

Abbildung 6: Bedingtheit des Führungserfolgs durch Person und Situation[33]

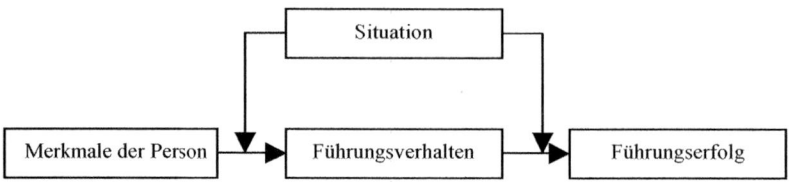

Die wichtigsten *Merkmale der Führungspersönlichkeit* sind *Befähigung, Leistung, Verantwortlichkeit, Teilnahme* und *Status*. In Abbildung 7 sind die entsprechenden Operationalisierungen dieser Merkmale dargestellt (von Rosenstiel 1999c: 7).

Abbildung 7: Merkmale der Führungspersönlichkeit

Befähigung	*Leistung*	*Verantwortlichkeit*	*Teilnahme*	*Status*
Intelligenz, Wachsamkeit, Verbale Gewandtheit, Originalität, Urteilskraft	Schulleistung, Wissen, Sportliche Leistung	Zuverlässigkeit, Initiative, Ausdauer, Aggressivität, Selbstvertrauen, Wunsch, sich auszuzeichnen	Aktivität, Soziabilität, Kooperationsbereitschaft, Anpassungsfähigkeit, Humor	Sozioökonomische Position, Popularität

Das *Führungsverhalten* wird in der Organisationspraxis mit dem *Führungsstil* identifiziert. Die klassische Aufteilung von Führungsstilen unterscheidet den *autoritären, demokratischen* und *laissez-faire* Stil (von Rosenstiel 1999c: 9). Blake und Mouton haben das in Abbildung 8 dargestellte *Managerial-Grid* (Verhaltensgitter) entwickelt. Die ideale Führungskraft soll eine hohe Mitarbeiterorientierung und eine hohe Leistungsorientierung aufweisen und wird in *Managerial-Grid-Seminaren* auf dieses Ziel getrimmt (von Rosenstiel 2000: 239).

---

31 Zum Begriff *Organisationskultur* vgl. Kap. 2.2.
32 Eine anschauliche Fallstudie zu einer partizipativen Organisationssituation haben Sofsky und Paris (1994: 114-136) durchgeführt.
33 Die Abbildung ist identisch mit *Darstellung 47* in von Rosenstiel (2000: 154).

2.1 Individuum und Organisation

Abbildung 8: Verhaltensgitter des Vorgesetztenverhaltens[34]

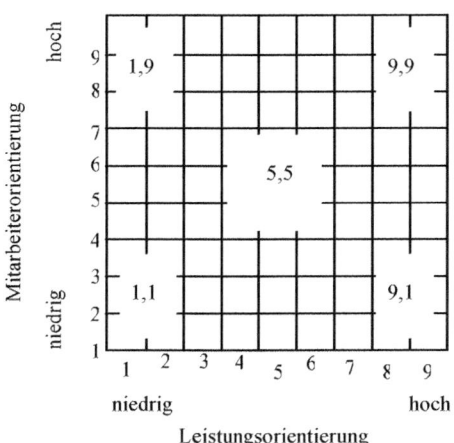

Die aktuelle organisationspsychologische Forschung konzentriert sich auf die Führungsstile der *Transformationalen* und der *Transaktionalen* Führung. Transformationale Führung besteht nach Lyons und Schneider (2009: 738) aus inspirierender Motivation (inspirational motivation), Einfluss auf Basis von Respekt (idealized influence), individuelle Unterstützung (individualized support) und intellektuelle Anregung (intellectual stimulation). Die Tranformationale Führung ist bei Arbeitsleistung unter Stress erfolgreich (Lyons/Schneider 2009: 738).

Transaktionale Führung ist definiert als "Führung auf Basis eines Kosten-Nutzen-Ausgleichs und des Austauschs von Ressourcen untereinander" (Hoch/Wegge/Schmidt 2009: 318). Genauer unterschieden werden erstens "abhängige Belohnungen" (contingent reward) als direkte Reaktion auf gute Leistungen, "Management durch Ausnahmen" (management by exception) als aktive oder passive Reaktion auf Abweichungen von Leistungsstandards (Lyons/Schneider 2009: 737). Insbesondere in Arbeitssituationen mit erhöhtem Leistungs- und Veränderungsdruck ist die Transformationale Führung erfolgreicher als die Transaktionale Führung, weil die Führungskräfte in der Lage sein müssen, "die motivationalen, emotionalen und entwicklungsbezogenen Bedürfnisse der Mitarbeiter zu beeinflussen im Kontext moderner Arbeit" (Lyons/Schneider 2009: 747; Übersetzung des Verf.). Diese Aussage zeigt, dass der

---

34 Die Abbildung ist identisch mit *Darstellung 56* in von Rosenstiel (2000: 239).

Erfolg des Führungsstils auf Arbeitszufriedenheit und Führungseffiktivität nicht pauschal nachweisbar ist, sondern von *Kontextfaktoren* abhängt, z.B. statisch-einfache versus dynamisch-komplexe Umwelten (Steyrer/Meyer 2010: 151-152).

Alternativ zu der Führung von Einzelpersonen wird als Reaktion auf die Bedeutung von Teamarbeit auch eine Verteilte Führung in Gruppen praktiziert: "In den Konzepten der Verteilten Führung wird davon ausgegangen, dass Führung in Unternehmen von unterschiedlichen Akteuren zugleich ausgeübt wird" (Hoch/Wegge/Schmidt 2009: 318).

Zur *Berücksichtigung der Situation* hält die Organisationstheorie einige Modelle bereit (von Rosenstiel 1999c: 14-20). Ein umfassendes Modell des Einflusses von Führungsverhalten auf die Leistung unter Berücksichtigung situativer Faktoren stellt das in Abbildung 9 dargestellte *Weg-Ziel-Modell der Führung* von House (von Rosenstiel 1999c: 16-17) dar. Nach Neuberger (2002: 345) hat sich dieses Modell aufgrund seiner Komplexität und der ungelösten methodischen Probleme in Praxis und Theorie allerdings nicht vollständig durchgesetzt.

Abbildung 9: Weg-Ziel-Modell von House[35]

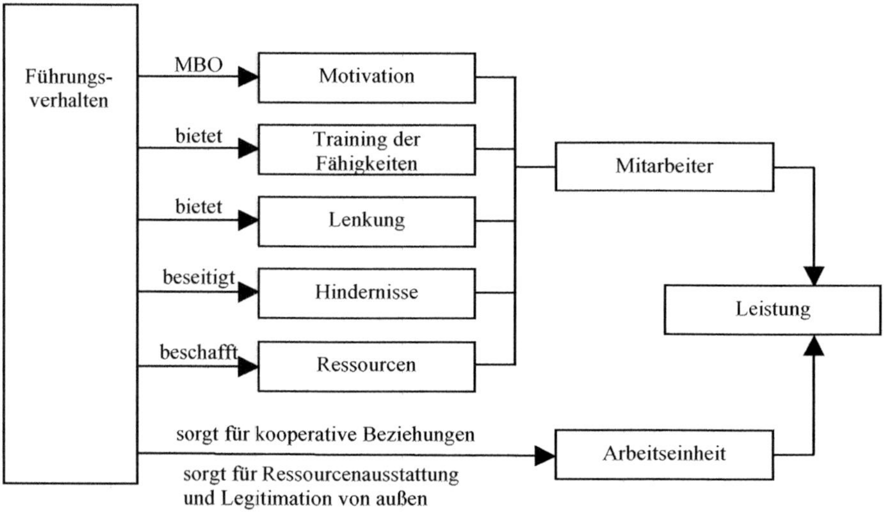

Da die gegenstandsbezogenen Modelle zu keiner übergreifenden Theoriebildung geführt haben, schlägt Neuberger vor, die Systemtheorie und das interpretativ-

---

35 In Abb. 9 wird *Abb. 7.12* aus Neuberger (2002: 543) vereinfacht dargestellt.

2.1 Individuum und Organisation

interaktionistische Paradigma direkt auf das Führungsthema anzuwenden. Entsprechend ergeben sich als Theorien *Systemisches Führen*[36] und *Symbolisches Führen*. Die *symbolische Führung* geht von dem lebensweltlich einleuchtenden Prinzip aus, dass ein Mitarbeiter seine Aufgaben nur dann gut erfüllen kann, wenn er den *Sinn*[37] seiner Aufgabe versteht. Dieser Sinn begründet die Rolle seiner Aufgabe in einem arbeitsteiligen Prozess, so dass der Mitarbeiter weiß, wie die im Prozess nachgelagerten Kollegen seine Arbeitsergebnisse weiter verwenden. Eine zweite Sinnkomponente ist die Einbettung der Tätigkeit in die Unternehmensziele. So wird für einen Mitarbeiter eine Aufgabe ihren Sinn verlieren, wenn er erfährt, dass sie nicht mehr in die Unternehmensstrategie passt. Sinnstiftung kann auch aus der Bewertung entstehen, die der Vorgesetzte als Autorität der Aufgabe beimisst. Für den Mitarbeiter bedeutet die hohe Bewertung seiner Aufgabe eine Form von Anerkennung seiner Person.

Sinn wird gemäß dem interpretativ-interaktionistischen Paradigma durch symbolische Kommunikation vermittelt und verändert. Also ist es die Aufgabe von Führungskräften, mit dem Mitarbeiter auf diese Weise zu kommunizieren. Von Rosenstiel verdeutlicht diesen Grundsatz am Beispiel der Information der Mitarbeiter über eine Unternehmensentscheidung: "In diesem Sinne macht es einen großen Unterschied, ob eine Unternehmensentscheidung in einem Routinerundschreiben oder einem Aushang allen Mitarbeitern bekannt gemacht wird oder ob die wortwörtlich gleiche Entscheidung vom Führenden selbst im Rahmen eines Festaktes allen Mitarbeitern mitgeteilt wird." (1999c: 21). Symbolische Führung ignoriert nicht Fakten und Tatsachen. Stattdessen werden Fakten und deren Wirkungen von den Akteuren wahrgenommen und mit Hilfe von

---

36 Die Theorie des systemischen Führens wird in Kap. 2.1.1.3 kurz dargestellt.
37 Der Begriff *Sinn* hat in der Soziologie eine hervorgehobene Stellung. Max Weber grenzt den Begriff des *Handelns* von Verhalten durch den *subjektiven Sinn* ab, den der Handelnde mit seinem Verhalten verbindet (1972: 1). Der Begründer des *symbolischen Interaktionismus*, George H. Mead, definiert den Sinn einer Handlung von Ego als die Reaktion, die sie bei Alter auslöst (1978: 120). Damit besteht der Sinn der Handlung in dem *Zweck*, eine bestimmte Reaktion bei einem anderen Akteur auszulösen. Alternativ zu der Zweckdefinition von Sinn wird unter Sinn eine bestimmte *Bedeutung* verstanden, die der Akteur mit der Handlung verbindet. Diese Definition wird von Alfred Schütz vertreten, der die interpretative Soziologie begründet hat. Schütz präzisiert den Sinnbegriff, indem er ihn erstens auf die *Bedeutung* im Gegensatz zum Zweck festlegt und zweitens als das *Ergebnis eines reflexiven Akts* versteht, den der Akteur erst nach der erfolgten Handlung vollzieht: "Der 'Sinn' eines Erlebnisses ist in die spezifische Zuwendung zu einem abgelaufenen Erlebnis auflösbar, durch welche dieses aus dem Dauerablauf herausgehoben und zu einem 'solchen', nämlich einem so-und-nicht-anders-beschaffenen Erlebnis wird" (1974: 307). Der Schützschen Sinndefinition schließt sich Karl Weick als Hauptvertreter der interpretativ-interaktionistischen Organisationstheorie an (1985: 194).

Symbolen interpretiert[38]. Daraus ergibt sich das Regelkreismodell von Neuberger, das in Abbildung 10 dargestellt wird.

Abbildung 10: Symbolisches Management[39]

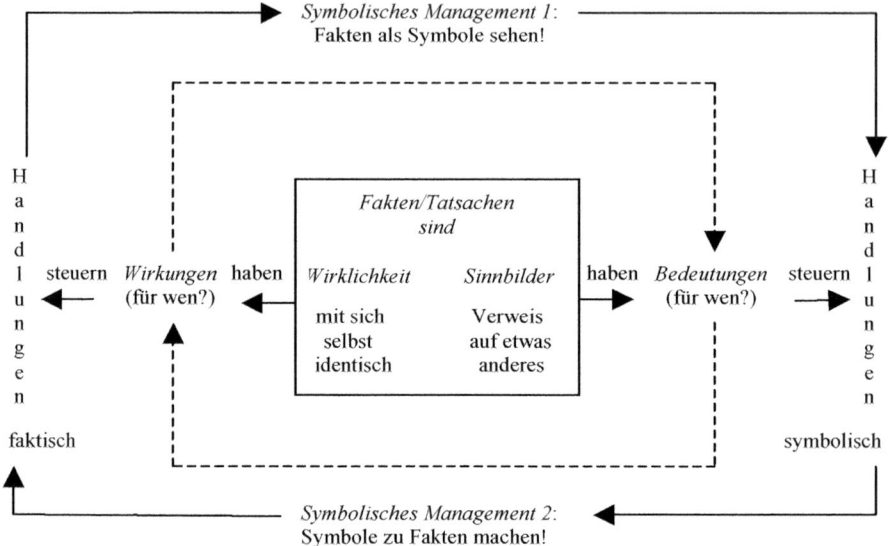

Wenn man die große Bedeutung von Anreiz- und Zielvereinbarungssystemen in der Organisationspraxis betrachtet, so stellt sich die Frage, warum Neuberger neben dem interpretativen (Symbolisches Führen) und dem systemischen (Systemisches Führen) Ansatz nicht auch die Rational-Choice Theorie als Erklärungsmodell der Führung in Organisationen nutzt. In einem Zielvereinbarungsgespräch zwischen Vorgesetztem und Mitarbeiter werden in der Regel einmal pro Jahr messbare Ziele vereinbart, die der Mitarbeiter erreichen soll. In den meisten Fällen ist der Prozentgrad der Zielerreichung mit der Auszahlung eines variablen Vergütungsanteils verbunden. Nach dem Modell von Hoch, Wegge und Schmidt (2009: 312) vermitteln persönlichkeitsbezogene Variablen zwischen der Zielvorgabe und der Leistung: Erstens Moderatorvariablen, z.B. persönliche Fähigkeiten der Mitarbeiter, zweitens Mediatorvariablen, z.B. Anstren-

---

38 Dieser Interpretationsprozess wird durch den Konstruktivismus sorgfältig rekonstruiert, dem Luhmann und Weick verpflichtet sind. Eine psychologische Erklärung leistet die *Attributionstheorie* (Neuberger 2002: 545-567).
39 Abb. 10 ist identisch mit *Abb. 9.1a* in Neuberger (2002: 651).

2.1 Individuum und Organisation

gung, Ausdauer, Aufmerksamkeit und Strategieentwicklung sowie drittens das Selbstvertrauen der Mitarbeiter im Hinblick auf die Zielerreichbarkeit. Im Hinblick auf den Erfolg der Zielvereinbarungssysteme[40] wurde aus einer Analyse empirischer Studien von Rodgers und Hunter ermittelt, dass die drei Faktoren *Zielsetzung, Beteiligung an der Entscheidungsfindung* und die *objektive Bewertung* (feedback) des Mitarbeiters eine *Produktivitätssteigerung* zur Folge haben (1991: 322). Der empirische Nachweis, dass der Unternehmens*erfolg* durch Leistungsprämien gesteigert wird, ist allerdings "außerordertlich schwach" (Kieser 2007: 684).[41] Sprenger schränkt diese Aussage auf *dauerhafte* Leistungssteigerung ein (2010: 273) und sieht das Potenzial von Zielvereinbarungen in "der Bündelung der Energien" während der Leistungsentstehung (2010: 277).

Eine Weiterentwicklung des Zielvereinbarungssystems stellt die Methode des »Partizipativen Produktivitätsmanagements (PPM)« dar, die auf Zielvereinbarungen für Gruppenarbeit spezialiisert ist. Die PPM-Methode liegt in der Hand der Arbeitsgruppenmitglieder und ihrer Vorgesetzten mit dem Vorteil, "dass die resultierenden Leistungsmesssysteme auch akzeptiert und zum produktiveren Ressourceneinsatz genutzt werden" (Hoch/Wegge/Schmidt 2009: 318)

Eine andere Form der Erfolgsforschung konzentriert sich auf Karrieren von Fach- und Führungskräften. Während die Persönlichkeitseigenschaften ("Big Five") nur einen geringeren Einfluss auf höheren Status und Einkommen haben, erweisen sich Selbstvertrauen (self-efficiacy) und Karriereziele (career goals) als bessere Prädiktoren für den Karriereerfolg (Spurk/Abele 2011: 95; vgl. auch Abele/Spurk/Volmer 2010).

2.1.1.3 Individuum und Organisation aus Sicht der Systemtheorie

Der Systemtheoretiker Niklas Luhmann ordnet Organisationen den *sozialen Systemen* zu, wie in Abbildung 11 schematisch dargestellt wird. Die Elemente des *sozialen Systems* sind *Kommunikationsakte*, die sich an einer Systemstruktur orientieren und die offen für Irritationen durch die Umwelt sind. Die Elemente sozialer Systeme sind demnach nicht die Individuen als Mitglieder, sondern Kommunikationsakte. Individuen als psychische Systeme sind für soziale Systeme Umweltsysteme.

---

[40] Dass 83,5% der Unternehmen mit mehr als 2000 Mitarbeitern die Methode der Führung durch Ziele anwenden (Hoch/Wegge/Schmidt 2009: 312), zeigt die Etablierung als dominierende Managementmethode zur Steuerung von Mitarbeitern.
[41] Falls die Erreichung eines bestimmten Gewinnziels Bestandteil der Zielvereinbarung ist, liegt es nahe nach dem Mikro-Makro Modell des Methodologischen Individualismus nach Coleman und Esser nahe, dass dieses Ziel für die Mitarbeiter eine hohe Präferenz hat (Miebach 2006: Kap. 6.2, 6.4).

Abbildung 11: Systemklassifikation

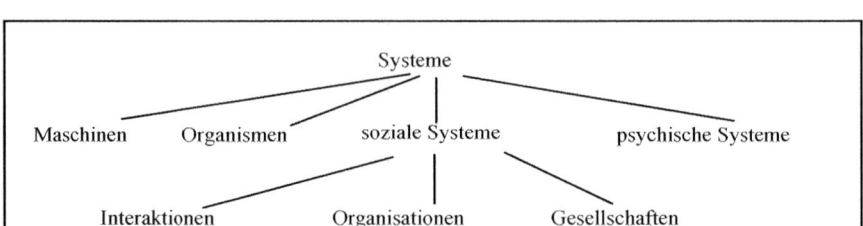

Das *psychische System* ist unabhängig von sozialen Systemen als *Bewusstseinssystem* mit *Gedanken* als Operationen definiert und ist damit ein systemtheoretisches Modell für das Individuum, wobei sich Luhmann auf das Bewusstsein als Referenzsystem beschränkt.

Zwischen sozialen und psychischen Systemen besteht eine permanente Verbindung, die Luhmann *strukturelle Kopplung* nennt. Die strukturelle Kopplung mit psychischen Systemen ist für soziale Systeme unausweichlich, weil soziale Systeme nicht selbst wahrnehmen und sprechen können, sondern ständig auf psychische Systeme angewiesen sind (1997: 103). Umgekehrt wird das psychische System im sozialen Handeln ständig durch Kommunikation in sozialen Systemen zu neuen Gedanken angeregt und ist auf diese Weise mit sozialen Systemen strukturell gekoppelt[42].

Für Luhmann sind soziale und psychische Systeme *autopoietische Systeme*[43]. Mit *Autopoiesis* ist gemeint, dass ein System "sein eigenes Werk" ist (Luhmann 2002a: 111). Diese Selbstreproduktion eines Systems ist so zu verstehen, dass das System seine Operationen selbst ausführt und nur selbst an eine Operation eine Anschlussoperation fügen kann. In diesem Sinne ist das System *operativ geschlossen*, obwohl es durch die Umwelt beeinflusst werden kann. Operative Geschlossenheit bedeutet lediglich, dass das System seine Operationen selbst ausführt. Für das psychische System lässt sich das Prinzip der Autopoiesis am Beispiel des Mathematik-Unterrichts zum Thema Gleichungssysteme veranschaulichen. Nur der Schüler selbst kann den richtigen Gedanken als Operation seines Bewusstseins ausführen. Dazu wird er durch die Kommunikation mit dem Lehrer angestoßen, muss aber den Gedanken selbst denken, der ihm den Schlüs-

---

42 Der Extremfall einer Abkopplung des psychischen Systems von sozialen Systemen wäre der Einsiedler, der fern von jeder Zivilisation lebt.
43 Luhmann übernimmt den Begriff von den Biologen H.R. Maturana und F.J. Varela (2002a: 111). Eine Darstellung des Konzepts findet sich in Maturana (1985).

2.1 Individuum und Organisation

sel zum Verständnis des Gleichungsprinzips liefert. Ebenso muss eine Abteilung den Anstoß des Beraters, das Verhalten auf eine neue Strategie auszurichten, in den systemeigenen Operationen, z.B. bei der Erstellung des nächsten Kundenangebots, selbst umsetzen. Diese Anstöße von Umweltsystemen nennt Luhmann *Irritationen*.

Wendet man das Prinzip der Autopoiesis auf die Beziehung zwischen sozialen und psychischen Systemen an, dann kann das psychische System nicht direkt in das soziale System eingreifen, sondern muss vom sozialen System selbst aufgebaut werden. Für diese kommunikative Rekonstruktion des psychischen Systems innerhalb sozialer Systeme verwendet Luhmann den Begriff der *Person* (2002b: 375). Das soziale System richtet Erwartungen an die Person und geht damit das Risiko ein, dass das Konstrukt Person mit dem psychischen System nicht übereinstimmt[44]. Nach Luhmann ist die Identität des psychischen Systems soziologisch nicht fassbar, so dass das psychische System für Soziologen ausschließlich als die Konstruktion der Person durch soziale Systeme beobachtbar ist.

Rollen identifizieren nach Luhmann generalisierte Erwartungszusammenhänge, die von unterschiedlichen Personen ausgefüllt werden können und damit von den individuellen Merkmalen der Person abstrahieren. In sozialen Interaktionen können Konflikte auf Rollen bezogen werden, z.B. die Kritik an einem Rolleninhaber, ohne dessen Person zu verletzen (1984: 431). In der Organisationspraxis wird zur Abgrenzung von Rolle und Person häufig die Formulierung verwendet, dass die Kritik "nicht persönlich" gemeint sei. Das Pendant zu den Erwartungen an Personen sind auf der Seite des psychischen Systems *Ansprüche*, die zur Selbstbindung des Individuums an Erwartungen führen.

Das psychische System ist nach dem systemtheoretischen Modell Luhmanns nicht unmittelbar in sozialen Systemen präsent, sondern wird als *Person* vom sozialen System konstruiert und ist auf diese Weise in der Kommunikation ansprechbar. Gegenüber der Person baut das psychische System *Ansprüche* auf und bestimmt auf diese Weise seine Identität. Das soziale System hält Rollen als generalisierte Verhaltenserwartungen bereit, die von unterschiedlichen Personen ausgefüllt werden können. In Abbildung 12 wird diese Modellkonstruktion von Rollen und Personen schematisch zusammengefasst.

---

[44] Nach Luhmann hat die Familie in der Gesellschaft die besondere Funktion der Inklusion des Individuums als "Vollperson" (1988: 83), so dass sich das Individuum in der Familie umfassender als in anderen Sozialsystemen einbringen kann.

Abbildung 12: Rolle und Person

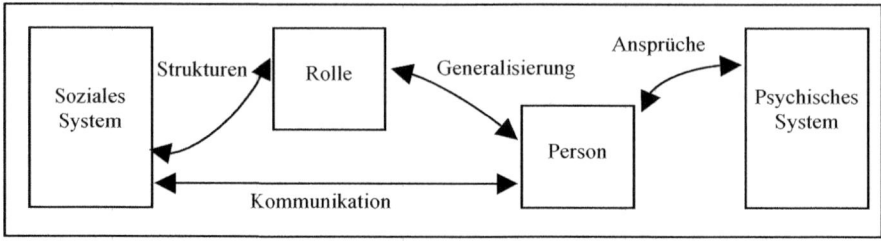

Was ist mit der Einführung dieser Schnittstellenstrukturen zwischen psychischen und sozialen Systemen zur Beschreibung und Erklärung der Integration oder Desintegration von Individuen in Organisationen gewonnen? Kann die Systemtheorie die Problematik der Motivation und Fluktuation von Mitarbeitern auflösen?

Der Leitgedanke des in Abbildung 12 dargestellten Modells ist die Annahme Luhmanns, dass psychische Systeme in ihrer individuellen Komplexität soziologisch nicht erfassbar sind. Psychische Systeme werden als *Personen* in der Kommunikation durch das soziale System konstruiert, da für die autopoietische Reproduktion der Organisation "die Einheit von Individuum und Person als operative Fiktion" (2000: 90) ausreicht. Individuen nehmen als Personen an der Systemkommunikation teil und bilden mit ihrer Eigenlogik von unterstellten Interessen und Identitäten einen Teil der Systemkomplexität.

> Auch in Organisationen kann über Personen nicht gesprochen, disponiert, entschieden werden ohne Rücksicht darauf, dass sie auch als Adresse und als Autor mitspielen, davon erfahren und sich melden können. Das System hat, anders gesagt, unter der Bedingung kalkulierter Humanität zu operieren. (Luhmann 2000: 92)

Die Organisationspsychologie beschreibt die Eigenlogik von Individuen in Organisationen mit den Begriffen "Motiv" und "Motivation" (von Rosenstiel 1999a) und entwickelt Human Resources Management Programme zur Förderung der Motivation (Schreyögg 1998: 286-9; Lichtsteiner 2001). Aus der konstruktivistischen Systemperspektive sind *Motive* keine Merkmale der psychischen Systeme, sondern "Formen der Kommunikation, explizite oder implizite Zuweisung von Gründen für bestimmte Handlungen" (Luhmann 2000: 95) in sozialen Systemen. Durch Motivationszuschreibung stellt das System einen Zusammenhang zwischen Vergangenheit und Zukunft her, weil Systemereignisse sowohl retrospektiv erklärt als auch als Zukunftsereignisse prognostiziert werden

2.1 Individuum und Organisation

können. Während Personen vom System aufgrund der Identität als relativ konstant betrachtet werden, "müssen Motive ständig erneuert werden" (2000: 95), weil sie auf die jeweilige Systemkonstellation bezogen sind. Dies erfordert ein Systemgedächtnis, damit das System frühere Motivzuschreibungen zur Erneuerung der Motive heranziehen kann (2000: 95).

Die konstruktivistische Motivdefinition ist eine Konsequenz aus der Undurchdringlichkeit des psychischen Systems. Gleichzeitig eröffnet sie der Organisation "die Möglichkeit, im sozialen System selbst zu regulieren, wie weit über Motive kommuniziert werden darf und wann und mit welchen Folgen die Schwelle der Diskretion überschritten wird" (2000: 96). Diese Möglichkeiten werden konkret durch Takt "als Gebot und Geschick des geselligen Umgangs" (2000: 97) praktiziert.

Die Organisation erhält in der autopoietischen Reproduktion erhebliche Freiheitsgrade, indem sie selbst entscheidet, auf welche Motivkonstellation von Personen sie Rücksicht nimmt. Für die Organisationspraxis ergeben sich daraus einige Konsequenzen. So verändert sich erstens der Stellenwert von Mitarbeiterbefragungen. Traditionelle Mitarbeiterbefragungen ermitteln empirisch die individuellen Faktoren der Motivation und Arbeitszufriedenheit mit dem Ziel, die Organisation den Bedürfnissen der Mitarbeiter besser anzupassen. Aus der systemtheoretischen Sichtweise müssten als Vorbereitung zu einer Mitarbeiterbefragung die wesentlichen Kommunikationsthemen in der jeweiligen Organisation vorab ermittelt werden. Diese Themen werden dann mit der Mitarbeiterbefragung empirisch genauer rekonstruiert, wobei Motive als Elemente der Systemkommunikation und nicht als feste Merkmale der Systemmitglieder erhoben werden. Entscheidend für den Erfolg von Mitarbeiterbefragungen ist das Einspielen der Befragungsergebnisse in die weitere Systemkommunikation, z.B. in Form von Feedback-Workshops.

Ein zweites Beispiel für den Effekt dieser veränderten Sichtweise ist das Thema der Partizipation von Mitarbeitern an Entscheidungen. Hier gibt es keine verlässlichen Belege dafür, "dass mehr Partizipation zu mehr Zufriedenheit und mehr Zufriedenheit mit mehr Leistungen korrelieren würde" (Luhmann 2000: 86). Systemtheoretisch ist es wenig plausibel, bestimmte Bedingungen als grundsätzlich positiv für den Erfolg der Organisation zu bewerten, da sich das System in einem Ereignisstrom mit ungewissem Ausgang befindet. Durch Orientierung an Strukturen und durch Selbstbeobachtung und -organisation absorbiert die Organisation zwar Unsicherheit, produziert mit jeder Entscheidung aber wieder neue Ungewissheit über deren Folgen. Der Versuch, die positive Wirkung von Organisationsmerkmalen wie Entscheidungspartizipation oder Informiertheit der Mitarbeiter mit unveränderlichen Motiven von Individuen zu begründen, muss daher scheitern[45]. Trotzdem muss die Systemtheorie die Motivkonstellation der Organisationsmitglieder analysieren, weil Personen als Bezugseinheiten die Systemkommunikation entscheidend beeinflussen. Gleichzeitig wird die Zuschreibung von Motiven zu Personen im Verlauf der Systemkommunikation laufend verändert, was zu veränderten Ansprüchen der psychischen Systeme (als Umweltsysteme) führt.

Ein weiterer Aspekt der Mitgliedschaft von Individuen in Organisationen ist die *Integration*, die Luhmann als *wechselseitige Einschränkung der Freiheitsgrade von Systemen* (2000: 99) definiert. Auf diese Weise behalten das soziale und das psychische System ausreichend Spielraum für die autopoietische Reproduktion. Sie sind strukturell gekoppelt und beschränken gegenseitig die Operationsmöglichkeiten, ohne in das andere System direkt einzugreifen. Die sich daraus ergebenden Freiheitsgrade für die Organisation und das Individuum manifestieren sich in der Mitgliedschaftsrolle "als Abstraktion eines Motivationspotenzials, als Erzeugung von Indifferenz, die dann im System durch besondere Regeln und Weisungen spezifiziert werden kann" (Luhmann 2000: 84). Über das Ausmaß der Integration durch die Mitgliedschaftsrolle entscheidet das Individuum selbst und bildet damit "für sich selber die Instanz, die sich fragt, welche Art und welches Ausmaß von Engagement ihm vernünftig erscheint" (1997: 740). Die wichtigste Form dieser Inklusion bildet die Sozialintegration in Organisationen durch die individuelle *Karriere*, die nach Luhmann zum "wichtigsten Mechanismus der Integration von Individuum und Gesellschaft avanciert ist" (1997: 742).

Karriereorientierung wird in Organisationstheorien, die auf "Rationalität, Effizienz, Kontrolle, Lernfähigkeit" (Luhmann 2000: 102) ausgerichtet sind, eher skeptisch beurteilt. Karriere wird im Human Resources Management als Mittel zur Bindung von Mitarbeitern an die Organisationsziele angesehen und mit personalwirtschaftlichen Instrumenten, wie individuellen Entwicklungsplänen und Förderveranstaltungen, unterstützt und gesteuert (Schreyögg 1998: 288). Auf der anderen Seite wird davon ausgegangen, dass die individuelle Karriereplanung von den Organisationszielen wesentlich abweichen kann und damit zu einem Risikofaktor für die Organisation wird. Dem versucht die Organisation entgegenzusteuern, indem sie z.B. in Mitarbeitergesprächen gemeinsame Ziele vereinbart und kontrolliert und auf diese Weise das durch den Arbeitsvertrag festgelegte Vertragsverhältnis mit dem Mitarbeiter ausweitet (Breisig 1998). Der ambivalenten Einschätzung der Karriereorientierung durch die ökonomisch orientierten Organisationstheorien stellt Luhmann die Sichtweise entgegen, dass Karrieren ein "stabiles Moment" darstellen, durch das Individuen und Organisationen die

---

45 Eine analoge Argumentation ergibt sich aus der Systemtheorie für das Thema des geplanten Wandels von Organisationen (vgl. Kap. 2.6.1.3).

2.1 Individuum und Organisation

Möglichkeit geboten wird, "die Entscheidungskontingenzen der Organisation zu ertragen und zu nutzen" (2000: 102).

Die *Karriere* ist systemtheoretisch erstens ein Resultat der Selbstselektion durch die Person und der Fremdselektion durch die Organisation, was die Berechnung und Voraussage von Karrieren erschwert (2000: 103). Ein zweites Merkmal von Karriere ist, dass "offene Stellen und geeignete und interessierte Bewerber nicht von selbst zueinander finden" (2000: 104). Aus Sicht des Individuums ist es eher ein Zufallsprodukt, wenn es über die notwendigen Kontaktnetze verfügt. Auch wenn durch Internet basierte Personalakquisition und durch den Einsatz von Diagnoseinstrumenten, wie Tests und Assessment-Methoden zur Erreichung eines Person-Organisation-Fits (Weinert 2004: 160), die Erfolgswahrscheinlichkeit erhöht wird, folgt aus dem Luhmannschen Begriff der *Person* (anders definiert als in der Psychologie) eine grundsätzliche Einschränkung der Erfolgsaussichten. Mit den personalwirtschaftlichen Methoden werden feste Persönlichkeitsmerkmale mit den Stellenanforderungen abgeglichen, während die Person systemtheoretisch eine Rekonstruktion des psychischen Systems innerhalb der Organisation darstellt und daher erst im Kontext der Organisation zur Geltung kommt, was vor der Einstellung nur sehr grob bewertet werden kann.

Als drittes Merkmal weist Luhmann auf den Lebenslauf hin als "eine Kommunikation, sei es mündlich, sei es schriftlich, über die Vergangenheit einer Person, die deren Zukunft zwar nicht determiniert, aber erwarten lässt" (2000: 105). Für Auswahlverfahren zur Besetzung freier Stellen ergibt sich die Konsequenz, dass die Biographie des Bewerbers sorgfältig rekonstruiert und bewertet werden sollte. Ein viertes Merkmal von Karrieren ist, "dass Karrieren nicht einfach erfunden werden können, sondern eine gesellschaftliche Institutionalisierung voraussetzen" (2000: 107). Diese institutionelle Verankerung erfolgt über das Strukturelement der Stelle und ist - wie alle Strukturen - nicht beliebig veränderbar[46]. Die *Mitgliedschaftsrolle* fordert in der systemtheoretischen Konzeption Luhmanns einerseits ein bestimmtes Maß an *Konformität,* gibt dem Individuum andererseits auch *Freiheit* "als heuristische Konstruktion von Alternativen" (2000: 109). Mitgliedschaftsrollen als generalisierte Erwartungen an einen Stelleninhaber ermöglichen den Individuen, sich in die Organisation zu integrieren (2005: 282).

Entscheidend für die Veränderungsfähigkeit von Organisationen ist, dass Personen mit diesen Alternativen die Systemprozesse irritieren können. Ansonsten wird die Organisation den Impuls als Störung im Sinne abweichenden Verhaltens beobachten und mit hoher Wahrscheinlichkeit im weiteren Verlauf der Systemoperationen ignorieren.

---

[46] Wie im Zusammenhang mit Organisationswandel und Evolution dargestellt wird, sind langfristige Veränderungen von Organisationen nur unter bestimmten Bedingungen realisierbar (vgl. Kap. 2.6).

Luhmann betrachtet das Individuum in der Organisation nicht als psychisches System in seiner Einzigartigkeit, sondern aus dem Blickwinkel des sozialen Systems als Person. Diese Theorieentscheidung hat zur Folge, dass Organisationsphänomene wie Mitgliedschaft, Motivation, Karriere als *Konstruktionen* des sozialen Systems zur Integration von Individuen in die Organisation erklärt werden. Dirk Baecker hat das Konzept der *Postheroischen Führung* aus der Managementliteratur aufgegriffen und in den systemtheoretischen Rahmen erhöhter Komplexitätsbewältigung gestellt, "wenn die Varianz der Arbeitsprozesse steigt und sowohl die lose als auch die feste Kopplung zwischen Hierarchie und Prozess gesteigert werden müssen" (Baecker 2012: 271). Die Karriere wird in der neueren Organisationsforschung weniger als Aufstieg auf einer vertikalen Hierarchieleiter, sondern als *grenzenlos* (boundaryless) zur Bewältigung von Dynamik und Unberechenbarkeit betrachtet (Barley/Kunda 2001: 87).

2.1.2 Beispiel: Fluktuationsmodell

March und Simon haben, wie in Abbildung 4 (Kap. 2.1.1.1) dargestellt, ein Modell entwickelt, um den Partizipationsgrad der Mitarbeiter zu analysieren. Darunter fällt das Phänomen der *Fluktuation* als das Ausscheiden von Mitarbeitern nach einer Kündigung. In deutschen Versicherungsunternehmen verlässt ein Teil der eingestellten *Verkäufer*[47] das Unternehmen nach kurzer Zeit wieder. Die Folge sind Fehlinvestitionen in Rekrutierung, Einarbeitung und Ausbildung der ausgeschiedenen Mitarbeiter. Neben diesen direkten Kosten werden die Unternehmen belastet durch entgangene Erträge in Form von Produktivitätseinbußen. Im Einzelnen werden Mitarbeiter in Einarbeitung gegenüber einem bereits eingearbeiteten Mitarbeiter weniger Versicherungsverträge verkaufen und damit weniger Produktivität[48] erbringen. Für den Zeitraum nach Vollzug der inneren Kündigung bis zum tatsächlich vollzogenen Austritt ist zu erwarten, dass der Mitarbeiter mit minimalem Einsatz arbeitet. Schließlich besteht das Risiko der Kundenabwanderung nach dem Wechsel des Mitarbeiters zur Konkurrenz.

Aufgrund dieser Kostenrisiken haben Finanzdienstleistungsunternehmen ein starkes Interesse, die Fluktuationsraten[49] zu senken. Kann die Organisationstheo-

---

47 Andere Begriffe sind z.B. *Vertreter* oder *Vermittler*. Die Fluktuationsquote beträgt in einzelnen Versicherungsunternehmen mehr als 50% während der ersten 3 Jahre.
48 *Produktivität* wird in der Finanzdienstleistungsbranche definiert als Wert der abgeschlossenen Neu- und Wiederanlageverträge eines Verkäufers pro Zeiteinheit.
49 Gemeint ist die ungewollte Fluktuation, wenn ein guter Mitarbeiter kündigt und zur Konkurrenz geht.

2.1 Individuum und Organisation

rie für dieses Ziel Lösungsansätze beitragen? Betrachtet man im ersten Schritt die Fluktuation allgemein aus organisationstheoretischer Perspektive, so wird man die *Strukturen* und *Prozesse* der Rekrutierung, Auswahl, Einstellung, Einarbeitung und den Übergang in die eigentliche Funktion als Verkäufer in einer Finanzdienstleistungsagentur[50] analysieren. Parallel wird der Organisationsexperte den inneren Prozess der Enttäuschungen, Misserfolge und Selbstzweifel beim Mitarbeiter analysieren. Dies umfasst auch die Motivation, Erwartungen und Vorerfahrungen des Mitarbeiters. Wie in Abbildung 13 dargestellt wird, reichen die externen Variablen der *Organisationalen Struktur* und der *Individuellen Disposition* nicht aus, um den Prozess der Fluktuationsentscheidung organisationstheoretisch zu erklären.

Abbildung 13: Fluktuationsmodell

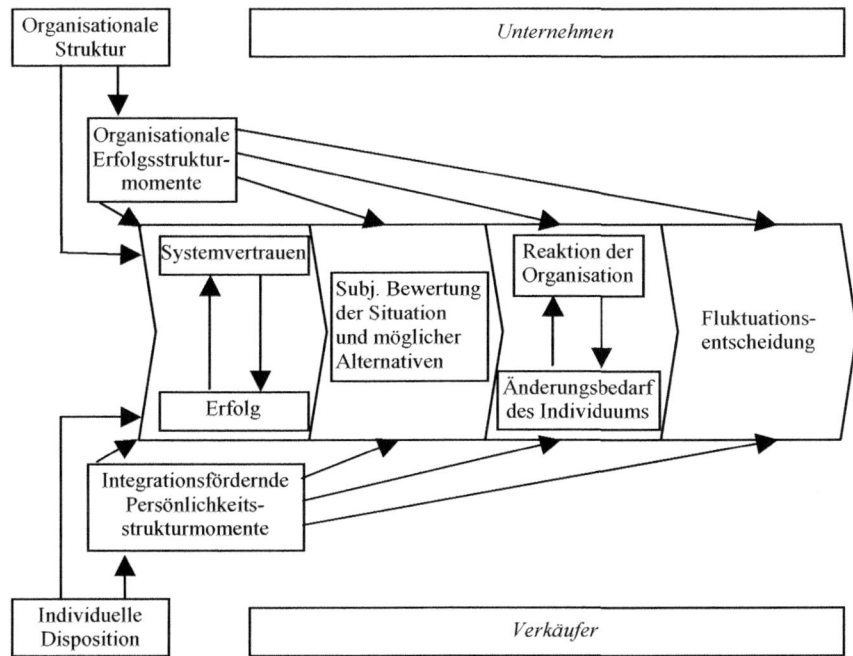

---

50 *Agenturen* sind in der Regel selbständige Vermittlungsunternehmen, die exklusiv Produkte für ein Finanzdienstleistungsunternehmen oder die Produkte für mehrere Finanzdienstleistungsunternehmen verkaufen.

Bereits March und Simon leiten in dem in Abbildung 4 dargestellten Modell die Wechsel-Attraktivität[51] nicht direkt aus *Organisationsvariablen* oder *Persönlichkeitsmerkmalen* ab. Stattdessen wirkt die Organisationsvariable *Größe* über die Variable *Wahrgenommene Möglichkeiten des intraorganisationalen Transfers* auf die Wechsel-Attraktivität. Die Job-Zufriedenheit hängt von den Variablen *Übereinstimmung des Jobs mit dem Selbstbild, Voraussagbarkeit von Job-Beziehungen* und *Kompatibilität des Jobs mit anderen Rollen* ab. In dem Fluktuationsmodell wird analog zu dem Modell von March und Simon angenommen, dass die organisationale Struktur nicht direkt auf die Handlungsdispositionen und die Interaktionsprozesse der Akteure einwirkt, sondern durch die *Organisationalen Erfolgsmomente* vermittelt wird.

Organisationale Erfolgsmomente sind organisatorische Rahmenbedingungen, die sich unmittelbar auf die Arbeitsabläufe, die Kommunikationsbedingungen und den Erfolg des Mitarbeiters auswirken. Darunter fällt z.B. der Kundenbestand in der Agentur, die er ansprechen kann, um Vertragsabschlüsse zu erzielen. Weitere Variablen sind die Unterstützung durch den Agenturleiter bei der Kundengewinnung und -betreuung, die persönliche Wertschätzung durch Vorgesetzte und Mitarbeiter, die regelmäßige Durchführung von Mitarbeitergesprächen mit dem Vorgesetzten oder der Zugriff auf zentrale Fachabteilungen, um Fragen der Kunden schnell zu klären, die der Mitarbeiter im Kundengespräch nicht beantworten kann. Auch Faktoren der Unternehmenskultur[52] spielen hier eine Rolle, z.B. der Name des Unternehmens am Markt, der faire Umgang mit Mitarbeitern oder die Weiterentwicklungsmöglichkeiten für Mitarbeiter. Auf der Seite des Individuums gilt das gleiche Prinzip, indem die Persönlichkeitsmerkmale durch die *Integrationsfördernden Persönlichkeitsstrukturmomente* in der Organisation wirksam werden. Darunter fallen z.B. die Variablen *Zielstrebigkeit* in der Tätigkeit, *Frustrationstoleranz* im Umgang mit Kunden, *Fleiß, Selbstzuschreibung* von Erfolg oder Misserfolg, *Selbstmotivation* und *Selbstorganisation*.

Die bislang dargestellten Variablen lassen sich durch eine Befragung der Mitarbeiter empirisch erheben, wobei persönliche Interviews und Telefoninterviews gegenüber der schriftlichen Befragung vorzuziehen sind. Ein Grund ist die erhöhte Zuverlässigkeit[53] durch das Ausschalten von Außeneinflüssen im Interview, während bei schriftlichen Befragungen nicht nachvollziehbar ist, wer tat-

---

51 Die *wahrgenommene Attraktivität des Wechsels* in dem Modell von March und Simon ist vergleichbar mit der Variablen *Subjektive Bewertung der Situation und möglicher Alternativen* in dem in Abbildung 13 dargestellten Fluktuationsmodell.
52 Der Begriff der Unternehmenskultur wird in Kap. 2.2 dargestellt.
53 Zuverlässigkeit (Reliabilität) ist ein "Maß für die Reproduzierbarkeit von Messergebnissen" (Diekmann 1999: 217). Dies bedeutet, dass bei Wiederholung der Befragung dieselben Ergebnisse erzielt werden, weil das Befragungsinstrument robust gegenüber Einflüssen der Befragungssituation ist.

sächlich den Fragebogen ausgefüllt hat. Der zweite Grund liegt in der erhöhten Gültigkeit[54] der Antworten, indem im Interview durch Erläuterungen des Interviewers Missverständnisse beim Befragten reduziert werden. Schließlich wird durch die direkte Ansprache eines Interviewers die Antwortbereitschaft der angesprochenen Interviewpartner erhöht[55]. Ein Beispiel für die Fragetechnik ist in Abbildung 14 dargestellt.

Abbildung 14: Beispielfrage zur Motivation bei der Arbeit

Vergleichen Sie sich bitte einmal mit Ihren (ehemaligen) Kollegen. Wie sind folgende Eigenschaften Ihrer Meinung nach bei Ihnen im Verhältnis zu Ihren Kollegen ausgeprägt?		
		Im Vergleich zu meinen Kollegen
	weniger	stärker
(meine) Zielstrebigkeit	☐1 ☐2 ☐3 ☐4 ☐5	
(meine) hohe Eigenmotivation	☐1 ☐2 ☐3 ☐4 ☐5	
(meine) Beharrlichkeit	☐1 ☐2 ☐3 ☐4 ☐5	
(meine) Einkommensorientierung	☐1 ☐2 ☐3 ☐4 ☐5	
(mein) Fleiß	☐1 ☐2 ☐3 ☐4 ☐5	

Organisationstheoretisch ist die Einführung der Zwischenvariablen auf organisationaler und individueller Seite des Fluktuationsmodells durch die Luhmannsche Systemtheorie begründet. In Kap. 2.1.1.3 wird dargestellt, dass Luhmann die *Person* nicht als das Individuum (psychisches System), sondern als die kommunikative Rekonstruktion des Individuums in der Organisation definiert. Diese systemtheoretische Konstruktion ist notwendig, weil das psychische System für die Organisation ein Umweltsystem darstellt und nur die systeminterne Rekonstruktion des Individuums für die Organisation greifbar ist. Entsprechend sind

---

54 Die Gültigkeit (Validität) von Messinstrumenten stellt sicher, dass mit dem Instrument genau die Dimension gemessen wird, die gemessen werden soll (vgl. Diekmann 1999: 223-227). So gibt es z.B. einen wissenschaftlichen Streit, ob der Intelligenztest tatsächlich Intelligenz misst. Die Gegenposition unterstellt, dass mit dem Intelligenztest eher schulisch vermittelte Intelligenz gemessen wird und die Intelligenz von sozial benachteiligten Jugendlichen mit diesem Instrument nicht ausreichend ermittelt wird, weil dieser Gruppe sozial der Zugang zur Schulbildung erschwert wird.
55 Diese Argumente gelten sowohl für das persönliche Interview als auch für die telefonische Befragung.

Motive keine konstanten Merkmale der Persönlichkeit, sondern müssen in der Kommunikation innerhalb der Organisation ständig erneuert werden (Luhmann 2000: 95). Die *Integrationsfördernden Persönlichkeitsmomente* sind der Person im Sinne von Luhmanns Definition zuzuordnen. Auf der organisationalen Seite geht Luhmann davon aus, dass sich spezifische Strukturen im zeitlichen Verlauf herausbilden, die Bestandteil des Systemgedächtnisses sind. Darunter fallen *Entscheidungsprämissen* als Elemente der Organisationskultur[56]. Auf dieser Ebene sind die *Organisationalen Erfolgsstrukturmomente* verortet[57].

Den Kern des Fluktuationsmodells bildet ein Prozessmodell, das mit der Ausbildung von *Systemvertrauen* des Mitarbeiters in sein Unternehmen und mit dem subjektiv eingeschätzten *Erfolg* seiner Verkaufstätigkeit startet. Empirisch wird Systemvertrauen z.B. mit der Frage ermittelt, ob die *Zusagen* des Unternehmens während der Einstellungsphase zu Einkommen, konkreter Tätigkeit, Unterstützung durch die Vorgesetzten, Kontakt mit Kollegen im weiteren Verlauf der Ausbildung, Einarbeitung und Verkaufstätigkeit tatsächlich eingehalten worden sind. Eine andere Dimension des Systemvertrauens ist die *Zufriedenheit* mit der aktuellen Berufssituation, z.B. ausreichender Kundenbestand, Weiterbildungsangebote und Potenziale für das berufliche Fortkommen. Durch das Provisionssystem und die Zielvorgaben für Vertragsabschlüsse ist der Erfolg für den Mitarbeiter und das Unternehmen transparent, so dass der Mitarbeiter jeden Monat ein quantifiziertes Feedback über seinen Erfolg bekommt. Beide Variablen haben Einfluss auf die *Subjektive Bewertung der Situation und möglicher Alternativen* durch den Mitarbeiter. Hier werden im Prozess der Ablösung vom Unternehmen die entscheidenden Weichen gestellt, wie March und Simon bereits angenommen haben[58].

Diese Weichenstellung führt allerdings nicht automatisch zur Fluktuationsentscheidung. Stattdessen hängt der weitere Verlauf von der *Reaktion der Organisation* auf die Wechselabsichten ab. Wird die Unzufriedenheit überhaupt bemerkt? Haben die Vorgesetzten die Mittel, um den Mitarbeiter zum Verbleiben zu motivieren, falls sie ihn halten wollen? Hier ergeben sich insbesondere in Großunternehmen häufig enge Handlungsgrenzen durch übergeordnete Standards und Regelsysteme. Ein weiterer Faktor ist die Führungsqualität des Vorgesetzten. Hat er überhaupt ein Interesse an dem Mitarbeiter als Person oder ist er der Ansicht, dass sich ein guter Mitarbeiter gegen ungünstige Umstände selbst

---

56 Vgl. Abbildung 21 in Kap. 2.2.1.3.
57 Eine ähnliche Argumentation wird von Anthony Giddens im Rahmen der *Strukturationstheorie* (vgl. Kap. 2.5.3) entwickelt. Zwischen der Struktur- und der Handlungsebene wird die Ebene der *Strukturmomente* eingefügt. Diese Begriffsbildung der *Momente* wird von Giddens in dem Fluktuationsmodell (Abb. 13) übernommen.
58 Vgl. Abbildung 4 in Kap. 2.1.1.1.

2.1 Individuum und Organisation

"durchbeißen" muss? Auf der Seite des Individuums ist der *Veränderungsdruck* entscheidend, der aus der Unzufriedenheit mit der Situation und den Ansprüchen an den Erfolg und das Wohlbefinden der eigenen Person resultiert. Beide Variablen sind im Fluktuationsmodell Auslöser für die tatsächliche *Fluktuationsentscheidung* des Mitarbeiters.

Aus systemtheoretischer Perspektive lässt sich dieser Entscheidungsprozess nicht allein aus den Intentionen der handelnden Akteure erklären, sondern entwickelt eine gewisse Eigendynamik, die Luhmann *Selbstorganisation* (1997: 93) nennt. Neben der Selbstorganisation wirken noch weitere Prozessmechanismen, z. B. Beobachtung, Selbstbeschreibung oder Konflikte[59]. Für das Fluktuationsmodell ergibt sich daraus die Frage, wie durch ein *Frühwarnsystem* ein unbefriedigender Prozessverlauf rechtzeitig erkannt und in eine andere Bahn gelenkt werden kann. Eine Möglichkeit der Früherkennung besteht in der regelmäßigen Erfassung und Auswertung von Prozessdaten. Hierunter fällt neben der Produktivität auch die Rückmeldung, dass regelmäßige Feedbackgespräche zwischen Vorgesetzten und Mitarbeitern tatsächlich stattgefunden haben und die Wochenberichte der Mitarbeiter durchgehend ausgewertet werden. Eine andere Möglichkeit der Einwirkung auf den Entscheidungsprozess besteht in der Implementierung von *Mentoren*, die als Vertrauenspersonen bei persönlichen Fragen ansprechbar sind.

Diese Beispiele zeigen, wie das Fluktuationsmodell genutzt werden kann, um ungewollte Fluktuation zu reduzieren. Der erste Effekt des Modells liegt in der Erkenntnis, welche Variablen Einfluss haben und wie sie in dem Entscheidungsprozess wirken. Durch die empirische Erhebung dieser Variablen in regelmäßigen Befragungen und durch die laufende Erfassung von Prozessvariablen in einem Frühwarnsystem bekommt die Organisation die Hinweise, um einerseits organisatorische Rahmenbedingungen zu verbessern und andererseits konkrete Wechselabsichten rechtzeitig zu erkennen und Maßnahmen zur Gegensteuerung einzuleiten. Ein Beispiel für die organisatorischen Rahmenbedingungen ist das *Auswahlverfahren* von Bewerbern für die Verkäuferfunktion. Hier wird in den Finanzdienstleistungsunternehmen eine breite Palette von Verfahren praktiziert: vom *Bewerbungsgespräch* über den *Bewerbertag* mit strukturierten Interviews, Persönlichkeitstests und Rollenspielen bis zum mehrtägigen *Assessment-Center*[60]. Organisationstheoretisch ist es notwendig, die *Person* des Bewerbers als kommunikative Rekonstruktion im Sinne Luhmanns zu beobachten. Das bedeutet einerseits, dass sich der Bewerber möglichst in vielen kommunikativen Situationen präsentieren soll, so dass ein Methodenmix zur Erhöhung der Prognosegüte sinnvoll ist. Dazu bietet sich z.B. der *Bewerbertag* an. Die Reduktion

---

59 In Kap. 2.4.1.3 wird das Prozessmodell anhand der Abbildung 36 genauer dargestellt.
60 Eine Übersicht über die Auswahlverfahren gibt Schuler (1999: 142-153).

des Bewerbungsverfahrens auf standardisierte psychologische Persönlichkeitstests kann aus organisationstheoretischer Perspektive nicht erfolgreich sein, weil hier die Person des Bewerbers nicht ausreichend zur Geltung kommt. Diese organisationstheoretische Schlussfolgerung wird empirisch durch die an Abbildung 15 dargestellte Bewertung der Erfolgspotenziale von Auswahlverfahren bestätigt (Hornke/Winterfeld 2004: 66).

Abbildung 15: Erfolgspotenziale[61] von Auswahlverfahren

Auswahlverfahren	Einsatzhäufigkeit	Verfahrensgültigkeit
Arbeitsproben	44 %	.54
Intelligenztests	34 %	.51
Strukturiertes Eignungsinterview	70 %	.51
Unstrukturiertes Eignungsinterview	57 %	.38
Assessment Center	39 %	.37
Zusätzlich eingeholte Referenzen	71 %	.26

Neben der Entwicklung von Steuerungsinstrumenten besteht der wichtigste Effekt des Fluktuationsmodells in der Erhöhung der *Reflexionsfähigkeit* des sozialen Systems. Diese Reflexionsfähigkeit wird von Luhmann systemtheoretisch als *Selbstbeschreibung*[62] (2000: 421), von Giddens im Rahmen der Strukturationstheorie als *reflexive Steuerung des Handelns*[63] (1997: 55) und von Weick konstruktivistisch als *Sensemaking*[64] (1995) definiert und jeweils als Hauptmodell der Organisationstheorie konzipiert. Organisatorische Rahmenbedingungen bilden *Orientierungsstrukturen* für die konkreten Handlungsprozesse, um die Integration guter Mitarbeiter in das Unternehmen zu erleichtern. Frühwarnsysteme liefern *Daten*, die das System nutzen kann, um schnell und angemessen zu reagieren und auf diese Weise negative Prozessverläufe zu korrigieren. Organisationstheoretisch handelt es sich jeweils um *Reflexionsprozesse,* die dem Handeln vorangehen, das Handeln begleiten und das Handeln nachfolgend analysieren.

---

61 Das Erfolgspotenzial wird als *Verfahrensgültigkeit* gemessen. Die Verfahrensgültigkeit ergibt sich aus der Korrelation zwischen dem Ergebnis der Auswahlverfahren und dem späteren Erfolg des Bewerbers. Der Wertebereich erstreckt sich von 0 (keine Verfahrensgültigkeit) bis 1 (höchste Verfahrensgültigkeit).
62 Vgl. Kap. 2.6.1.3.
63 Vgl. Kap. 2.5.3.
64 Vgl. Kap. 2.4.1.2.

2.1.3 Agenturtheorie (Principal Agent Theory)

Kein organisationstheoretisches Modell wendet die Rational-Choice Theorie so konsequent an wie die *Agenturtheorie*[65]. Daraus ist die große Beliebtheit dieses Modells insbesondere in den Wirtschaftswissenschaften zu erklären. In der Agenturtheorie stehen sich Akteure gegenüber, die jeweils ihren Nutzen zu optimieren versuchen, notfalls auf Kosten des anderen. Die beiden Parteien können Auftraggeber und Lieferant oder Vorgesetzter und Mitarbeiter sein[66]. Der Auftraggeber bzw. Vorgesetzte wird *Prinzipal* und der Lieferant bzw. der Mitarbeiter *Agent* genannt. Zur Lösung des durch die egoistische Interessenverfolgung von Prinzipal und Agent vorprogrammierten Konflikts greift der Agenturansatz auf die Institution des *Vertrages* zurück, mit dem der Prinzipal den Agenten verpflichtet, bestimmte Leistungen für ihn zu erbringen. Als Gegenleistung wird eine Vergütung des Agenten durch den Auftragnehmer definiert. Diese Vertragssituation wäre organisationstheoretisch einfach, wenn die egoistischen Akteure nicht versuchen würden, den Vertragspartner zu übervorteilen.

Die Möglichkeit des einseitigen Vorteils ergibt sich aus der Situation der Leistungserbringung, in der der Agent einen *Informationsvorsprung* hat, weil er die geforderte Leistung in der Regel besser kennt als der Auftraggeber. Der Prinzipal wird versuchen, dieses Risiko durch einen möglichst wasserdichten Vertrag zu minimieren: "Der Prinzipal ist somit mit dem Problem konfrontiert, wie vertraglich sichergestellt werden kann, dass der Agent eine Leistung erbringt, die der Vereinbarung möglichst gut entspricht" (Ebers/Gotsch 2001: 209). Erschwert wird dieses Problem durch den bereits erwähnten Informationsvorsprung (*hidden information*) des Agenten, durch den mangelnden Einblick des Prinzipals in den konkreten Leistungserbringungsprozess des Agenten (*hidden action*) und durch verdeckte Absichten (*hidden intentions*) des Agenten. Im Falle von Lieferanten liefert der Agent zu einem vertraglich vereinbarten Termin ein Produkt oder eine Dienstleistung ab. Der Prinzipal kann zwar im Rahmen der Abnahme das Ergebnis der Leistungserbringung prüfen, geht aber trotzdem das Risiko ein, dass ver-

---

65 Ebers und Gotsch (2001: 209) datieren den Start der Agenturtheorie auf 1973 als Erscheinungsjahr des Buches *Theory of Agency* von Ross, während Bea und Göbel (1999: 124) auf das Erscheinungsjahr 1976 des Buches *Theory of the Firm* von Jensen und Meckling verweisen. Beide Lehrbücher stimmen darin überein, dass die Agenturtheorie dem *institutionsökonomischen Ansätzen* neben dem *Property-Rights Ansatz* von Alchian und Demetz und dem *Transaktionskostenansatz* von Coase und Williamson zuzuordnen ist (Bea/Göbel 1999: 124; Ebers/Gotsch 2001: 199).
66 Ebers und Gotsch zählen folgende Prinzipal-Agenten Beziehungen auf: "Beziehungen zwischen Arbeitgeber und Arbeitnehmer, Käufer und Verkäufer, Eigentümer und Geschäftsführer, Aufsichtsrat und Vorstand, Vorstand und Führungskraft, Fremdkapitalgeber und Geschäftsführer, Vorgesetztem und Untergebenem" (2001: 209).

borgene Mängel bestehen. Auch das in der Industrie praktizierte *Expediting*, bei dem der Prinzipal seine Terminjäger schon während des Fertigstellungsprozesses zum Lieferanten entsendet, bietet keine vollständige Absicherung gegenüber verborgenen Handlungen des Lieferanten.

Diese Situation ist im Verhältnis zwischen Vorgesetzten und Mitarbeitern prinzipiell auch gegeben. Nur im Grenzfall einer vollständig vorstrukturierten und kontrollierbaren Tätigkeit des Mitarbeiters kann der Vorgesetzte verhindern, dass der Mitarbeiter verborgene Handlungen und Intentionen verfolgt. In der Regel verfügt der Mitarbeiter über Spezialwissen gegenüber dem Vorgesetzten, ist während seiner Arbeit nur punktuell zu kontrollieren und liefert ein Produkt oder eine Dienstleistung ab, das der Vorgesetzte nur grob prüfen kann. In der Agenturtheorie werden zwei Hauptgruppen von Risiken unterschieden: adverse selection und moral hazard. Nach der Klassifikation von Husted (2007: 184; Table 1) liegt bei *adverse selection* (nachteilige Auswahl) eine unvollständige und nicht-symmetrische Informationslage zwischen Prinzipal und Agent schon zum Zeitpunkt des Vertragsabschlusses[67] vor, während bei *moral hazard* (moralische Gefährdung) sich nach Vertragsabschluss das Risiko aus der asymmetrischen Information zwischen den Vertragspartnern ergibt. Moral hazard wird dann in *hidden action* (verborgenen Handlungen) und *hidden knowledge* (verborgenem Wissen) weiter aufgeteilt (Husted 2007: 186)[68].

Um die Risiken der Agenturbeziehungen zu gruppieren, bietet sich die von Coleman vorgeschlagene Unterteilung der Risikoquellen nach *Handlungen* und *Ergebnissen* (1994: 152) an. Wie lassen sich diese Risiken wirksam begrenzen? Der einfachste Lösungsansatz wäre, sichere Verträge abzuschließen. Gemäß der Colemanschen Unterscheidung können sich Verträge nach Eisenhardt (1989) auf die Regulierung des konkreten *Verhaltens* von Agenten (behavior-based contract) oder auf die Spezifikation des *Arbeitsergebnisses* von Agenten (outcome-based contract) beziehen. Diese *Vertragsform* wird in empirischen Studien zur Überprüfung der Agenturtheorie als abhängige Variable verwendet. Die wichtigsten unabhängigen Variablen sind (a) *Informationssystem* (information system), (b) *Ergebnisunsicherheit* (outcome uncertainty), (c) *Messbarkeit des Ergebnisses* (outcome measurability), (d) *Zeit* (time) und (e) *Programmierbarkeit der Aufgaben* (task programmability); vgl. Eisenhardt (1989: 70). Daraus ergeben sich Hypothesen, die empirisch weitgehend bestätigt worden sind, z.B. "Hypothese 4: Ergebnisunsicherheit hat eine positive Beziehung mit verhaltensbasierten Ver-

---

[67] Der Agent verfügt z.B. nicht über die notwendige Qualifikation (Eisenhardt 1989: 61) und dies ist dem Auftraggeber nicht ausreichend bekannt.

[68] "Manchmal wird noch ein weiterer Typ von Informationsasymmetrie unterschieden, ,'*hidden intention*' genannt. Es geht darum, dass dem Prinzipal die Absichten des Agenten verborgen bleiben" Bea/Göbel 1999: 140).

2.1 Individuum und Organisation

trägen und eine negative mit ergebnisbasierten Verträgen" (Eisenhardt 1989: 61; Übersetzung vom Verf.).

Die Agenturtheorie hat drei Rahmenbedingungen identifiziert, die eine positive Vertragserfüllung begünstigen. Erstens reguliert der *Markt:* "Manager sind bspw. Teilnehmer am Arbeitsmarkt und haben insofern Interesse daran, sich einen guten Ruf, eine Reputation aufzubauen, um vorteilhafte Arbeitsverträge abschließen zu können" (Bea/Göbel 1999: 141). Zweitens werden *Normen* vorgegeben: "Der Handlungsspielraum des Agenten soll durch Vorschriften, Regeln und Anweisungen eingeschränkt werden, deren Einhaltung natürlich überwacht werden muss" (Bea/Göbel 1999: 141). Der dritte Lösungsansatz besteht in der Ausgestaltung von *Anreizsystemen:* "Indem die Agenten am Erfolg ihrer Aktivitäten beteiligt werden, soll ihr Eigeninteresse mit dem Interesse des Auftraggebers deckungsgleich werden" (Bea/Göbel 1999: 141).

Wie sollten die Anreizsysteme konkret gestaltet werden, um ein Optimum von hoher Vertragserfüllung und niedrigen Kosten zu finden (Bea/Göbel 1999: 142)? Mit dieser Frage hat sich die Wirtschaftswissenschaft eingehend beschäftigt. Ein Beispiel ist das "Multi-tasking in Agency Relationships" (Roberts 2004: 140) mit Spezialisten als Agenten, die parallel an mehreren Themen arbeiten. Da der Leistungserbringer kein Motivations-, sondern ein Zeitproblem hat, wäre die Erhöhung der zusätzlichen Belohnung (incentives) sehr kostspielig und wenig wirkungsvoll, so dass Roberts hier zu *schwachen* Anreizen für die konkurrierenden Leistungen rät (2004: 147). Ein zweites Thema ist die Gruppenprämie (group performance pay), die das Phänomen der *Trittbrettfahrer (free-rider)* zur Folge haben kann, indem bestimmte Personen von der Gruppenprämie ohne angemessene Leistung profitieren. Nach Roberts helfen gegen Trittbrettfahren eine kleine Gruppengröße, auf die sich die Prämie bezieht, und die Ausprägung einer wirksamen Gruppennorm des hohen Leistungsniveaus (2004: 154). Insgesamt werden in der weiter entwickelten Rational-Choice Theorie die sozialen Einflussfaktoren stärker berücksichtigt, z.B. in Form von *sozial vermittelten Belohnungen* (Bea/Göbel 1999. 144) oder *Vertrauen* (Baurmann 2002).

Nach Perrow begünstigt die Bevorzugung des egoistischen Verhaltens im Sinne der Agenturtheorie einen bestimmten Typ von Organisation (1986: 233), der in Abbildung 16 zusammengefasst ist.

Abbildung 16: Organisationsform der Agenturtheorie

- Kontinuierliche Interaktionen werden minimiert
- Akteure werden ermutigt, individuelle Belohnungen anzuhäufen, anstatt den Teamerfolg anzustreben
- Die Messung individueller Leistungen wird bevorzugt gegenüber den Ergebnissen kooperativen Handelns
- Interdependente Leistungen in übergreifenden Prozessen werden minimiert
- Führungsstabilität und generalisierte Autorität dominiert gegenüber einem flexiblen Führungsverhalten, das die individuellen Fähigkeiten der Mitarbeiter zur Geltung bringt
- Eine große Anzahl von Hierarchieebenen wird bevorzugt im Gegensatz zu flachen Hierarchien.

Diese Organisationsform neigt zu starren Strukturen, Reduzierung von Teamarbeit und Zurückhaltung möglicher Leistungen durch die Akteure, so dass Perrow (1986: 235) die Agenturtheorie als *gefährliche Erklärung* (*A Dangerous Explanation*) einstuft. Diese Formulierung bringt die Reserviertheit vieler Organisationstheoretiker gegenüber dem "negativen Menschenbild" der Agenturtheorie auf den Punkt, das dem Menschen "stark eigennütziges Verhalten" unterstellt (Bea/Göbel 1999: 143). Wie Husted zeigt, lässt sich dieses Argument auch umkehren, indem das Potenzial der Agenturtheorie betont wird, moralische Verfehlungen durch geeignete Maßnahmen zu vermeiden: "Falls Agenten im Eigeninteresse handeln, dann existiert ein Government, um die Interessen von Agenten und Prinzipalen zu verbinden, um dem Agenten zu helfen, ehrlich zu bleiben" (Husted 2007: 182; Übersetzung vom Verf.). Das Thema *Government* wird im nachfolgenden Kapitel mit dem Konzept der Organisationskultur dargestellt.

2.2 Organisationskultur

2.2.1 Modelle der Unternehmens- und Organisationskultur

2.2.1.1 Klassische Ansätze

Der Begriff Organisationskultur ist eine Verallgemeinerung von *Unternehmenskultur*, die als eines der erfolgreichsten Organisationskonzepte der letzten Jahrzehnte einen festen Platz in den Organisationslehrbüchern hat (z.B. Schreyögg 1998; Kap. 6.3). Der Begriff *Unternehmenskultur* wurde 1982 durch das erfolgreiche Managementbuch *Auf der Suche nach Spitzenleistungen* der Unternehmensberater T.J. Peters und R.H. Waterman in der Managementwelt populär. In ihrem *McKinsey-7S-Modell* (2003: 32) betonen die Autoren, dass neben den von Managern bevorzugten harten Faktoren wie Struktur, Systeme und Spezialkenntnisse auch die weichen Faktoren wie Selbstverständnis und Stil wichtig für den Erfolg von Unternehmen sind. Peters und Waterman stellen in ihrer Studie von 62 erfolgreichen amerikanischen Unternehmen überraschend fest, dass die erfolgreichsten Unternehmen in ihrer Firmenkultur die weichen Faktoren intensiv leben (2003: 39).

Parallel zu Peters und Waterman veröffentlichen T.E. Deal und A.A. Kennedy das Buch *Corporate Cultures. The Rites and Rituals of Corporate Life*. Kennedy war auch McKinsey-Berater, und Deal lehrte Pädagogik als Professor in Harvard. Unternehmenskultur besteht nach Deal und Kennedy aus Werten, Helden, Riten und Ritualen sowie aus einem kommunikativen Netzwerk der Mitarbeiter (1997: 14-15). Auch Deal und Kennedy stellen ebenso wie Peters

2.2 Organisationskultur

und Waterman die These auf, dass Unternehmen mit starker Unternehmenskultur erfolgreicher sind (1997: 5)[69].

E. Schein, Professor am Massachusetts Institute of Technology, veröffentlicht 1985 in dem Buch *Organizational Culture and Leadership* die wohl bekannteste Definition der *Kultur*:

> Ein Muster von gemeinsamen Basisannahmen, das von der Gruppe gelernt wurde, weil es ihre Probleme externer Anpassung und interner Integration gelöst hat. Dieses Muster hat sich als ausreichend erfolgreich erwiesen, um als gültig angesehen und deshalb neuen Mitgliedern als richtigen Weg des Wahrnehmens, Denkens und Fühlen gegenüber den Problemen der Anpassung und Integration vermittelt zu werden. (Schein 1997: 12; Übersetzung vom Verf.)

Schein hat die unterschiedlichen Aspekte der Organisationskultur in seinem Drei-Ebenenmodell zusammengefasst, das in Abbildung 17 dargestellt ist (1997: 17):

Abbildung 17: Ebenen der Organisationskultur

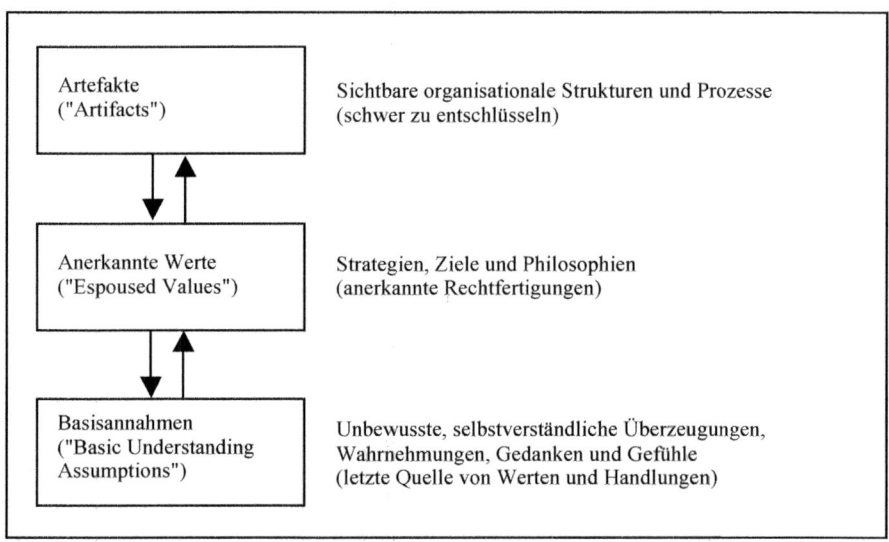

Im Unternehmen manifestieren sich *Artefakte* im Corporate Design (z.B. Logos oder Kleidungsnormen[70]), in Richtlinien und Regularien, in Standardprozessen,

---

69 Zur empirischen Überprüfung dieser Hypothese vgl. Kap. 2.2.3.

in IT-Systemen und in Organigrammen, Aufgaben- und Stellenbeschreibungen. *Anerkannte Werte* sind Strategien, Zielsysteme und normative Vorstellungen über das richtige Verhalten der Mitarbeiter, die in Leitlinien, Strategiepapieren und Firmenprospekten dokumentiert sind. *Basisannahmen* sind grundlegende Orientierungen zu Themen wie Umweltbezug, Wahrheit, Zeit, Menschen, menschliches Handeln und soziale Beziehungen. Obwohl Basisannahmen nur schwer beobachtbar und abfragbar sind, bilden sie den Kern der Organisationskultur. Die Kultur sichert nach Schein den Gruppen und Organisationen Integrität und Autonomie, die Abgrenzung von der Umwelt und anderen Gruppen sowie eine *Identität* (1997: 298).

Eine umfangreiche Forschungsarbeit zum Thema Unternehmenskultur hat Geert Hofstede in einer Vielzahl von Studien geleistet, die auf einer durch den Computerhersteller IBM beauftragten Befragung im Zeitraum von 1967 bis 1973 zurückgehen, wo Mitarbeiter aus 72 Nationen nach ihren Wertorientierungen befragt wurden (2001: 41).

> Kultur ist die kollektive Programmierung des Geistes, die sich auf vier grundlegende Weisen manifestiert:
> - *Symbole* enthalten bestimmte Bedeutungen für die Mitglieder einer Kultur.
> - *Helden* sind kulturelle Rollenmodelle.
> - *Rituale* sind technisch überflüssig, aber sozial notwendig für die Kultur.
> - *Werte* sind emotional und reflektierte Präferenzen für bestimmte Zustände über andere.
>
> Symbole, Helden und Rituale bilden zusammen Praktiken. (Hofstede/Peterson 2000: 402; Übersetzung vom Verf.)

Hofstedes Kulturbegriff entspricht der umfassenden Definition von Deal und Kennedy. Während die Praktiken im Zusammenhang mit Symbolen, Helden und Ritualen für einen externen Beobachter sichtbar sind, kennen nur die Insider deren tiefere kulturelle Bedeutungen (2001: 10). In der Datenauswertung ermittelt Hofstede fünf Hauptdimensionen von Werten über alle Länder und erstellt für die einzelnen Nationen Profile der unterschiedlichen Landeskulturen (2001), die besonders bei internationalen Fusionen und Firmenkäufen zu Konflikten führen und durch ein *Integrationsmanagement* eingeschränkt werden können (Hofstede 2001: 409). Werte lassen sich nach Hofstede sowohl auf Nationen- als auch auf Organisationsebene erheben, wobei in Organisationen die Praktiken (Symbole, Helden und Rituale) stärker ausgeprägt und damit empirisch besser erfasst werden können (2001: 394). Im Zusammenhang mit der Internalisierung

---

70 Wie der obligatorische blaue Anzug der Mitarbeiter von "Big Blue" IBM.

2.2 Organisationskultur

bildet die Überwindung der kulturellen Distanz ein wichtiges Thema für die Theorie und Praxis der Organisation (Hutschenreuter/Voll 2007).

Ein weiteres Thema, das in Zusammenhang mit der Organisationskultur gesehen wird, bildet *Corporate Governance* (von Werder 2004; Lorsch/Graff 2002). Gemeint ist eine Unternehmensverfassung, die einen "rechtlichen und faktischen Ordnungsrahmen für die *Leitung* und *Überwachung* eines Unternehmens" (von Werder 2004: 160) bildet und als Reaktion auf eine Serie von Korruptionsskandalen Popularität erlangt hat. Konkret handelt es um Verhaltensanweisungen und damit verbundene Kontrollsysteme, die z.B. Bestechungsdelikte verhindern sollen. Die Prinzipien von Corporate Governance sollen "Präferenzen für opportunistische Verhaltensweisen entgegenwirken" (von Werder 2004: 160). Zur Motivation der Mitarbeiter werden Anreizsysteme eingerichtet. Darauf ist die Agenturtheorie (Husted 2007: 182) spezialisiert, wie in Kap. 2.1.3 dargestellt wird.

In der Politikwissenschaft ist der Begriff Governance erweitert worden zu einem Modell der Steuerungs- und Regelungsmechanismen politischer Systeme (Benz/Lütz/Schimank/Simonis 2007).

2.2.1.2 Organisationskommunikation

In dem Handbuch zur Organisationskommunikation (Jablin/Putnam 2001) beschreiben Weick und Ashford in ihrem Beitrag zum Lernen in Organisationen den Begriff Kultur als einen *Kommunikationsprozess*[71].

> Kulturen bestehen aus laufenden Dialogen, die verschiedenartig angepasst oder engagiert sind. Ein Dialog ist angepasst, wenn die daran teilnehmenden Individuen oder Gruppen mit dominanten Interpretationen und Bedeutungen übereinstimmen. Er ist engagiert, wenn Individuen und Gruppen gegen eine dominante Interpretation kämpfen und versuchen, zu Handlungen zu motivieren, die auf einer alternativen Erklärung beruhen. In den meisten Organisationen findet man sowohl angepasste als auch engagierte Ressourcen für Dialoge. Daher ist eine Organisationskultur notwendig eine konflikthafte Umwelt, ein Platz für vielfältige Sininhalte in einem konstanten Kampf um die interpretative Kontrolle. (Weick/Ashford 2001: 713; Übersetzung vom Verf.)

Diese interaktionistische Definition von Organisationskultur deckt sich mit dem Alltagsverständnis von Organisationsmitgliedern, dass das Kommunikations- und Informationsverhalten in Organisationen wesentliche Elemente der Organi-

---

71 Weick und Ashford (2001: 713) zitieren hier eine Definition von Conquergood.

sationskultur sind[72]. Mit dem Phänomen der Organisationskommunikation beschäftigen sich neben Soziologie und Psychologie die Medienwissenschaft, Kommunikationswissenschaft und die Wirtschaftswissenschaft. Organisationskommunikation ist eine Form von *Kommunikation:* "Zusammenfassend kann Kommunikation als intentionale Informationsübertragung zwischen zwei oder mehr Systemen, die der Informationsabgabe und -aufnahme fähig sind, definiert werden" (Maletzke[73] 1998: 38). Unter der Kategorie der Kommunikation werden in der Kommunikationswissenschaft vier Formen unterschieden:

1. Interpersonelle Kommunikation
2. Kleingruppenkommunikation
3. Organisationskommunikation
4. Massenkommunikation.

In der allgemeinsten Definition umfasst die *Organisationskommunikation* die interpersonelle Kommunikation und die Gruppenkommunikation und darüber hinaus wesentliche Elemente der Organisation:

> Organisationskommunikation ereignet sich in großen kooperativen Netzwerken und umfasst alle Aspekte der interpersonellen Kommunikation und der Gruppenkommunikation. Zusätzlich beinhaltet die Organisationskommunikation Themen wie Struktur und Funktion von Organisationen, menschliche Beziehungen, Kommunikation und der Prozess des Organisierens sowie Organisationskultur. (Maletzke[74] 1998: 41; Übersetzung vom Verf.)

Mit dieser Definition wird die begriffliche Abgrenzung zwischen Organisation und Organisationskommunikation unscharf, weil die Organisationskommunikation Elemente abdeckt, die man klassisch dem Organisationsbegriff zuordnet, z.B. Strukturen und Funktionen. Eine genauere Unterscheidung des Begriffsumfangs von Organisationskommunikation nimmt Deetz vor, indem er drei Ebenen (Foci) unterscheidet.

Der erste Fokus liegt auf den Aktivitäten, die von *Kommunikationsabteilungen* ausgeführt werden (2001: 4). Dies könnte die Einrichtung und Pflege des

---

72 Diese Zuordnung von Organisationskommunikation zur Organisationskultur bestätigen Eisenberg und Riley (2001: 294-295) in ihrem Beitrag *Organizational Culture* zu dem Handbuch der Organisationskommunikation. Strukturtheoretisch orientierte Autoren betonen stärker die kulturellen Dimensionen von Werten und Regelsystemen und blenden die Kommunikations- und Interaktionsprozesse weitgehend aus. Ein Beispiel ist das Lehrbuch *Understanding Organizational Culture* von Alvesson (2005). Einen Überblick über das Thema der *Organisationskommunikation* bietet Theis (1994).
73 Maletzke übernimmt diese Definition von Bentele und Beck.
74 Maletzke zitiert hier Littlejohn im englischen Original.

Internetauftritts, die Öffentlichkeitsarbeit oder die Mitarbeiterinformation sein. Der zweite Fokus bezieht sich auf das Phänomen der *Kommunikation in Organisationen*. Dieser Ansatz umfasst alle Kommunikationsprozesse in Unternehmen, z.B. die Kommunikation mit Kunden und Lieferanten, die Kommunikation zwischen Vorgesetzten und Mitarbeitern, die Kommunikation zwischen Kollegen und die informellen Kommunikationsnetzwerke. Im dritten Fokus wird Organisation mit Organisationskommunikation gleich gesetzt: "Der dritte Weg, sich dem Thema zu nähern, besteht darin, sich Kommunikation als ein Weg zur Beschreibung und Erklärung von Organisationen vorzustellen" (2001: 5; Übersetzung vom Verf.).

Der zweite Fokus der Kommunikation in Organisationen ist am besten geeignet, das Phänomen ohne begriffliche Unschärfe zu analysieren. Dies schließt die erste Fassung der Arbeit von Kommunikationsbereichen mit ein. Betrachtet man allerdings die rasante Entwicklung der Kommunikationsdisziplinen, so ist zu erwarten, dass sie versuchen werden, unter dem Begriff der Kommunikation die komplette Organisation mit Verhalten und Strukturen zu subsumieren. Ein Beispiel für diesen Anspruch stellt das wissenschaftlich anspruchsvolle *New Handbook of Organizational Communication* (Jablin/Putnam 2001) dar, in dem sich neben klassischen Kommunikationsthemen auch andere Problembereiche der Organisationstheorie finden, z.B. Organisationskultur, Macht und Politik, Partizipation und Entscheidungsfindung oder Lernen in Organisationen.

Die Lehrbücher zur Kommunikation starten mit dem *technischen* Kommunikationsmodell von Claude E. Shannon und Warren Weaver aus dem Jahr 1949, das in Abbildung 18 dargestellt ist.

Abbildung 18: Technisches Kommunikationsmodell nach Shannon[75]

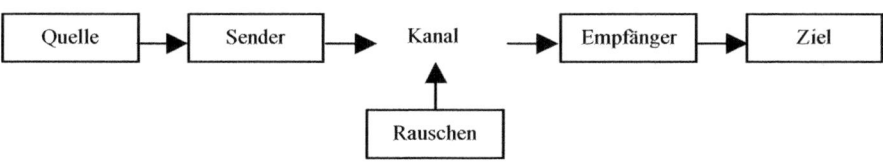

Weder Sozial- noch Kommunikationswissenschaft beschränken sich zur Beschreibung und Erklärung von Kommunikation auf dieses technische Modell. Nach Max Weber ist soziales Handeln als *sinnhaftes* Verhalten eines Akteurs definiert, das auf andere Akteure bezogen ist.

---

75 Die Abbildung ist Maletzke (1998: 107) entnommen.

Soziologie (im hier verstandenen Sinn dieses sehr vieldeutig gebrauchten Wortes) soll heißen: eine Wissenschaft, welche soziales Handeln deutend verstehen und dadurch in seinem Ablauf und seinen Wirkungen ursächlich erklären will. 'Handeln' soll dabei ein menschliches Verhalten (einerlei ob äußeres oder innerliches Tun, Unterlassen oder Dulden) heißen, wenn und insofern als der oder die Handelnden mit ihm einen subjektiven Sinn verbinden. 'Soziales' Handeln aber soll ein solches Handeln heißen, welches seinem von dem oder den Handelnden gemeinten Sinn nach auf das Verhalten anderer bezogen wird und daran in seinem Ablauf orientiert ist. (Weber 1972: 1)

Aus dieser in den Sozialwissenschaften allgemein anerkannten Definition folgt, dass Kommunikation auf der *Sinndimension* aufbaut und in die *Interaktion* von Akteuren eingebettet sein muss. Diesen Ansatz hat Luhmann in der Systemtheorie konsequent aufgegriffen, indem er den *Kommunikationsakt* als die elementare Operation von sozialen Systemen definiert (1997: 112). Kommunikation besteht aus den drei Elementen *Information, Mitteilung* und *Verstehen*, wie in Abbildung 19 dargestellt wird.

Abbildung 19: Dimensionen der Kommunikation nach Luhmann

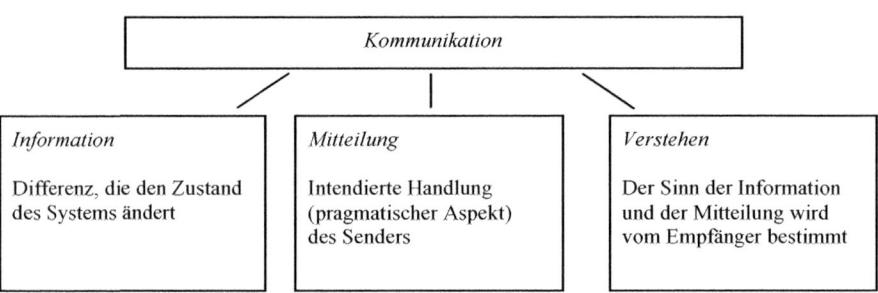

In Anlehnung an Gregory Bateson definiert Luhmann *Information* als "eine Differenz, die den Zustand des Systems ändert" (1997: 190). Stellen wir uns einen Vorgesetzten vor, der zu seinem Mitarbeiter folgenden Satz sagt: "Das Angebot an den Kunden muss heute noch raus." Dies ist zunächst eine Information für den Mitarbeiter. Er erfährt den Termin, an dem das Angebot fertig gestellt sein muss. Gleichzeitig verbindet der Vorgesetzte mit dieser Aussage die Handlungsaufforderung an den Mitarbeiter, das Angebot in der vorgegebenen Zeit fertig zu stellen. Der Kommunikationsakt wird zu einer sozialen Handlung, indem der Sprechende mit ihm eine Intention verbindet, die für den Mitarbeiter eine Verbindlichkeit der *Mitteilung* zur Folge hat. Diese Handlungsdimension nennt Luhmann in Anlehnung an die Sprechakttheorie den *pragmatischen Aspekt* der Kommunikation (2002a: 284). Die Kommunikation kommt nach Luhmann erst dann zustande, wenn der Empfänger sowohl die Information als auch die Mitteilung *verstanden* hat und in der Lage ist, daran weitere Operationen anzuschließen. Im zeitlichen Verlauf der Kommunikation generiert das Verstehen "nachträglich Kommunikation" (1997: 72). Für das Beispiel bedeutet dies, dass der Mitarbeiter den Satz - wie vom Vorgesetzten gemeint - auf sich bezieht und versteht, dass *er* das Angebot fertig stellen soll.

Obwohl Luhmann *Kommunikation* als die Elementaroperation sozialer Systeme definiert und den Kommunikationsbegriff durch die Dimensionen Information, Mitteilung und Verstehen relativ weit fasst, identifiziert er nicht Kommunikation mit Organisation. Organisation als Autopoiesis des Entscheidens enthält Kommunikationsprozesse und -strukturen. Damit sind aber nicht alle Prozesse und Strukturen in Organisationen abgedeckt. So lassen sich z.B. Entscheidungsprogramme, Hierarchiestrukturen oder Karrierewege dem Kommunikationsbegriff nicht unterordnen.

Im Gegensatz zur Systemtheorie könnte man eher von dem interpretativ-interaktionistischen Paradigma erwarten, dass sich die Interpretations- und Interaktionshandlungen unter dem Kommunikationsbegriff subsumieren lassen. Als Hauptvertreter der interpretativ-interaktionistischen Organisationstheorie kommt der Sozialpsychologe Karl Weick diesem Ansatz mit seinem Modell des *Sensemaking*[76] sehr nahe. Allgemein bezieht sich Sensemaking "auf solche Dinge wie Verortung von Themen in Bezugsrahmen, Verständnis, Verarbeitung von Überraschungseffekten, Sinnkonstruktion, Interaktion mit dem Ziel des gegenseitigen Verstehens und der Strukturierung" (1995: 6; Übersetzung vom Verf.). Diese Aspekte des Sensemaking haben zwar mit Kommunikation zu tun, sind aber auch unterschiedlich, indem die *Sinnkonstruktion* ins Zentrum des Modells organisationalen Handelns gestellt wird. Die Sinnkonstruktion führt zur Verfestigung von Organisationsstrukturen (z.B. Rollen), in die der Sinn gegossen wird. Diese Wechselbeziehung zwischen der intersubjektiven Ebene der Interaktion zwischen Individuen und der Entstehung und Veränderung sozialer Strukturen auf der generisch subjektiven Ebene lässt sich nicht mit dem Begriff der Kommunikation angemessen beschreiben[77]. Wenn man nicht das Ziel verfolgt, die Theorie der Organisationskommunikation zur neuen Organisationstheorie zu erheben, dann ist es aus den dargestellten Gründen sinnvoll, den Begriff der Organisationskommunikation auf die ersten beiden Dimensionen der Unterscheidung von

---

76 Das Modell des *Sensemaking* wird ausführlicher in Kap. 2.4.1.2 dargestellt.
77 Zu Weicks (1995: 70) Definition der Ebenen vgl. Kap. 2.4.1.2.

Deetz zu beschränken, also Organisationskommunikation als *Kommunikation in Organisationen* zu definieren. Der Wirtschaftswissenschaftler Manfred Bruhn beschränkt daher den Begriff der Unternehmenskommunikation auf die Kommunikation in Unternehmen und konzentriert sich auf Instrumente zur Kommunikation mit Zielgruppen.

> So bezeichnet die *Unternehmenskommunikation* die Gesamtheit sämtlicher Kommunikationsinstrumente und -maßnahmen eines Unternehmens, die eingesetzt werden, um das Unternehmen und seine Leistungen den relevanten Zielgruppen der Kommunikation darzustellen. Nach ihrer Ähnlichkeit lassen sich die vielfältigen Kommunikationsmaßnahmen gedanklich bündeln und in unterschiedliche *Kommunikationsinstrumente* systematisieren. Welche Instrumente jeweils zum Einsatz kommen, ist stark abhängig von den *Zielgruppen,* die die Adressaten der Unternehmenskommunikation darstellen. Grob unterscheiden lassen sich unternehmensinterne (vor allem die Mitarbeiter) sowie unternehmensexterne Zielgruppen, wie z.B. Kunden, Presse, Öffentlichkeit und Aktionäre. (Bruhn 2004: 1532)

Diese Definition der Unternehmenskommunikation lässt sich zwischen dem ersten und zweiten Fokus von Deetz verorten. Der Vorteil der Bruhnschen Festlegung liegt darin, dass sich die Unternehmenskommunikation empirisch und konzeptionell präzise fassen lässt und sich damit als konstruktiv für die Organisationsforschung erweist. Durch die Unterscheidung von Absender und Zielgruppe (Adressat) der Kommunikationsmaßnahmen ergeben sich die in Abbildung 20 dargestellten Prozesse der Unternehmenskommunikation.

Abbildung 20: Typen von Kommunikationsprozessen[78]

Absender \ Adressat	Management	Mitarbeiter	Kunde
Management	Unternehmensinteraktion	Mitarbeiterkommunikation	Marktkommunikation
Mitarbeiter	Unternehmensgerichteter Mitarbeiterdialog	Mitarbeiterinteraktion	Kundenkommunikation
Kunde	Unternehmensgerichteter Kundendialog	Mitarbeitergerichteter Kundendialog	Kundeninteraktion

---

[78] Abbildung 20 ist identisch mit Abb. 1 in Bruhn (2004: 1534).

2.2 Organisationskultur

Im Rahmen der Betriebswirtschaft und der Kommunikationswissenschaft hat sich das Modell der *integrierten Kommunikation* (Bruhn 2006; Ahlers 2006; Kirchner 2003) etabliert, das einen theoretischen Rahmen und einen praktischen Leitfaden für die Gestaltung von Kommunikationsprozessen in Unternehmen bietet.

> Integrierte Kommunikation ist ein Prozess der Analyse, Planung, Organisation, Durchführung und Kontrolle, der darauf ausgerichtet ist, aus den differenzierten Quellen der internen und externen Kommunikation von Unternehmen eine Einheit herzustellen, um ein für die Zielgruppen der Kommunikation konsistentes Erscheinungsbild des Unternehmens bzw. eines Bezugsobjektes des Unternehmens zu vermitteln. (Ahlers 2006: 2)

Zu den einzelnen Feldern in Abbildung 20 findet sich in der Wirtschafts-, Kommunikations- und Organisationswissenschaft eine Vielzahl von empirischen und theoretischen Analysen. Das Gebiet der *Mitarbeiterkommunikation* (Winterstein 1998; Schoppek/Putz-Osterloh 2004) bezieht sich auf formelle Informationskanäle, z.B. Rundschreiben, Informationsveranstaltungen oder Bekanntmachungen im Intranet. Im weiteren Sinne lassen sich alle formellen und informellen Kommunikationswege und -prozesse zwischen Vorgesetzten und Mitarbeitern und zwischen Kollegen unter dem Begriff der Mitarbeiterkommunikation fassen. Eine spezielle Form der Information von Mitarbeitern an das Management stellen *Mitarbeiterbefragungen* (Borg 2000; Domsch/Schneble 1992; Töpfer/Zander 1985) dar, die auf qualitative und quantitative Methoden der empirischen Sozialforschung zurückgreifen.

Das Pendant zu der internen Mitarbeiterkommunikation ist die *externe Kommunikation* der Organisation mit der Umwelt. Für Unternehmen ist das *Marketing* (Becker 1998) auf die Kommunikation mit dem Markt und den Kunden spezialisiert. Eine eigenständige Disziplin der externen Kommunikation bildet die *Öffentlichkeitsarbeit/Public Relations* (Pflaum/Linxweiler 1998; Zerfaß 2005), die für Unternehmen ebenso relevant ist wie für öffentliche Organisationen und Institutionen. Insbesondere die politische Kommunikation von Organisationen (Merten/Zimmermann/Hartwig 2003) hat an Bedeutung zugenommen. Analog zur Mitarbeiterbefragung stellt die *Kundenzufriedenheitsanalyse* (Simon/Homburg 1998, Töpfer 1996) ein Instrument dar, um Markt- und Kundeninformation empirisch zu erheben.

Mit der Ausbreitung des Internets hat sich die *technisch vermittelte interpersonelle* Kommunikation (Höflich 1996) zu einem neuen Forschungsschwerpunkt entwickelt. Gemeint sind Internet-Technologien, wie World Wide Web (Castells 2005) und E-Mail (Westermann 2004, Frank 2004), die sowohl intern als auch extern genutzt werden können. Hier stellt sich organisationstheoretisch die Frage, in welchem Ausmaß diese neuen Technologien Organisationskulturen, -strukturen und -prozesse verändern. Stellen wir uns als Beispiel die folgende Szene vor. Ein Organisationsberater und ein Bereichsleiter eines größeren Unternehmens treffen sich im Büro des Bereichsleiters zu einem ganztägigen Workshop, um im Rahmen der Unternehmensplanung die Bereichsstrategie zu aktualisieren. Die Sekretärin im Vorzimmer bekommt die Anweisung, keine Störung zuzulassen und nur dringende Anrufe durchzustellen. Im Verlauf des Vormittags wird das Gespräch nur einmal durch einen Anruf des Bereichsleiters auf dessen Mobiltelefon für etwa zehn Minuten unterbrochen. Beim Mittagessen unterhalten sich beide Gesprächspartner über eine Fernsehdiskussion des Vorabends, in der prominente Manager über neue Informationstechnologien in Organisationen diskutiert haben. Man war sich in der Fernsehdiskussionsrunde einig, dass die neuen IT-Systeme alte Organisationshierarchien abschaffen und Kommunikationsprozesse grundlegend verändern. Mitarbeiter kommunizieren z.B. über E-Mail mit Führungskräften und überspringen dabei mehrere Hierarchieebenen oder Bereichsgrenzen. Die beiden Gesprächspartner erinnern sich während ihres gemeinsamen Mittagessens an den Verlauf des Vormittags und fragen sich, warum nur eine Störung erfolgte. Die Antwort ist einfach: Die Sekretärin hat alle Anrufer und Besucher informiert, dass sich ihr Chef in einem Meeting befindet und nicht gestört werden möchte.

In diesem Fall wird die alte Hierarchieordnung dadurch bewahrt, dass Anrufe über Festnetz bei der Sekretärin auflaufen und nur den Bereichsleiter erreichen, wenn die Sekretärin die Anrufe zu ihrem Chef durchstellt. Bemerkenswert ist allerdings, dass der Bereichsleiter nur einmal über Mobiltelefon angerufen wurde, obwohl die mobile Telefonnummer im Unternehmen allgemein bekannt ist. Der Anrufer war sein zuständiger Vorstand, also der Chef des Bereichsleiters. Für ihn gilt, dass er seinen Mitarbeiter per Mobiltelefon stören kann. Die Mitarbeiter des Bereichsleiters hingegen trauen sich nicht, das Mobiltelefon zu nutzen, und respektieren damit die traditionellen Kommunikationsregeln. Die Organisationsrealität muss nicht - dies zeigt das Beispiel - den euphorischen Aussagen der Fernsehexperten entsprechen.

Andererseits lässt sich dieses Beispiel nicht verallgemeinern, weil viele Organisationen die neuen Kommunikationssysteme genutzt haben, um veränderte Kommunikationsprozesse und -regeln einzuführen. So beklagen sich viele Manager über die Flut von E-Mails, die an Hierarchie- und Bereichsgrenzen vorbei auf sie einströmt. Es ist zwar nicht zu erwarten, dass Organisationen durch neue Kommunikationstechnologien - quasi automatisch - grundlegend verändert werden. Stattdessen werden spezielle Nutzungsroutinen und damit verbundene soziale Regeln und Sinninterpretationen entstehen. Ein Beispiel bilden Bezie-

2.2 Organisationskultur

hungsnetzwerke von Mitarbeitern, die mit elektronischen Medien kommunizieren:

> Es werden nicht nur neue Formen technisch vermittelter interpersonaler Kommunikation geschaffen, die allemal schon die Beziehungen der Organisationsmitglieder beeinflussen, sondern es vermögen sich über den formalen Kommunikationszusammenhang hinausgehende (informale) elektronische Beziehungen und Beziehungsstrukturen als "virtuelle Gruppen" auszubilden, die auch das organisatorische Regelgefüge nicht unberührt lassen. (Höflich 1996: 193)

Organisationen werden versuchen, die Stärken der IT zu nutzen und Vorkehrungen zur Vermeidung der Nachteile zu treffen: "Im Hinblick auf die einzelnen abgefragten Stärken und Schwächen ist vor allem von Bedeutung, dass die Zeit- und Ortsunabhängigkeit der Online-Kommunikation als zentrale Stärke angesehen werden. Dagegen wird das Thema E-Mail-Flut - und die Probleme bei der Beantwortung dieser E-Mails - als die zentrale Schwachstelle gesehen" (Westermann 2004: 575).

Die IT-Nutzung wird vorwiegend von empirisch orientierten Organisationsforschern analysiert. Allerdings ergeben sich darüber hinaus grundlegende Fragen an die Kommunikations- und Organisationswissenschaft: "Welche Auswirkungen hat das Internet in seiner Gesamtheit unter Einbeziehung der verschiedenen Möglichkeiten und einzelnen Applikationen auf den Bereich der Unternehmens- bzw. Organisationskommunikation insgesamt? Wie hat er sich in den vergangenen Jahren auf Grund des Internets und der damit in Beziehung stehenden Technologien verändert und welche Trends für zukünftige Entwicklungen zeichnen sich ab?" (Westermann 2004: 577-578).

In der externen Kommunikation sind durch die Nutzung von Internet-Technologien veränderte Kommunikationsprozesse zu beobachten, die neue Geschäftsmodelle eröffnen. Ein Beispiel ist der Computerhersteller DELL, der seine Produkte ausschließlich über Internet vertreibt. Der Titel des von Erich Frese und Harald Stöber herausgegebenen Buches *E-Organisation* (2002) ist programmatisch für die grundlegenden Veränderungen von Organisationen durch *E-Commerce*. Eine Weiterentwicklung des Intranets bilden IT-gestützte *Portale*, mit denen Organisationsmitglieder Informationen aus unterschiedlichen Quellen elektronisch abrufen können.

Diese Entwicklungen lassen sich empirisch jeweils erforschen und beschreiben. Die Organisationstheorie hat es dagegen schwerer, Aussagen und Erklärungen zu erarbeiten, die über einen längeren Zeitraum trotz technologischer Veränderungen Bestand haben. Trotz dieser Einschränkung ist langfristig zu erwarten, dass die Organisationstheorie durch die Begriffe und Modelle der

Organisationskommunikation - insbesondere durch die technisch vermittelte Kommunikation - erweitert und verändert wird.

2.2.1.3 Kontingenzkultur

Entscheidungen über Entscheidungsprämissen[79] bezeichnet Luhmann als Planung (2000: 230), so dass Organisationen mit Hilfe von Planung Unsicherheit reduzieren. Allerdings haben Entscheidungen über Entscheidungsprämissen neben der durch Planung bestimmbaren Innenseite auch eine unbestimmbare Außenseite von *unentscheidbaren* Entscheidungsprämissen, die Luhmann *Organisationskultur* nennt (2000: 241), wie in Abbildung 21 dargestellt wird.

Abbildung 21: Organisationskultur als Kontingenzkultur

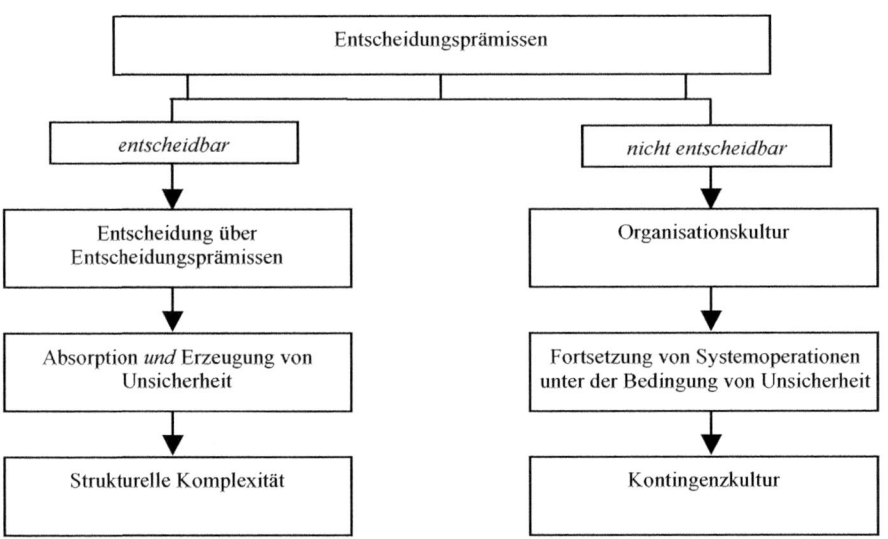

---

79 Eine *Entscheidung* markiert nach Luhmann die präferierte Seite einer Alternative, die als Unterscheidung vom System beobachtet wird (2000: 132). *Entscheidungsprämissen* sind als Unterkategorie von Prämissen *Voraussetzungen*, "die bei ihrer Verwendung nicht mehr geprüft werden" (2000: 222). Der Begriff der Entscheidungsprämissen wird in Kap. 2.4.1.3 dargestellt. *Innen-* und *Außenseite* beziehen sich auf den Begriff der *Form* (Luhmann 2002a: 75). Der Begriff *Kontingenzkultur* stammt von Dirk Baecker (1999: 110) und wird am Ende dieses Kapitels erläutert.

2.2 Organisationskultur

Luhmann schließt sich auf der deskriptiven Ebene der dargestellten Definition der Organisationsforscher an. Organisationskultur besteht aus Strukturen, die "als Selbstverständlichkeiten angesehen werden, die jeder versteht und akzeptiert, der mit dem System erfahren und vertraut ist" (2000: 145). Durch die systemtheoretische Definition als "Komplex der unentscheidbaren Entscheidungsprämissen" (2000: 241) wird Organisationskultur allerdings zu einem speziellen Modell, das sich im Aufbau und in den Konsequenzen von den Modellen der Organisationstheorie (z.B. Schein und Hofstede) unterscheidet.

Der wesentliche Unterschied liegt in der *Unbestimmbarkeit* der Organisationskultur, die als Außenseite der Entscheidung über Entscheidungsprämissen aus *unentscheidbaren Entscheidungsprämissen* besteht. Demgegenüber finden sich auf der Innenseite Entscheidungsprämissen, die für die Organisation für einen bestimmten Zeitraum *fixiert* sind. Die Funktion der Organisationskultur besteht genau darin, dass die Systemoperationen auch dann weiterlaufen können, wenn keine eindeutigen Entscheidungsprämissen fixiert sind.

> Damit wird gut verständlich, dass Organisationskulturen dort entstehen, wo Probleme auftauchen, die nicht durch Anweisungen gelöst werden können, zum Beispiel angesichts der Notwendigkeit einer einheitlichen Außendarstellung bei internen Meinungsverschiedenheiten. (Luhmann 2000: 241)

Die Inhalte der Organisationskultur bestehen zum einen aus vertrauten Kommunikationen (Luhmann 2000: 243). In Organisationen gibt es charakteristische Sprüche, z.B. dass man kein Gehalt, sondern "Schmerzensgeld" am Monatsende erhält. In krisengebeutelten Unternehmen mit einem hohen Grad von Entfremdung der Mitarbeiter gegenüber dem eigenen Unternehmen bekommt man auf die Frage "Wie geht's?" die Antwort: "Privat - gut!". Zum anderen haben Organisationskulturen die Form von *Werten,* die Luhmann "als Anhaltspunkte in der Kommunikation definiert, die nicht direkt kommuniziert werden" (2000: 244). In dieser Definition steckt erstens das Element der *Anhaltspunkte*, die als wünschenswerte Zustände dem Handeln eine grobe Orientierung geben. Zweitens sind Werte eher *latent*[80] und damit nicht Gegenstand direkter Kommunikation. Natürlich weiß Luhmann, dass soziale Systeme in der Lage sind, über Werte zu kommunizieren. Gemeint mit der Nicht-Kommunizierbarkeit ist genauer, dass mitgeteilte Werte sich dem Risiko der Ablehnung aussetzen und damit ihre Funktion als integrative Basis unterschiedlicher Handlungen und Interessen verlieren. Den Werten kommt in dieser Funktion ihre Generalisierbarkeit und damit Vagheit zur Hilfe, durch die eine gewisse Bandbreite von Handlungsmöglichkeiten zugelassen wird.

---

80 Latent bedeutet *verborgen* und damit schwer zugänglich für Beobachter.

Organisationen berufen sich nach Luhmann z.B. auf die "Tradition", wobei eine relativ allgemeine Vorstellung besteht, welche Entscheidungsprämissen genau darunter fallen. Ein zweites Beispiel ist die Forderung nach Innovationen, die allerdings ihrer Natur nach nicht bestimmbar sind. Durch die Verwendung solcher generalisierter Begriffe erlangt nach Luhmann die Organisation die Fähigkeit, in ihren Operationen die Fiktion einer durch Organisationskultur repräsentierten Einheit zugrunde zu legen.

> Hier wie auch sonst hängt die kommunikative Wirksamkeit von Kultur also nicht davon ab, dass Individuen in ihrer Meinung übereinstimmen und dies festgestellt wird; wohl aber davon, dass in der Kommunikation so verfahren wird, als ob dies der Fall wäre. (Luhmann 2000: 244)

Da Organisationen mit Entscheidungen gleichzeitig Unsicherheit *absorbieren* und *erzeugen*, ist es notwendig, einen Einheit stiftenden Bereich von unentscheidbaren Entscheidungsprämissen als Organisationskultur abzugrenzen, die trotz der inhaltlichen Vagheit eine Orientierungsfunktion leistet. Dieser Bereich der Organisationskultur ist, wie in Abbildung 21 dargestellt, unabhängig von der Welt der entscheidbaren Entscheidungsprämissen in Form von Stellen, Entscheidungsprogrammen[81] und Kommunikationswegen.

Nach dieser systemtheoretischen Konzeption sind die Versuche von Beratern und Managern kontraproduktiv, die Organisationskultur konkret zu operationalisieren mit Zielen und Maßnahmen. Selbst die Formulierung von Leitlinien birgt bereits das Risiko des Widerspruchs. Erfahrene Organisationsexperten raten daher davon ab, Leitlinien zu veröffentlichen, die von der gelebten Wirklichkeit im Unternehmen abweichen. Die Formulierung von unrealistischen Leitlinien macht die Missstände transparent und provoziert zynische Reaktionen und eine verstärkte Entfremdung der Mitarbeiter gegenüber dem Unternehmen.

Ein konstruktiver Konflikt, der durch die Bekanntmachung wirklichkeitsfremder Leitlinien ausgelöst wird, würde mit hoher Wahrscheinlichkeit zu einem Wandel der Organisationskultur führen, durch den sich das System positiv weiterentwickeln kann. Die Veränderung der Organisationskultur ist allerdings - systemtheoretisch betrachtet - eher eine Ausnahme. Ein Grund liegt in der Vagheit der Organisationskultur, die Veränderungsprozesse ins Leere greifen lässt. Ein zweiter Grund resultiert aus der Funktion der Organisationskultur, Anschlusskommunikation im System auch bei gegensätzlichen Positionen zu er-

---

81 Mit *Entscheidungsprogrammen* beobachtet das System die Umsetzung von Entscheidungsprämissen in Entscheidungen und bewertet sie als sachlich richtig oder falsch (2000: 257). Entscheidungsprogramme, die Entscheidungen über Systeminputs steuern, nennt Luhmann *Konditionalprogramme*. *Zweckprogramme* beziehen sich auf den Systemoutput (2000: 261).

2.2 Organisationskultur

möglichen und auf diese Weise das System in Aktion zu halten. Der dritte Grund liegt in der strukturellen Kopplung der Organisation mit den Mitgliedern als Personen, die durch die Organisationskultur eine gewisse Sicherheit und Aufgehobenheit erleben. Ein vierter Grund für die Widerstandsfähigkeit der Organisationskultur gegenüber geplantem Wandel liegt in ihrer Funktion als Gedächtnis der Organisation, das "eigene Verletzungen und Erinnerungen aufbewahrt und erinnert" (2000: 247) und auf diese Weise eine gewisse Immunität gegen Veränderungsversuche aufbaut, die nach Luhmann zu einer "Oppositionskultur" (2000: 247) führt. Trotz dieser Skepsis gegenüber der Plan- und Steuerbarkeit von organisatorischem Wandel räumt Luhmann ein, dass grundlegende organisatorische Veränderungen nicht nur evolutionär[82] auf dem Zufallsprinzip beruhen, sondern auch das Resultat intendierten Wandels sein können. Ein Mittel zur Veränderung der Organisationskultur ist der "Tabubruch" (Luhmann 2000: 247), der z.B. von charismatischen Personen begangen wird.

Die Definition von Organisationskultur als Menge von unentscheidbaren Entscheidungsprämissen betont die Funktion, unterschiedliche Interessen und Handlungsrationalitäten unter generalisierten Werten zu integrieren, ohne dass der Konflikt zwischen den unterschiedlichen Positionen aufgelöst werden muss. Das System ist auf der Ebene der Organisationsprozesse unter der Bedingung von Konflikthaftigkeit und Ungewissheit handlungsfähig, wenn es sich an der Organisationskultur orientiert. Luhmann definiert Organisation systemtheoretisch als laufende Absorption und Erzeugung von Unsicherheit. Organisationskultur ist ein Strukturelement von Organisationen, das auf die Bewältigung der verbleibenden Ungewissheit spezialisiert ist. Baecker hat den Begriff der *Kontingenzkultur* (1999: 110) eingeführt. Organisationskultur reagiert nach diesem Konzept mit "Ambivalenz auf Ambivalenz" und "schafft eine bestimmte Irritationsbereitschaft, die davon lebt, dass man sich zutraut, Uneindeutiges mit Uneindeutigem zu beantworten" (1999: 112).

Die Festlegung der Organisationskultur durch *Leitbilder/-leitlinien* kann nicht nur den bereits dargestellten Widerspruch zwischen propagierten und gelebten Werten offenlegen, sondern auch die Konsens stiftende *Unbestimmtheit* der Organisationskultur unterlaufen: "Organisationen können also genauso wenig wie andere Akteure (z.B. 'Personen') zur Orientierung nach Belieben kulturelle bzw. moralische Werte als solche bestimmen, wie es in Leitbilderstellungsprozessen üblicherweise - zu stark komplexitätsreduzierend - unterstellt wird" (Reinbacher 2008: 363). Als mögliche Gegenstrategie könnte man die Leitlinien so allgemein formulieren, dass sie die Werte nicht wirklich einschränken. Ein

---

[82] Das Modell des evolutionären Wandels wird in Kap. 2.6.1.3 dargestellt.

anschauliches Beispiel bildet die "Value Jam-Initiative" (Harvard Business Manager 2005: 125) mit den in Abbildung 22 dargestellten Leitlinien von IBM.

Abbildung 22: Leitlinien von IBM[83]

---
1. Wir verpflichten uns, den Erfolg jedes Kunden sicherzustellen.
2. Wir wollen Innovationen mit Bedeutung schaffen - für unser Unternehmen und für die Welt.
3. Wir setzen in externen und internen Beziehungen auf Vertrauen und persönliche Verantwortung.

Bezogen auf das Beispiel der *Corporate Social Responsibility (CRS)* schlägt Reinbacher (2008: 364) einen fortlaufenden kommunikativen Prozess der *Kultivierung* vor, anstatt Organisationen "in das Prokustesbett eines Kulturplans bzw. eines CSR-/Werte-Kodex" (Reinbacher 2008: 364) zu zwängen.

2.2.2 Beispiel: Strategieprozess

Die These Luhmanns, Organisationskultur sei im Sinne von Kontingenzkultur nicht eindeutig bestimmbar, ist zunächst wenig ermutigend für die Gestaltungsmöglichkeit von Organisationskulturen[84]. Schein vertritt grundsätzlich die These, dass Organisationskulturen veränderbar sind. Allerdings erfordert dieses Vorhaben einen langen Atem und geeignete Methoden[85]. Empirisch erweist sich die Resistenz der Organisationskulturen gegenüber geplantem Wandel besonders bei Fusionen von Unternehmen als ein entscheidender Faktor, an dem viele Fusionen scheitern (Picot 2005). Nachdem die vertraglichen und rechtlichen Fragen der Unternehmensfusion geklärt sind, lassen sich Name und Firmenlogo als *Artefakte* schnell ändern. Auch Strukturen und Prozesse als weitere Artefakte nach Scheins 3-Ebenen-Modell[86] sind mit Methoden des Business Reengineering[87] relativ sicher zu integrieren.

Die zweite Ebene der *anerkannten Werte* in Form von Strategien und Zielen ist wie die erste Ebene grundsätzlich auch veränderbar, insbesondere wenn im Falle von Fusionen die Akteure die Notwendigkeit neuer gemeinsamer Strategien und Ziele einsehen. Zur Veränderung dieser Ebene von Organisationskultur hat sich die Methode des *Strategieprozesses* bewährt, die nachfolgend für das Beispiel einer Betriebskrankenkasse (BKK) dargestellt wird. Die dritte Ebene

---
83 Quelle: Harvard Business Manager 2005: 125.
84 Vgl. Kap. 2.2.1.3.
85 Vgl. Kap. 2.2.1.1.
86 Vgl. Abb. 17 in Kap. 2.2.1.1
87 Vgl. Kap. 2.6.2.

2.2 Organisationskultur

der Basisannahmen, auf die sich Luhmanns Kontingenzkultur bezieht, ist dagegen nur schwer beeinflussbar. Hier trifft eher das Modell eines stetigen evolutionären Prozesses zu[88].

Nach Alfred D. Chandler, dem Klassiker der Strategieliteratur, kann *Strategie* definiert werden "als Festlegung der grundlegenden langfristigen Unternehmensziele, sowie die Verwendung von Vorgehensweisen und die Bereitstellung von Ressourcen, die für die Umsetzung dieser Ziele notwendig sind" (2003: 13; Übersetzung vom Verf.). Die Definition der Betriebswirtschaft konkretisiert die Chandlersche Begriffsfestlegung weiter.

> Die Strategie setzt sich aus vier Komponenten zusammen:
> (1) Die Analyse der strategischen Ausgangsposition,
> (2) die Bestimmung der zukünftigen Stellung der strategischen Geschäftseinheiten und der Unternehmung als Ganzes in der Umwelt,
> (3) die Auswahl der Technologien und Entwicklung der Fähigkeiten und Ressourcen, mit denen sich die Unternehmung von der Konkurrenz abheben und die geplante Stellung in der Umwelt einnehmen kann...
> (4) und die Festlegung von Kriterien und Standards, die kommunizierbar sind und anhand deren der Erfolg der Strategien und die erwarteten Zielerfüllungsgrade gemessen werden.
> (Hinterhuber 1992: 7-8)

Bezogen auf das Beispiel der BKK ist es im ersten Schritt erforderlich, nach einer Analyse der Umwelttrends und der eigenen Situation schrittweise aus den Visionen und Leitzielen die Teilstrategien und Ziele abzuleiten, die dann mit Maßnahmen zur Umsetzung hinterlegt werden. Dieser Strategieprozess ist schematisch in Abbildung 23 zusammengefasst.

---

[88] Vgl. Kap. 2.6.1.3.

Abbildung 23: Strategiefindungsprozess

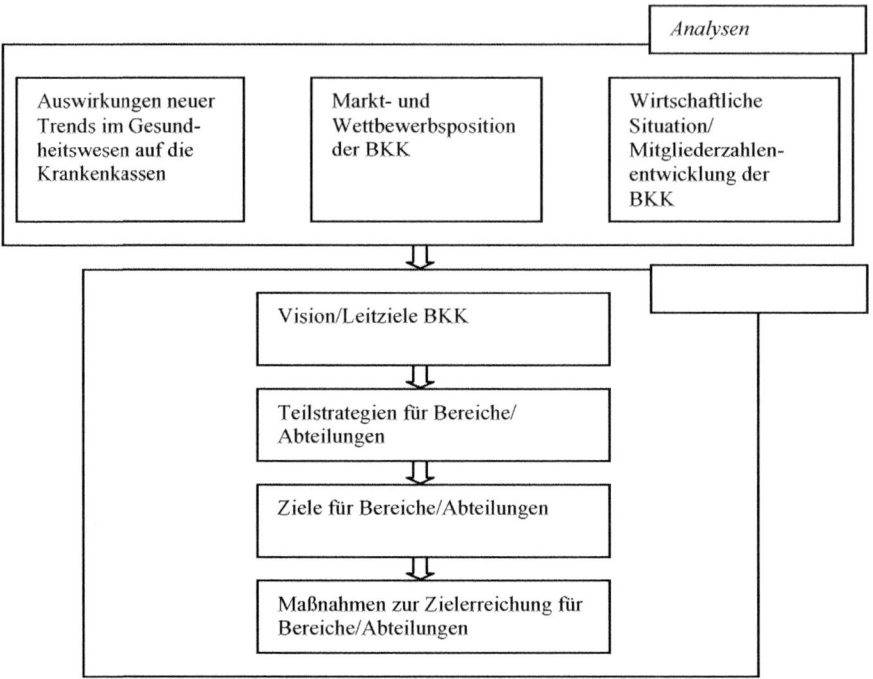

Nach der Strategiefestlegung folgt die Konkretisierung der Ziele für die Führungs- und Fachkräfte, wie in Abbildung 24 dargestellt wird.

Abbildung 24: Konkretisierung der strategischen Ziele auf Mitarbeiterebene

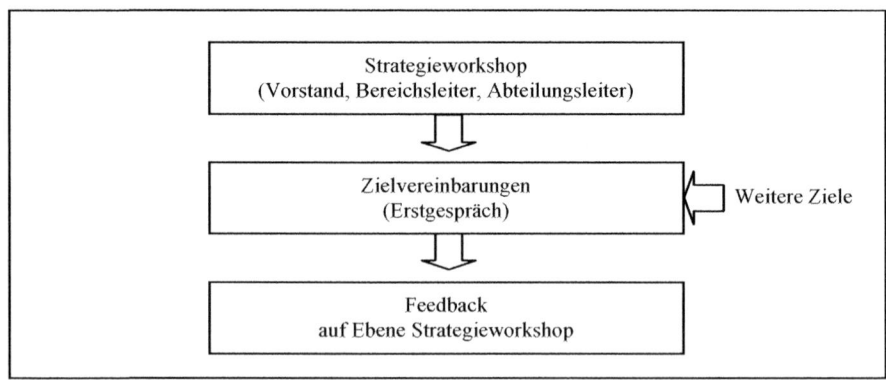

2.2 Organisationskultur

Der Strategieworkshop verläuft in drei Arbeitsphasen, die in Abbildung 25 dargestellt werden.

Abbildung 25: Vorgehensweise Strategieworkshop

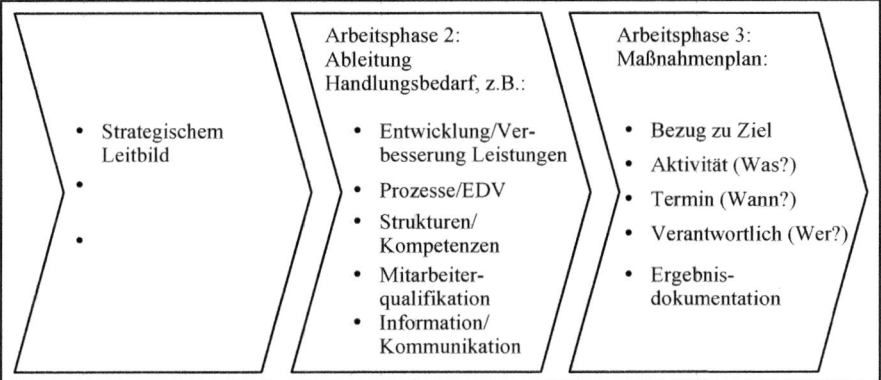

Wesentlich für den Umsetzungserfolg der Strategie ist, dass die Ziele operationalisiert werden durch konkrete Zielgrößen. Diese in Abbildung 26 beispielhaft dargestellte Zielkonkretisierung wird in den Zielvereinbarungsgesprächen weiter auf die einzelnen Führungs- und Fachkräfte herunter gebrochen.

Abbildung 26: Zielgrößen definieren (Beispiel BKK)

Ziele	Maßeinheit	Zielgröße			Bemerkungen
		Ist-Wert	Soll-Wert	Termin	
Mitgliederwachstum durch Fusion	Anzahl Mitglieder	40.000	60.000	Ende 2006	Fusionspartner darf keinen höheren Beitragsbedarf haben

Ein erfolgreich durchgeführter Strategieprozess bis auf die Mitarbeiterebene beeinflusst die entscheidbaren Entscheidungsprämissen der gemeinsamen Zielfestlegung und -umsetzung, die nach Schein ein Bestandteil der Organisationskultur sind, nach Luhmann und Baecker allerdings nicht den Kern der Organisationskultur im Sinne der Kontingenzkultur ausmachen[89]. Die Kontingenzkultur lässt sich nach im Gegensatz zum Verständnis der Organisationskultur als Werkzeug (tool kit), wie Beckert (1999: 780) es beschreibt, nicht direkt verändern und gestalten.

Der alternative konstruktivistische Ansatz geht davon aus, dass eine Organisation eine Kultur *ist*, die sich in einem fortlaufenden Kommunikationsprozess reproduziert und verändert: "Während Scheins Modell inklusiv und breit angelegt ist im Hinblick auf verschiedenen Ebenen der Analyse, werden wir eine vielleicht etwas striktere Sichtweise der Organisationskultur anwenden, die die Konstruktion und Produktion von Sinn (construction of meaning and sense making) beinhaltet. Diese Sicht auf Kultur umfasst auch, wie die Organisationskultur ausgedrückt wird durch Sprache, Geschichten und Rituale" (Alvesson/Svenigsson 2008: 37; Übersetzung und Klammereinschub vom Verf.).

Den Kern der Organisationskultur bildet die organisationale Identität, mit der sich die Organisationsmitglieder identifizieren (Alvesson/Svenigsson 2008: 40). Die organisationale Identität verweist "auf einen Diskurs oder narrative Konstruktion der zentralen, dauerhaften und unverwechselbaren Merkmalen der Organisation, eine Konversation, die sozial konstruiert ist und interne sowie externe Stakeholders einschließt" (Driver 2009: 59; Übersetzung vom Verf.). Diese imaginäre Sicht als kommunikativ reproduzierbar ist untrennbar mit der unberechenbaren Seite verbunden, die Drivers tiefenpsychologisch in Analogie zum Unterbewusstsein der Individuen konzipiert: "der kollektive Diskurs ist ständig unterbrochen (disrupted) und reflektiert einen unüberwindlichen Mangel (lack)" (Driver 2009: 61; Übersetzung und Klammereinschub vom Verf.), der Kreativität (2009: 65) und abweichende Identifikation (2009: 63) fördert. Gabriel betont aus der Perspektive der Psychoanalyse, dass die Organisationskultur "stärker von irrationalen Fantasien und Emotionen angetrieben wird als von rationalen Plänen und Kalkulationen" (Gabriel 2004: 210; Übersetzung vom Verf.).

2.2.3 Ökonomischer Erfolg der Unternehmenskultur

Peters und Waterman vertreten die These, dass Unternehmen mit starker Unternehmenskultur erfolgreicher sind (2003: 39). Diesem Argument schließen sich auch Deal und Kennedy in ihrem Pionierbuch über Unternehmenskultur an

---

[89] Zu Schein vgl. Abb. 17 in Kap. 2.2.1.1; zu Luhmann und Baecker vgl. Abb. 21 in Kap. 2.2.1.3.

2.2 Organisationskultur

(1997: 5)[90]. Die Frage, ob die Unternehmenskultur einen positiven Effekt auf den Unternehmenserfolg hat, haben Wilderom, Glunk und Maslowski anhand der empirischen Literatur zu der *C-P-These*[91] analysiert und kommen zu dem Ergebnis, dass die Forschungsevidenz für den Vorhersageeffekt der Organisationskultur auf den Organisationserfolg nicht überzeugend ist (2000: 201).

Als erstes ist die Frage zu beantworten, wie eine *starke* Kultur definiert werden kann: "Firmen mit starker Kultur wird in der Regel von außen ein bestimmter Stil zugeschrieben - die Art, wie Procter&Gamble oder Johnson&Johnson die Dinge tun. Sie machen häufig ihre geteilten Werte bekannt durch eine Botschaft oder ein Leitbild und verpflichten verbindlich alle ihre Manager, diesem Leitbild zu folgen" (Kotter/Heskett 1992: 15; Übersetzung vom Verf.). Empirisch haben Kotter und Heskett festgestellt, dass die untersuchten Unternehmen mit starker Unternehmenskultur tendenziell erfolgreicher sind (1992: 36). Entscheidend für den Erfolg ist, dass die Unternehmenskultur mit den Umweltanforderungen übereinstimmt: "Entsprechend sind nur dem Kontext oder strategisch angemessene Kulturen mit hohem Erfolg verbunden. Je besser der Fit, desto besser der Erfolg" (Kotter/Heskett 1992: 28; Übersetzung vom Verf.)[92].

Neben *starken (strong)* und *strategisch angemessenen (strategically appropriate)* Kulturen beschreiben Kotter und Heskett als drittes Modell die *anpassungsfähige (adaptive)* Kultur (1992: 44; Übersetzung vom Verf.), das im Grundansatz der *lernenden Organisation* entspricht, zu der es eine Vielzahl von Modellen und Theorien gibt[93]. Sorensen (2002) veranschaulicht diese Ergebnisse, indem er sich auf die Unterscheidung von *expoitation* als Verbesserung der Wettbewerbsposition in einem stabilen Markt und *exploration* als die Fähigkeit zur Innovation und schnellen Anpassung an einen dynamischen Markt bezieht (vgl. auch: Gaitanides 2008; Konlechner/Güttel 2009: 46): "Starke Unternehmenskulturen erleichtern eine zuverlässige Leistungsfähigkeit in relativ stabilen Umwelten. Sobald aber die Volatilität steigt, werden diese Vorteile dramatisch abgeschwächt" (Sorensen 2002: 88; Übersetzung vom Verf.). Entsprechend haben Firmen mit starken Unternehmenskulturen Vorteile in Bezug auf expoitation, aber Schwierigkeiten, wenn eploration notwendig ist im Sinne der "Entdeckung neuer Kompetenzen, die besser zu sich verändernden Umweltbedingun-

---

90 Die Definitionen der Unternehmenskultur von Peters/Waterman und Deal/Kennedy werden in Kap. 2.2.1.1 dargestellt.
91 *C* steht für *Culture* (Unternehmenskultur) und *P* für *Performance* (Unternehmenserfolg, gemessen am Gewinn des Unternehmens). Der Bindestrich in dem Kürzel *C-P* bedeutet, dass es sich um die kausale Beziehung zwischen Kultur und Erfolg handelt.
92 Gemessen wird die Kulturstärke mit den drei Merkmalen: Stil, Leitlinien und Konstanz (Kotter/Heskett 1992: 159).
93 Vgl. Kap. 2.6.1.1.

gen passen" (Sorensen 2002: 88; Übersetzung vom Verf.). Starke Kulturen mit der Fähigkeit zur Optimierung stabiler Geschäfte sind im Falle von *exploration* erfolgreicher, während starke Kulturen, die "eploratorisches Lernen und Innovation fördern" (Sorensen 2002: 89; Übersetzung vom Verf.), in dynamischen Umwelten ein höheres Erfolgspotenzial haben.

Der Versuch, die Unternehmenskultur universell zu bewerten, lebt trotz dieser Ergebnisse fort, indem man von "vorbildlich gestalteter und gelebter Unternehmenskultur" (Sackmann 2004: 43) spricht, und dann Unternehmen in dieser Hinsicht evaluiert und prämiert. Der Preis der Bertelsmann Stiftung 2003 beruht auf der Bewertung von Unternehmen entlang von 10 Dimensionen der Unternehmenskultur: Zielorientierung, Shareholder-Orientierung, Kundenorientierung, Adaptionsfähigkeit, Führungskontinuität, Unternehmertum, Führungsverhalten, Unternehmensaufsicht, Haltungen/Werte und Gesellschaftliche Verantwortung. Die Ausprägung eines Unternehmens entlang einer Skala von 1 bis 5 für jede Dimension ergibt dann eine grafische Übersicht über den Stand der Unternehmenskultur (vgl. Abbildung II-I-3 für BMW: Sackmann 2004: 54).

Auf den ersten Blick erscheint diese Vorgehensweise nach den Ergebnissen der C-P Forschung kontraproduktiv. Schaut man sich die Profile der sechs Beispiele "vorbildlich gestalteter und gelebter Unternehmenskultur" (Sackmann 2004: 43) genauer an, so werden durchaus unterschiedliche Profile identifiziert, die auf die Anforderungen des Marktes jeweils ausgerichtet sind und eine unverwechselbare Identität repräsentieren. Es kommt dann darauf an, dass eine zur strategischen Ausrichtung und erfolgreichen Marktposition passende Unternehmenskultur gelebt wird. Trotz dieser notwendigen Variation von Unternehmenskulturen geht die Bertelsmann Stiftung davon aus, dass die "gleichzeitige Betonung aller zehn diskutierten Charakteristika in Kombination mit dem regelmäßigen Hinterfragen" das Unternehmen erfolgreicher macht, falls eine "Konsistenz zwischen postulierter Vision, Mission, Werten und Leitbildern und dem gelebten Verhalten von Führungskräften und Mitarbeitern auf allen Ebenen" existiert (Sackmann 2004: 242). Das inhaltliche Kriterium, das für alle erfolgreichen Unternehmen gilt, ist die *lernende* Kultur: "Die grundlegenden kollektiven Überzeugungen, Haltungen und Werte beinhalten als zentrales Element ein kritisches Hinterfragen zur weiteren Entwicklung des Unternehmens und seiner Kultur, was auch die Entwicklung und Umsetzung notwendiger Veränderungsmaßnahmen beinhaltet" (Sackmann 2004: 241). Insgesamt scheinen die sechs Unternehmen über die Fähigkeit zu exploitation *und* exploration zu verfügen; und diese Fähigkeiten werden durch eine starke Unternehmenskultur unterstützt. Für diese *Beidhändigkeit* von exploitation und exploration hat sich das Organisationsmodell der *Ambidexterity* in der Organisationsliteratur durchgesetzt (O'Reilly III/Tushman 2004; Konlechner/Güttel 2009), das in Kap. 2.4.1.1 dargestellt wird.

Neben den dargestellten Problemen der C-P-These im Hinblick auf den Begriff der Stärke gibt es das methodologische Problem, dass die Kausalrichtung empirisch nicht bestimmbar ist (Wilderom/Glunk/Maslowski 2000: 206). Es könnte sein, dass Unternehmen ihre historisch gewachsene Kultur festigen, wenn sie erfolgreich sind. Wenden wir die Argumentation des Neo-Institutionalismus[94] an, so werden die anderen Unternehmen der Branche das erfolgreiche Unternehmen kopieren, so dass diese Art der Unternehmenskultur zu einer Mode in der jeweiligen Branche wird. Es ist zu erwarten, dass gute Unternehmen die Unternehmenskultur des Marktführers besser kopieren als schwache Unternehmen. Hinzu kommt, dass nach der Resource Dependence Theorie[95] das erfolgreiche Unternehmen Einfluss auf die Kunden und den Markt nimmt, indem die wichtigsten Kunden den Eindruck gewinnen, dass genau diese Unternehmenskultur mit bestimmten Hochleistungen verbunden ist. Entsprechend werden diese Kunden von den anderen Anbietern erwarten, dass sie über eine ebenso gute Unternehmenskultur verfügen und auf diese Weise die anderen Branchenunternehmen dazu zwingen, die Unternehmenskultur des Marktführers zumindest äußerlich zu kopieren. Damit wird ein Organisationsforscher zu einem bestimmten Zeitpunkt tatsächlich empirisch feststellen, dass die erfolgreicheren Unternehmen sich durch eine bestimmte Unternehmenskultur von den weniger erfolgreichen abgrenzen. Allerdings ist nicht zu erwarten, dass sich diese Ergebnisse auf andere Zeitperioden und andere Branchen übertragen lassen. Dieses Ergebnis haben Wilderom, Glunk und Maslowski (2000) bei der Analyse der empirischen Studien ermittelt. Als Fazit ergibt sich, dass die ökonomische Frage nach dem messbaren Erfolg von Unternehmenskulturen zu interessanten empirischen Forschungen geführt hat, die viele Nebenerkenntnisse zu Tage gefördert haben. Der angestrebte allgemeine Nachweis der *C-P-These* konnte allerdings bislang nicht erbracht werden.

2.3 Macht

2.3.1 Modelle der Macht

2.3.1.1 Institutionelle Macht

Max Weber hat mit seiner Bürokratietheorie das Thema Macht in die Organisationssoziologie eingeführt: "Macht bedeutet jede Chance, innerhalb einer sozialen Beziehung den eigenen Willen auch gegen Widerstand durchzusetzen, gleichviel

---

[94] Der Neo-Institutionalismus wird in Kap. 2.5.1.1 genauer dargestellt.
[95] Vgl. Kap. 2.4.1.1.

worauf diese Chance beruht" (Weber 1972: 28). Ist die Macht in eine soziale Ordnung eingebunden, die von den Individuen als faktisch geltend respektiert wird, so handelt es sich um *legitime* Macht, für die sich der Begriff der *Herrschaft* durchgesetzt hat. Die legitime Geltung wird der legalen Herrschaft "kraft positiver Satzung, an deren *Legalität* geglaubt wird" zugeschrieben (1972: 19). Die *Bürokratietheorie*[96] beschreibt das Modell der "legalen Herrschaft mit bureaukratischem Verwaltungsstab" (1972: 124) mit den Merkmalen der *rationalen Herrschaft* (1972: 125-126)[97]:

1. Regelmäßiger Betrieb von Amtsgeschäften
2. Zuweisung von Kompetenz (Zuständigkeit) durch zugeordnete Befehlsgewalten und Begrenzung der zulässigen Zwangsmittel
3. Amtshierarchie mit Kontrollpflichten der vorgesetzten Aufsichtsbehörde
4. Fachschulung des Personals
5. Trennung von Verwaltungs- und Beschaffungsmitteln
6. Keine Appropriation der Amtsstelle an den Inhaber: Der Amtsinhaber ist ernannt, aber hat kein persönliches Anrecht auf die Position
7. Prinzip der Aktenmäßigkeit
8. Beamtentum der Amtsinhaber zur Sicherung der Unabhängigkeit.

Durch welche Merkmale ist Macht in Organisationen charakterisiert[98]? Jeffrey Pfeffer gibt eine Antwort auf diese Frage unter dem Stichwort der *strukturellen Machtquellen:*

> Die Kontrolle über Ressourcen und die Bedeutung der Einheit innerhalb der Organisation sind abgeleitet aus der Arbeitsteilung, die einigen Positionen oder Gruppen

---

96 Der einflussreiche Organisationssoziologe Charles Perrow hält die Bürokratietheorie Webers einschließlich ihrer Weiterentwicklungen noch immer für den bedeutendsten Baustein der Organisationstheorie (1986: 260) und sieht den Neo-Institutionalismus als Weiterentwicklung des Weberschen Machtmodells (1986: 265-272). Die Organisationstheorie des Neo-Institutionalismus wird in Kap. 2.5.1.1 dargestellt.
97 In der modernen Organisationstheorie ist *Bürokratismus* ein Schimpfwort für starre und aufgeblähte Strukturen mit schematisch agierenden Mitarbeitern, denen die Kundenorientierung fehlt. In dem wohl bekanntesten Managementbuch schlagen Peters und Waterman ein Bündel von acht Maßnahmen zur Überwindung der bürokratischen Erstarrung vor (2003: 36-37): Primat des Handelns, Nähe zum Kunden, Freiraum für Unternehmertum, Produktivität durch Menschen, Sichtbar gelebtes Wertsystem, Bindung an das angestammte Geschäft, Einfacher und flexibler Aufbau, Straff-lockere Führung. Diese Merkmale haben die beiden Managementberater bei erfolgreichen Unternehmen als Erfolgsfaktoren ausgemacht, die in einer intensiven *Firmenkultur* (2003: 39) verankert sind. Das Thema der Firmenkulturkultur wird in Kap. 2.2.1.1 dargestellt.
98 Eine weitere Frage schließt sich an: Wie lassen sich die Machtdimensionen empirisch messen? Dazu gibt der Artikel von Hinings/Hickson/Pennings/Schneck (1974) Auskunft. Im Rahmen der Kontingenztheorie untersuchen Hickson/Hinings/Lee/Schneck/Pennings (1971) Macht als abhängige Variable.

2.3 Macht

mehr Kontrolle über kritische Aufgaben und mehr Zugang zu Ressourcen als anderen gewährt. Macht ergibt sich dann aus der Kontrolle über Ressourcen, den Verbindungen zu anderen Mächtigen und aus der formalen Autorität, die jemand aufgrund seiner Position innerhalb der Hierarchie einnimmt. (Pfeffer 1994: 75; Übersetzung vom Verf.)

Für Luhmann ist insbesondere die (bei Pfeffer der formalen Autorität zugeordnete) *Hierarchie* mit ihrer Funktion der *vertikalen Integration* "die wichtigste Form der Bearbeitung von Ungewissheit[99]" (2000: 20). Hierarchie besteht einerseits aus *Weisungsketten* über mehrere Ebenen der Hierarchie (2000: 19, 312) und aus *hierarchischen Kommunikationswegen*, wie in Kap. 2.4.1.3 genauer dargestellt wird. Ein interessantes Modell der nicht-hierarchischen Machtverteilung entwickelt der Organisationstheoretiker Henry Mintzberg mit dem Konzept der *Meritokratie,* das er in die Formen der *professionellen Bürokratie* und der *operativen* und *administrativen Adhokratie* unterteilt (1983: 390-396). Dieses Modell wird in Kap. 2.3.2 als Beispiel einer Machtverteilung im Zusammenhang mit der Methode des *Projektmanagements* dargestellt.

Die moderne Machttheorie wurde geprägt durch das Buch von Steven Lukes (2005): *Power. A Radical View*, das 1974 erstmals erschien und 2005 von dem Autor aktualisiert wurde. Lukes erweitert die eindimensionale Machtdefinition der Kontrolle von Entscheidungsprozessen und die zweite Dimension der möglichen Nicht-Entscheidung und Agenda-Setzung im Sinne von Bacherach und Lawler (1980) um eine *dritte* Dimension: Neben dem offenen Konflikt zwischen den Handlungsoptionen des Machtunterworfenen und den Anweisungen des Machthabers gibt es zusätzlich einen nicht sichtbaren (latenten) Konflikt zwischen den Interessen der Machthaber und den *realen Interessen (real interests)* der Machtunterworfenen (2005: 28-29). Clegg, Courpasson und Phillips beschreiben in ihrer umfassenden Monographie zu *Macht und Organisation* diese dritte Dimension als "das Management von Sinnorientierungen (meanings), die das Leben der anderen formt" (2007: 217; Übersetzung und Klammereinschub vom Verf.). In diesem Sinne wird die Anerkennung der Interessen von Machtunterworfenen verdeckt (2007: 218). Als Erweiterung gegenüber Lukes verweisen Clegg, Courpasson und Phillips auf eine vierte Dimension, wo Macht in die konkrete Reproduktion des Systems eingebettet ist: "hier ist Macht konzeptualisiert als die Einschränkung, wie wir sehen, was wir sehen, und wie wir denken" (2007: 217; Übersetzung vom Verf.). Die vierte Dimension von Macht als Netzwerk von Beziehungen und Diskursen (2007: 217) wird von Bourdieu und Foucault weiter entwickelt, wie in Kap. 2.3.3 dargestellt wird.

---

[99] Luhmann übernimmt von March und Simon (1993:186; vgl. auch Kap. 1) die Definition des Organisierens als Unsicherheitsabsorption durch Entscheiden (2002b: 238, Anmerkung 14).

Im Kontext trans-organisationaler Beziehungen stellt Bachmann (2001) *Vertrauen* als Mechanismus zur Handlungskoordination auf die gleiche Stufe wie Macht und unterscheidet in Anlehnung an Luhmanns Systemtheorie und Giddens' Strukturationstheorie *Systemvertrauen* von Vertrauen in *Personen* (2001: 33-34), wobei sich Systemvertrauen in trans-organisationalen Geschäften auf rechtliche Regulierungen, finanzielle Arrangements und in Handelsassoziationen organisierten Interessen stützt (2001: 34). Vertrauen ist nach Luhmann (1973) ein leistungsfähiger *Mechanismus zur Reduktion sozialer Komplexität*, der mit dem Risiko der Enttäuschung verbunden ist: "Vertrauen bezieht sich also stets auf eine kritische Alternative, in der der Schaden beim Vertrauensbruch größer sein kann als der Vorteil, der aus dem Vertrauenserweis gezogen wird" (Luhmann 1973: 24). Wegen der Fragilität von Vertrauen ist nach Bachmann Macht als zweitbeste Lösung (2001: 351) in bestimmten Situationen notwendig. Bachmann (2001: 349) hält Macht zwar nicht in allen Situationen für so effizient wie Vertrauen, dafür aber für robuster gegenüber den Risiken des Missbrauchs (misplacement) und des Ausfalls (breakdown). Sydow (2006) analysiert Vertrauen in inter-organisationalen Beziehungen mit Hilfe der Strukturationstheorie.

2.3.1.2 Handlungsmacht

Pfeffer definiert Macht im Rahmen der *Resource Dependence* Theorie als das Vermögen von Akteuren, etwas zu bewirken, das ohne Machtanwendung nicht zustande gekommen wäre: "Macht ist definiert hier als die potentielle Fähigkeit, Verhalten zu beeinflussen, den Verlauf von Ereignissen zu verändern und Personen dazu zu bringen, Dinge zu tun, die sie sonst nicht tun würden" (1994: 30; Übersetzung vom Verf.). Die entscheidende Machtquelle ist der Zugriff auf *Ressourcen*. Daraus folgt, dass eine Organisation Macht über eine andere hat, wenn sie über *wichtige* Ressourcen verfügt, wenn sie über den *Erwerb* und die *Nutzung* der kritischen Ressourcen bestimmt, und wenn es keine ausreichenden *alternativen* Ressourcen gibt (Pfeffer/Salancik 2003: 45-46).

Eine weitere Anwendung des handlungstheoretischen Paradigmas stellt das spieltheoretische Machtmodell von Crozier und Friedberg dar[100]: "Sie (die Macht) ist im Grunde nichts weiter als das immer kontingente Ergebnis der Mobilisierung der von den Akteuren in einer gegebenen Spielsituation kontrollierten Ungewissheitszonen für ihre Beziehungen und Verhandlungen mit den anderen

---

[100] Das Buch von Crozier und Friedberg wurde 1977 erstmals veröffentlicht. Daher wenden die Autoren das Spielmodell noch rein sprachlich an und greifen nicht auf die formale Spieltheorie (Holler/Illing 2003) zurück, die sich in Ökonomie und Sozialwissenschaften immer stärker durchsetzt.

2.3 Macht

Teilnehmern an diesem Spiel" (1993: 17; Klammereinschub vom Verf.). Crozier und Friedberg entwickeln eine Klassifikation der *Machtquellen*, die gemäß ihrer Machtdefinition den Typen von *Ungewissheitszonen* entsprechen, deren Kontrolle dem Akteur Macht verleiht und für die anderen Akteure zu *Ungewissheitsquellen* werden (1993: 50):

1. Spezifisches *Sachwissen* und *funktionale Spezialisierung*
2. Beziehung zwischen einer Organisation und ihren *Umweltsegmenten*
3. Kontrolle von *Informationen* und *Kommunikationskanälen*
4. Vorhandensein allgemeiner *organisatorischer Regeln*.

Das Spielmodell liefert ein soziales Regelwerk, das die Handlungsprozesse in bestimmte Bahnen lenkt. Es hat den Vorteil, dass das Handeln als Prozess modelliert wird und nicht als ein Abspulen sozial genormter Verhaltensweisen, wie z.B. Rollen oder Routinen. Für die handlungstheoretische Analyse von Machtprozessen bietet sich das Bild der *politischen Arena* an, das die Konkretisierung des politischen Rahmens der Organisationstheorie darstellt (Bolman/Deal 1997: 163; Mintzberg 1983: Chapt. 23; Bacharach/Lawler 1980: 213).

Pfeffer versteht Macht als ein Mittel der *Gestaltung* von Organisationen (1994: 14)[101]. Dieser Gestaltungsaspekt wird besonders von dem Soziologen Anthony Giddens betont, der die aktive Sichtweise der Macht in seine Theorie der Strukturation integriert. Die Eigenschaft des Handelns, eine bestimmte Wirkung zu erzielen, ist das Definitionsmerkmal von Macht: "Handeln hängt von der Fähigkeit des Individuums ab, 'einen Unterschied herzustellen' zu einem vorher existierenden Zustand oder Ereignisablauf, d.h. irgendeine Form von Macht auszuüben" (1997: 66). Diese Machtdefinition ist weiter gefasst als die klassische Definition, nach der ein Machtinhaber dem Machtunterworfenen eine Handlung aufzwingt, die dieser nicht freiwillig ausgeführt hätte. Macht als *allgemeines Handlungsvermögen* setzt nach Giddens die Verfügung des Machtinhabers über Ressourcen und "geregelte Beziehungen von Autonomie und Abhängigkeit zwischen Akteuren oder Kollektiven in sozialen Interaktionskontexten" (1997: 67) voraus. Die Möglichkeiten des Akteurs, durch Machteinsatz intendierte

---

101 Dieses Konzept steht im Widerspruch zu der reservierten Haltung der meisten Organisationstheoretiker gegenüber Macht, die nach Pfeffer drei Gründe hat: Erstens kann Macht von Akteuren zu Zwecken missbraucht werden, die nicht den Organisationszielen entsprechen. Zweitens widerspricht Machtanwendung dem Prinzip der friedlichen Kooperation und Loyalität, das in der Schule als Wert vermittelt wird, und drittens entspricht die Perspektive der Forscher eher einer gewünschten Sichtweise als einer realistischen Bewertung der sozialen Welt (1994: 15-18). Insbesondere der letzte Punkt ist häufig in der Organisationspraxis zu beobachten. Während das Denken der Vorgesetzten und Mitarbeiter um Machtanwendung und -abwehr kreist, beschäftigen sich die offiziellen Organisationsprogramme mit offener Kommunikation, Teamarbeit und Zielvereinbarungen.

Handlungsergebnisse hervorzubringen, beschreibt Giddens als "Formen der Ermöglichung" (1997: 227), die der Einschränkung der Handlungsalternativen auf Seiten des Machtunterworfenen gegenüberstehen. Die Strukturationstheorie wird in Kap. 2.5.3 dargestellt.

2.3.1.3 Systemische Macht

Der amerikanische Soziologe Talcott Parsons (1902-1979) hat die sozialwissenschaftliche Systemtheorie begründet. Macht ist nach Parsons ein *generalisiertes Austauschmedium*, das bestimmte Handlungen in sozialen Interaktionsprozessen selektiert und die Rollenpartner dazu motiviert, sich in diesem Handlungsrahmen zu bewegen. Geld ist der Prototyp des generalisierten Austauschmediums. Es gibt einerseits einen Handlungsrahmen vor, z.B. für den Kauf eines Gegenstandes die Bedingung, dass mit der Zahlung des Preises ein Besitzübergang erfolgt. Andererseits wird der Verkäufer nur mit der Geldzahlung motiviert, den Gegenstand abzugeben, ohne dass er mit weiteren Motivationsmitteln, wie persönliche Anerkennung oder Tausch von Gütern, überredet werden müsste. Die Besonderheit des Modells der generalisierten Austauschmedien ist die Abkopplung der Wirkungsweise der Medien von den unmittelbaren Handlungsintentionen der Akteure[102].

Macht charakterisiert Parsons mit den in Abbildung 27 dargestellten Merkmalen, die er auf Geld und Macht gleichermaßen anwendet. Macht in diesem Sinne ist die Kapazität, innerhalb und außerhalb des politischen Systems eine nicht exakt festgelegte Klasse von bindenden Entscheidungen zu treffen und durchzusetzen. In Organisationen wird diese Macht auf bestimmte Stelleninhaber im Sinne der institutionellen Macht übertragen. Diese Stelleninhaber, z.B. Geschäftsführer oder Bereichsleiter, sind in ihren Einzelentscheidungen nicht an direkte Anweisungen von Aufsichtsgremien gebunden und verfügen daher über

---

102 Um diesen Unterschied zu verdeutlichen, greift Jürgen Habermas auf das Begriffspaar der *Sozial- und Systemintegration* zurück. Im lebensweltlichen Kontext wird *Sozialintegration* geleistet durch "Mechanismen der Handlungskoordinierung, die die *Handlungsorientierungen* der Beteiligten aufeinander abstimmen" (1981b: 179). Nach Habermas ist die Sprache das wichtigste Medium, um einen normativ gesicherten Konsens herzustellen (1981b: 226). Auf dieser Basis sind die Interaktionspartner bereit, der Aussage zu vertrauen und die geforderten Anschlusshandlungen durchzuführen. Zur Entlastung der sprachlichen Konsensbildungsprozesse haben sich in modernen Gesellschaften mit Geld und Macht "entsprachlichte Kommunikationsmedien" entwickelt. Es handelt sich um Mechanismen, "die nicht-intendierte Handlungszusammenhänge über die funktionale Vernetzung von *Handlungsfolgen* stabilisieren" (1981b: 179). Systemintegration beruht auf aggregierten Handlungseffekten in Organisationen, die zum Systembestand oder zum Systemwandel beitragen, ohne dass die beteiligten Personen diesen Effekt bewusst herbeiführen müssen (1981b: 240).

ein *generalisiertes* Medium. Macht in Wirtschaftsunternehmen basiert auf dem Vertrauen der Aufsichtsrates oder des Kapitaleigners, dass die Entscheidungen von der Unternehmensleitung im Sinne der festgelegten Strategien und Ziele getroffen werden.

Abbildung 27: Geld und Macht als generalisierte Austauschmedien

Medienmerkmale	Geld	Macht
Generalisierung der Verfügung über Ressourcen	Verfügung über nicht spezifizierte Güter oder Dienstleistungen	Verfügung über die Möglichkeit, nicht spezifizierte Entscheidungen verbindlich für die Organisation zu fällen
Symbolisierung	Geld als Tauschmittel ohne Wert an sich	Macht wird symbolisiert durch Stellenbezeichnungen, wie z.B. Vorstand oder Geschäftsführer, und durch die damit verbundenen Privilegien
Strukturelle Absicherung: (a) Institutionalisierung eines normativen Codes (b) Monopolisierung von Mitteln mit intrinsischem Wert	(a) Eigentumsrechte (b) Gold	(a) Herrschaft (b) Gewalt, Zwang
Zirkulationsfähigkeit	Weitergabe von Geld	Übertragung der Macht von einem System auf ein anderes

Diese Bereitschaft, die Entscheidungen als bindend aufzufassen, wird durch den normativen Code der *Herrschaft* strukturell verankert, der in Analogie zu Eigentum bei Geld zu sehen ist. Die Herrschaft in Organisationen ist durch Geschäftsordnungen und durch die in der Organisationskultur kodifizierten Werte und Normen abgesichert. *Gewalt* oder *Zwang* kann nach Parsons nur ein letztes Mittel zur Durchsetzung von Entscheidungen sein, da die eigentliche Macht darin besteht, dass die Entscheidungen der Führung ohne Androhung von Gewalt- oder Zwangsmitteln ausgeführt werden. In Organisationen werden z.B. Kündigungen oder Degradierungen von den betroffenen Mitarbeitern als eine Form von Zwang empfunden. Die *Zirkulationsfähigkeit* ermöglicht die Weitergabe von Macht. Bei Parsons bildet *Vertrauen* in die spätere Konvertierbarkeit des Mediums (Miebach 2010: 230) eine Voraussetzung für das Funktionieren von generalisierten Austauschmedien.

Niklas Luhmann entwickelt im Rahmen seiner allgemeinen Systemtheorie ein eigenständiges Modell der *symbolisch generalisierten Kommunikationsmedien*[103]. In Organisationen wächst Macht den Personen zu, die *Unsicherheit* durch Entscheidungen *absorbieren*. Macht als Kommunikationsmedium ermöglicht einem Machtinhaber, dem Machtunterworfenen eine bestimmte Handlungsselektion nahe zu legen. Falls der Machtunterworfene diese Handlung nicht auszuführen bereit ist, verfügt der Machthaber über Sanktionsmöglichkeiten gegenüber dem Machtunterworfenen, die diesem unangenehm sind und die er daher vermeiden möchte (2000: 201). Macht setzt voraus, "dass *beide* Partner Alternativen sehen, deren Realisierung sie *vermeiden* möchten" (1975: 22). Entscheidend für die Asymmetrie der Macht ist, dass der Machtunterworfene seine Alternative zu der vom Machtinhaber vorgeschlagenen Handlung eher vermeiden möchte als der Machtinhaber (1975: 22). Damit ist der Machtinhaber in der Lage, zu jedem Handeln des anderen, das in seinem Machtbereich liegt, eine für den anderen ungünstigere Vermeidungsalternative zur Geltung zu bringen (1975: 23). Der Machthaber verfügt über das Sanktionspotenzial, mit seinen Entscheidungen Unsicherheit zu reduzieren (2000: 200), wie in Abbildung 27 dargestellt ist.

Abbildung 28: Macht in Organisationen

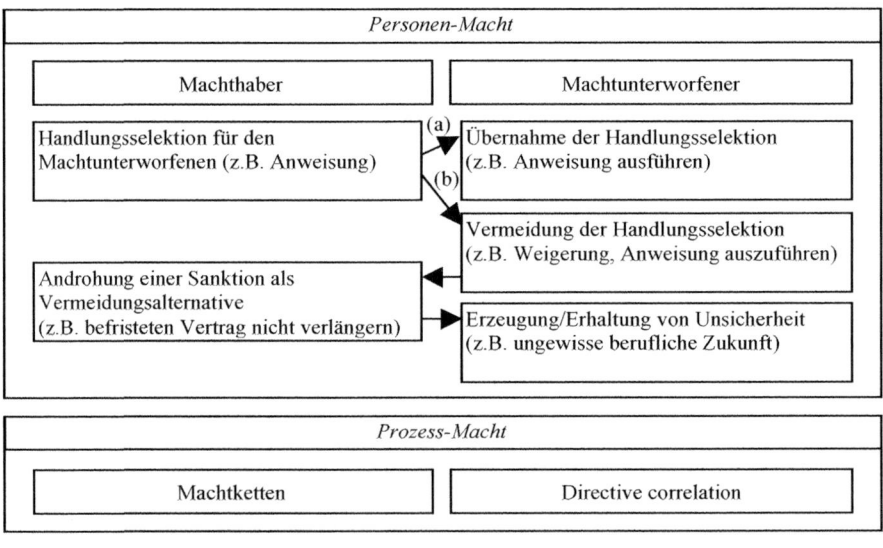

---

103 Ein Vergleich des Parsonsschen Modells der generalisierten Austauschmedien mit dem Luhmannschen Medienmodell findet sich in Miebach (2010: 268-269).

2.3 Macht

Macht kann von Vorgesetzten *und* Mitarbeitern ausgeübt werden, wobei die Macht des Mitarbeiters darauf beruht, seine "Kooperation zu entziehen in Fällen, in denen der Vorgesetzte darauf angewiesen ist" (2000: 201). In diesem Fall verfügt der Mitarbeiter über die Möglichkeit, die Unsicherheit des Vorgesetzten zu reduzieren. So kann z.B. die termingerechte Erbringung einer Dienstleistung für einen wichtigen Kunden von der Kooperationsbereitschaft eines bestimmten Mitarbeiters abhängen, der in der gegebenen Situation als einziger über das notwendige Know-how verfügt. Die Ungewissheit über die Folgen der Terminüberschreitung für den Vorgesetzten kann der Mitarbeiter reduzieren, indem er sein Engagement zusagt. Das bedeutet für den Mitarbeiter, dass er in dieser Situation Macht über den Vorgesetzten hat.

Die Vorgesetztenmacht als Verfügung über Vermeidungsalternativen bei Widerstand des Mitarbeiters gegen seine Anweisungen beruht nach Luhmann auf drei Quellen: Organisationsmacht, Personalmacht und Personalbeurteilungsmacht (1975: 111). Die *Organisationsmacht* weist dem Vorgesetzten bestimmte Entscheidungsbefugnisse zu, z.B. die Festlegung der Vorgehensweise und Terminplanung für ein konkretes Projekt. Mit der *Personalmacht* ist der Vorgesetzte befugt, seinen Mitarbeitern bestimmte Aufgaben zuzuteilen, während die Entscheidung über die Verlängerung eines befristeten Arbeitsverhältnisses unter die Kategorie der *Personalbeurteilung* fällt. Die Vermeidungsalternativen, über die der Mitarbeiter gegenüber dem Vorgesetzten verfügt, beruhen auf seinem Fachwissen und seiner Arbeitsleistung, auf die der Vorgesetzte um so mehr angewiesen ist, je komplexer die Organisation ist (1975: 108).

Als Alternative zur Macht von Personen analysiert Luhmann *Machtketten* von Personen, wo A Macht über B und B über C hat. Aus der Transitivität der Macht folgt dann, dass A auch über C Macht besitzt (1975: 39). Das klassische Modell ist die Hierarchie von Entscheidungsebenen in Organisationen, wo z.B. der Vorstand über die Direktorenebene Macht auf die Abteilungsleiter ausübt. Mit dieser Kettenbildung ist nach Luhmann eine Leistungssteigerung des Machtmediums verbunden. Als zweiten Prozessmechanismus zur Unsicherheitsabsorption schlägt Luhmann das Konzept des *directive correlation* (2000: 207) vor. Es handelt sich um Entscheidungsketten, in denen die nachfolgenden Entscheidungen durch die vorangehenden erleichtert und unterstützt werden. Strukturell handelt es sich häufig um formalisierte Kommunikationswege, wie z.B. der Durchlauf eines Investitionsantrages durch verschiedene Stellen der Organisation, die horizontal und vertikal angeordnet sein können (2000: 207).

Trotz der Übereinstimmung zwischen dem handlungstheoretischen Machtmodell von Crozier/Friedberg und Luhmanns systemtheoretischer Machtdefinition im Hinblick auf die Kontrolle von Unsicherheitszonen durch die Machtanwendung bleibt der grundlegende paradigmatische Unterschied bestehen. Während im handlungstheoretischen Modell die Akteurhandlungen mit intendierten und unintendierten Folgen im Zentrum der Analyse stehen, betrachtet die Systemtheorie Ereignisketten von Interaktionen mit einer systemischen Eigenlogik als Grundeinheit. Der spezifische Blickwinkel der Systemtheorie lässt sich an dem Begriff der *datensetzenden Macht*[104] verdeutlichen, die Popitz als eine Grundform von Macht beschreibt.

> Im Verändern der Objektwelt setzen wir "Daten", denen andere Menschen ausgesetzt sind. Wir üben eine Art materialisierter Macht aus, eine *datensetzende Macht*, in der die Wirkung des Machthabers über die Machtbetroffenen durch Objekte vermittelt ist. (Popitz 1992: 167)

Popitz bezieht die datensetzende Macht auf Technik und auf die prozessuale Arbeitsteilung zur Herstellung von Gütern (1992: 170), die von den Mitarbeitern einer Organisation als *Artefakte* im Sinne einer vorstrukturierten Wirklichkeit erlebt werden (1992: 160). Die von Luhmann beschriebenen systemischen Mechanismen der Machtkette und des directive correlation sind Beispiele von datensetzender Macht, die nach Luhmann ein systemisches Eigenleben entfalten[105].

2.3.2 Beispiel: Projektmanagement

In dem Buch *Power in and around Organizations* unterscheidet Mintzberg vier klassische Machtformen in Organisationen: individuelle Macht, externen und internen Einfluss sowie bürokratische Macht (1983: 389). Bei diesen Machttypen wird die Macht *konzentriert* und durch *Koalitionen* abgesichert. Zusätzlich führt Mintzberg die *Meritokratie* als Machtkonstellation ein für Organisationsformen, in denen Professionen wie Ärzte, Anwälte, Psychologen oder Unternehmensberater klientenorientiert arbeiten. Die meritokratische Macht beruht auf Expertenwissen, *Expertise* genannt, dessen Aneignung, Beherrschung und Anwendung eine akademische Ausbildung erfordert. Im Gegensatz zu den klassischen

---

104 Popitz führt diesen Begriff ohne Bezug auf die Systemtheorie ein. Trotzdem ist der Begriff der datensetzenden Macht hilfreich, um den Grundgedanken der Systemtheorie zu verdeutlichen.
105 Im erweiterten handlungstheoretischen Modell des Methodologischen Individualismus (Esser 1999: 17) wird der soziale Kontext unter dem Begriff der *sozialen Situation* in das Modell integriert, ohne allerdings die systemische Eigengesetzlichkeit zu akzeptieren. Das Modell der *institutionellen Macht* (vgl. Kap. 2.3.1.1) geht explizit von sozialen Strukturen als Artefakte aus, die für die Mitglieder von Organisationen soziale Tatsachen darstellen. Die klassische soziologische Systemtheorie von Parsons unterscheidet sich in diesem Punkt von dem institutionellen Ansatz nicht wesentlich. Luhmann stellt die Systemoperationen mit ihrer Eigendynamik in das Zentrum der Analyse und konzipiert Strukturen als Elemente des Systemgedächtnisses, an denen sich die Systemoperationen orientieren können, aber nicht müssen (2000:50).

2.3 Macht

Machttypen ist in Meritokratien die Macht nicht konzentriert, sondern auf die Experten verteilt (1983: 389).

Falls in einer stabilen Umwelt die Klienten nach einer festgelegten Systematik[106] von bestimmten Experten betreut werden, handelt es sich um den *föderativen* Typ der Meritokratie. In einer dynamischen Umwelt ist stattdessen der *kollaborative* Typ angemessener, den Mintzberg *Adhokratie* (adhocracy) nennt (1983: 390). Hier arbeiten Experten verschiedener Fachdisziplinen in *Projektteams* zusammen, um Problemlösungen zu entwickeln und zu implementieren.

Weil hier die Umwelt der Organisation dynamisch ist, muss die Arbeitsorganisation viel flexibler sein, so dass die Experten nicht per se standardisierte Prozeduren anwenden können. Stattdessen müssen sie ihr Innovationstalent einsetzen und zusammen arbeiten - in zeitlich begrenzten Projektteams oder in wechselnden Arbeitskonstellationen, um ihr unterschiedliches Wissen und Können zu kombinieren. (Mintzberg 1983: 393; Übersetzung vom Verf.).

In *operativen* Adhokratien arbeiten Expertenteams direkt für den Kunden, während in *administrativen* Adhokratien die Projektteams interne Projekte abwickeln, z.B. die Entwicklung neuer Produkte (1983: 395). In dem nachfolgenden Beispiel werden die in Kap. 2.3.1 dargestellten Machtformen (institutionelle Macht, Handlungsmacht und systemische Macht) auf die Machtkonstellation des *Projektmanagers*[107] angewendet. Dieses Anwendungsbeispiel bezieht sich konkret auf Entwicklungsprojekte, in denen im Kundenauftrag ein technisches Produkt, z.B. ein neuer Sitz für ein Flugzeug, entwickelt wird. Zur Einführung werden die Grundbegriffe des Projektmanagements[108] für Entwicklungsprojekte dargestellt.

Projekte stellen einmalige, neuartige, komplexe und abgegrenzte Vorhaben mit definiertem Anfang und Ende dar. Aufgrund dieser Merkmale erfordern Projekte eine spezielle Form des Managements: Das *Projektmanagement* hat die

---

106 Mintzberg (1983: 402-403) verwendet in diesem Zusammenhang den anschaulichen Begriff *Verteilfach* (Pigeonhole). Damit ist gemeint, dass für die Klienten genau festgelegte Zugänge zu dem professionellen Beratungssystem bestehen. Falls sich z.B. ein Klient krank fühlt, stehen ihm die medizinischen, psychiatrischen und psychologischen Fachdisziplinen mit den jeweiligen Zugangsbedingungen offen. Er wird dann nach den Regeln dieser Disziplin behandelt. Falls diese Behandlung nicht passt, muss er einen neuen Zugang selbst suchen oder wird dorthin überwiesen.
107 Mintzberg (1983) bezieht sich in seiner Diskussion auf die Führungskräfte innerhalb der Adhokratie und nicht explizit auf die Projektmanager. Trotzdem lassen sich einige seiner Hypothesen auf die Rolle des Projektmanagers übertragen.
108 Der Begriff "Projektmanager" wird synonym zu "Projektleiter" verwendet. Projektmanagement ist die Organisationsform selbst, in der der Projektmanager eine bestimmte Rolle wahrnimmt. Die Begriffe und Methoden des Projektmanagements werden in einschlägigen Lehrbüchern beschrieben, z.B. Madauss 2000. Die im Text verwendeten Definitionen und die Abbildung 28 entstammen der Praxis des Autors als Organisationsberater.

Aufgabe, Projekte so durchzuführen, dass die vorgegebenen Ziele innerhalb des Termin- und Kostenrahmens erreicht werden. Projektmanagement bedeutet, Projekte zu definieren, zu strukturieren, zu organisieren, zu planen, zu steuern, zu dokumentieren und auszuwerten. *Projektziele* sind angestrebte zukünftige Zustände eines Systems (*Sollzustände*). Die Zielformulierung erfolgt in der Planungsphase und wird im Verlauf des Projekts fortgeschrieben. Entscheidend für Projekte ist die zeitliche Gliederung in Projektphasen, wie in Abbildung 28 exemplarisch für Entwicklungsprojekte im Kundenauftrag dargestellt wird.

Abbildung 29: Projektphasen für technische Entwicklungsprojekte

Angebot	Konzeptphase	Prüfung Kundenanfrage
		Prüfung und Freigabe durch GF
		Angebotserstellung/-verhandlung
Auftrag	Planungsphase	Detaillierte Projektplanung
		Prüfung und Freigabe Projektplanung durch GF
		Kick-off Meeting
	Durchführungsphase	Designentwicklung
		Detailkonstruktion
		Prototypenbau
	Projektabschlussphase	Abnahme durch Kunde, Qualitätssicherung
		Projektdokumentation

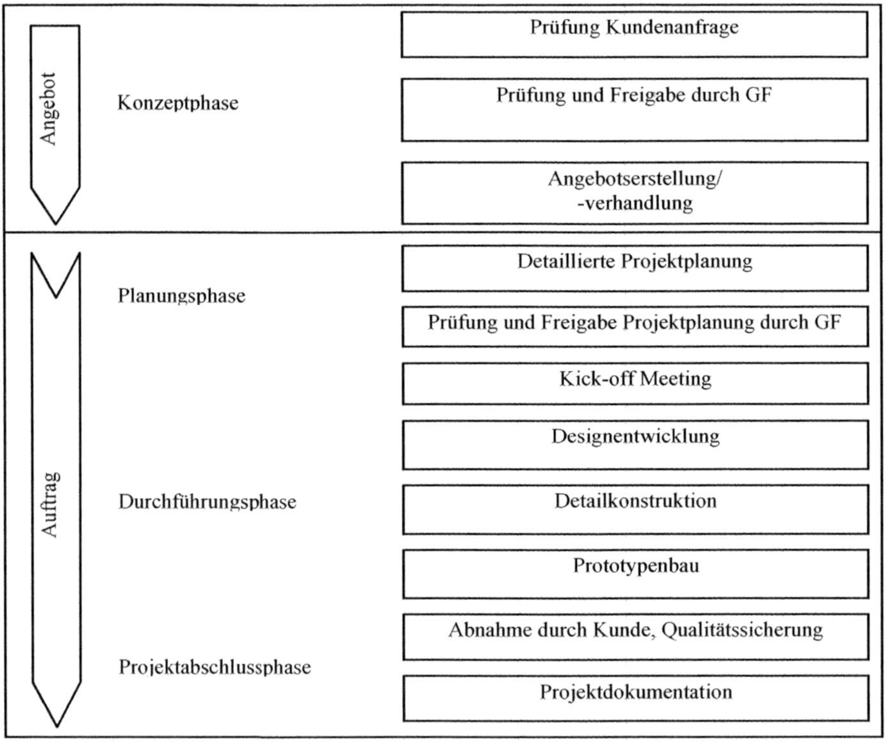

2.3 Macht

Der Projektmanager ist für die Koordination der *Projektplanung und -durchführung* verantwortlich. Durch die Freigabe der Planung durch die Geschäftsführung (GF) wird das Projektteam formal mit der Durchführung beauftragt. Die Endpunkte der Hauptaktivitäten stellen *Meilensteine* dar, die als Entscheidungs- und Steuerungspunkte definiert sind. Die Erreichung der Meilensteine wird durch konkrete Ergebnis- und Teilziele kontrolliert, die sich aus den Projektzielen ergeben. Der Meilensteinplan ist Bestandteil eines *Projektsteckbriefs*, der die wesentlichen Projektdaten enthält und der Geschäftsführung als Informations- und Steuerungsinstrument dient. Die Realisierung der Entwicklungsprojekte erfolgt in Projektteams, die in der Planungsphase von der Geschäftsführung benannt werden. Die Teamstrukturierung folgt der Aufteilung in die wesentlichen Arbeitspakete, die in der Projektplanung konkretisiert und in der Projektorganisation dokumentiert werden. Zusätzlich werden bestimmte Projektrollen (z.B. Projektleiter, Projektmitglied) vergeben. Das Projektteam berichtet an ein Lenkungsgremium, das sich in der Regel aus Mitgliedern der Geschäftsführung und aus den fachlich betroffenen Bereichsleitern zusammensetzt.

Der Projektleiter ist verantwortlich für die Koordination der Leistungserbringung innerhalb des Terminplans und die Einhaltung des Kostenbudgets, während die Teammitglieder für die selbständige Abarbeitung der von ihnen übernommenen Arbeitspakete die Verantwortung tragen. Die Teammitglieder in Entwicklungsprojekten sind in der Regel[109] disziplinarisch jeweils einem bestimmten Fachbereich zugeordnet (z.B. dem Fachbereich Elektronik oder Mechanik) und verwenden einen bestimmten Teil ihrer Arbeitszeit für die Projektaufgaben. Aus der Machtperspektive sind sie dem Fachbereichsleiter unterstellt, der die fachlichen Standards definiert und durchsetzt. Gleichzeitig wird innerhalb des Projektteams festgelegt, mit welcher Priorität die Projektaufgaben zu erledigen sind. Der Projektleiter legt diese Prioritäten fest. Im Konfliktfall hat das Lenkungsgremium die formale Entscheidungsmacht und kann diese an den Projektleiter delegieren.

Nach Mintzberg (1983: 398) ist Macht in Meritokratien nicht nur ungleich verteilt, sondern tendiert zumindest in Teilstrukturen zur *Verflüssigung* (*to be fluid*). Die Macht der Führungskraft basiert auf den beiden informellen Machtquellen des *politischen Willens und Könnens*, so dass die Manager dieser Organisationen auch Politiker sind (1983: 399). Für den Projektmanager bedeutet dies, dass er über geringe *institutionelle Macht* verfügt. Die Projektorganisation

---

[109] In einer alternativen Projektorganisation sind die Teammitglieder fachlich und disziplinarisch dem Projekt zugeordnet. Anlagenbauer mit Projekten über mehrere Jahre z.B. präferieren diese Organisationsform. In diesem Fall bilden die Projektteams Einheiten im Organigramm neben den Leitungs- und Linienfunktionen.

räumt ihm nur eingeschränkte Entscheidungsbefugnisse ein. Allerdings kann das Lenkungsgremium seine institutionelle Macht teilweise auf den Projektmanager übertragen. Dies hat allerdings enge Grenzen, weil die Teammitglieder als Experten in der Regel nicht bereit sind, sich fachlich dem Projektleiter unterzuordnen.

Die Macht des Projektmanagers ergibt sich stattdessen aus den *Ungewissheitszonen*, die sowohl in der Handlungsmacht als auch in der systemtheoretischen Machtdefinition das Definitionsmerkmal von Macht bilden. Trotz der festgelegten Projektorganisation und des verabschiedeten Projektplans sind Entwicklungsprojekte nicht eindeutig vorhersehbar. Es liegt in der Natur der Entwicklung als innovativer Prozess, dass die einzelnen Lösungskonzepte für die Aufgabenstellungen erst innerhalb der Projektarbeit entstehen. Eine zweite Quelle der Unsicherheit ist die informelle Kommunikationsstruktur zwischen den Experten, die einen wesentlichen Teil der Projektarbeit ausmacht. Die Sitzungen des Lenkungsgremiums mit dem Projektteam finden nach einem vorgegebenen Zeitraster statt, so dass zwischenzeitlich eine Reihe von Abstimmungen zwischen Projektteam und Linienvorgesetzten notwendig werden. Der Projektmanager hat in der Sprache Luhmanns die Möglichkeit, die aus den Ungewissheitszonen resultierende Unsicherheit zu absorbieren, indem er laufend mit den Projektteammitgliedern und Führungskräften kommuniziert und (im Sinne von Mintzbergs politischer Funktion) Entscheidungen herbeiführt.

Ein wesentlicher Konflikt im Machtspiel des Projektmanagements ist das Gerangel um Ressourcen (Mintzberg 1983: 403), die in Entwicklungsprojekten aus dem Zeitbudget kompetenter Fachexperten und in den Budgets für Leistungsbeauftragungen an externe Entwicklungsbüros bestehen. Was hat der Projektleiter hier den Fachvorgesetzten seiner Teammitglieder oder den Budgetverantwortlichen als *Vermeidungsalternativen* im Sinne von Luhmann entgegenzusetzen, falls sie die vom Projektleiter benötigten Ressourcen nicht bereitstellen? Eine Vermeidungsalternative wäre der Ausschluss aus der informellen Projektkommunikation, so dass für die sich verweigernde Führungskraft der Zugriff auf Informationen auf die offiziellen Projektberichte und Gremiensitzungen reduziert wird. Dies hätte eine Erhöhung der Unsicherheit zur Folge. Eine zweite Vermeidungsalternative in der Hand des Projektleiters ist die Androhung, die Entscheidung auf die Tagesordnung der nächsten Sitzung des Lenkungsgremiums zu setzen. Dadurch geht die betroffene Führungskraft das Risiko einer Niederlage ein. Gerade diese Art von Unsicherheit ist politisch agierenden Linienvorgesetzten besonders unangenehm.

Luhmann zitiert in seiner Vorlesung den Leitspruch von Talcott Parsons: "Action is system!" (Luhmann 2002a: 19). Damit ist gemeint, dass Systeme nur durch die laufenden Operationen der Kommunikation leben. Für den Projektma-

2.3 Macht

nager bedeutet dies, dass seine Macht wesentlich von seiner Fähigkeit abhängt, die Kommunikation über die Projektthemen innerhalb und außerhalb des Projekts in Gang zu halten. Das klingt trivial, ist aber in der Projektpraxis nicht einfach realisierbar. In Organisationen überlagern sich unterschiedliche Themen, Aufgaben und Projekte und wechseln häufiger die Prioritäten. Daraus folgt für den Projektmanager, dass er durch Kommunikation sein Projekt in dem Kommunikationsprozess an zentralen Stellen platzieren muss, indem er z.B. mit möglichst vielen Entscheidungsträgern regelmäßig spricht, damit sie sein Projekt im Auge behalten und in Entscheidungsprozessen berücksichtigen, zu denen der Projektmanager keinen Zugang hat[110].

Innerhalb der Theorie sozialer Systeme geht man davon aus, dass eine Organisation in mehrere Teilsysteme zerfällt, die nicht hierarchisch angeordnet sind, sondern sich gegenseitig überlagern. Damit konkurriert das Machtspiel des Projekts mit anderen Machtkonstellationen innerhalb und außerhalb der Organisation. Die wichtigste Machtkonstellation innerhalb der Organisation ist die durch das Organigramm und durch die Geschäftsordnung der Geschäftsführung festgelegte institutionelle Macht der Entscheidungs- und Weisungsbefugnisse. So treffen sich Geschäftsführer turnusmäßig zu Geschäftsführungssitzungen, die Linienvorgesetzten berichten regelmäßig an ihre vorgesetzten Geschäftsführer. Zwischen dem Vorsitzenden der Geschäftsführung und seinen Kollegen auf der Ebene der Geschäftsführung bestehen in der Regel Genehmigungsprozeduren, in denen der Vorsitzende z.B. über Personaleinstellungen oder die Budgetfreigabe ab einer bestimmten Wertgrenze entscheidet. Auf diese Weise hat er Zugriff auf eine wichtige Ungewissheitszone seiner Kollegen. Für den Projektmanager hat dies zur Folge, dass er von der Macht in anderen Systemen abhängig ist. Gleichzeitig kann er die Macht eines anderen Systems in seinem Projekt nutzbar machen. Dies potenziert einerseits seine Möglichkeiten des Machteinsatzes. Andererseits ist er den Machtübergriffen aus anderen Systemen ausgesetzt.

Eine typische Konstellation der Projektpraxis ist der Konflikt von zwei Machthabern in der institutionellen Machtordnung. So können sich die Geschäftsführer für Vertrieb und Technik über die Umsetzung von zusätzlichen Kundenwünschen durch das Projekt streiten. Der Geschäftsführer für Vertrieb wird vertreten, dass die Kundenwünsche ohne Budgeterhöhung durchgeführt werden müssen, während der für die Entwicklungsaufgaben zuständige Geschäftsführer den Standpunkt einnimmt, dass das Projektbudget erhöht werden muss. Für den Projektleiter ergibt sich aus diesem Machtspiel ein Stillstand sei-

---

110 Mintzberg greift in diesem Zusammenhang auf das *Mülleimermodell* der Organisation zurück, nach dem die *Anwesenheit* in den sich eher zufällig ergebenden Entscheidungssituationen eine wesentliche Quelle für die Macht von politischen Akteuren ist (1983: 401). Dieses Modell der organisatorischen Anarchie wird in Kap. 2.4.1.1 dargestellt.

ner Projektarbeit, bis der Konflikt gelöst ist. Was rät ihm die Systemtheorie, um den Konflikt zu lösen? Eine Empfehlung wäre abzuwarten, bis das Machtsystem der Geschäftsführung den Konflikt entschieden hat. Dies ist allerdings riskant, weil das Projekt in Terminverzug geraten kann, wenn diese Entscheidung zu lange auf sich warten lässt. Nun könnte der Projektmanager zu den Geschäftsführern einzeln gehen und sie bitten, die Entscheidung zügig zu treffen. Beide Geschäftsführer werden in diesem Gespräch auf ihrem Standpunkt beharren. Sie agieren nicht im Projektsystem, sondern im System der Unternehmenshierarchie, wo der Projektleiter mehrere Stufen niedriger angeordnet ist. Eine Alternative für den Projektmanager wäre, die Entscheidung auf die Tagesordnung der nächsten Sitzung des Lenkungsgremiums zu setzen. Auch dies muss nicht zum Erfolg führen, denn die Geschäftsführer können mit ihrer hierarchischen Macht eingreifen und die Entscheidung ausklammern. Der Projektleiter hat, wenn man ihn überhaupt noch zu diesem Thema zu Wort kommen lässt, die Chance, auf eine externe Ungewissheitszone zu verweisen: den Kunden. Was wird geschehen, wenn die Entscheidung über die Realisierung der zusätzlichen Kundenanforderung nicht rechtzeitig getroffen wird, oder sogar der Fertigstellungstermin der Entwicklung des neuen Produkts gefährdet ist? Vielleicht hat er mit dieser Intervention Erfolg und der Konflikt wird innerhalb des Projekts gelöst.

Insgesamt zeigt das Beispiel der Entwicklungsprojekte als adhokratische Machtkonstellation, dass eine organisationstheoretische Analyse dem Projektmanager helfen kann, seine Machtsituation besser zu verstehen und auf dieser Basis erfolgreicher zu agieren.

2.3.3 Macht und Individuum

Nach Popitz beruht die universelle Wirkung der Macht auf *anthropologischen* Grundgegebenheiten. Gewalt als Aktionsmacht kann dem betroffenen Menschen Verletzungen zufügen, die von ihm nicht ignorierbar sind (1992: 31). Die an bestimmte Personen gebundene autoritative Macht ist wirkungsvoll, "weil Maßstabs- und Anerkennungsbedürfnisse psychische Abhängigkeiten begründen" (1992: 32). Selbst die in Kap. 2.3.1.3 erwähnte datensetzende Macht bezieht Popitz auf das Individuum, indem seine Situation verändert und der Spielraum seines möglichen Verhaltens eingeschränkt wird (1992: 33). Diesen auf das Subjekt bezogenen Standpunkt vertreten die französischen Soziologen Pierre Bourdieu und Michel Foucault noch konsequenter als Popitz. Während Bourdieu (2005a) die Wirkung der *symbolischen Macht* in das Individuum verlegt, analysiert Foucault (2005) die *Disziplinierungsmechanismen* von *totalen Institutionen*, wie psychiatrischen Anstalten.

2.3 Macht

Für Bourdieu basiert die symbolische Macht, die er mit symbolischer Gewalt gleichsetzt, auf der Inkorporierung der Machtbeziehung durch den Machtunterworfenen. Seine Denk- und Wahrnehmungsschemata haben die Machtunterlegenheit abgespeichert, so dass für ihn die bestehende Machtbeziehung selbstverständlich ist.

> Die symbolische Gewalt richtet sich mittels der Zustimmung ein, die dem Herrschenden (folglich der Herrschaft) zu geben der Beherrschte gar nicht umhinkann, da er, um ihn und sich selbst, oder besser, seine Beziehung zu ihm zu erfassen, nur über Erkenntnismittel verfügt, die er mit ihm gemein hat, und die, da sie nur verkörperte Form des Herrschaftsverhältnisses sind, dieses Verhältnis als natürlich erscheinen lassen - oder mit anderen Worten: da die Schemata (hoch/niedrig, männlich/weiblich, weiß/schwarz usf.), von denen er Gebrauch macht, um sich selbst oder die Herrschenden wahrzunehmen und zu bewerten, das Produkt der Inkorporierung der damit naturalisierten Klassifikation sind, deren Ergebnis sein soziales Sein ist. (Bourdieu 2005a: 66)

Die Schemata fallen unter die Kategorie der Handlungsdispositionen, für die Bourdieu den Begriff *Habitus* verwendet (2005a: 70). Dieser Begriff umfasst neben Denk- und Bewertungsschemata auch den *Lebensstil* als "das einheitliche Ensemble der von einem Akteur für sich ausgewählten Personen, Güter und Praktiken" (Bourdieu 1998: 21)[111]. Die Verankerung des Herrschaftsverhältnisses in der Persönlichkeit des Beherrschten spielt sich nicht nur auf der Ebene von Wahrnehmung und Denken ab: Die Schranken zwischen Herrschendem und Beherrschten "nehmen häufig die Form von *Leidenschaften* oder *Gefühlen* (Liebe, Bewunderung, Respekt) oder *körperlichen Emotionen* (Scham, Erniedrigung, Schüchternheit, Beklemmung, Ängstlichkeit, aber auch Zorn oder ohnmächtige Wut) an" (2005a: 72).

Bourdieu versteht *Autorität* als "anerkannte, geachtete Macht, die zugleich bewundert *und* gefürchtet wird" (Sofski/Paris 1994: 21). Diese Form von Autorität hängt in Arbeitsorganisationen nicht nur davon ab, dass die Mitarbeiter ihrem Vorgesetzten institutionelle Macht zuschreiben, "sondern auch davon, was sie von ihm als Person halten" (Sofski/Paris 1994: 21). Da nach Bourdieu die Beherrschten die symbolische Macht selbst *"konstruieren"* (2005a: 74), lassen sich die Machtverhältnisse nicht durch die üblichen Maßnahmen wie Mitbestimmung oder offenere Kommunikation aufheben, sondern erfordern die radikale "Umgestaltung der gesellschaftlichen Produktionsbedingungen" (2005a: 77).

Durch die Inkorporierung der Macht als quasi Black Box (Lukes 2005: 142) in dem Bewusstsein des Machtunterworfenen und in dessen Emotionalität weist

---

[111] Bourdieu hat den *Habitus* verschiedener sozialer Klassen in seinem Werk *Die feinen Unterschiede* den Habitus als Mittel der *Distinktion* (1999: 405) empirisch nachgewiesen.

das Machtmodell von Bourdieu eine Nähe zu der dritten Machtdimension von Lukes auf (Lukes 2005: 141), die in Kap. 2.3.1 dargestellt wird. Trotz dieser Übereinstimmung mit Bourdieu grenzt sich Lukes gegen die Verankerung der Macht im Körperlichen ab und betont stattdessen die gesellschaftliche Verankerung der dritten Machtdimension als "Reaktionen auf das ganze Gebiet der 'diskursiven' kulturellen Einflüsse, von der frühen Sozialisation zu religiösem Unterricht und den Massenmedien, die selbst dem politischen Einfluss und historischen Veränderungen unterliegen" (Lukes 2005: 143; Übersetzung vom Verf.). In diesem Sinne schränkt Macht nach Lukes die Interessen der Machtunterworfenen ein, ohne dass sie sich dessen bewusst sind (2005: 146).

Die symbolische Macht "entfaltet sich nicht auf der Ebene physischer Kraft, sondern auf der Ebene von Sinn und Erkennen" (Bourdieu 2005b: 82), gräbt sich "vermittels quasi-körperlichen Verwobenseins" (2005b: 82) in das Individuum ein und wird somit zum Bestandteil des Habitus. Entscheidend für Bourdieus Machttheorie sind die Konzepte *Sozialer Raum* und *Feld der Macht*. Der soziale Raum wird durch die drei Dimensionen des ökonomischen (Geld/Vermögen), kulturellen (Bildung) und sozialen Kapitals (Beziehungen) sowie des symbolischen Kapitals "als wahrgenommene und als legitim anerkannte Form der drei Kapitalsorten" (Bourdieu 1985: 11) aufgespannt. Eine Position in dem sozialen Raum lässt sich durch die jeweiligen Werte auf den Dimensionen bestimmen. Von der Position hängt ab, in welchem Ausmaß die Akteure über Macht und Status verfügen. Die Kapitalsorten sind im sozialen Raum ungleich verteilt und sind einerseits zwingend für die Akteure und andererseits Gegenstand von Kämpfen um verbesserte Positionen. Somit ist der soziale Raum ein "Kraftfeld, das für die in ihm engagierten Akteure eine zwingende Notwendigkeit besitzt, und ein Feld von Kämpfen, in dem die Akteure mit je nach ihrer Position unterschiedlichen Mitteln und Zwecken miteinander rivalisieren und auf diese Weise zu Erhalt oder Veränderung seiner Struktur beitragen" (Bourdieu 1998: 49-51). In Bezug auf die Machtverteilung spricht Bourdieu von dem *Feld der Macht* als dem Raum der Machtverhältnisse, in dem die mit Kapitalsorten versehenen Akteure in unterschiedlichem Ausmaß das Feld beherrschen (1998: 51).

MacLean, Harvey und Chia wenden die Feldtheorie Bourdieus auf das Beispiel von Machteliten in Großbritannien und Frankreich an. Das soziale Feld ist ein "strukturiertes System sozialer Relationen, in dem Individuen untereinander um Ressourcen, Zugang und Status kämpfen" (Maclean/Harvey/Chia 2010: 331; Übersetzung vom Verf.). Aus der Dynamik des sozialen Feldes, in dem Strukturen, Akteure und institutionelle Regelungen zusammen wirken, entwickeln sich ungleiche Machtverteilungen, die eine Machtkonzentration der Eliten zur Folge haben (2010: 344). Mit Bourdieus Feldtheorie lässt sich das empirisch ermittelte Ergebnis beschreiben: Obwohl kulturelles Kapital zählt, das speziell in der frü-

2.3 Macht

hen Phase der Karriere in andere Kapitalformen konvertiert wird, um den Prozess des Aufstiegs in Organisationen zu ermöglichen, ist die Ansammlung und Mobilisierung von *sozialem* Kapital entscheidend für den weiteren Zugang zu der Machtelite (Maclean/Harvey/Chia 2010: 342). Ein gut erforschtes Thema ist die Rolle der Machteliten innerhalb organisationaler Veränderungsprozesse. Typischerweise wird Machteliten unterstellt, dass sie den Status Quo verteidigen (Greenwood/Suddaby 2006: 43). Wie neuere Studien des institutionellen Wandels zeigen, können die Machteliten im Sinne *Institutionellen Entrepreneurtums (Institutional Entrepreneurship)* auch eine treibende Kraft von Veränderungen bilden (2006: 42), wie in Kap. 2.6.1.1 dargestellt wird.

Während Bourdieu nicht durch seine Machttheorie, sondern mit der von ihm und Giddens begründeten *Praxisforschung* (vgl. Kap. 4.1.2) die Organisationsforschung stark beeinflusst hat, wächst die Rezeption von Foucaults *Machttheorie* in der Organisationsforschung stetig an, wobei der Einfluss insbesondere auf die britische Organisationsforschung besonders groß ist (Carter 2008). Foucault spricht in seinen Vorlesungen über die Macht der Psychiatrie aus den Jahren 1973 und 1974 von dem *Machtsystem* der Anstalt (2005: 20). Damit meint er nicht das System der institutionellen Macht, sondern ein System "taktischer Anordnungen", das das "allgemeine Vorschriftensystem verbiegt" (2005: 20).

> Das Wichtige sind also nicht die institutionellen Regelmäßigkeiten, sondern vielmehr die Machtdispositionen, die Geflechte, die Strömungen, die Relais, die Stützpunkte, die Unterschiede des Potentials, die eine Form von Macht kennzeichnen und die, wie ich denke, konstitutiv sind für das Individuum und das Kollektiv zugleich. (Foucault 2005: 32)

Die *Disziplinarmacht* stellt erstens "eine totale Vereinnahmung des Körpers, der Gesten, der Zeit, des Verhaltens des Individuums" (2005: 77) dar und unterwirft das Individuum einer kontinuierlichen "Kontrollprozedur" (2005: 78). Das abgestufte Machtsystem der Anstalt zielt letztlich auf den Körper des Insassen, so dass die Disziplinarmacht zugleich *Gewalt* ist (2005: 31). Diese Form der Macht ist somit ein *Individualisierungsverfahren*, mit dem das *disziplinarische Individuum* produziert wird als "ein in ein Überwachungssystem eingegliederter, den Normalisierungsverfahren sich fügender, ein unterworfener Körper" (2005: 93). Foucault beschreibt anhand von historischen Dokumenten die Mechanismen der abgestuften Macht von den Anstaltsärzten bis zu den Wärtern als *Mikrophysik der Macht* (2005: 34).

Das Prinzip von Kontrollprozeduren wendet Foucault nicht nur auf psychiatrische Anstalten, sondern auch auf den Strafvollzug an. Hier beschreibt Foucault das *Panopticon* als architektonische Anordnung. Ein Turm, in dem ein Aufseher wacht, wird von einem ringförmigen Gebäude mit Zellen umgeben, die jeweils ein Fenster nach außen und nach innen haben, so dass die Insassen jederzeit von dem Aufseher im Turm beobachtet werden können (Foucault 1994a: 256-257). Es liegt nahe, dieses Prinzip der Kontrolle auf weitere Bereiche anzuwenden, insbesondere die Möglichkeiten elektronischer Überwachung der Mitarbeiter von Organisationen: "Die Spuren der Daten, die alle informationsgeladenen Aktionen mit ihrer Ausführung automatisch hinterlassen, werden Analyseobjekte" (Clegg/Courpasson/Phillips 2007: 371; Übersetzung vom Verf.). Diese Daten können von den Managern in Organisationen zur Kontrolle und Steuerung von Mitarbeitern auf der untersten Prozessebene verwendet werden (2007: 371).

Der Soziologe Erving Goffman beschreibt in dem Buch *Asyle* (1973) das Handeln von Insassen in psychiatrischen Kliniken, die er *totale Institutionen* nennt. In dieser Studie werden die Techniken des Anstaltspersonals beschrieben, die das Individuum systematisch von seiner vor Anstaltseintritt erworbenen Identität abschneiden. Der Insasse wird einem Prozess der "Diskulturation" (1973: 24) unterworfen, der durch "Trimmen" und "Programmierung" (1973: 27) und durch "Degradierungen, Demütigungen und Entwürdigungen seines Ich" (1973: 25) gekennzeichnet ist. Gegen die Bedrohung durch die totale Institution verwenden die Insassen eine Doppelstrategie, nach der sie sich einerseits äußerlich der Anstaltsrolle anpassen und "ruhig Blut" bewahren (1973: 68) und andererseits Formen der "sekundären Anpassung" entwickeln. Es handelt sich dabei um halboffizielle Verhaltensweisen oder um räumliche Reservate und um Einrichtungen, die es dem Insassen gestatten, sich einen Rest von Individualität zu bewahren. Im Gegensatz zu Foucaults pessimistischer Sichtweise behält das Individuum in totalen Institutionen noch einen Kern von Individualität.

Die dargestellten Techniken der Entindividualisierung in totalen Institutionen lassen sich nur sehr eingeschränkt auf Arbeitsorganisationen übertragen, obwohl auch hier eine Mikrophysik der Macht durch Hierarchie und Kontrolle und eine Inkorporation der Machtbeziehungen in dem Bewusstsein der Mitarbeiter zu beobachten ist. Daher stützt sich die Anwendung von Foucaults Machttheorie in der Organisationsforschung stärker auf Verbindung von Wissen und Macht (Lukes 2005: 88), die Foucault als *Ordnung des Diskurses* beschreibt: "Ich setze voraus, dass in jeder Gesellschaft die Produktion des Diskurses zugleich kontrolliert, selektiert, organisiert und kanalisiert wird" (1994b: 10-11). Das von Lukes im Zusammenhang mit Foucaults Diskursmodell der Verbindung Macht und Wissen angeführte Beispiel der *Expertenmacht* (Lukes 2005: 88) hat sich zu einem zentralen Thema der Organisationsforschung entwickelt (Reed 2001: 223; Davenport 2005).

Wie in Kap. 2.3.1 angekündigt, beschreiben und erklären die Machttheorien von Bourdieu und Foucault eine neue (vierte) Dimension der Macht als Netzwerk von Beziehungen und Diskursen (Clegg/Courpasson/Phillips 2007: 217).

2.4 Strukturen und Prozesse

2.4.1 *Gestaltung von Strukturen und Prozessen in Organisationen*

2.4.1.1 Kontingenztheorie und Entscheidungsprozesse

> Es war einmal ein Stamm, der im Grasland lebte. Die Stammesbewohner jagten Wild, tranken aus dem Bach und stellten ihre Zelte auf, wenn der Abend sie mit Dunkelheit umhüllte. Eines Morgens, nach einer wundervollen Nacht auf einem angenehmen Lagerplatz, machten sich einige Stammesbewohner bei Tagesanbruch zur Jagd auf. Sie kamen mit reichlich Wild zurück, das für einen oder zwei Tage reichen würde. Lasst uns bleiben, schlugen sie vor. Das ist ein guter Platz zum Verweilen. So blieb der Stamm noch einen Tag länger, und dann noch einen und noch einen... Schon bald lernten die Jäger, Vieh zu züchten, das Land zu bewirtschaften, und das Wasser mit Dämmen zu stauen. Als sie wohlhabender wurden und sicherer, da wurden aus den Zelten Häuser und aus den Häusern schließlich Paläste. Und sie zäunten sich ein, um sich gegen die Feinde zu schützen.
> Letztere waren bekannt als Unsicherheit, Konflikt und Zweideutigkeit. Da waren Feinde. Oh, ja! Aber der Zaun reichte aus. Und die Stammesbewohner verbesserten den Schutz nach jedem Angriff.
> Pilger kamen vorbei und erzählten Geschichten von besseren Lagerplätzen und anderem Wild. Aber die Stammesbewohner schenkten dem nur wenig Aufmerksamkeit. Der letzte Jäger war tot. Eines Sommers war weniger Wasser im Bach als sonst. Niemand bemerkte die Veränderung zunächst, aber als der Bach weiter austrocknete, benachrichtigte der Wassermanager den Stammesrat. Der Rat feuerte den Manager und entschied, dass Wasser in dem Bach sei. Die Abstimmung dafür war acht zu eins. Der Stamm verstärkte die Einzäunung, die so dicht geworden war, dass man das umliegende Grasland schon gar nicht mehr sehen konnte.
> Einige Tage später starb das Vieh durch die große Hitze und den Mangel an Wasser. Als die Stammesbewohner über den Zaun blickten, entdeckten sie, dass aus dem Grasland eine Wüste geworden war. Sie entschieden sich, weiter zu ziehen - aber es war zu spät. Paläste haben keine Zeltpflöcke. (Hedberg 1981: 23; Übersetzung vom Verf.)

Aus dieser Geschichte über die *Zelt- und Palastorganisation* von Hedberg lässt sich erstens eine Moral über mangelnde Lernfähigkeit ableiten. Dies ist das Thema des *organisationalen Lernens*, das in Kap. 2.6.1 dargestellt wird. Die zweite Moral aus dieser Geschichte ist, dass Organisationen die zur jeweiligen Umwelt passenden Strukturen und Prozesse implementieren müssen. Dies ist die Fragestellung der *Kontingenztheorie*. Der Begriff *Kontingenz*[112] bedeutet hier

---

[112] Luhmann (1973: 31; 1984: 47) verwendet durchgehend die zweite Begriffsbedeutung, dass etwas, was ist, auch anders sein könnte.

Abhängigkeit von einer bestimmten Situation, die extern und intern vorgegeben sein kann. Daher wird dieser Ansatz von Kieser (2001: 169) auch *Situativer Ansatz* genannt. Innerhalb der Soziologie würde man eher von *sozialem Kontext* sprechen. Esser bezeichnet die Kontextabhängigkeit als *Logik der Situation* (1999: 15) und kommt begrifflich Kiesers *Situativem Ansatz* am nächsten, der in Abbildung 30 dargestellt wird.

Abbildung 30: Das Forschungsprogramm des Situativen Ansatzes nach Kieser[113]

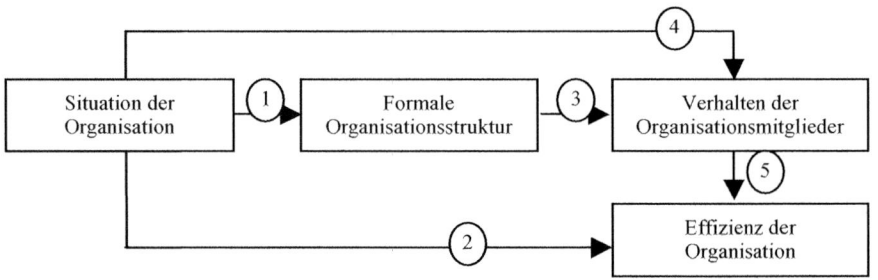

Das Paradigma des Methodologischen Individualismus von Coleman und Esser versteht unter *Logik der Situation* den direkten Effekt eines sozialen Kontextes auf einen individuellen oder korporativen Akteur[114] (Pfeil 4 in Abbildung 30). Die grundlegenden Orientierungen werden beeinflusst, so dass der situative Kontext einen *Rahmen (frame)* für die Orientierungen und Handlungsdispositionen des Akteurs bildet[115]. Die Kontingenztheorie beschäftigt sich stattdessen nicht mit dem Effekt der Situation auf den Akteur, sondern mit dem Effekt der Situation erstens auf die *formale Organisationsstruktur* (Pfeil 1 in Abbildung 30), zweitens auf die *Effizienz der Organisation* (Pfeil 2 in Abbildung 30) und drit-

---

113 Die Abbildung ist identisch mit *Abb. 6.1* in Kieser (2001: 172). Die Nummerierung der Pfeile wurde vom Verf. hinzugefügt.
114 Ein korporativer Akteur handelt nach Coleman (1994: 334, 359) im Sinne einer Gruppierung, z.B. der Sprecher der Geschäftsführung für die Geschäftsführung, der Betriebsratsvorsitzende für das Betriebsratsgremium oder der Abteilungsleiter für seine Abteilung.
115 Der Begriff des *Rahmens (frame)* ist in die Soziologie von Goffman eingeführt worden: "Ich gehe davon aus, daß wir gemäß gewissen Organisationsprinzipien für Ereignisse - zumindest für soziale - und für unsere persönliche Anteilnahme an ihnen Definitionen einer Situation aufstellen; diese Elemente, soweit mir ihre Herausarbeitung gelingt, nenne ich 'Rahmen'" (1977: 19). Esser entwickelt im 6. Band seiner Monographie (2001: 268) das formale *Framing*-Modell mit Hilfe der Wert-Erwartungstheorie.

2.4 Strukturen und Prozesse

tens mit dem Effekt der formalen Organisation auf das *Verhalten der Organisationsmitglieder* (Pfeil 3 in Abbildung 30).

Als grundlegend für die Kontingenztheorie gelten das 1967 veröffentlichte Buch *Organizations in Action* von James D. Thompson (2005) und der Artikel *Differentiation and Integration in Complex Organizations* von Paul R. Lawrence und Jay W. Lorsch (1967). Thompson entwickelt eine umfassende Organisationstheorie, indem er den verhaltenswissenschaftlichen Ansatz von March und Simon mit dem strukturellen Paradigma von Parsons verbindet und das kontingenztheoretische Modell der Abhängigkeit der Organisationsstruktur von der Umweltsituation ausformuliert.

> Eine neuere Tradition (der Kontingenztheorie) versetzt uns in die Lage, Organisationen als offene Systeme zu konzipieren, die einerseits unbestimmt und mit Unsicherheit konfrontiert sind, andererseits aber Rationalitätskriterien unterliegen und daher Sicherheit benötigen. (Thompson 2005: 13; Übersetzung und Klammereinschub vom Verf.)

Wie in Abbildung 31 dargestellt, bildet die *Unsicherheit (uncertainty)* eine intermediäre Variable zwischen Umwelt und Organisation, indem die beiden externen Variablen *Technologie* und *Umwelt* Unsicherheit erzeugen, die dann durch eine adäquate Organisationsstruktur aufgefangen werden muss.

Abbildung 31: Grundmodell der Kontingenztheorie nach Thompson

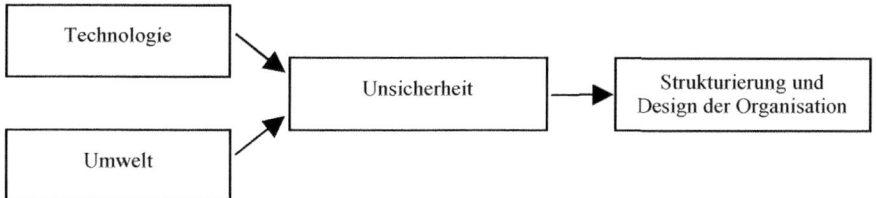

Unter *Umwelt* versteht Thompson die sozialen Umweltsysteme, z.B. für Wirtschaftsorganisationen: Kunden, Lieferanten und Dienstleistungsorganisationen, Wettbewerber oder gesellschaftliche Institutionen, die regulierend auf den Markt einwirken[116]. Die so spezifizierte Umwelt bezeichnet Thompson mit dem Begriff *Task Environments* (2005: 27-28), der sich wörtlich als *Aufgaben-Umwelten* übersetzen lässt. In der heutigen Managementliteratur hat sich der Begriff *Stake-*

---

[116] Hier zeigt sich der Einfluss von Parsons, der die institutionelle und gesellschaftliche Verankerung von Organisationen betont, vgl. Abb. 46 in Kap. 2.5.1.3.

holder durchgesetzt, um die relevanten Anspruchsgruppen[117] zu charakterisieren. Für Organisationen bedeutet *Technologie* nicht nur die eingesetzte Technik, wie z.B. Fertigungsroboter, sondern auch die Organisation von Arbeitsprozessen, aus der sich eine *technische Rationalität* (2005: 14-19) ergibt. Die *Struktur* einer Organisation definiert Thompson als "interne Differenzierung und Strukturierung von Beziehungen" (2005: 51; Übersetzung vom Verf.). Mit diesem Begriffsinventar stellt Thompson eine Vielzahl von Hypothesen auf, wie die Organisationsstruktur unter unterschiedlichen situativen Bedingungen der Technologie und Umwelt zu gestalten ist.

Ein Beispiel für die Abhängigkeit der Organisationsstruktur von den Umweltsystemen ist die *organisatorische Gliederung* in Subsysteme, die grundsätzlich nach vier Kriterien[118] erfolgen kann:

1. funktional nach dem Beitrag der Organisationseinheiten für die Gesamtorganisation, z.B. Vertrieb, Entwicklung, Logistik, Produktion und Rechnungswesen.
2. nach Prozessen, z.B. für eine bestimmte Produktgruppe
3. nach Kundengruppen, z.B. kleine, mittlere und große Kunden
4. nach geografischen Gebieten, z.B. Länder oder Vertriebsregionen

Die Besonderheit komplexer Organisationen ist, dass sich in deren Organigrammen mehrere dieser Dimensionen in einer bestimmten Anordnung finden lassen[119]. So kann die erste Ebene (unter der Geschäftsleitung) funktional gegliedert sein, z.B. in Vertrieb, Auftragsabwicklung, Produktion und Rechnungswesen. Der Vertrieb ist dann möglicherweise weiter in Regionen aufgeteilt und die Produktion in unterschiedliche produktspezifische Fertigungsprozesse. Die Vertriebsregionen können jeweils weiter nach Kundengruppen organisiert sein. Auf diese Weise kämen alle Gestaltungsdimensionen in dem Organigramm zur Geltung. Komplizierter ist die *Matrixorganisation* (Kieser/Walgenbach 2003: 152), in der eine organisatorische Subeinheit gleichzeitig an zwei übergeordnete Einheiten berichtet, z.B. in einer Projektorganisation an den Projektmanager und an den Linienvorgesetzten[120].

Nach Thompson kann die Umwelt erstens homogen oder heterogen und zweitens statisch oder dynamisch sein (2005: 72), woraus sich vier Kombinati-

---

117 Die Vertreter des Rational-Choice Modells sehen die *Anspruchsgruppen (Stakeholder)* nicht als Systeme, sondern als korporative Akteure; vgl. Müller-Stewens und Lechner (2003: 141).
118 Thompson (2005: 57) übernimmt diese von Gulick und Urwick 1937 entwickelten Gestaltungskriterien von Organisationen.
119 In den meisten Organisationslehrbüchern finden sich konkrete Beispiele für Organigramme, z.B. Frese 2005: 446.
120 Das Beispiel der Projektorganisation ist in Kap. 2.3.2 dargestellt.

2.4 Strukturen und Prozesse

onsmöglichkeiten ergeben. Falls die Umwelt homogen und statisch ist, sind die Organisationen erfolgreich, die sich spezialisieren und ihre Prozesse und Verfahren laufend verbessern. Dies ist am ehesten in einer funktionalen Organisation möglich, wo die Funktionsbereiche hoch spezialisiert und effizient sind (2005: 72). In einer heterogenen und dynamischen Umwelt ist stattdessen eine divisionale Struktur angemessener[121]. Als mögliche Organisationsformen werden in den aktuellen Organisationsbüchern die *Geschäftsbereichsorganisation* (Müller-Stewens/Lechner 2003: 477) oder *das Profit Center* (Kieser/Walgenbach 2003: 124) empfohlen, die jeweils die für das Kerngeschäft notwendigen Funktionen unter Kontrolle haben, z.B. Verkauf, Beschaffung und Auftragsabwicklung für eine Geschäftseinheit. Der Geschäftseinheit (Business Unit) und dem Profit Center werden Umsatz und Kosten zugeordnet, so dass sich der Erfolg mit der Gewinn- und Verlustrechnung (GuV) ermitteln lässt. Der Grund für die Überlegenheit der divisionalen Struktur in heterogener und dynamischer Umwelt liegt darin, dass die divisionale Einheit auf die Umweltveränderungen schnell und flexibel reagieren kann und damit die Umwelt innerhalb der Organisation in gewisser Weise spiegelt (Thompson 2005: 76).

Noch deutlicher als Thompson vertreten Lawrence und Lorsch die These, dass die Differenzierung der Umweltsysteme zu einer entsprechenden internen Differenzierung der Organisation führt.

Differenzierung ist definiert als der Zustand der Segmentierung eines organisationalen Systems in Subsysteme, von denen jedes dazu tendiert, bestimmte Eigenschaften in Relation zu den Anforderungen der jeweils relevanten Umwelt zu entwickeln. (Lawrence/Lorsch 1967: 3-4; Übersetzung vom Verf.)

Bezogen auf die Pfeile 3 und 4 des in Abbildung 30 dargestellten Modells gehen die beiden Autoren über die Differenzierung der Organisationsstruktur hinaus und beziehen auch das unterschiedliche Verhalten der Akteure als Merkmal der Differenzierung mit ein: "Der Begriff der Differenzierung, wie hier verwendet, umfasst die Attribute des Verhaltens der Mitglieder des organisationalen Subsystems" (1967: 4; Übersetzung vom Verf.).

Im Rahmen ihrer empirischen Analyse weisen Lawrence und Lorsch für die sechs untersuchten Unternehmen der Chemiebranche nach, dass sich die funktionalen Bereiche innerhalb der Unternehmen (Grundlagenforschung, Anwendungsforschung, Verkauf und Produktion) auf ihre relevanten Umwelten ausgerichtet haben. So orientiert sich z.B. die Grundlagenforschung an der Wissenschaft als Umwelt, die charakterisiert ist durch hohe Unsicherheit, hohe Veränderungsquote und relativ lange Zeitzyklen des Feedbacks an das Unternehmen

---
121 Vgl. das Zitat von Thompson in Kap. 2.4.2.

(1967: 14). Dazu passend entwickelt der Forschungsbereich einen geringen Grad an Formalisierung (1967: 18). Dies bedeutet z.B. eine große Kontrollspanne der Vorgesetzten, flachere Hierarchien, weniger Transparenz durch Berichtssysteme und geringere Regelkonformität im Verhältnis zu dem hoch formalisierten Produktionsbereich (1967: 17). Der Zeithorizont der Mitglieder im Hinblick auf die Profit-Erzielung ist im Verkauf und in der Produktion am kürzesten (1967: 20), weil hier die relevanten Umweltsysteme kurze Feedbackzyklen haben, z.B. regelmäßig gemessene Verkaufszahlen.

Die Ausrichtung der internen Differenzierung an der Differenzierung der relevanten Umwelt stellt die Organisation vor das Problem der *Integration*, die bestimmte Formen der *Koordination* erfordert. Lawrence und Lorsch können für ihre Stichprobe empirisch nachweisen, dass die Unternehmen erfolgreicher sind, die gleichzeitig eine *hohe Differenzierung* und eine *hohe Integration* aufweisen (1967: 27). Damit belegen sie anhand ihrer Daten für die Chemiebranche mit einer hohen Rate des technologischen Wandels, der Produktmodifikationen und der Innovation (1967: 13) auch den Zusammenhang zwischen Organisationsstruktur (einschließlich Orientierung der Mitglieder) und dem wirtschaftlichen Organisationserfolg, was in Abbildung 30 den Pfeilen 2 und 5 entspricht. Die Studie von Lawrence und Lorsch bildet den Startpunkt für eine Vielzahl empirischer Untersuchungen von kontingenztheoretischen Hypothesen. In der deutschsprachigen Literatur geben die Lehrbücher von Kieser und Walgenbach (2003: Kap. 4) sowie von Siedenbiedel (2010: Kap. 3) einen Überblick über die Forschungsstand der Gestaltung von Organisationsstrukturen in Abhängigkeit von Umweltbedingungen.

Für das 21. Jahrhundert prognostizieren die Organisationstheoretiker grundlegende Veränderungen der wirtschaftlichen, politischen und gesellschaftlichen Umwelt, auf die Organisationen mit veränderten Strategien, Strukturen und Prozessen reagieren. Die Hauptschlagworte sind die *globalisierte Ökonomie* (McKinley 2010: 56) und die *Digitalisierung* (Clarke/Clegg 1998: 146). Etwas differenzierter beschreiben Barley und Kunda (2001: 78) sechs Trends: Globalisierung (globalization), verstärkter Wettbewerb (intensified competition), sich veränderndes politisches Klima (changing political climate), integrierte Finanzmärkte (integrated financial markets) und verkürzte Produkt-Lebenszyklen (reductions in product life cycles). Diese Trends schlagen sich nicht nur in der konkreten Gestaltung von Wirtschaftsorganisationen nieder, sondern werden auch in der Organisationsforschung reflektiert. Ein Thema bilden trans-organisationale Beziehungen (Bartlett/Ghoshal 2002; Bachmann 2001), für die Barley und Kunda (2001:78) den Begriff der *grenzenlosen Organisation (boundaryless organization)* verwenden, die mit der volatilen und wettbewerbsintensiven Umwelt verbunden ist und sich auf Organisationsmitglieder in Form kontingenter Be-

2.4 Strukturen und Prozesse

schäftigungsverhältnisse niederschlägt (2001: 79). Das bekannteste Beispiel bilden Lieferketten (supply chains) mit dem Prinzip der Outsourcings (McKinley 2010 56). Die *Digitalisierung* wirkt sich erstens auf die *IT-gestützte Prozessorganisation* auf Basis von ERP-Systemen (siehe Kap. 2.4.3), zweitens als Folge von Internet und Electronic Data Interchange (EDI) auf die Organisationsform des *Netzwerkunternehmens* (Picot/Reichwald/Wigand 2003: 316) und drittens intern als *modulare Organisationsform* aus[122]. Die Beschleunigung von Produkt-Lebenszyklen, die Intensivierung von des weltweiten Wettbewerbs, die durch E-Commerce (Frese/Stöber 2002) unterstützt wird, erfordern für Wirtschaftsunternehmen die Fähigkeit, *eploitation* als kontinuierliche Verbesserung der Wettbewerbsvorteile im angestammten Geschäft sowie die *eploration* als Innovationsfähigkeit *beidhändig (ambidextrous)* zu verbinden (O'Reilly III/Tushman 2004: 80; Konlechner/Güttel 2009: 46). O'Reilly III und Tushman beschreiben die *ambidextrous organization* als "etabliere Projektteams, die strukturell unabhängige Einheiten bilden, von denen jede über eigene Prozesse, Strukturen und Kulturen verfügt, aber integriert in eine existierende Managementhierarchie ist" (2004: 79; Übersetzung vom Verf.). Entscheidend für den Erfolg der das *Führungsprinzip* der beidhändigen Organisation (*ambidextrous leadership*) durch die eine herausfordernde Vision und Werten, die das Seniorteam konsequent kommuniziert und belohnt (2004: 80).

Diese Aufgabe der Organisationsführung ist gemäß der ökonomisch orientierten Organisationstheorie Bestandteil des *Strategischen Managements* (Müller-Stewens/Lechner 2003; Bamberger/Wrona 2004) mit der Aufgabenstellung, den Prozess der Strategieentwicklung und -umsetzung zu konzipieren[123]. *Strategie* wird definiert als die Vorwegnahme von zukünftigen Zuständen und die darauf ausgerichteten Ziele und Maßnahmen. Nach dem berühmten Postulat von Chandler aus dem Jahr 1962 muss dann *Struktur der Strategie* folgen (2003: 14)[124], um die Umweltanforderung erfolgreich umzusetzen.

In der neueren Kontingenztheorie verwendet Lex Donaldson das Konzept des *Organisations-Fit*s, wonach die Organisation in der Lage ist, die Anforderungen

---

[122] "*Modularisierung* bedeutet eine *Restrukturierung der Unternehmensorganisation* auf der Basis integrierter, *kundenorientierter Prozesse* in relativ *kleine, überschaubare Einheiten (Module)*. Diese zeichnen sich durch *dezentrale Entscheidungskompetenz* und Ergebnisverantwortung aus, wobei die Koordination zwischen den Modulen verstärkt durch *nicht-hierarchische Koordinationsformen* erfolgt" (Picot/Reichwald/Wigand 2003: 230). Die Technologie der *Client-Server-Architektur* mit gemeinsamen Informations- und Wissensbasen in Form *integrierter verteilter Datenbanken* (2003: 277-278) bildet die Grundlage für die Effizienz der modularen Organisationsform. Vgl. Kap. 4.1.1.

[123] Die wichtigsten Instrumente des Strategischen Managements sind die *Portfolio-Technik* (Becker 1998: 425; Müller-Stewens/Lechner 2003: 301) und die *Balanced Scorecard* (Kaplan/Norton 1997; Müller-Stewens/Lechner 2003: 708-711).

[124] In Kap. 2.2.2 wird der Strategieprozess am Beispiel einer BKK dargestellt.

des Marktes zu erfüllen und sich unter den Bedingungen der Unsicherheit und der gegenseitigen Abhängigkeiten gegen den Wettbewerb durchzusetzen. Wie in Abbildung 33 dargestellt wird, bildet der Organisations-Fit eine intermediäre Variable zwischen Struktur und Effizienz.

Abbildung 32: Strukturelle Kontingenztheorie

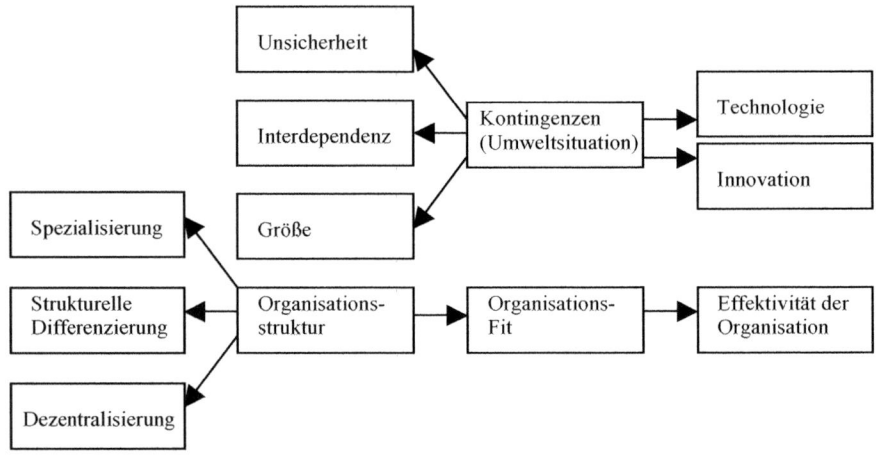

Was geschieht, wenn die Organisationsstruktur nicht zur Umwelt passt, also ein *Misfit* besteht? Dann erfolgt nach Donaldson (2001: 249) gemäß den Hypothesen der Kontingenztheorie ein Anpassungsprozess der Organisation, der zu einer Veränderung führt, wie in Abbildung 33 dargestellt ist. Der Maßstab für den gelungenen Wandel ist der wirtschaftliche Erfolg.

Abbildung 33: Theorie des vom Erfolg getriebenen Wandels

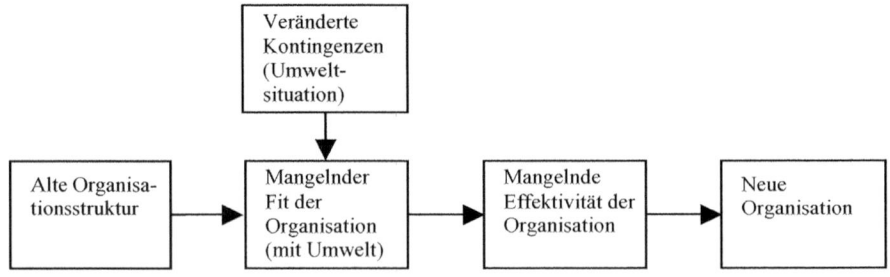

2.4 Strukturen und Prozesse 101

Im Jahr 1978 führen Pfeffer und Salancik die *Resource Dependence Perspective* in die Organisationstheorie ein. Die Autoren knüpfen an die Kontingenztheorie an, gehen aber über sie hinaus, indem sie die dynamischen Abhängigkeitsbeziehungen der Organisation mit ihrer Umwelt in das Zentrum der Analyse stellen. Dieser Ansatz war so erfolgreich (Pfeffer/Salancik 2003: xvi), dass man heute von der *Resource Dependence Theorie* spricht und nicht mehr von "Perspektive". Pfeffer und Salancik treffen drei programmatische Entscheidungen, mit denen sie sich gegenüber der Kontingenztheorie abgrenzen:

1. Die *System-Umwelt Beziehungen* bilden den Gegenstand der Theoriebildung.
2. Die Abhängigkeit der Organisation von der Umwelt wird als *Machtbeziehung* konzipiert. Macht beruht auf der exklusiven Verfügung über Ressourcen, mit denen der Machthaber in der Lage ist, die Unsicherheit zu reduzieren[125].
3. Die Organisation versucht mit verschiedenen Mitteln, die Machtabhängigkeit zu *reduzieren*. Dazu wirkt sie auch aktiv auf die Umwelt ein, um die Machtkonstellation zu ihren Gunsten zu beeinflussen.

In der Einleitung zu der Neuauflage ihres Buches fassen Pfeffer und Salancik die Intention der Resource Dependence Theorie zusammen: "*The External Control of Organizations* argumentierte, dass eine Verbindung zwischen externer Interdependenz und internen organisationalen Prozessen bestand, und diese Verbindung durch Macht vermittelt wurde" (2003: xix; Übersetzung vom Verf.). Aus diesem Ansatz folgt, dass Organisation handlungstheoretisch als "Koalitionen, die erhalten werden durch Anreize (Befriedigung) für die Mitglieder, die die Organisation unterstützen" (2003: 29; Übersetzung vom Verf.) definiert werden und somit eine *Handlungsarena* und nicht ein institutionelles Regelwerk bilden. Die Autoren sind sich bewusst, dass Organisationen aus *Aktivitäten* von Organisationsmitgliedern und nicht aus den Mitgliedern selbst bestehen. Unter dieser methodischen Voraussetzung fassen Pfeffer und Salancik ihre Thesen zusammen, wobei sie besonders das *aktive Management* der Machtbeziehungen durch die Organisation betonen:

> Zur angemessenen Beschreibung des Organisationsverhaltens ist es erforderlich, die Koalitionsnatur von Organisationen zu beachten sowie die Art und Weise, wie Organisationen auf Druck aus der Umwelt reagieren - den Forderungen einiger koalitionsmäßiger Interessen entsprechen, den Ansprüchen anderer ausweichen, Beziehungen mit einigen Koalitionspartnern etablieren und mit anderen vermeiden. (Pfeffer/Salancik 2003: 24)

---

125 Diese Definition entspricht der in Kap. 2.3.1.2 zitierten Machtdefinition von Pfeffer (1994: 75).

Die Autoren diskutieren konkrete Strukturen, um die Machtbeziehungen mit der Umwelt aktiv zu gestalten und Unsicherheit und Ressourcenabhängigkeit so weit wie möglich zu reduzieren: Normative Koordination (2003: 147-152), Joint Ventures (2003: 152-161) und Platzierung von eigenen Personen in den Geschäftsführungen anderer Organisationen als Form der Kooptation (2003: 161-166): Mit dieser strukturellen Verankerung schließen sich Pfeffer und Salancik wieder der Kontingenztheorie an.

In der wirtschaftswissenschaftlichen Organisationsforschung bilden *Entscheidungen* als Grundoperation von Organisationen eine wesentliche Gestaltungsdimension von Organisationen, wobei zwischen *präskriptiven* und *deskriptiven* Entscheidungsmodellen zu unterscheiden ist. Präskriptive Entscheidungsmodelle beschreiben formal, wie Entscheidungsprozesse gestaltet werden *sollten*, um ein optimales Ergebnis zu erreichen (Frese 2005; Laux/Liermann 2003). So wird empfohlen, den Entscheidungsprozess mit einer Problemanalyse zu starten, um die möglichen Entscheidungswege zu dokumentieren und im Hinblick auf ihre Konsequenzen zu bewerten. Die Entscheidungsmöglichkeit mit der höchsten Bewertung wird dann ausgewählt. Dieses Entscheidungsmodell schreibt einen bestimmten Weg der Entscheidungsfindung vor und wird daher präskriptiv oder normativ genannt. Entscheidungsmöglichkeiten werden rational bewertet, so dass das Rational-Choice Paradigma den Bezugsrahmen des normativen Entscheidungsmodells bildet.

Alternativ zu den entscheidungslogischen Modellen entwickeln Simon und March in den 1960er Jahren die verhaltenswissenschaftliche Entscheidungstheorie. Unter der Prämisse der begrenzten Rationalität (Simon 1997: 291; Gigerenzer/Selten 1999; vgl. Abbildung 1 in Kap. 1) besteht die Verhaltenswissenschaftliche Organisationstheorie im Kern aus einer Theorie von *Entscheidungsprozessen*: "Das zentrale vereinheitlichende Konstrukt dieses Buches ist nicht Hierarchie, sondern Entscheidungsfindung und der Informationsfluss innerhalb von Organisationen, der Entscheidungsprozesse instruiert, informiert und unterstützt" (March/Simon 1993: 3; Übersetzung vom Verf.). Ein wichtiges Konzept der verhaltenstheoretischen Entscheidungstheorie bildet die Unterscheidung zwischen *prozeduralen (procedural)* und *substantiellen (substantive)* Entscheidungsprogrammen. Während prozedurale Programme trotz eines großen Anteils der Problemlösungssuche nach einem bestimmten Grundmuster verlaufen, erfordern substantielle Programme "die Strukturierung des Problemlösungsprozesses als eine Art von Reflexion der Struktur des zu lösenden Problems" (March/Simon 1993: 200; Übersetzung vom Verf.). In den deutschen Wirtschaftswissenschaften gilt Kirsch (1977) als Pionier der Entscheidungstheorie.

Die Organisationsforscher M.D. Cohen, J.G. March und J.P. Olson kommen in ihrer Simulationsstudie aus dem Jahr 1972 zu dem Ergebnis, dass der Begriff

2.4 Strukturen und Prozesse

der *organisationalen Anarchie* (1972: 1) die tatsächlichen Entscheidungsprozesse besser charakterisiert als das Modell der rationalen Entscheidungsfindung. Ausgehend von der Mehrdeutigkeit (Ambiguität) von Organisationszielen sind Entscheidungsprozesse in komplexen Organisationen charakterisiert durch (1972:1): problematische Präferenzen, unklare Technologie und wechselhafte Teilnahme von Personen. Die erste Annahme der *problematischen Präferenzen* richtet sich gegen das klassische Rational-Choice Modell, das ein System von Präferenzen zur Bewertung von unterschiedlichen Handlungsmöglichkeiten voraussetzt. *Unklare Technologien* beziehen sich wie im Kontingenzansatz auf die Organisationsprozesse und Prozeduren, die von den Organisationsmitgliedern nicht verstanden werden. Stattdessen herrscht das Prinzip von Versuch und Irrtum. *Wechselhafte ("fluid") Beteiligungen* an Entscheidungsprozessen haben zur Folge, "dass die Grenzen der Organisation unsicher sind und sich verändern; und dass die Beobachter und Entscheidungsträger für jede Art von Entscheidungen sich ständig ändern" (1972:1; Übersetzung vom Verf.). Unter diesen Annahmen entspricht die Entscheidungsgelegenheit in Organisationen einem *Mülleimer (garbage can)*, in den von den Mitgliedern unterschiedliche Probleme und Lösungen hineingeworfen werden (1972: 2):

> Eine Organisation ist eine Ansammlung von Wahlhandlungen, die nach Problemen suchen, von Themen und Stimmungen, die nach Entscheidungssituationen suchen, um sich zu verwirklichen, von Lösungen, die nach Fragestellungen suchen, auf die sie die Antwort bereithalten könnten, und von Entscheidungsträgern, die nach Arbeit suchen. (Cohen/March/Olson 1972: 2; Übersetzung vom Verf.)

In Unternehmen fällt es vor allem jungen Mitarbeitern nicht leicht, sich in diesen Prozessen zurechtzufinden. So wird z.B. ein Unternehmensplaner, der von der Universität gekommen ist, von dem Geschäftsführer beauftragt, eine Entscheidungsvorlage für die Entwicklung eines neuen Produkts zu erstellen. Diese Entscheidungsvorlage entwickelt der Unternehmensplaner nach dem normativen Modell mit einer Marktanalyse und einer Untersuchung der technischen Machbarkeit. Darauf aufbauend werden die Entscheidungsmöglichkeiten präzisiert und im Rahmen einer Wirtschaftlichkeitsberechnung bewertet. Stolz übergibt der junge Mitarbeiter seine Studie dem Geschäftsführer, der sich bedankt und die Studie beiseite legt. Es erfolgt über mehrere Wochen kein Feedback von dem Geschäftsführer. Als der Unternehmensplaner den Geschäftsführer zufällig in einer Besprechung zu einem anderen Thema trifft, bekommt er auf seine Nachfrage zur Antwort, dass der Geschäftsführer auf eine geeignete Gelegenheit wartet, das Thema mit seinen Führungskollegen offiziell zu erörtern. Er hätte allerdings schon bei dem einen oder anderen inoffiziell vorgefühlt. Einige Wochen später bekommt der Unternehmensplaner von der Assistentin des Geschäftsführers eine Benachrichtigung, dass er sich zu der nächsten Sitzung des Führungskreises bereithalten soll, um zu seiner Vorlage Stellung zu nehmen. Aufgeregt und mit mehreren Dateien auf seinem Laptop ausgestattet wartet der Unternehmensplaner an dem festgelegten Tag auf seinen Auftritt. Gegen 20 Uhr bekommt er von der Assistentin den Hinweis, er brauche sich nicht weiter bereit zu halten, weil das Thema nicht mehr behandelt werde.

Eine Woche später wird er von der Assistentin angerufen, er solle bitte kurz zum Geschäftsführer kommen. Der Geschäftsführer geht gar nicht auf den Führungskreis ein, sondern sagt ihm, er sei zufällig mit dem Leiter von Forschung und Entwicklung auf Dienstreise gewesen und habe abends beim Bier mit ihm über das Thema sprechen können. Wegen des augenblicklichen Engpasses in der Entwicklungsabteilung sei es leider nicht möglich, das Projekt weiter zu verfolgen. Man werde bei Gelegenheit aber wieder darauf zurückkommen. Der Unternehmensplaner versteht die Organisationswelt nicht mehr und fragt einen befreundeten älteren Kollegen, der ihm erklärt, wie Entscheidungsprozesse in Wirklichkeit verlaufen. Er solle sich den Ausgang des Prozesses nicht zu Herzen nehmen, weil die Entscheidung nun einmal zufällig getroffen werde und von der Qualität seiner Entscheidungsvorlage nicht abhängt. Gemäß dem Modell der organisationalen Anarchie hat die Entscheidungsvorlage keinen formellen Entscheidungs-Mülleimer gefunden, um erörtert zu werden. Stattdessen ist sie in einen informellen Entscheidungs-Mülleimer gefallen, wo sie nach einem Kriterium bewertet wurde, das keinen direkten Bezug zu dem Problem und zu der vorgeschlagenen Lösung hat.

Entscheidend zum Verständnis des Mülleimer-Modells ist die Zeitperspektive. Nach Cohen, March und Olson sind die Modellvariablen ein *Strom von Wahlhandlungen,* ein *Strom von Problemen,* ein *Fluss von Lösungen* und ein *Strom der Energie der Mitglieder* (1972: 3). Im Zeitverlauf treffen diese Ströme aufeinander und führen zu Entscheidungsgelegenheiten, wobei das Zusammentreffen von Problemen mit geeigneten Lösungen nicht sicher gestellt ist. Die Autoren nennen dies ein partielles *Abkoppeln* von Problemen und Lösungen (1972: 16). In dem Buch *Rediscovering Institutions* ordnen March und Olson das Mülleimer-Modell den *temporal sorting models* (1989:12) zu, also einer Klasse von zeitlich sortierten Modellen. Reguliert werden Entscheidungssituationen nach dem Mülleimer-Modell erstens durch die *Zugangsstruktur* als Verbindung zwischen Problemen und Entscheidungsgelegenheiten und durch die *Entscheidungsstruktur* als Beziehung zwischen Entscheidungsträgern und Entscheidungsgelegenheiten (1989: 28). In diesem Sinne ist der Ausdruck der organisationalen Anarchie unglücklich gewählt, weil das Mülleimer-Modell auch eine Ordnung hat. Allerdings unterscheidet sich diese Ordnung von dem statischen Strukturbegriff, indem in dem Mülleimer-Modell ein Interaktionsstrom in Orga-

2.4 Strukturen und Prozesse

nisationen beschrieben wird, der im Ergebnis nicht genau determiniert ist. Das Mülleimer-Modell stellt nur ein Beispiel aus einer Vielzahl von Organisationsstudien, die mehr oder weniger starke Abweichungen von dem entscheidungslogischen Modell beschreiben. Neben dem Mülleimer-Konzept ist das Modell des *Sich-durchwurstelns (muddling through)* von Lindblom (1969; 1979) besonders bekannt geworden. Schimank (2005) fasst diese Analysen in seiner umfassenden Darstellung von entscheidungslogischen und verhaltenswissenschaftlichen Entscheidungsprozessen unter dem Begriff des *Inkrementalismus* zusammen.

2.4.1.2 Sensemaking in Organisationen

Nach Weicks Modell des Sensemaking handelt es sich "um Ströme von Problemen, Lösungen, Personen und Entscheidungen, die durch Organisationen fließen und unabhängig von menschlichen Intentionen konvergieren und divergieren" (1995: 44; Übersetzung vom Verf.). Damit grenzt sich Weick vom rationalen Entscheidungsmodell erstens ab, indem es sich um Systemprozesse handelt, die nicht das unmittelbare Resultat von *intentionalem Akteurhandeln* sind, sondern sich nach einer systemischen Eigenlogik davon ablösen können. Zweitens wird Organisationshandeln als ein zeitlicher *Strom von Interaktionen* verstanden und nicht als durch Strukturen (z.B. Stellen, Hierarchien) vorgegebene Handlungsmuster. Wie im nachfolgenden Abschnitt dargestellt wird, deckt sich das interpretative Modell Weicks mit dem systemtheoretischen Organisationsmodell Luhmanns in diesen beiden wesentlichen Merkmalen. In Übereinstimmung mit dem Mülleimer-Modell sind die Ergebnisse der fortlaufenden Entscheidungen einzigartig und nicht durch die historische Ausgangssituation determiniert. Die zugrunde liegende Ordnung ist nach Weick (1995: 161) der Prozess des *Sensemaking*[126]. Luhmann beschreibt den Strom der Ereignisse mit dem Begriff der *Selbstorganisation* im Rahmen seines Prozessmodells der Organisation[127].

Weick unterscheidet die *intersubjektive, generisch-subjektive* und *extrasubjektive* Organisationsebene (1995: 70). Während die intersubjektive Ebene aus den Interaktionen der Individuen und die generisch-subjektive Ebene aus den verfestigten Strukturen wie Rollen und Skripten besteht, verbindet Weick mit der extrasubjektiven die Kultur, die als Richtlinien, Satzungen oder tradierten Leitbildern oder Heldengeschichten außerhalb von Individuen existieren. Gelebt wird eine Organisationskultur aber nur durch die Sinnvorstellungen, Interaktio-

---

126 Weick beschreibt dieses Modell ausführlich in dem Werk *Sensemaking* (1995). Bereits in seinem Standardwerk *The Social Psychology of Organizing* verwendet Weick (1979: 130) den Begriff *sensemaking* (noch mit Bindestrich) als eine Form des *Gestaltens (enactment)*.
127 Vgl. Abb. 36 in Kap. 2.4.1.3.

nen und das Rollenhandeln von Individuen. Genau hier setzt Weicks Modell des *Sensemaking*[128] in Organisationen auf. Als Vertreter des interpretativ-interaktionistischen Paradigmas ist es für Weick selbstverständlich, dass *Sensemaking* nicht einen abgesicherten Wissenskörper, sondern eher "eine Menge von Ideen mit Erklärungsmöglichkeiten" (1995: xi; Übersetzung vom Verf.) darstellt. Den Ausgangspunkt für das Modell des Sensemaking bildet die Unterscheidung in die *intersubjektive* und die *generisch-subjektive* Ebene. Intersubjektiver Sinn entsteht in der konkreten Interaktion von Individuen, wenn "individuelle Gedanken, Gefühle und Interpretationen sich vermischen und als Synthese in Konversationen einmünden" (1995: 71; Übersetzung vom Verf.). Diese Konversationen markieren den Übergang vom individuellen *Ich* zu einem gemeinsamen *Wir*. Diese gemeinsamen Sinnkonstruktionen können sich zu sozialen Strukturen verhärten in Form von Routinen, Skripten oder sozialen Rollen[129]. In diesem Fall ergibt sich der Übergang von der intersubjektiven zu der generisch-subjektiven Ebene.

Im interpretativ-interaktionistischen Paradigma gibt es allerdings keine eindeutige Kausalrichtung zwischen den beiden Ebenen, sondern eine dynamische Wechselbeziehung: Generische Strukturen bilden einen Orientierungsrahmen für intersubjektive Interaktionen und Intersubjektivität kreiert laufend veränderte generische Strukturen. Organisationen sind nach Weick dadurch charakterisiert, dass sie genau in dem Spannungsfeld zwischen der kreativen intersubjektiven und der sozial steuernden generisch-subjektiven Ebene positioniert sind.

> Organisationen sind adaptive soziale Formen. Als intersubjektive Formen kreieren, bewahren und implementieren sie Innovationen, die sich aus dem intimen Kontakt ergeben. Als Formen generischer Intersubjektivität bündeln und steuern sie die Energien dieser Intimität. (Weick 1995: 72-73; Übersetzung vom Verf.)

Aus dieser Positionierung der Organisation ergeben sich nach Weick sechs Merkmale von Organisationen (1995: 75):

1. Organisationen koordinieren Handlungen in der Welt multipler Realitäten.

---

128 Mögliche Übersetzungen des englischen Begriffs Sensemaking wären *Sinngebung* (Weick 1985: 190), *Sinnstiftung* oder *Sinnproduktion*. Aber diese Begriffe treffen, wie nachfolgend zeigen wird, den Kern des Weickschen Modells nicht präzise genug.
129 Routinen sind schematische Handlungen, die Akteure ohne besondere Aufmerksamkeit vollziehen können. Skripte lassen sich als Vorgehensmodelle für Handlungsprozesse definieren, an denen sich Akteure in der Alltagswelt orientieren. Rollen sind erwartete Handlungen von Positionsinhabern und auf diese Weise Strukturkategorien von sozialen Systemen. Diese Begriffe gehören zum Standardrepertoire von Lehrbüchern der soziologischen Handlungstheorie (z.B. Miebach 2006).

2.4 Strukturen und Prozesse

2. Organisationen transformieren intersubjektives Verständnis in soziale Formen, die dann von Personen verwendet werden können, die an der ursprünglichen Interaktion nicht teilgenommen haben.
3. Bei dieser Transformation von der intersubjektiven zur generisch-subjektiven Ebene ergibt sich ein Verlust des Verstehens.
4. Organisationen schaffen laufend einen Abgleich zwischen der Innovation der intersubjektiven Ebene und der Steuerung durch die subjektiv-generische Ebene.
5. Dieser Abgleich wird in Organisationen durch die Etablierung von Handlungsroutinen und eingespielten Handlungsmustern erreicht.
6. Die soziale Form der Organisation besteht somit aus strukturierten Aktivitäten, die durch einen kontinuierlichen Strom von kommunikativen Handlungen entwickelt und verfestigt werden.

Ein wichtiger Auslöser für die kreative Wechselbeziehung zwischen der intersubjektiven und der generisch-subjektiven Ebene sind in Organisationen *Unterbrechungen* der Routinehandlungen (1995: 47). Diese Unterbrechungen resultieren aus der grundlegenden *Unsicherheit* (1995: 98) in Organisationen und den Merkmalen der Informationsflut, der Komplexität und Turbulenz (1995: 87). Um diese Unterbrechungen zu reparieren, setzt ein Strom von intersubjektivem Sensemaking ein, der sich auf der generisch-subjektiven Ebene in veränderten Routinen und Regeln niederschlägt.

> Ungeachtet des öffentlichen Eindrucks von Organisationen, die sich als rationale Systeme zur Erreichung von Zielen darstellen, sind Organisationen lose gekoppelte Systeme, in denen Handlungen unterspezifiziert, unzureichend rationalisiert und solange unkoordiniert verlaufen, bis die Abweichungen extrem werden.
> (Weick 1995: 134; Übersetzung vom Verf.)

Zusätzlich haben Chancen, Glück, Unfälle, Vertrauen und Schicksal laufend einen Effekt auf Organisationen, so dass sich autonome Aktivitäten unabhängig von dem formalen System entfalten, die auf eine große Bandbreite von Umweltsignalen reagieren (1995: 134). Diese Aktivitäten versorgen das Sensemaking permanent mit Puzzles, die zu lösen sind.

Welche Operationen stehen dem Sensemaking zur Verfügung, um diese Aufgabe zu lösen? Weick führt dazu die vier Operationen des *Argumentierens (arguing), Erwartens (expecting), Verpflichtens (commiting)* und *Manipulierens (manipulating)* ein. *Argumentation* ermöglicht den Mitgliedern von Organisationen gemeinsam zu reflektieren, neue Ideen zu entwickeln und zu einem gemeinsamen Verständnis zu finden. Nach Weick finden hier die Meetings ihren Platz in Organisationen, indem sie einen Rahmen für Argumentationen bereitstellen.

Erwartungen erzeugen soziale Realität, wenn sie artikuliert und von einer Gruppe gemeinsam geteilt werden. Weick verweist in diesem Zusammenhang auf das Modell der sich selbst erfüllenden Prophezeiungen (1995: 150). Die Bedeutung des *Commitments*[130] basiert auf der These Weicks, dass Individuen genau die Aktivitäten mit Sinn belegen, an die sie am stärksten gebunden sind. Das Commitment selbst ergibt sich aus der Verbindung von bestimmten Aktivitäten mit grundlegenden Überzeugungen (beliefs) der Individuen (1995: 157) und stülpt der Handlungsinterpretation eine Form von Logik über (1995: 159). In diesem Sinne hat Commitment in Organisationen die positive Funktion der "Transformation von unterorganisierten Wahrnehmungen in mehr geordnete Strukturen" (1995: 159; Übersetzung vom Verf.). Neben dieser konstruktiven Funktion besteht allerdings die Gefahr, dass Commitments die Flexibilität, das Lernen und die Anpassungsfähigkeit von Organisationen einschränken, wenn sich die Bindung auf bestehende Werte und Strukturen ausrichtet. *Manipulation* interpretiert Weick als die Möglichkeit der Beeinflussung der Organisationsumwelt. Daraus resultiert, dass die Organisation sich ihre Umwelt in gewissem Sinne selbst erschafft oder erfindet. Weick weist darauf hin, dass er in früheren Veröffentlichungen anstelle von Manipulation den Begriff *Enactment* verwendet (1995: 165), der sich in der Organisationsliteratur durchgesetzt hat[131].

Nach dieser begrifflichen Vorarbeit ergibt sich der in Abbildung 34 schematisch dargestellte *rote Faden des Sensemaking in Organisationen*. Ausgangspunkt ist die Situation in der Umwelt, die Organisationen "wegen der Notwendigkeit der raschen Sozialisation, der Kontrolle über verstreute Ressourcen, der Legitimität in den Augen der Interessenvertreter, der Messbarkeit von Ergebnissen und der Zuordbarkeit von Verantwortung" (1995: 170; Übersetzung vom Verf.) zur Ausbildung von generisch-subjektiven Strukturen zwingt. Diese situative Notwendigkeit, generisch-subjektive Organisationsstrukturen zu entwickeln, um als Organisation für die Umwelt und die Mitglieder berechenbar zu sein, entspricht der Argumentation der Kontingenztheorie. Die Besonderheit des Sensemaking-Modells besteht darin, dass die generisch-subjektive Ebene in Organisationen durch die vier Operationen der Argumentation, der Erwartung, des Commitments und der Manipulation kreiert und durch die Dynamik der intersubjektiven Ebene laufend verändert wird (1995: 170). Diese vier Operationen produzieren auf der generisch-subjektiven Ebene "*Rollen, die Austauschbeziehungen steuern, und sie produzieren Argumente, Erwartungen, Rechtfertigungen und Objekte, die zu gemeinsamen Voraussetzungen des Handelns werden*" (1995: 170; Übersetzung vom Verf.). Gleichzeitig dominieren diese vier Prozes-

---

130 Der Begriff *Commitment* lässt sich durch *Bindung* oder *Verpflichtung* übersetzen.
131 Vgl. zum Beispiel Pfeffer/Salancik (2003: 72-74).

2.4 Strukturen und Prozesse

se die intersubjektiven Prozesse, indem Innovationen in Argumente, Erwartungen, Rechtfertigungen und Objekte umgeformt werden (1995: 170).

Abbildung 34: Sensemaking-Modell von Karl Weick

	Generisch-subjektive Ebene
Übergang vom *Ich* zum *Wir*: Strukturelle Ebene von Routinen, Skripten und Rollen	

Umformung von Innovationen in Argumente, Erwartungen, Rechtfertigungen und Objekte		• *Argumentieren (arguing)* • *Erwarten (expecting)* • *Verpflichten (commiting)* • *Manipulieren (manipulation)*	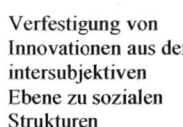	Verfestigung von Innovationen aus der intersubjektiven Ebene zu sozialen Strukturen

	Intersubjektive Ebene
Kommunikationsprozesse von Individuen: Kreative Vermischung von Gefühlen und Gedanken	

Damit bilden die vier Operationen *Argumentieren, Erwarten, Verpflichten* und *Manipulieren* die verbindenden Mechanismen zwischen der intersubjektiven und der generisch-subjektiven Ebene, die Weick als den Kern der Organisation betrachtet. *Sensemaking in Organisationen* besteht aus einem Strom von Ereignissen, der sich aus der Wechselbeziehung zwischen den innovativen Interaktionen von Individuen und den sich ausbildenden Organisationsstrukturen ergibt, die dann einschränkend auf die intersubjektive Ebene wirken, so dass die Organisation berechenbarer wird. Weick unterscheidet nicht zwischen den Prozessen der *Selbstorganisation* und *Personen* wie Luhmann[132], sondern verbindet beide Aspekte im Rahmen des interpretativ-interaktionistischen Paradigmas auf der *intersubjektiven Ebene*. Dieser Ebene ordnet er die Dynamik des Handlungssystems zu, während bei Luhmann Personen die Systemoperationen zwar irritieren können, die eigentliche Dynamik sich aber aus den *Prozessmechanismen* des sozialen Systems, wie Beobachtung, Selbstbeschreibung oder Konflikt, ergibt.

Ein alternatives Konzept von Prozessverläufen ist das in Politik- und Wirtschaftswissenschaften populäre Modell der *Pfadabhängigkeit,* das positive Feedbackprozesse mit unterschiedlichen Verläufen beschreibt, die wesentlich von der Anfangskonstellation abhängen (Pierson 2004: 20-21; Teece 2002: 37).

---

[132] Vgl. Abbildung 36 in Kap. 2.4.1.3.

2.4.1.3 Systemtheoretisches Strukturmodell der Organisation

Organisationen sind nach Luhmann autopoietische Systeme, die ihre Systemoperationen selbst erzeugen. Die Systemoperationen bestehen aus Entscheidungen, die die präferierte Seite einer Alternative markieren (2000: 132). Autopoiesis bedeutet, dass die Organisation selbst ihre Entscheidungen trifft und in diesem Sinne *operativ geschlossen* ist. Trotzdem ist die Organisation in ihren Entscheidungen von anderen Systemen *beeinflusst*, z.b. von Marktsystemen, Aufsichtssystemen oder Personen. Die Organisation besteht nach Luhmann operativ aus einer Kette von Entscheidungen, die eine spezielle Form von Kommunikation darstellen. Die einzelnen Entscheidungen sind durch Rückgriffe auf vorangegangene Operationen und Vorgriffe auf zukünftige Operationen vernetzt (2000: 48). Die Operation des Entscheidens erzeugt eine *Unsicherheitsabsorption*, die nach Luhmann nicht auf Einzelentscheidungen reduziert werden sollte, sondern erst Sinn im "Kontext sequentiellen Entscheidens" (2002b: 238) macht, wo sich bestimmte Entscheidungsmuster als Bindung der Organisation "an ihre eigenen Sichtweisen und Gewohnheiten" (2002b: 239) beobachten lassen.

Ein Anwendungsbeispiel für die auf diese Weise entstehende Organisationsstruktur ist die Hierarchie in Organisationen. In der Theorie sozialer Systeme bedeutet nach Luhmann *Hierarchie* abstrakt, "dass Teilsysteme wiederum Teilsysteme ausdifferenzieren können und dass auf diese Weise ein transitives Verhältnis des Enthaltenseins im Enthaltensein entsteht" (1984: 38). Die Annahme, dass Systeme hierarchisch verschachtelt sind, ist allgemein "eine unrealistische Annahme. Sie mag für Organisationen in hohem Maße gelten, weil sie hier durch formale Regeln sichergestellt werden kann" (1984: 39). *Hierarchie* als Strukturmerkmal von Organisationen besteht aus *Weisungen* von oben nach unten und *Berichten* von unten nach oben (2000: 313). Diese Form der *vertikalen Integration* hat in Organisationen die Funktion der *Absorption von Ungewissheit*[133]. In größeren Organisationen existieren in der Regel mehrere Hierarchieebenen. Trotz der Managementmode, Organisationen zu verschlanken (lean management), enthalten die Organigramme weiterhin mehrere Hierarchieebenen. Häufig sind mit Hierarchiestufen nicht nur *funktionale* Beschreibungen, z.B. Leiter Vertrieb Inland, sondern auch *Rangstufen* verbunden, z.B. Gruppen-, Abteilungs-, Hauptabteilungs- und Bereichsleiter.

Die Absorption von Ungewissheit ergibt sich daraus, dass der Entscheidungsweg festgelegt ist. Der Vorgesetzte kann sich darauf verlassen, dass ihm z.B. ein Angebot von seinem Mitarbeiter vorgelegt wird, bevor es an den Kunden versendet wird. Für den Mitarbeiter steht umgekehrt fest, dass er nur seinen

---

[133] Für Luhmann ist die *vertikale Integration durch Hierarchie* "nach wie vor die wichtigste Form der Bearbeitung von Ungewissheit" (2000: 20).

2.4 Strukturen und Prozesse 111

Vorgesetzten zu informieren braucht, wenn z.B. ein Kunde unzufrieden ist. Falls mehrere Hierarchieebenen bestehen, entstehen *Weisungsketten* und *Berichtswege* über mehrere Hierarchiestufen. Für hierarchisch strukturierte Machtprozesse ergeben sich *directive correlations*[134]: "Eine Festlegung 'dirigiert' andere, wenn sie die Erfüllung der Aufgaben anderer erleichtert und unterstützt, ihnen also Informationsverarbeitungslasten und damit Verantwortung abnimmt" (2000: 207).

Neben den hierarchischen Weisungsketten und Berichtswegen existieren weitere formale und informelle Entscheidungs- und Informationsprozesse, um ausreichend Komplexität intern und extern zu verarbeiten. Als Beispiel beschreibt Luhmann *Produktionsplanungen*, die sich nach verschiedenen Umwelten richten müssen, z.B. Absatz- und Finanzmärkte, technischen Bedingungen, Lieferanten sowie Aktivitäten der Wettbewerber. Diese komplexen Umweltbeziehungen sind durch eine Zentralisierung der Unsicherheitsabsorption nicht erfolgreich zu gestalten, weil die Verarbeitungskapazität und -geschwindigkeit nicht ausreichen würde. Dies trifft für die Entscheidungskette ebenso zu wie für den Transport von Information, z.B. Umweltwissen, von unten nach oben (2000: 211-212). Im Zuge der Dezentralisierung von Entscheidungskompetenzen wird der Planungsgruppe formal ein Handlungsspielraum zugestanden, um Entscheidungen selbständig zu treffen und Informationen unabhängig von Hierarchiewegen einzuholen und weiterzugeben.

Luhmann weist in diesem Zusammenhang darauf hin, dass die horizontale Koordination, "was Ausgreifen in die Umwelt einschließt" (2000: 313), nicht im Widerspruch zum Hierarchieprinzip steht[135]. Nur in extrem bürokratischen Strukturen wird man die Vorschrift finden, dass alle fachlichen Kontakte von Mitarbeitern über die jeweiligen Vorgesetzten zu laufen haben. Trotz dieser Vorschrift ist zu erwarten, dass es eine Vielzahl informeller Beziehungen gibt, die das offizielle Prinzip unterlaufen. Während informelle Netzwerke außerhalb hierarchischer Strukturen liegen, haben sich auch Formen hierarchischer Strukturen parallel zu den disziplinarischen Weisungsketten und Berichtswegen in Organisationen entwickelt. In Organigrammen werden die disziplinarischen Zuordnungen in der Regel mit durchgezogenen Linien dargestellt. Zusätzlich markiert man fachliche Unterstellungen mit gestrichelten Linien. So ist z.B. ein Mitarbeiter der Konstruktionsabteilung seinem Abteilungsleiter *disziplinarisch* unterstellt. Dies bedeutet einerseits, dass er Fragen des Gehalts, des Urlaubs oder der

---

134 Machtketten in Form von *directive correlations* werden in Kap. 2.3.1.3 dargestellt.
135 "Hierarchische Kommunikationswege werden in der Praxis weniger häufig benutzt, als man angenommen hatte, und es gibt viele andere Formen der Unsicherheitsabsorption" (Luhmann 2000: 313). Schein betont abweichend von Luhmanns Auffassung die besondere Bedeutung von Hierarchie als Kontrollmechanismus in komplexen menschlichen Systemen (2006: 296).

Weiterbildung mit ihm bespricht. Andererseits ist er auch an die Weisungen des *fachlichen* Vorgesetzten gebunden. Nehmen wir an, der Konstrukteur arbeitet in einem Entwicklungsprojekt mit. Dann ist er fachlich dem Projektleiter unterstellt[136]. In diesem Fall kann die disziplinarische Verantwortung des Vorgesetzten mit der fachlichen Unterstellung unter den Projektleiter kollidieren. So hat der Projektleiter z.B. das Interesse, eine statische Berechnung mit möglichst wenig Aufwand durchführen zu lassen, um sein Projektbudget zu schonen. Für den Leiter der Konstruktionsabteilung stehen stattdessen die technische Sicherheit und die Ausführung der Arbeiten nach dem Stand der Technik im Vordergrund. Der einfachste Lösungsweg ist die direkte Kommunikation zwischen Abteilungs- und Projektleiter. Komplizierter ist die Vetoregelung, nach der der Abteilungsleiter zwar keine direkte Weisungsbefugnis gegenüber dem Projektmitarbeiter hat, aber ein Vetorecht bei Verletzung fachlicher Standards hat.

Von diesen fachlichen Weisungsbefugnissen als Spezialform der Hierarchie sind nach Luhmann *fachliche Kompetenzen* zu unterscheiden, die dem Mitarbeiter eine eigenständige fachliche Verantwortung auferlegen (2000: 312). Klassisch denkt man an die Professionen der Ärzte und Anwälte. In Arbeitsorganisationen haben sich weitere Funktionsgruppen entwickelt, die eine bestimmte Fachverantwortung unabhängig von den hierarchischen Entscheidungs- und Berichtswegen tragen. Mintzberg bezeichnet die Macht von Experten, die klientenorientiert arbeiten, als *Meritokratie* (1983: 389) und den kollaborativen Typ der Projektteams als *Adhokratie* (1983: 393)[137]. Alle diese Formen werden systemtheoretisch durch die Klammer der *Unsicherheitsabsorption* zusammen gehalten. Nach Luhmann reicht die strenge hierarchische Strukturierung der Entscheidungs- und Berichtswege nicht aus, um die notwendige Komplexitätsverarbeitung zu leisten. Daher sind in Organisationen alternative Formen der Unsicherheitsabsorption notwendig, wie in Abbildung 35 dargestellt wird.

Abbildung 35: Formen der Unsicherheitsabsorption

Hierarchie	*Alternative Formen*
• Disziplinarische Weisungsketten und Berichtswege als Form der vertikalen Integration • Machtketten (directive correlations) • Fachliche Weisungsketten	• Fachkompetenzen als Handlungsspielraum für Entscheidungen und Informationen (z.B. Meritokratie) • Horizontale Koordination und Ausgreifen auf Umwelt • Projektteams (z.B. Adhokratie)

---

136 Das Beispiel der Projektorganisation wird in Kap. 2.3.2 dargestellt.
137 Die Machtstrukturtypen von Mintzberg werden in Kap. 2.3.2 dargestellt.

2.4 Strukturen und Prozesse

In dem systemtheoretischen Modell der Organisationsstrukturen bilden *Entscheidungsprämissen* eine zentrale Kategorie. Entscheidungsprämissen werden eingeführt, "um den Spielraum für eine Mehrzahl von Entscheidungen gleichsinnig einzuschränken" (2000: 225). Unter die Kategorie der Entscheidungsprämissen ordnet Luhmann neben *Stellen*, die Mitgliedschaftsrollen formalisieren (2002b: 240), auch die "*Festlegung von Kommunikationswegen* (unter Ausschluss anderer), auf denen Informationen mit Bindungswirkung im System zirkulieren können" (1992: 117; vgl. auch 2000: 225).

Mit *Entscheidungsprogrammen* als dritter Form von Entscheidungsprämissen beobachtet das System die Umsetzung von Entscheidungsprämissen in Entscheidungen und bewertet sie als sachlich richtig oder falsch (2000: 257). Eine Investitionsrichtlinie in einer Wirtschaftsorganisation z.B. ist ein Entscheidungsprogramm. Es wird festgelegt, welche Anforderungen an einen Investitionsantrag gestellt werden müssen. Außerdem wird bestimmt, wer die Entscheidungen trifft und in welcher Reihenfolge die einzelnen Entscheidungen zu treffen sind. So wird bei der Beantragung eines Laptops als Investition zuerst der Vorgesetzte unterschreiben. Dann prüft die Controllingabteilung, ob ausreichend Budget vorhanden ist, und schließlich gelangt der Investitionsantrag zu dem zuständigen Bereichsleiter oder Geschäftsführer, der die Genehmigung zur Beschaffung des Laptops erteilt oder verweigert. Mit Stellen, Kommunikationswegen und Entscheidungsprogrammen als den drei Formen von Entscheidungsprämissen sind die *Strukturkategorien* identifiziert, die eine Organisation aus ihrem Systemgedächtnis abrufen kann.

Entscheidungen über Entscheidungsprämissen bezeichnet Luhmann als *Planung* (2000: 230), so dass Organisationen mit Hilfe von Planung Unsicherheit reduzieren. Allerdings haben Entscheidungen über Entscheidungsprämissen neben der durch Planung bestimmbaren Dimension auch eine unbestimmbare Dimension von *unentscheidbaren* Entscheidungsprämissen, die Luhmann *Organisationskultur*[138] nennt (2000: 241). Nach diesem Konzept ist die Organisationskultur relativ unbestimmt, wie das Beispiel der IBM-Leitlinien zeigt[139]. Dadurch integriert sie unterschiedliche Handlungsinteressen zu einem allgemeinen Konsens. Zusätzlich umfasst das in Abbildung 36 enthaltene Modell der *strukturellen Komplexität* die Entscheidungsprämissen und als Pendant zur Planung als Vorgriff auf die Zukunft die Verankerung der Organisationsstruktur in der Systemvergangenheit.

Die aus dem Systemgedächtnis abrufbare strukturelle Komplexität bildet einen wesentlichen Baustein der systemtheoretischen Organisationstheorie. Der

---

138 Der systemtheoretische Begriff der Organisationskultur wird in Kap. 2.2.1.3 dargestellt.
139 Vgl. Abb. 22 in Kap. 2.2.1.3.

zweite Baustein bezieht sich auf die *laufenden Systemoperationen*, die in der Mitte von Abbildung 36 dargestellt werden.

Abbildung 36: Systemtheoretisches Organisationsmodell

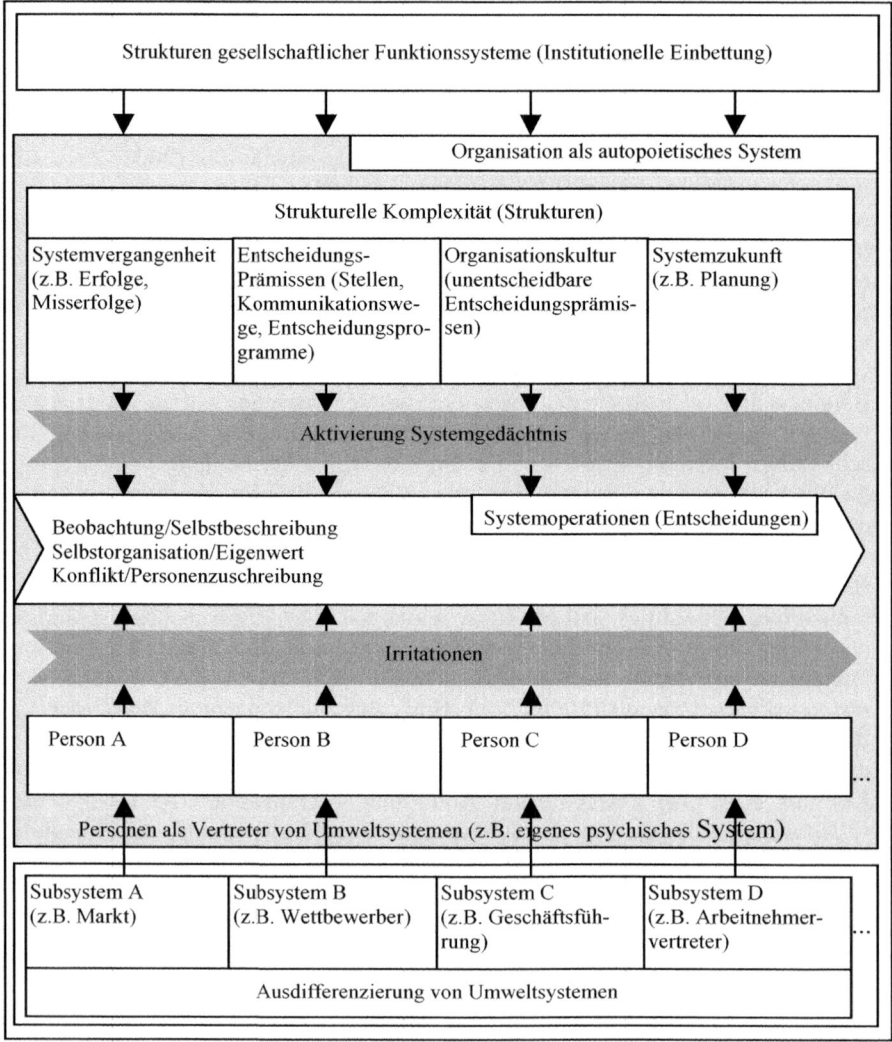

2.4 Strukturen und Prozesse

Der Strom der laufenden Systemoperationen weist nach Luhmann eigenständige Merkmale auf, die nicht aus den Systemstrukturen abgeleitet werden können. Die drei elementaren Operationen der autopoietischen Prozesse sind *Beobachtung, Selbstbeschreibung* und *Selbstorganisation*. Als speziellere Mechanismen zur Dynamisierung und Steuerung von Systemoperationen führt Luhmann zusätzlich *Konflikte* und *Personenzuschreibung* ein.

In der Organisationspraxis spielt die *Beobachtung* eine besondere Rolle in Entscheidungsprozessen. Stellen wir uns als Beispiel vor, ein Geschäftsführer eines Softwareunternehmens diskutiert mit seinen Bereichsleitern für Verkauf, Entwicklung, Projektmanagement und Controlling darüber, welche Dienstleistungen zu welchem Preis und unter welchen Konditionen einem Kunden angeboten werden sollen. Die Teilnehmer sind mit der Erwartung in die Besprechung gegangen, dass am Ende eine Entscheidung über das Angebot getroffen sein wird. Im Verlauf der Besprechung beobachten die Teilnehmer, dass der Geschäftsführer eindeutige Festlegungen vermeidet und die Teilnehmer immer wieder zur Diskussion anregt, indem er grundsätzliche Fragen stellt oder direkt dazu auffordert, bestimmte Punkte noch einmal eingehender zu diskutieren. Er selbst beobachtet die Teilnehmer, ob sie seine Gesprächstaktik aufnehmen und sich auf die von ihm bevorzugte Diskussion einlassen. Von den gegenseitigen Beobachtungen hängt der konkrete Gesprächsverlauf ab. Der Geschäftsführer beobachtet nicht nur die konkrete Reaktion der Teilnehmer, sondern bemerkt auch, dass die Teilnehmer sein Verhalten beobachten. Umgekehrt beobachten auch die Teilnehmer, dass der Geschäftsführer ihre Reaktionen beobachtet und stellen sich darauf ein. Da Beobachtungen wiederum beobachtet werden, handelt es sich nach Luhmann um Beobachtungen 2. Ordnung.

Falls die Teilnehmer im Verlauf des Gesprächs auf eine Entscheidung über das Angebot zu drängen beginnen, könnte der Geschäftsführer seine eingeschlagene Kommunikationsstrategie der offenen Diskussion trotzdem weiterführen. Eine andere Möglichkeit wäre, eine Situationsdefinition vorzunehmen, indem er betont, diese Besprechung sei ein *Brainstorming*, in dem offen diskutiert, aber noch nicht entschieden werden soll. Die Bezeichnung Brainstorming ist nach Luhmann eine *Selbstbeschreibung*, mit der einem Handlungsverlauf ein Sinn zugeordnet wird. An dieser Situationsdefinition orientieren sich die Teilnehmer, so dass sich der eingeschlagene Handlungsverlauf als Brainstorming stabilisiert. Die Herausbildung eines bestimmten Prozessverlaufs bezeichnet Luhmann als *Selbstorganisation*.

Der Begriff *Brainstorming* ist in der Wirtschaft ein bekannter Ausdruck für eine offene Diskussion, in der jeder Teilnehmer neue Ideen zu einem Thema entwickeln soll. In dem Beispiel nehmen wir an, dass dieser Begriff den meisten Teilnehmern zwar bekannt ist, es aber bislang kein Brainstorming in Besprechungen mit dem Geschäftsführer gegeben hat. Demnach ist diese Diskussionsmethode noch kein Bestandteil der strukturellen Komplexität der Organisation. Allerdings ist zu erwarten, dass die Teilnehmer davon ausgehen, dass es in Zukunft häufiger Brainstormings geben wird. In der nächsten Angebotsbesprechung fragt dann ein Teilnehmer am Anfang, ob es sich heute um ein Brainstorming handelt oder ob Entscheidungen getroffen werden sollen. Eine andere Möglichkeit wäre, dass in der Einladung zu der Besprechung bereits festgelegt wird, dass ein Brainstorming geplant ist.

Neben Beobachtung, Selbstbeschreibung und Selbstorganisation als die drei Grundelemente der Autopoiesis sind in sozialen Systemen weitere Mechanismen wirksam, um den Interaktionsverlauf zu beeinflussen, von denen Luhmann für Organisationen *Konflikt* und *Personenzuschreibung* hervorhebt. Unter Konflikt versteht Luhmann in sozialen Systemen "die Ablehnung kommunikativer Sinnofferten" (1997: 467), also einen Widerspruch (1984: 530) in Form der Negation von erwarteten Abschlussoperationen in der Kommunikation. Konflikte werden wie Zufälle als Gefahren oder Chancen vom System wahrgenommen. In dem Beispiel der Angebotsdiskussion treten eine Reihe von Konflikten auf. Der Verkaufsleiter wird z.B. darauf drängen, nun endlich die Entscheidung zu treffen, weil der Kunde eine Frist gesetzt hat. Auch sind fachliche Kontroversen über Art und Umfang der angebotenen Leistungen zu erwarten. Schließlich kann auch ein Konflikt zwischen den Vertretern der Fachabteilungen und dem Controller darüber aufflammen, wie hoch die Gewinnmarge sein soll. Luhmann knüpft hier an die soziologische Tradition der konstruktiven Konflikte an, die in sozialen Systemen die Kommunikation vorantreiben und ihren Verlauf beeinflussen.

Das Grundproblem der Organisation ist die Unsicherheitsabsorption. Darin stimmt Luhmann mit den Vertretern der anderen Organisationstheorien überein. Trotzdem unterscheidet sich der systemtheoretische Ansatz grundlegend von den ökonomisch orientierten Organisationstheorien, indem die Systemtheorie den konkreten Handlungsverlauf nicht aus den Nutzenentscheidungen von Akteuren ableitet, sondern als Resultat autopoietischer Kommunikationsprozesse beschreibt, die sich von individuellen Interessen ablösen. Als Organisationsexperte kennt Luhmann den Einfluss von *Personen* in Organisationen. Personen treffen Entscheidungen, setzen Interessen durch, führen Veränderungen herbei, entwickeln Widerstände gegen Wandel oder werden zu Symbolfiguren für Erfolg oder Misserfolg. In Wirtschaftszeitungen erfährt man, dass der neue Konzernchef "das Ruder herumreißt", "alte Zöpfe abschneidet", dem Unternehmen "eine Abspeckungskur" verschrieben hat oder die Organisation "strategisch neu ausrichtet". Systemtheoretisch wird die Veränderung der Organisation ursächlich dem Willen und der Entscheidung der Person des obersten Chefs *zugeschrieben*. Diese Zuschreibung führt - verstärkt durch den "Personenkult der Massenmedien"

2.4 Strukturen und Prozesse

(1995a: 116) - zu einer "Überschätzung des Beitrags von Personen zu Entscheidungen" (1995a: 116).

Wie lässt sich diese Personenzuschreibung erklären? Sie ist nach Luhmann ein *Entlastungsmechanismus*, den soziale Systeme verwenden, um trotz der Ungewissheit der Zukunft handlungsfähig zu bleiben. Man kann auf die Kompetenz dieser Person vertrauen, mit der unsicheren Zukunft besser zurechtzukommen als das soziale System selbst. "Aber letztlich ist die Person, auf die sich dann alle Aufmerksamkeit konzentriert, nichts anderes als ein Symbol für die unbekannte Zukunft" (1995a: 116). Betrachtet man diesen Zuschreibungsvorgang zu Personen genauer, so werden nach Luhmann Ereignisse in modernen Organisationsgesellschaften als "Anlass für und als Resultat von Entscheidungen" (1995a: 116) interpretiert, für die Personen die Verantwortung übernehmen. Das System wäre überfordert, wenn es sich der Ungewissheit der Zukunft vollständig auslieferte. Daher hat es den Schutzmechanismus erfunden, den Entscheidungen bestimmter Personen zu vertrauen.

In der strukturtheoretischen Organisationsanalyse werden die individuellen Akteure durch *Mitgliedschaftsrollen* ersetzt, die als das erwartete Verhalten von *Stelleninhabern* definiert sind. Nach Luhmann sind Stellen wichtige Elemente der Organisations*struktur*, werden allerdings dem Stellenwert des Individuums nicht gerecht. Daher führt er zusätzlich den Begriff der *Person* als zentralen systemtheoretischen Begriff ein. In der Organisationspraxis wird der Unterschied zwischen der Persönlichkeit und der Person deutlich, wenn z.B. ein Verkäufer, der in einem Konkurrenzunternehmen nachweislich sehr erfolgreich war, trotz Unterstützung und Schonfrist im Verkauf versagt. Sehen wir von persönlichen Problemen in diesem Beispiel ab, so passt dieser Verkäufer nicht in die neue Organisation hinein. Er wird innerhalb und außerhalb des neuen Unternehmens kommunikativ anders rekonstruiert als in seinem früheren Unternehmen. Agiert das frühere Unternehmen sehr aggressiv und kreativ am Markt, während das jetzige Unternehmen großen Wert auf Seriosität und Konstanz legt, so wird der neue Verkäufer von den eigenen Kollegen und den Kunden als rücksichtslos und für den Vertrieb als ungeeignet betrachtet werden, wenn er den aggressiven Stil seines früheren Unternehmens beibehält. Der ungewohnte Misserfolg im Abschluss von Aufträgen wird den neuen Verkäufer möglicherweise dazu bewegen, noch aggressiver auf den Kunden zuzugehen, womit er seinen Misserfolg noch verstärkt. Erfahrene Personalleiter versuchen sich daher im Auswahlprozess neuer Mitarbeiter ein genaues Bild davon zu machen, wie der Bewerber in die Organisation hineinpasst.

Bezogen auf das in Abbildung 36 dargestellte systemtheoretische Organisationsmodell spielen *Personen* in Organisationen eine eigenständige Rolle, indem sie unterschiedliche Subsysteme (Personen, Gruppen, Institutionen) innerhalb der Organisation vertreten und die Systemprozesse beeinflussen. Luhmann nennt diesen Einfluss auf Systeme *Irritation*. Durch Irritation wird dem System eine Information zugeführt. Nach der Grundlogik der Autopoiesis muss das System die angebotene Information selbst aufgreifen und dadurch den eigenen Systemzustand verändern. Dies geschieht durch "einen internen Vergleich von (zunächst unspezifizierten) Ereignissen mit eigenen Möglichkeiten vor allem mit etablierten Strukturen, mit Erwartungen" (1997: 118). Die wichtigste Quelle von Irritation in Organisationen sind die Handlungen von Personen, die sich selbst einbringen oder als Vertreter von anderen Individuen, Gruppen oder Institutionen agieren. Verstärkt wird die Wirkung der Irritationen durch den oben dargestellten Mechanismus der Personenzuschreibung.

Insgesamt versucht Luhmann, die strukturtheoretische Perspektive durch das Konzept der strukturellen Komplexität und die handlungstheoretische Perspektive durch den Begriff der Person in sein systemtheoretisches Modell zu integrieren. Mit dem Modell der Systemmechanismen (Beobachtung, Selbstbeschreibung, Selbstorganisation, Konflikt, Personenzuschreibung) grenzt sich Luhmann gegen die konkurrierenden Organisationstheorien ab, indem er die *Eigengesetzlichkeit der systemischen Prozesse* in das Zentrum der systemtheoretischen Organisationsanalyse stellt. In dieser Betonung der Handlungsprozesse liegt die Konvergenz zwischen Niklas Luhmann und Karl Weick, der den zeitlichen *Strom von Interaktionen* zum Ausgangspunkt der Theorie des *Sensemaking* wählt[140].

2.4.2 Beispiel: Business Unit

In Kap. 2.4.1.1 wird die *divisionale Struktur* als Organisationsstruktur beschrieben, die nach Thompson genau dann zu bevorzugen ist, wenn sich die "Geschwindigkeit des technologischen Wandels erhöht und die wesentlichen Umwelten komplexer und dynamischer werden" (2005: 80). In aktuellen Managementbüchern und Zeitschriften wird durchgehend der Eindruck vermittelt, dass alle Branchen und Wirtschaftsunternehmen einer dramatischen Dynamik ausgesetzt sind. Selbst öffentlich-rechtliche Organisationen bleiben von dem Veränderungsdruck nicht verschont. Stichworte wie *Globalisierung* oder *Digitalisierung* reichen in Managementbüchern bereits aus, damit der Leser auf das Thema der Dynamisierung eingestimmt wird.

---

140 Das Konzept des Stromes von Interaktionen wird in Kap. 2.4.1.1 im Zusammenhang mit dem Thema der organisationalen Anarchie dargestellt. Das Modell des Sensemaking ist das Thema von Kap. 2.4.1.2.

2.4 Strukturen und Prozesse

Zweifellos sehen sich Unternehmen und öffentliche Organisationen veränderten Bedingungen gegenüber. So hat sich die Profit-Erwartung an börsennotierte Unternehmen in den letzten 20 Jahren deutlich erhöht. Die Methoden der Verlagerung von Unternehmensfunktionen in Billiglohnländer oder das Outsourcing an spezialisierte Dienstleister im In- und Ausland sind perfektioniert worden. Auch die simultane Produktentwicklung an unterschiedlichen Standorten rund um den Globus hat durch die elektronische Kommunikation eine neue Qualität und Ausdehnung erfahren. Viele Wirtschaftsorganisationen haben in den vergangenen Jahren ihren Besitzer gewechselt, meist verbunden mit gravierenden Organisationsänderungen. Viele Organisationen befinden sich in einer Kette von Restrukturierungsmaßnahmen. Einige Branchen, z.B. die Informationstechnologie, praktizieren seit Jahrzehnten einen rasanten technologischen Wandel.

So zutreffend diese Beobachtungen auch sind, die Thompsonsche Bedingung des rasanten technologischen Wandels und der komplexeren und dynamischeren Umwelten treffen lediglich auf eine Teilgruppe von Wirtschaftsunternehmen zu. Häufig steht ein Unternehmen mit seiner Produkt- oder Dienstleistungspalette in einigen Marktsegmenten stabilen und in anderen Marktsegmenten dynamischen Umwelten und Technologien gegenüber. Daher kann aus der modischen Rede von Dynamisierung nicht abgeleitet werden, alle Wirtschaftsorganisationen müssten divisional organisiert werden. Stattdessen muss im Einzelfall analysiert werden, ob die divisionale Struktur die beste Organisationsstruktur darstellt. Dazu benötigt man ein Vorgehensmodell für die Analyse, Entscheidung und Realisierung divisionaler Strukturen, das nachfolgend skizziert wird.

Neben dem klassischen Begriff der divisionalen Struktur[141] dominiert in der deutschsprachigen Organisationsliteratur der Begriff *Geschäftsbereich* und in der angelsächsischen Organisations- und Beraterwelt der Begriff *Business Unit*[142]. Welche Merkmale weist eine Business Unit Organisation auf? Ein Ansatz ergibt sich aus der kommerziellen Sichtweise: Eine Business Unit sollte wirtschaftlich erfolgreich sein, also Gewinn abwerfen. Das setzt eine Gewinn- und Verlustrechnung mit Kosten- und Erlöszuordnung voraus. Häufig wird für diese Anforderung der Begriff *Profit Center* verwendet. Neben dem kommerziellen Kriterium des Profits müssen Business Units als weiteres Kriterium eine *Markt- und Produktfokussierung* besitzen. Einfach ist die Situation, wenn ein bestimmtes Produkt nur in einem abgegrenzten Markt nachgefragt wird. Ein Beispiel wäre ein Spezialwerkzeug, das ausschließlich von ausgebildeten Goldschmieden ver-

---

141 Die divisionale Struktur wurde in den 20er Jahren des letzten Jahrhunderts von dem amerikanischen Unternehmen *du Pont* eingeführt und 1962 von Chandler (2003) in seinem Buch *Strategy and Structure* wissenschaftlich beschrieben.
142 Im weiteren Verlauf dieses Kapitels verwenden wir zur Vereinfachung nur den Begriff *Business Unit*.

wendet wird. In der Regel ist die Situation komplizierter, weil Produkte mehrere Branchen und Märkte bedienen können, und es umgekehrt möglich ist, dass in einem Marktsegment mehrere Produkte nachgefragt werden. Daher verstehen einige Unternehmen unter Business Units eine Unternehmenseinheit, die auf die Entwicklung und Vermarktung eines Produktes spezialisiert ist, z.B. auf Mobiltelefone. In anderen Unternehmen ist die Business Unit auf ein bestimmtes Marktsegment spezialisiert, das mit den dort nachgefragten Produkten versorgt wird, z.B. auf die Installationsbranche im Baugewerbe. Indikatoren für abgegrenzte Marktsegmente sind spezialisierte Vertriebskanäle, eigene Verbandsorganisationen, spezialisierte Messeveranstaltungen und schließlich spezialisierte Produkte, die in der jeweiligen Ausprägung nur in diesem Marktsegment verwendet werden können.

Mit dem Kriterium des wirtschaftlichen Erfolgs ist also das Thompsonsche Kriterium der Dynamik von Produkttechnologie und Marktanforderungen noch nicht abgedeckt. Nur bei schnellem technologischen Wandel und rasch wechselnden Markt- und Kundenanforderungen ist die Business Unit als Organisationsform zu bevorzugen, weil sie markt- und produktmäßig spezialisiert ist und ohne Rücksicht auf andere Markt- und Technologieanforderungen agieren kann. Die wesentlichen Kriterien für die Einrichtung von Business Units sind in Abbildung 37 zusammengefasst.

Abbildung 37: Kriterien für Business Units

---
1. Separates/spezialisiertes Geschäftsgebiet (z.B. Messen, professionelle Verbände)
2. Dynamischer Markt (z.B. Wachstum, Komplexität, Substitution von Produkten)
3. Nachfrage nach neuen Produkten (wachsender technologischer Wandel)
4. Profitabilität der Produkte (Gewinnmarge)
5. Wettbewerbsvorteile (z.B. Produktvielfalt, Qualitätsstandard)
6. Marktkontrolle und -steuerung (z.B. Preise, Informationen, Mengen)
7. Größen-Effekte (z.B. größere Produktionslose, Kostenreduzierung durch Erfahrungslernen)
8. Vermeidung des unternehmensinternen Wettbewerbs (z.B. von Landesgesellschaften)
9. Unternehmerische Verantwortung des Managements
10. Orientierung an Wachstum und Wettbewerbsfähigkeit

Welche anderen Organisationsstrukturen konkurrieren mit der Business Unit Organisation? Die erste alternative Organisationsform ist die funktionale Organisation und die zweite die regionale Organisation. Die *funktionale Organisation* ist auf der obersten Ebene nach den klassischen Funktionen, z.B. Verkauf, Produktentwicklung, Auftragsabwicklung, Service, Buchhaltung, Controlling und Personalwesen, gegliedert. Die Funktionsbereiche sind jeweils durchgehend

2.4 Strukturen und Prozesse

zuständig. Dies bedeutet z.B. für den Entwicklungsbereich, dass dort alle Produkte neu- und weiterentwickelt werden. Eine *regionale Organisation* besteht aus regional operierenden Einheiten, z.B. für ein europäisch aufgestelltes Unternehmen *Landesgesellschaften* in Deutschland, Frankreich, Spanien usw. Diese Landesgesellschaften sind dann für den Markt in ihrem Land zuständig und verfügen über alle wesentlichen Unternehmensfunktionen. Die *Business Unit* ist stattdessen für ihr spezialisiertes Marktsegment landesübergreifend verantwortlich und vereinigt alle Unternehmensfunktionen, die zum wirtschaftlichen Erfolg in einem dynamischen Marktsegment notwendig sind. So wird die Business Unit über Spezialisten für kundenspezifische Produktentwicklungen und -anpassungen verfügen, um schnell und gezielt Kundenanforderungen zu erfüllen. Die Grundlagenentwicklung kann stattdessen zentralisiert sein und für alle Business Units Basisprodukte entwickeln. Ein Beispiel wäre ein Pharmaunternehmen, das die Grundlagenforschung und Wirkstoffproduktion zentralisiert, die konkrete Medikamentenentwicklung und -vermarktung aber in Business Units organisiert, die auf bestimmte Marktsegmente, wie medizinische Fachdisziplinen oder Verkaufskanäle, spezialisiert sind.

Um die Entscheidung für oder wider die Business Unit Organisation zu treffen, sind im ersten Schritt Produkt-Markt-Analysen erforderlich, wozu sich die Methode des *Wachstumsportfolios*[143] anbietet. Mit dieser Methode lässt sich prüfen, ob pro Business Unit ausreichendes Markt- und Produktpotenzial vorhanden ist. Falls sich auf dieser Basis eine Business Unit Organisation anbietet, werden konkrete Business Units entworfen, indem bestimmten Marktsegmenten Produkte zugeordnet werden. Dieser erste Entwurf wird weiter analysiert, indem z.B. der Umsatz der bestehenden Kunden auf die Business Units aufgeteilt wird. Ideal für eine Business Unit Organisation wäre, wenn die Kunden möglichst eindeutig jeweils einer Business Unit zugeordnet werden können. Falls der Entwurf der Business Units diesen Test erfolgreich besteht, werden die einzelnen Business Units anhand der in Abbildung 37 dargestellten Kriterien bewertet. Erfüllen die Business Units auch diese Kriterien, so besteht die nächste Phase darin, die wesentlichen Geschäftsprozesse für die Business Unit Organisation grob zu designen. Konkret werden in interdisziplinären Teams Workflows entwickelt, z.B. für den Verkaufs- und Auftragsabwicklungsprozess, für den Prozess der Produktentwicklung und für den Serviceprozess. Auf diese Weise wird

---

143 Mit dem *Wachstumsportfolio* (vgl. Becker 1998: 417) wird eine Vier-Felder-Matrix aus den Merkmalen alte/neue Produkte und bestehende/neue Märkte gebildet. Diese vier Felder werden für jede Business Unit gefüllt und auf diese Weise getestet, ob ausreichend Wachstumspotenzial besteht. Das Wachstumsportfolio geht auf den Managementwissenschaftler H.I. Ansoff zurück und ist nicht identisch mit dem klassischen Boston-Consulting Portfolio (Becker 1998: 425; Müller-Stewens/Lechner 2003: 301).

simuliert, wie die Business Unit in der Praxis funktionieren wird. Die Gestaltung der neuen Organisation umfasst - wie in Abbildung 38 dargestellt wird - neben der Prozessorganisation die Organisationsstruktur, das Controlling-System und das Management der Human-Ressourcen. Sind diese Vorarbeiten durchgeführt, dokumentiert, abgestimmt mit den Fachbereichen und freigegeben vom Management, wird die neue Business Unit Organisation eingeführt und "ausgerollt", wie es im Beraterjargon heißt.

Abbildung 38: Gestaltungsprozess der Business Unit Organisation

Die konkrete Gestaltung und Einführung der Business Unit Organisation erfordert ein Know-how, über das interne oder externe Organisationsspezialisten verfügen[144].

2.4.3 Gestaltung der Prozessorganisation

In der deutschen Organisationslehre hat Erich Kosiol bereits 1962 die *Aufbauorganisation* von der *Ablauforganisation* unterschieden (Stähle 1991: 628). Die Aufbauorganisation entspricht der in Kap. 2.4.1 dargestellten *Struktur* von Organisationen, während sich die Ablauforganisation auf *Prozesse* bezieht. Grundsätzlich handelt es sich um zwei Sichtweisen auf die Organisation. Unter der *Aufbauorganisation* versteht man die Aufgaben und Zuständigkeiten, die in Organigrammen und Stellenbeschreibungen dokumentiert werden. Zusätzlich wer-

---

144 Die Methoden der Organisationsveränderung werden in Kap. 2.6 genauer dargestellt.

2.4 Strukturen und Prozesse

den in Organigrammen die disziplinarische und fachliche Zuordnung von Mitarbeitern zu Vorgesetzten festgelegt, woraus sich die hierarchische Struktur ergibt. Die *Ablauforganisation* besteht aus *Prozessen*: "Ein Prozeß ist eine zeitlich und räumlich spezifisch strukturierte Menge von Aktivitäten mit einem Anfang und einem Ende sowie klar definierten Inputs und Outputs. Zusammenfassend: 'A structure for action'." (Gaitanides 1998: 371).

Prozesse lassen sich in Workflow-Diagrammen nach vier Dimensionen beschreiben:

1. Aktivitäten
2. Zeitliche Abfolge der Aktivitäten
3. Zuständigkeit/Verantwortung für die Aktivität
4. Hilfsmittel zur Ausführung der Aktivität (z.B. Formulare, IT-Funktionen).

Abbildung 39: Beispiel einer Prozessgrafik (Workflow)

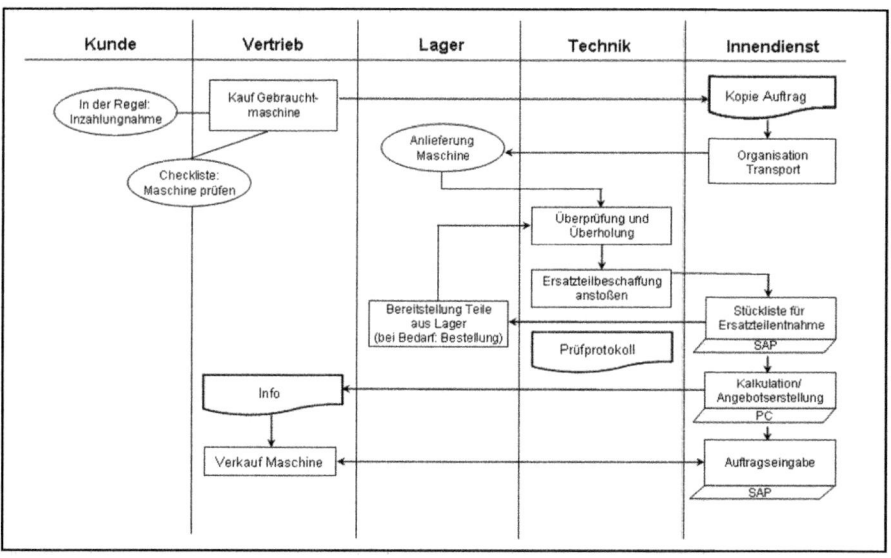

Diese Dimensionen werden in Form von Prozessgrafiken dargestellt, die sich mit unterschiedlichen EDV-Tools erzeugen lassen, z.B. VISIO[145]. Zur Veranschaulichung wird in Abbildung 39 eine Prozessgrafik dargestellt. Es handelt sich um

---

145 VISIO ist ein Grafikprogramm von Microsoft.

den Prozess des Ankaufs einer gebrauchten Werkzeugmaschine[146], die anschließend weiter verkauft wird.

Die in Abbildung 39 dargestellte Prozessgrafik kann für verschiedene Zwecke verwendet werden. Erstens dient sie zur *Dokumentation* vorhandener Prozesse *(IST-Prozesse)* in Organisations- oder Qualitätshandbüchern oder zur Schulung neuer Mitarbeiter. Zweitens kann die Workflow-Darstellung der IST-Prozesse genutzt werden, um den Prozess zu *verbessern* und zu einem optimierten Prozess *(SOLL-Prozess)* zu gelangen. Ein dritter Anwendungsfall ist die *Einführung neuer Prozesse.* So ist in neuen Industrien, wie z.B. der Windkraftbranche, in der ersten Phase zu erwarten, dass der Service ausschließlich für Reparaturen bei Garantiefällen eingerichtet wird. Erst in einer späteren Phase des Branchen-Lebenszyklus wird der Service als eigenständige Business Unit aufgebaut, die nicht nur Kosten produziert, sondern auch Gewinne erwirtschaften soll, z.B. durch langjährige Serviceverträge nach Ablauf der Garantiephase. Hierzu wird es dann notwendig, die wesentlichen Prozesse neu zu designen, z.B. Reparatur-, Wartungs- und Erneuerungsprozesse.

Diese Prozesse wickeln Aufträge gegenüber Kunden ab und werden daher *Geschäftsprozesse* genannt. Für die Methode der Verbesserung von Geschäftsprozessen wurden zunächst die Begriffe *Geschäftsprozessoptimierung* (Scholz 1994) und *Business Process Reengineering* (Gaitanides 1998: 370) verwendet[147]. Obwohl sich die Methode des *Business Process Reengineering (BPR)* weitgehend durchgesetzt hat (Hess/Schuller 2005) und zu einer Fachdisziplin geworden ist, haben die Begriffe *Business Process Change* (Harmon 2007) und *Geschäftsprozessmanagement* (Allweyer 2005; Becker/Mathas/Winkelmann 2009) mittlerweile an Popularität gewonnen. Diese Ansätze halten jeweils umfangreiche Methoden bereit, die durch IT[148]-Programme für Spezialisten der Prozessgestaltung unterstützt werden (Becker/Mathas/Winkelmann 2009). Die wesentlichere IT-Unterstützung von Geschäftsprozessen erfolgt allerdings durch ERP[149]-Systeme, wie SAP[150] oder NAVISION[151], die alle Geschäftsprozesse abbilden und sich in mittleren und großen Unternehmen durchgesetzt haben, während BPR als Methode umstritten ist[152].

---

146 Werkzeugmaschinen werden zur Bearbeitung von Metall-Werkstücken verwendet. Das breite Produktspektrum reicht von der einfachen Werkzeugmaschine bis zu Bearbeitungszentrum mit vollelektronischer Steuerung.
147 In Kap.2.6.2 wird die Methode der *Geschäftsprozessoptimierung* genauer dargestellt.
148 IT ist die Abkürzung für Informationstechnologie bzw. für Informationstechnik.
149 "ERP" bedeutet "Enterprise Resource Planning" und wird in Kap 4.2 ausführlicher dargestellt.
150 Vgl. Keller/Teufel 1997.
151 Vgl. Kindermann TCV GmbH 2010.
152 Die Neugestaltung von Geschäftsprozessen hat sich für BPR als Fiktion erwiesen (Hess/Schuller 2005: 371). Mit BPR kann die "Effizienzverbesserung, Kostensenkung oder Rationalisierung" im

2.4 Strukturen und Prozesse

Mit diesen Konzepten sind bestimmte Gestaltungsinhalte verbunden (Gaitanides 1998: 370-371):

1. Prozesskonzept als Konzentration auf bereichsübergreifende Prozesse
2. Kundenorientierung als Beurteilung der Leistungen am Kundennutzen
3. Rundumbearbeitung durch Teams
4. Erweiterte Verantwortung und Handlungsspielräume für die Mitarbeiter
5. Nutzung von Informationstechnologie zur Effizienzsteigerung.

Häufig wird der Begriff *Geschäftsprozess* auch für Prozesse verwendet, die keinen direkten Kundenfokus haben, wie z.B. Logistik- und Produktionsprozesse, kommerzielle und administrative Prozesse, Forschungs- und Entwicklungsprozesse[153] und Investitionsprozesse. Daraus ergeben sich die in Abbildung 40 dargestellten Typen von Unternehmensprozessen.

Abbildung 40: Typen von Unternehmensprozessen

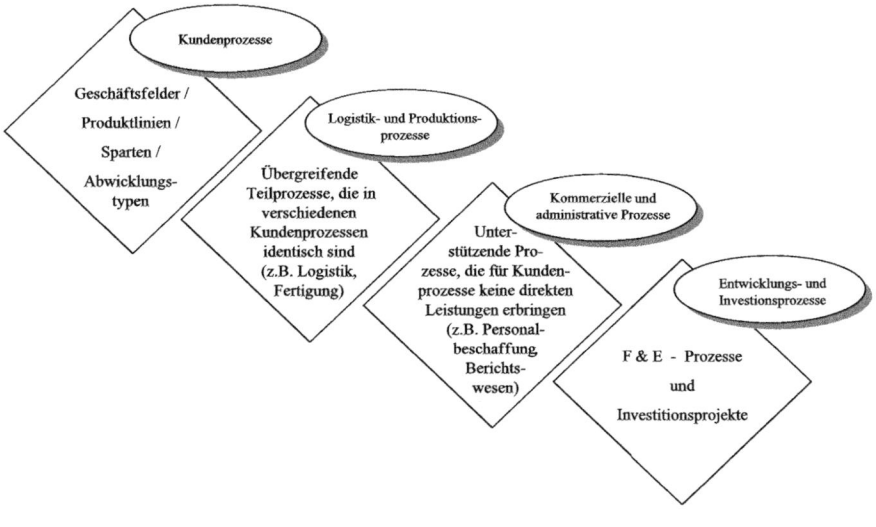

Sinne von *Exploitation* gelingen (Gaitanides 2008: 47), während BPR in der Regel nicht auf *Exploration* als "Wahrnehmung neuer Chancen, die Produktion neuen Wissens oder die innovative Nutzung vorhandener Potenziale" (Gaitanides 2008) anwendbar ist.
153 Forschungs- und Entwicklungsprozesse werden mit "F & E" abgekürzt.

Historisch geht das Prozessmanagement auf den Begriff der *Wertschöpfungskette* zurück. Hier handelt es sich um eine Management-Methode zur Neugestaltung von Geschäftsprozessen und der Strukturorganisation[154]. Der Harvard-Professor Michael E. Porter hat 1985 in seinem Buch *Wettbewerbsvorteile* den Begriff *Value Chain* eingeführt, der streng übersetzt *Wertkette* bedeutet. Häufiger als Wertkette wird allerdings der betriebswirtschaftliche Begriff der *Wertschöpfungskette*[155] verwendet. In dem klassischen Modell der Wertkette, das in Abbildung 41 dargestellt wird, unterscheidet Porter (1989: 62) zwischen *primären Aktivitäten* und *unterstützenden Aktivitäten*. Die primären Aktivitäten bestehen aus den kundenbezogenen Geschäftsprozessen, während die unterstützenden Aktivitäten durch Prozesse wie Logistik, Entwicklung oder Administration abgedeckt werden[156].

Abbildung 41: Das Modell einer Wertkette von Porter

Eine Erweiterung des Wertkettenmodells ergibt sich aus der Abbildung realer Prozessschritte in einem IT-System, indem die gespeicherten Informationen als eigenständige Dienstleistung dem Kunden angeboten werden können. Die Dienstleistung von Logistikunternehmen, dem Kunden jederzeit Auskunft über

---

154 In der Darstellung des Gestaltungsprozesses der Business Unit Organisation in Kap. 2.4.2 wird der Zusammenhang von Struktur- und Prozessorganisation in Abbildung 38 schematisch dargestellt.
155 Mit *Wertschöpfung* ist gemeint, dass - z.B. in der verarbeitenden Industrie - ein Rohmaterial in nacheinander abfolgenden Bearbeitungsschritten jeweils mit einem erweiterten Wert versehen wird. Zusätzlich kann Mehrwert auch durch anschließende Dienstleistungen, wie Inbetriebnahme, Schulung oder Wartung, erzielt werden.
156 Vgl. die Typen von Geschäftsprozessen in Abbildung 40.

2.4 Strukturen und Prozesse

den Status der Auslieferung von Waren geben zu können, basiert z.B. auf der Abbildung des realen Materialflusses in einem IT-System, aus dem der Kunde die Statusinformation direkt im Internet abrufen kann. Diese *virtuellen*[157] *Wertketten* (Rayport/Sviokla 1996) stellen eine - um Informationen angereicherte - Abbildung der Materialflüsse in IT-Systemen dar, aus der Unternehmen neue Dienstleistungen kreieren können.

Wie häufig im Geschäftsleben ist die erfolgreiche Vermarktung des Wertkettenmodells nicht dem Erfinder Porter, sondern den Unternehmensberatern Michael Hammer und James Champy mit dem Buch *Reengineering the Corporation* (1994) gelungen. *Business Reengineering* hat sich in den 90er Jahren zu einer Management-Mode entwickelt, die in Wirtschaftsunternehmen und auch in Non-Profit-Organisationen Einzug gehalten hat: "Angesichts der Entwicklungsstabilität über die vergangenen Jahre kann es sich beim Geschäftsprozessmanagement gar nicht mehr nur um eine vorübergehende Modeerscheinung handeln" (Becker/Mathas/Winkelmann 2009: V). Parallel haben sich auch andere Methoden ausgebreitet, z.B. das aus den japanischen Großunternehmen kopierte *Lean Management* (Bösenberg/Metzen 1995) mit der Zielsetzung, die Unternehmensprozesse konsequenter auf den Kunden auszurichten und Kosteneinsparungen durch "Verschlankung" oder "Abspecken" zu erzielen.

Struktur- und Prozessorganisation lassen sich nicht voneinander trennen, sondern müssen in einem *iterativen Verfahren simultan* gestaltet werden. In der Betriebswirtschaftslehre hat E. Kosiol (1962: 32) die Unterscheidung zwischen *Aufbau-* und *Ablauforganisation* verankert, wobei die Aufbauorganisation der Struktur- und die Ablauforganisation der Prozessorganisation entspricht. Die *Aufbauorganisation* besteht aus den Aufgaben und Zuständigkeiten, die in Organigrammen und Stellenbeschreibungen dokumentiert werden. Die *Ablauforganisation* beschreibt nach Kosiol den dynamischen Aspekt der Arbeitsorganisation: "die raumzeitliche Strukturierung der Arbeits- und Bewegungsvorgänge, insbesondere um ihre Rhythmisierung und Terminierung" (Kosiol 1962: 32). International wird der Begriff *Prozess* (process) verwendet: "Ein Prozess ist somit eine spezifische Anordnung von Arbeitsaktivitäten über Zeit und Ort, mit einem Anfang, einem Ende und klar definierten Inputs und Outputs: eine Struktur des Handelns (a structure for action)" (Davenport 1993: 5; Übersetzung und Klammereinschub vom Verf.)[158].

---

157 Der Begriff *virtuell* ist ein Kernbegriff der IT-Welt und bedeutet, dass Objekte innerhalb der IT an einer bestimmten Stelle abrufbar sind, unabhängig davon, wo sie sich physisch befinden. So spiegelt ein Datenbanksystem eine bestimmte Ablageordnung vor, die der physischen Datenspeicherung nicht entsprechen muss.
158 Gaitanides verwendet auch die Prozessdefinition "a structure for action" (1998: 371).

Aus der Prozessdefinition *a structure for action* wird deutlich, dass Struktur- und Prozessorganisation aus *sozialen Regeln* bestehen. Davenport bekräftigt in seiner kritischen Analyse der Reengineering-Bewegung seine Prozessdefinition als "a structure for action" (Davenport 2000: 137), stellt aber klar, dass sich diese Prozessdefinition auf das erwünschte Verhalten bezieht und auf diese Weise von den wirklichen Prozessen abstrahiert, für die sich in der Organisationsforschung der Begriff *Practice* durchgesetzt hat (2000: 137). Innerhalb der Organisationsforschung hat sich der *practice turn* zu einer neuen Organisationstheorie entwickelt, die auf Bourdieu und Giddens aufbaut[159]. Direkt auf die Strukturationstheorie von Giddens beruft sich Gaitanides mit seiner *konstruktivistischen Perspektive* (2004: 1211; 2007: 99-102):

> "Prozessorganisation" ist ein Konstrukt, das erst durch Kommunikation und Interaktion, also durch Sprache vermittelt, zu Realität wird - ebenso wie das, was ein Prozess ist, und was er leistet. Erzeugung und Etablierung der Prozessorganisation erhalten durch Kommunikation ihre faktische Geltung. In dem über Prozesse und ihre Organisation kommuniziert wird, werden sie zur Realität. (Gaitanides 2004: 1211)

Alternative Versionen der konstruktivistischen Organisationstheorie haben Luhmann[160] und Weick[161] entwickelt.

2.5 Institutionelle Einbettung

2.5.1 *Institutionalismus*

2.5.1.1 Neo-Institutionalismus

Der Begriff der *Institution* hat einen zentralen Stellenwert innerhalb der Soziologie und damit auch in der Organisationssoziologie. Während Anthropologen auch Bräuche und Rituale als Institutionen betrachten, grenzt die Soziologie den Begriff der Institution auf soziale Normen und Regeln ein, die das Handeln von Individuen in sozialen Kontexten beeinflussen. Der einflussreiche amerikanische Soziologe Talcott Parsons entwickelt bereits in der Mitte des 20. Jahrhunderts mit dem Konzept der *institutionalisierten Rolle* innerhalb der strukturell-

---

159 Die Praxistheorie wird in Kap. 4.1.2 in Zusammenhang mit der Praxis der IT-gestützten Prozessorganisation dargestellt.
160 Vgl. Abbildung 36 in Kap. 2.4.1.3.
161 Vgl. Abbildung 34 in Kap. 2.4.1.2.

2.5 Institutionelle Einbettung

funktionalen Theorie[162] ein Modell der Institutionalisierung[163]. *Stellen* sind typische Beispiele von Rollen in Organisation. Nach Parsons (1973: 56; 1976: 342) sind Rollen genau dann institutionalisiert, wenn sie die folgenden drei Bedingungen erfüllen:

1. Rolle ist getragen von positiven Motiven des Rollenträgers
2. Rolle wird durch Sanktionen anderer durchgesetzt
3. Rollenerwartung wird als legitim angesehen und ist normativ verankert.

Die erste Bedingung verbindet die Rolle mit dem *Persönlichkeitssystem* des Rolleninhabers, indem das Individuum die Rollenausübung mit seinen Interessen verbindet und sich mit den Aufgaben und Zielen der Rolle identifiziert[164]. Die zweite Bedingung ist im *Sozialsystem* verankert, indem Gruppen, Organisationen oder gesellschaftliche Einrichtungen mit Belohnungen (z.B. Anerkennung, Privilegien) oder Bestrafungen (z.B. Ablehnung, Ausschluss) die Rollenpflichten gegenüber dem Rolleninhaber verbindlich durchsetzen[165]. Die dritte Bedingung verweist auf die Verankerung der sozialen Rolle in gesellschaftlichen Normen und Werten, die Parsons dem *Kultursystem* zuordnet. Durch diese kulturelle Einbettung werden Rollenrechte und -pflichten gesellschaftlich gerechtfertigt[166].

Neben Parsons wird vor allem der amerikanische Soziologe Philip Selznick dem alten Institutionalismus zugerechnet (Powell/DiMaggio 1991: 12). Selznick stellt in seinem 1957 veröffentlichten Buch *Leadership in Administration* die folgende These auf: "Der Geschäftsführer wird ein Staatsmann, indem er einen Wechsel vom administrativen Management zum institutionellen Führungsverhalten vollzieht" (1984: 4; Übersetzung vom Verf.). Das administrative Management bezieht Selznick auf die administrative Organisationen als *formales System* von Regeln und Zielen, das ein schlankes und rationales ("no-nonsense") System von bewusst koordinierten Aktivitäten darstellt. Eine *Institution* ist dagegen "eher ein natürliches Produkt aus sozialen Bedürfnissen und Drucksituationen -

---

162 Parsons hat im Verlauf seines langen Schaffens als Soziologie-Professor in Harvard drei Theoriephasen durchlaufen: *Voluntaristische Handlungstheorie, Strukturell-funktionale Theorie* und Theorie des *Allgemeinen Handlungssystems;* siehe Miebach (2010: 201). Nach der Einteilung der Paradigmen in Kap. 1 ist Parsons wie Luhmann dem Paradigma der soziologischen *Systemtheorie* zuzurechnen.
163 Zur Abgrenzung gegenüber der anthropologischen Tradition verwendet Parsons in seinen späteren Werken den Begriff der *Institutionalisierung* gegenüber *Institution.*
164 In der Sprache der Soziologie und der Psychologie wird dies *Verinnerlichung* oder *Internalisierung* genannt.
165 Belohnungen sind positive und Bestrafungen negative Sanktionen.
166 Der soziologische Fachausdruck für eine gerechtfertigte soziale Ordnung ist *Legitimation.*

ein reaktionsfähiger und anpassungsfähiger Organismus" (1984: 5; Übersetzung vom Verf.).

Institutionen sind nicht wie Organisationen von Akteuren konstruiert, sondern evolutionär in einer Umwelt gewachsen: "In Anbetracht interner und externer Kräfte betonen institutionelle Studien den *adaptiven* Wandel und die Evolution organisationaler Formen und Praktiken" (1984: 13; Übersetzung vom Verf.). *Institutionalisierung* besteht primär aus der *Infusion von Werten* jenseits der technischen Erfordernisse des Tagesgeschäfts (1984: 17). Für das Organisationsmitglied verändert sich die Organisation von einem entbehrlichen ("expendable") Werkzeug zu einer wertvollen Quelle der persönlichen Befriedigung (1984: 17). Daraus entsteht in Institutionen eine Resistenz gegenüber Wandel (1984: 19). Mit dieser Argumentation nimmt Selznick die von Schein für die Organisationskultur aufgestellte These vorweg, dass sich eine in Basisannahmen verwurzelte Organisationskultur nur langfristig verändern lässt (Schein 1997; 317) [167]. Zusätzlich entstehen Organisationen als *Institutionen* aus einem Prozess der *Anpassung an Umweltsysteme*, womit Selznick bereits eine der zentralen Thesen des Neo-Institutionalismus formuliert. Schließlich wird die von Selznick eingeführte Abgrenzung der Institution von der technisch-operativen Organisation im Neo-Institutionalismus als Entkopplungsthese weiter entwickelt[168].

Als Vertreter des handlungstheoretischen Paradigmas[169] betonen Maurer und Schmid, dass Institutionen als "*handlungsleitende Regeln*" (2002: 2) auf der Akteurebene verankert sein müssen, indem die Akteure die Regeln als verbindlich ansehen.

> Die Heuristik einer handlungstheoretisch fundierten Institutionentheorie liegt darin, *systematisch Bedingungen zu suchen, unter denen Akteure soziale Regeln konstituieren und einhalten*. Die Erklärungsaufgabe ist es somit zu zeigen, wann Institutionen eine handlungsregulierende Wirkung zukommt, weil sie bei den Akteuren Geltung finden, bzw. wann sich die Akteure nicht mehr an die Regeln halten.
> (Maurer/Schmid 2002: 11)

Diese Konzentration auf die Akteurebene wird von dem *Rational-Choice Institutionalismus* besonders herausgearbeitet, wie in Kap. 2.5.1.2 am Beispiel des RC-Institutionalismus von D.C. North dargestellt wird.

Der *neue Institutionalismus* wurde im Jahr 1977[170] durch den Artikel von John W. Meyer (Stanford University) und Brian Rowan (Michigan State Univer-

---

167 Vgl. Kap. 2.2.1.1.
168 Vgl. Kap. 2.5.1.1.
169 Das handlungstheoretische Paradigma entspricht der *Rational-Choice Theorie*.
170 Der neue Institutionalismus startet damit mehr als ein Jahrzehnt vor der Veröffentlichung des Werkes von North im Jahr 1990 seinen erfolgreichen Weg durch die Organisationstheorie. Als

2.5 Institutionelle Einbettung

sity) mit dem Titel *Institutionalized Organizations: Formal Structure as Myth and Ceremony* (1991) begründet. Meyer und Rowan müssen mit ihrem Modell ein wichtiges Phänomen getroffen haben, das Organisationstheoretiker und -praktiker zwar beobachtet, aber noch nicht organisationssoziologisch analysiert hatten. Nur dadurch lässt sich der spektakuläre Erfolg des Artikels und die schnelle Ausbreitung des *Neo-Institutionalismus* innerhalb der Organisationsforschung erklären (Hasse/Krücken 2005). Der Titel des Artikels von Meyer und Rowan greift die in der Organisationssoziologie gängige Rationalitätsannahme an. Bereits der Wirtschaftswissenschaftler Herbert A. Simon hatte die Rationalitätsannahme durch das Modell der *begrenzten Rationalität* (bounded rationality)[171] relativiert, ohne die Organisationsrationalität grundsätzlich infrage zu stellen. Für Meyer und Rowan ist die Rationalitätsannahme ein von den Organisationsmitgliedern inszenierter Mythos und entspricht damit nicht der wirklichen Handlungslogik von Wirtschaftsorganisationen. "Formale Strukturen vieler Organisationen in der postindustriellen Gesellschaft richten sich dramatisch nach den Mythen ihrer institutionellen Umwelt anstelle nach den Erfordernissen ihrer Arbeitsaktivitäten" (1991: 41; Übersetzung vom Verf.).

Damit bezieht der Neo-Institutionalismus eine Gegenposition zu der Rational-Choice Theorie. Zusätzlich kritisiert der Neo-Institutionalismus die Systemtheorie, die das Organisationsverhalten als Anpassung an die Anforderungen der Umweltsysteme erklärt.

> Im Gegensatz zu den Umweltbeziehungen, die durch die Theorien offener Systeme suggeriert werden, definiert die Theorie des Neuen Institutionalismus: Organisationen als dramatische Gestaltung von Rationalitätsmythen der durchdringenden modernen Gesellschaft anstelle von Einheiten, die im Austausch (wie komplex auch immer) mit ihrer Umwelt stehen. (Meyer/Rowan 1991: 41; Übersetzung vom Verf.)

Meyer und Rowan haben sich mit dieser Gegenposition Gehör verschafft, indem sie ein empirisch plausibles und theoretisch stringentes Modell erarbeitet haben. Das Modell lässt sich mit drei Thesen beschreiben, die zur besseren Übersicht *Rationalitätsnorm*, *Rationalitätsmythen* und *Entkoppelungsthese* genannt werden.

Die *Rationalitätsnorm* besagt, dass in Organisationen formale Strukturen entstehen, die institutionellen Rationalitätskonzepten entsprechen und daher die Legitimität und Überlebensfähigkeit der Organisation erhöhen. Diese formalen

---

Fachbegriff hat sich in der Organisationsliteratur *Neo-Institutionalismus* durchgesetzt. Das Adjektiv "neu" soll den Neo-Institutionalismus von dem "alten" Institutionalismus abgrenzen, der mit Parsons und Selznick identifiziert wird.
171 Vgl. Abbildung 1 in Kap. 1.

Strukturen werden zu machtvollen *Rationalitätsmythen*, die zeremoniell angewendet werden, obwohl sie häufig im Widerspruch zu operativen Effizienzkriterien stehen. Um die zeremonielle Konformität zu bewahren und trotzdem operativ handlungsfähig zu bleiben, sind Organisationen gezwungen, ihre operativen Prozesse von den formalen Regeln der Organisation zu *entkoppeln*, so dass eine Lücke zwischen formaler Struktur und aktuellen Arbeitsaktivitäten entsteht (Meyer/Rowan 1991: 41).

Die treibende gesellschaftliche Kraft für das Entstehen von Rationalitätsmythen in Form formaler organisationaler Strukturen sind erstens vorgegebene rationalisierte Elemente außerhalb der Organisation und zweitens die wachsende Komplexität der sozialen Netzwerke und Austauschbeziehungen als Folge der gesellschaftlichen Modernisierung. Die auf diese Weise institutionell generierte formale Struktur sichert - so die in Abbildung 42[172] grafisch dargestellte Aussage - den Erfolg und das Überleben der Organisation (1991: 53).

Abbildung 42: Organisationserfolg und Überleben

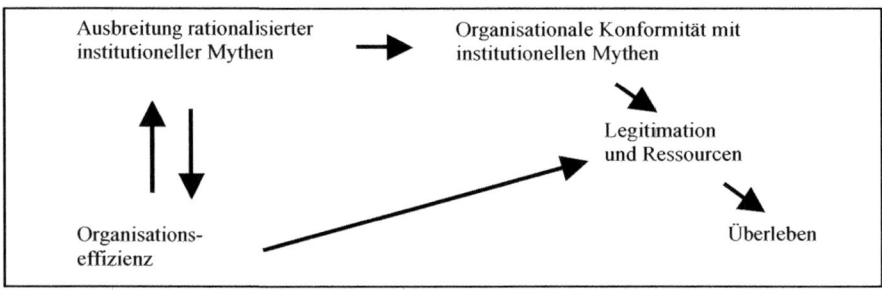

Die Kopplung von institutionellen Quellen und formalen organisatorischen Strukturen bezeichnen Meyer und Rowan (1991: 55) als *Isomorphismus*[173], der zu zwei organisatorischen Inkonsistenzen führt:

- Konflikt zwischen technischen Aktivitäten/Effektivitätsanforderungen und der institutionalisierten Konformität der Organisation mit zeremoniellen Regeln
- Konflikte innerhalb der institutionalisierten Regeln, z.B. Personalabbau im Widerspruch zu Marktexpansion

---

[172] Abb. 42 entspricht Fig. 2.2 von Meyer und Rowan (1991: 53; Übersetzung vom Verf.).
[173] Der Begriff Isomorphismus wird in der Mathematik als eineindeutige Abbildung definiert.

2.5 Institutionelle Einbettung

Organisationen entwickeln bestimmte *Anpassungsstrategien*[174], um mit diesem Dilemma fertig zu werden (1991: 56-7):

- Resistenz der Organisation gegenüber zeremoniellen Anforderungen
- Rigide Konformität gegenüber zeremoniellen Vorgaben und Abschneiden externer Beziehungen
- Zynische Feststellung, dass die Organisationsstruktur inkonsistent mit den Arbeitserfordernissen ist
- Versprechen von Reformen durch die Organisation

Der Neo-Institutionalismus baut einen grundsätzlichen Gegensatz zwischen technisch-operativer Rationalität und institutionell bestimmten Strukturen auf. Die institutionellen Strukturen sichern das Überleben der Organisation und sind zumindest funktional. Natürlich handelt ein Manager, der diese Abhängigkeit kennt, in Übereinstimmung mit der Rationalitätsnorm, wenn er die Logik der institutionellen Abhängigkeit beachtet. Zu einem Rationalitätsmythos wird das Handeln nur dann, wenn auch eine Rationalität der institutionellen Regeln im technisch-operativen Bereich angenommen wird, ohne dass diese Annahme empirisch zutrifft. So wird versucht, das Anti-Diskriminierungsgesetz durch die operative Rationalität zu rechtfertigen, dass dadurch die Auswahl der Mitarbeiter auf eine breitere Basis gestellt und damit verbessert wird. Ob dies empirisch zutrifft oder ob sich die Rationalität des Anti-Diskriminierungsgesetzes darin erschöpft, durch die Einhaltung des Gesetzes gesetzlichen Strafen zu entgehen, ist eine noch offene empirische Frage.

Der "blinde Fleck" des Artikels von Meyer und Rowan besteht darin, dass sie der technisch-operativen Ebene Rationalität grundsätzlich zuschreiben, weil sich dort die Akteure an Effektivitätskriterien orientieren[175]. Damit schaffen Meyer und Rowan in Bezug auf die technisch-operative Rationalität einen eigenen Mythos, der empirisch nicht haltbar ist. Als Kunde von Serviceorganisationen in Konzernen wird man z.B. mit der mangelnden Effektivität und Rationalität der Auftragsbearbeitungs- und Logistikprozesse konfrontiert. Die Ursache liegt in dem technisch-operativen Bereich der Prozessorganisation sowie der Arbeitshaltung der ausführenden Personen und weniger an den institutionellen Rahmenbedingungen.

---

174 Diese Anpassungsstrategien haben eine gewisse Ähnlichkeit mit den Anpassungsstrategien, die Rational-Choice Theoretiker als Reaktion auf *begrenzte Rationalität* konzipiert haben (Kieser 2001: 133-68).

175 Walgenbach stellt 25 Jahre nach Erscheinen des Artikels von Meyer und Rowan fest, dass die Entkopplung des technisch-operativen Bereichs von den institutionellen Elementen "ein bisher wenig untersuchter Bereich" ist, der weiterhin "konzeptionelle Probleme" aufweist (2002: 193).

Ungeachtet dieser Schwachstelle im Hinblick auf die Mystifizierung der technisch-operativen Effektivität ist die Analyse der institutionellen Einschränkungen und der durch sie ausgelösten Anpassungsprozesse bei Meyer und Rowan zutreffend. Hier stellen sie drei weitere Hypothesen zur Beschreibung der suboptimalen Folgestrukturen und -prozesse der institutionellen Abhängigkeit auf. Entsprechend der *Entkopplungsthese* werden erstens die operativen Aktivitäten von den formalen Strukturen abgekoppelt, um Konflikte zwischen der institutionalisierten Organisation und den technisch-operativen Prozessen zu vermeiden. Zweitens wird diese Entkopplung von *Vertrauens- und Zuversichtsritualen* begleitet, die von der Kluft zwischen institutionellen und technisch-operativen Regeln ablenken. Ein weiterer Mechanismus zur Konfliktvermeidung ist drittens die *Abschirmung* des technisch-operativen Bereichs gegenüber den internen und externen Vertretern der institutionellen Ordnung. Diese drei sozialen Mechanismen als Folge des Isomorphismus zwischen institutionellen Elementen und formalen Organisationsstrukturen sind in Abbildung 43 zusammengefasst[176].

Abbildung 43: Zusammenfassung der Isomorphismusthese

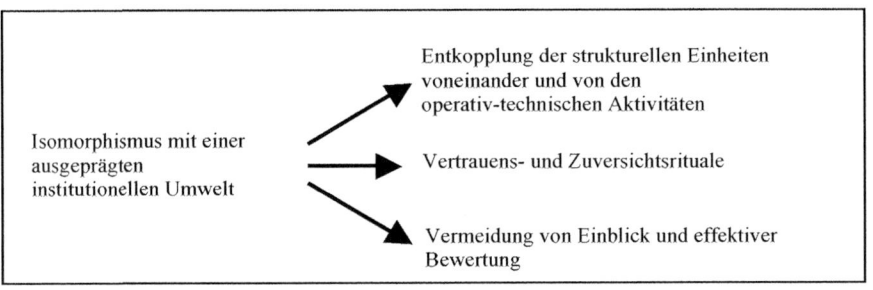

In der Industrie stößt man auf eine Reihe von Anwendungsbeispielen des Neo-Institutionalismus. Ein Beispiel bildet die Qualitätsnorm "ISO 9000ff.", die sich in unterschiedlichen Branchen von Wirtschaftsunternehmen durchgesetzt und zusätzlich auch andere Organisationen wie öffentliche Verwaltungen und Bildungseinrichtungen erfasst hat (Hasse/Krücken 2005: 136). Diese Norm schreibt vor, dass die wesentlichen Unternehmensprozesse präzise dokumentiert, einheitlich angewendet und den Mitarbeitern durchgehend bekannt sind.

Die ISO-Norm (Scott 2001: xvi) ist eine Managementmode und (noch) keine gesetzliche Vorgabe. Trotz dieser rechtlichen Freiwilligkeit kann es für ein Unternehmen geschäftsschädigend sein, wenn es sich der ISO-Norm verweigert,

---

[176] Abb. 43 entspricht Fig. 2.3 aus Meyer und Rowan (1991: 60; Übersetzung vom Verf.).

2.5 Institutionelle Einbettung

obwohl die Wettbewerbsunternehmen bereits zertifiziert sind und die Kunden die Zertifizierung gemäß ISO als Auswahlkriterium für Lieferanten verwenden. Wie Walgenbach und Beck belegen, ist die ISO-Norm Teil der umfassenden Institutionalisierung eines Qualitätsmanagements, die durch den institutionellen Druck der Europäischen Union forciert wurde. Die EU sah in der ISO-Norm eine Chance, den Regelungsbedarf für Qualitätssysteme abzudecken (2000: 333).

Für die Anwendung der Isomorphismusthese ist es nicht entscheidend, dass die institutionell vorgegebene Struktur rechtlich verbindlich ist. Auch auf eine normative Struktur wie die ISO-Norm sind die Thesen nach Meyer und Rowan anwendbar. Die These der *Entkopplung* besagt, dass die Aktivitäten der Qualitätsabteilung keinen unmittelbaren Einfluss auf die tatsächlich ablaufenden Prozesse, z.B. in Verkauf, Logistik und Produktion, haben. In vielen ISO-zertifizierten Unternehmen ist die ISO-Dokumentation reine "Schrankware". Sie steht also in einem Schrank (oder ist auf dem Server abgelegt) und wird in den operativ-technischen Prozessen nicht gelebt. Selbst die in der ISO-Dokumentation vorgeschriebenen Formulare (z.B. für die Dokumentation der Qualitätsprüfung im Wareneingang) werden häufig nicht genutzt und durch andere Formulare in den operativen Bereichen ersetzt.

Die Entkopplung der ISO-Welt von den Unternehmensprozessen hindert die meisten zertifizierten Unternehmen nicht daran, die Zertifikate an exponierter Stelle in dem Empfangsbereich des Gebäudes aufzuhängen und werbetechnisch geschickt in Prospekten und Angeboten zu positionieren. Häufig werden zusätzlich wohlklingende Qualitätsleitsätze formuliert und - von der kompletten Unternehmensleitung handschriftlich unterschrieben - ausgehängt. Diese *Vertrauens- und Zuversichtsrituale* können von der Geschäftsleitung durchaus ernst gemeint sein, obwohl die Mitarbeiter von der tatsächlichen Entkopplung wissen.

Im Falle der ISO-Norm bezieht sich die *Abschirmung* gegenüber Einblicken von außen zunächst auf die Zertifizierer, die einmal pro Jahr erscheinen, um die Realisierung der ISO-Dokumentation zu überprüfen. Sie prüfen dabei die ISO-Dokumentation auf Vollständigkeit und fragen einzelne Mitarbeiter, ob sie die Dokumente kennen und nutzen. Im Falle der Entkopplung ist es dann die Aufgabe der Qualitätsabteilung, den Prüfern den Eindruck zu vermitteln, dass die ISO-Dokumentation tatsächlich praktiziert wird, indem die Dokumentation den neuen Unternehmensstrukturen angepasst wird und die Mitarbeiter auf den Besuch der Prüfer vorbereitet werden. Mit dieser Darstellung soll nicht behauptet werden, dass alle Unternehmen die eigene ISO-Dokumentation nicht ernst nehmen. Es erfordert allerdings eine fortlaufende Anstrengung aller Führungs- und Fachkräfte, die Entkopplung zu verhindern.

Der Neo-Institutionalismus wäre nicht so erfolgreich, wenn es nicht viele Anwendungsfälle institutioneller formaler Strukturen in den Organisationen gäbe. Ein Beispiel für eine rechtlich verbindliche institutionelle Auflage ist das KonTrag-Gesetz, das bestimmten Wirtschaftsunternehmen die Einrichtung eines Risikomanagements vorschreibt. Die durch Umwelt- und Sicherheitsvorschriften vorgegebenen "Beauftragten"-Organisationen in deutschen Unternehmen sind ein weiteres Beispiel. In Abbildung 44 werden einige gängige Anwendungsgebiete für institutionell generierte Strukturen zusammengefasst. Bereits Meyer und Rowan betonen die Unterscheidung in rechtlich verbindliche Regelungen und Modeströmungen mit Konformitätsdruck (1991: 48), nach der sich auch die Beispiele sortieren lassen.

Abbildung 44: Anwendungsfelder des institutionellen Isomorphismus

1. Institutionelle Vorgaben, z.B.
   - Bilanzen/Wirtschaftsprüfer
   - Beauftragte für Umweltschutz
   - Arbeitsschutz/-sicherheit
   - KonTrag
   - EDV-technische Unterstützung von Finanzamtprüfern
   - Anti-Diskriminierungsgesetz
2. Institutionalisierte Branchenstandards, z.B.
   - Technische Normen (DIN)
   - Qualitätssysteme (ISO)
3. Managementmoden, z.B.
   - Benchmarks
   - Business Reengineering
   - Balanced Scorecard
   - Corporate Governance
4. Börsenstories für Analysten

Mit dem Erfolg ist der Neo-Institutionalismus auch zum Gegenstand der Kritik geworden. Türk wirft dem Neo-Institutionalismus vor, die durch Organisationen ausgeübten *Herrschaftsinteressen* zu ignorieren (Türk 2000: 160). Walgenbach betont, dass der alte und neue Institutionalismus die Dimensionen der *Interessen, Konflikte* und *Macht* ausblenden und damit Organisationswirklichkeit nicht erklären können (2001: 348-52). Wie Walgenbach und Meyer (2008) übersichtlich darstellen, hat sich der Neo-Institutionalismus als Reaktion auf die Kritik vor allem in zwei Richtungen erfolgreich weiter entwickelt: Institutionelle *Akteure*

2.5 Institutionelle Einbettung

(2008: Kap. 5) und institutioneller *Wandel* (2008: Kap. 4). Zum institutionellen Wandel wird in Kap. 2.6.1.1 das Modell von Campbell (2004) dargestellt.

Mit dem Konzept des institutionellen *Akteurs* hat der Neo-Institutionalismus einen Wandel vollzogen von einer Theorie, die Managementrationalität in Frage stellte, zu einer Theorie, die annimmt, dass "rationale, institutionelle Entrepreneure ('institutional entrepreneurs') aktiv versuchen, Institutionen zu verändern" (McKinley 2010: 56; Übersetzung und Klammereinschub vom Verf.). Beckert verwendet den Begriff der *institutional agency* (999: 786) und grenzt ihn von dem Konzept der *strategic agency* (1999: 783) der Rational-Choice Theorie ab. Das institutionalistische Akteurkonzept betrachtet das "Handeln von Individuen, Organisationen und Nationalstaaten als ein komplexes System von Agentschaft" (Walgenbach/Meyer 2008: 126). Institutionelle Akteure treiben institutionellen Wandel voran: "Institutionelle Entrepreneure sind Akteure, die ein Interesse an partikularen institutionellen Arrangements haben und Ressourcen mobilisieren, um neue Institutionen zu kreieren oder bestehende zu transformieren" (Battilana 2006: 654; Übersetzung vom Verf.).

Institutionelle Akteure nehmen auch Einfluss auf andere Institutionen, indem sie *Brücken* zu anderen organisatorischen Feldern schlagen und sich von bestehenden institutionellen Regeln *lösen* können. Greenwood und Suddaby bezeichnen diese Fähigkeiten von institutionellen Entrepreneuren als *boundary bridging* und *boundary misalignment* (2006: 27) und entwickeln spezielle Hypothesen, die sie empirisch an den fünf großen Wirtschaftsprüfungsgesellschaften überprüfen. Das Modell unterscheidet sich von dem Rational Choice Modell des Nutzen maximierenden Akteurs durch die *Einbettung (embeddedness)* in das institutionelle Feld[177]: "Die relative Einbettung des Akteurs definieren wir durch die Indikatoren des Bewusstseins von Alternativen, Offenheit gegenüber Alternativen und Motivation zur Veränderung" (Greenwood/Suddaby 2006: 29, Übersetzung vom Verf.). Je größer die Einbettung, desto geringer ist die Motivation der institutionellen Entrepreneure zur Veränderung (2006: 29). Damit ergibt sich das *paradox of embedded agency*: "wie Akteure Veränderungen des Kontextes gestalten, durch den sie als Akteure geprägt sind" (2006: 27; Übersetzung vom Verf.). Dieses Paradox wird nach Greenwood und Suddaby (2006: 41) durch die Identifikation von institutionellen Merkmalen aufgehoben, die institutionelles Entrepreneurhandeln begünstigen: Schichtung des institutionellen Feldes (field stratification), Position im Netzwerk (network location), Institutionelle Widersprüche (contradictions), Eingebettetsein (embeddedness) sowie Macht (power).

---

177 Barley (2010) analysiert in einer empirischen Studie, wie die amerikanischen Unternehmen ein institutionelles Feld zur Beeinflussung der Politik gebaut haben, und integriert damit den Resource Dependence Ansatz mit dem Neo-Institutionalismus (2010: 778). Die Resource Dependence Theorie wird in Kap. 2.3.1.2 im Zusammenhang mit dem Begriff der Macht dargestellt.

2.5.1.2 Rational-Choice-Institutionalismus

Im Rational-Choice Ansatz hat sich als eine der Hauptströungen der *Rational-Choice Institutionalismus* etabliert. Einer der Hauptvertreter, der Ökonom und Historiker Douglass C. North, definiert den Begriff der Institution als Spielregeln für das Handeln der Akteure.

> Institutionen sind Spielregeln in der Gesellschaft oder, formaler ausgedrückt, sind die von Menschen ersonnenen Einschränkungen, die menschliche Interaktionen formen (North 1990: 3; Übersetzung vom Verf.)

Damit erfüllt der RC-Institutionalismus die Forderung von Maurer und Schmid (2002: 10-11) nach der *handlungstheoretischen* Fundierung des Institutionalismus[178]. Nach North nehmen Institutionen die für das menschliche Handeln notwendige *Orientierungsfunktion* wahr, indem sie Unsicherheit reduzieren und das Alltagsleben strukturieren (1990: 3). Entsprechend der Rational-Choice Denkweise lässt sich diese Orientierungsfunktion als *Kostenreduktion* operationalisieren: "Unter den Bedingungen von begrenzter Information und begrenzter Rechenkapazität reduzieren die Einschränkungen (constraints) die Kosten menschlicher Interaktion, verglichen mit einer Welt ohne Institutionen" (1990: 36; Übersetzung und Klammereinschub vom Verf.). Der RC-Institutionalismus argumentiert somit streng *ökonomisch*, indem er die Entstehung und den Wandel von Institutionen auf Kostenreduzierungen bzw. auf Folgekosten für die Akteure zurückführt (Braun 1999: 235-8).

Der RC-Institutionalismus setzt wie im Neo-Institutionalismus voraus, dass Institutionen das Organisationshandeln beeinflussen. Aus ökonomischer Sicht darf diese institutionelle Beeinflussung der Handelnden nicht normativ, sondern als situative Bedingung für das Handeln von Akteuren verstanden werden, die gegebene Chancen nutzen, um ihre Ziele zu erreichen. Die Beweggründe des Handelns liegen also in der *Zielstruktur des Individuums* und nicht in den Institutionen selbst. Die Institutionen bilden lediglich *Rahmenbedingungen*, die Handlungsspielräume vorgeben.

Der Modellaufbau des RC-Institutionalismus besteht in der Unterscheidung von *formalen* und *informellen* Einschränkungen (constraints). Anstelle des Begriffs Einschränkungen verwendet North auch den Begriff Regeln (rules) oder Rahmenbedingung (framework). *Informelle constraints* bestehen aus Ausführungscodes, Verhaltensnormen und Konventionen (1990: 36) sowie Routinen, Gewohnheiten oder Traditionen (1990: 83). Die Quelle von informellen constraints liegt in der Kultur der jeweiligen Gesellschaft. *Formale constraints* sind

---

[178] Vgl. das Zitat von Maurer und Schmid in Kap. 2.5.1.1.

2.5 Institutionelle Einbettung

explizite Regeln (rules), die das Handeln regulieren. Die explizitesten Regeln sind Gesetze, so dass das Rechtssystem formale constraints generiert. Die juristischen Regeln bilden nach North eine Unterkategorie von politischen Regeln, die durch ökonomische Regeln und durch Verträge als gesellschaftliche Formen von formalen constraints ergänzt werden. Die Entstehung von formalen constraints führt North auf die steigende Komplexität der Gesellschaft zurück (1990: 46), die einerseits die erwähnte Ausdifferenzierung des Rechtssystems zur Folge hat. Andererseits ergeben sich aus der Institutionalisierung formaler constraints Vorteile für die Handelnden, weil constraints die Kosten für Informationen sowie Abstimmungs- und Durchsetzungsprozesse reduzieren (1990: 46). Das Zusammenspiel von informellen und formalen Einschränkungen ist in Abbildung 45 schematisch zusammengefasst.

Abbildung 45: Formale und informelle constraints

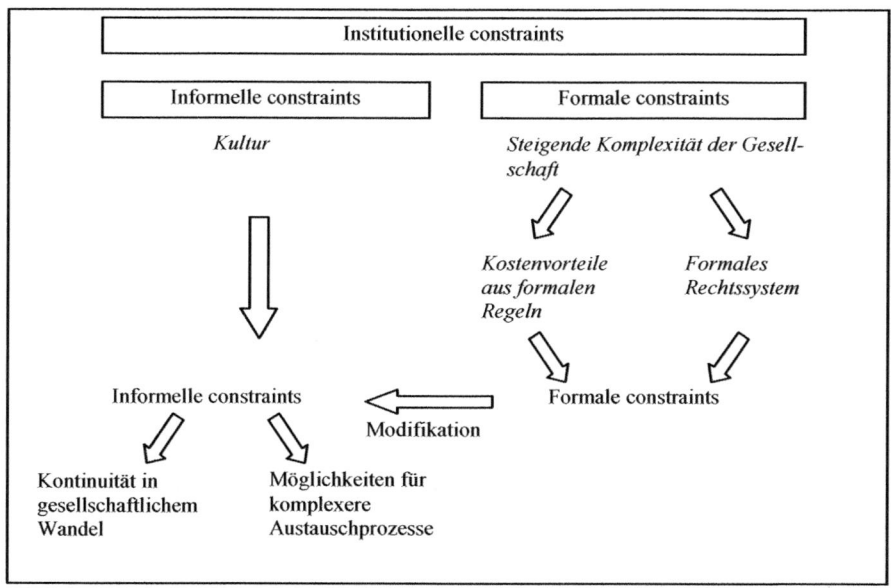

Strukturen und Prozesse in Organisationen sind nach diesem Modell das Resultat des Zusammenspiels von institutionellen Rahmenbedingungen und individuellen Akteuren, die in der Organisation Chancen zur Realisierung ihrer persönlichen Ziele nutzen. Das Kriterium für die Erklärung bestimmter Strukturen und Interaktionsmuster ist die Kostenoptimierung für die Akteure innerhalb der Organisation. Eine zweite Anwendung dieses Modells ist die Erklärung des institutionellen Wandels als ein Hauptanliegen von North[179].

Ein klassisches Modell der sozialen Einbettung von Akteurhandeln in institutionelle Kontexte stellen *soziale Netzwerke* dar, die Marc Granovetter 1985 in seinem Essay *Ökonomisches Handeln und soziale Struktur: Das Problem der Einbettung* (Granovetter 2000) analysiert. Granovetter wirft darin den Rational-Choice Theoretikern vor, dass sie entweder einseitig Normen ausblenden oder leichtfertig die Annahme der rationalen Entscheidung zugunsten der nichtrationalen Normenannahme aufgeben. Den ersten Effekt bezeichnet er als *untersozialisiert* und den zweiten als *übersozialisiert*. Im untersozialisierten Modell der strikten Rational-Choice Vertreter wird die Verfolgung des Eigeninteresses überbetont, während im übersozialisierten Ansatz angenommen wird, "dass Verhaltensmuster internalisiert wurden und sich die aktuell bestehenden sozialen Beziehungen nur geringfügig auf das Verhalten auswirken" (2000: 179).

Beide Ansätze sehen den Akteur als Einzelwesen, das unabhängig vom sozialen Umfeld seine Interessen kalkuliert (untersozialisiert) oder sein Verhalten an internalisierten Normen ausrichtet (übersozialisiert). Dieser *atomistischen* Auffassung von Akteuren stellt Granovetter das Modell der sozialen *Einbettung* in ein Netzwerk sozialer Beziehungen entgegen.

> Akteure handeln und entscheiden nicht als Monaden, unabhängig von einem sozialen Kontext, und sie folgen auch nicht sklavisch einem Skript, das für sie geschrieben wurde gemäß der spezifischen Überschneidung von Sozialkategorien, die sie gerade zufällig einnehmen. Vielmehr sind ihre Versuche zielgerichteten Handelns in konkrete und andauernde Systeme sozialer Beziehungen eingebettet.
> (Granovetter 2000: 181)

In den Organisationsnetzwerken spielt die "Intensität der persönlichen Beziehungen" (2000: 185) eine besondere Rolle, was Granovetter an *Vertrauen* und *Betrug* im Wirtschaftsleben demonstriert. Ein Beispiel für die Funktion der Einbettung zur Vertrauensbildung und -absicherung ist die hohe Bedeutung der *Reputation* von Geschäftspartnern (2000: 185). Das Vertrauen in die Reputation beruht auf Informationen des Beziehungsnetzes. Umgekehrt spricht sich ein Vertrauensbruch im Beziehungsnetzwerk schnell herum und erschüttert nachhaltig die Reputation. Daraus ergibt sich eine Abschreckungsfunktion gegen betrügerisches Verhalten. Die Einbettung in ein Beziehungsnetz kann umgekehrt auch abweichendes Verhalten begünstigen, wenn sich die Mitglieder informell einig sind oder untereinander absprechen, wie im Fall der *Abschirmung gegenüber internen Prüfungen* in Wirtschaftsorganisationen (2000: 195). Anders als North

---

179 Dieses Modell wird in Kap. 2.6.1.2 dargestellt.

2.5 Institutionelle Einbettung

steht Granovetter in der Tradition soziologischer Interaktionstheorien und verankert die Netzwerkstrukturen in dem Verhalten von Individuen, die in Gruppensituationen interagieren. Wesentlich ist in diesem Zusammenhang, dass Institutionen "*aus Aktivitäten sozial situierter Individuen resultieren,* die in Netzwerke persönlicher Beziehungen mit sowohl nicht-ökonomischen als auch ökonomischen Zielen" (Nee/Ingram 1998: 24; Übersetzung vom Verf.) bestehen. Hier vermeidet Granovetter die Einschränkung auf die Nutzenkalkulation der Akteure, die sich North (1990) als Wirtschaftswissenschaftler auferlegt.

2.5.1.3 Institutionelle Einbettung in der Systemtheorie

Das klassische systemtheoretische Modell der Einbettung von organisationalem Handeln in institutionelle Kontexte hat der "alte" Institutionalist Talcott Parsons in den 50er Jahren des 20. Jahrhunderts entwickelt. Die Parsonssche Organisationstheorie findet in den Monographien zur Geschichte der Organisationstheorien (z.B. Kieser/Ebers 2006; Bea/Göbel 1999, Schreyögg 1998) keine Beachtung, obwohl Parsons und Platt (1974) ein umfassendes Organisationsmodell der amerikanischen Universität entwickelt haben. Es ist daher überraschend, dass sich die Neo-Institutionalisten innerhalb der Organisationssoziologie auf die Tradition des Parsonsschen Institutionalismus berufen (Powell/DiMaggio 1991). Parsons konzipiert Organisation als *3-Ebenen-Modell*:

1. Operative Ebene (managerial level)
2. Institutionelle Ebene (institutional level)
3. Gesellschaftsebene (societal level)

Die operative Ebene *(managerial level)* beschreibt die konkreten Strukturen und Prozesse der Organisation. Als Institutionalist betont Parsons neben den operativen Prozessen, wie Verkauf, Produktion oder Logistik, vor allem die Ausdifferenzierung von beruflichen Rollen auf der operativen Ebene (1959: 11). Die beruflichen Rollen teilen sich in die drei Gruppen der leitenden Rolle, der professionellen Rolle und der Arbeiterrolle auf. Die institutionelle Ebene der Aufsichtsgremien *(institutional level)* befasst sich mit Strategien und grundlegenden Zielen der Organisation sowie ihres Selbstverständnisses und bildet auf diese Weise eine normative Instanz. Daher handelt es sich um die Institutionalisierung von Aufsichtsgremien (1959: 14). Die Gesellschaftsebene *(societal level)* gehört zwar nicht direkt zur Organisation, wird aber als dritte Ebene in das Organisationsmodell integriert, weil die Gesellschaft rechtliche und normative Rahmenbedingungen für Organisationen bestimmt (1959: 15). Obwohl Parsons im konkreten Organisationshandeln fließende Übergänge sieht, vertritt er den Standpunkt, dass zwischen den Ebenen der Organisation eine Diskontinuität (Parsons 1959: 16) besteht. Die Handlungslogiken der unterschiedlichen Organisationsebenen lassen sich analytisch voneinander unterscheiden und sind nicht aufeinander reduzierbar. Die drei Organisationsebenen sind in Abbildung 46 dargestellt.

Abbildung 46: Das Parsonssche Organisationsmodell

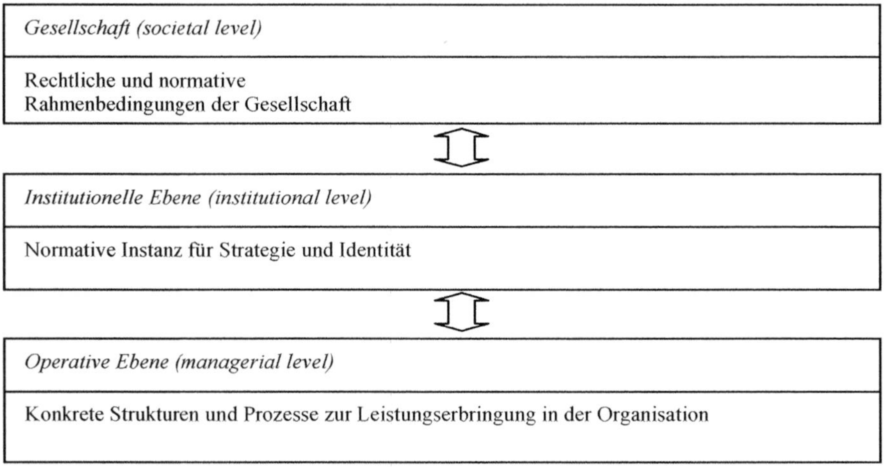

| *Gesellschaft (societal level)* |
| Rechtliche und normative Rahmenbedingungen der Gesellschaft |

| *Institutionelle Ebene (institutional level)* |
| Normative Instanz für Strategie und Identität |

| *Operative Ebene (managerial level)* |
| Konkrete Strukturen und Prozesse zur Leistungserbringung in der Organisation |

Der Neo-Institutionalismus greift von Parsons die Kernaussage der Abhängigkeit von institutionellen Rahmenbedingungen auf. Die institutionelle Abhängigkeit kann die Effektivität der operativen Prozesse beeinträchtigen. Trotzdem muss die Organisation sich den institutionellen Rahmenbedingungen anpassen, um langfristig zu überleben. Diese These entspricht im Wesentlichen noch dem Modell des alten Institutionalismus, wird aber im Neo-Institutionalismus erweitert, indem die Folgeprozesse dieses Konfliktes genauer analysiert werden.

Nach Luhmanns Auffassung hat der Neo-Institutionalismus versucht, das überholte systemtheoretische Modell von Parsons neu aufzulegen, ohne die systemtheoretische Begrifflichkeit zu verwenden. Daraus ist mit dem Neo-Institutionalismus keine neue Organisationstheorie entstanden (2000: 36). Stattdessen muss das Problem der institutionellen Einbettung systemtheoretisch als *System-Umwelt-Beziehung* modelliert werden.

2.5 Institutionelle Einbettung

> Angewandt auf soziale Systeme im Allgemeinen und Organisationen im Besonderen besagt die Systemtheorie, dass die Differenz von System und Umwelt im System selbst produziert und reproduziert werden muss und dass genau dies die Systeme dazu zwingt, ihre Umwelt zu beachten. (Luhmann 2000: 36)

Auf der Ebene der allgemeinen Theorie sozialer Systeme geht Luhmann davon aus, dass die institutionelle Umwelt nicht direkt in das System operativ eingreifen kann. Stattdessen muss, wie in dem obigen Zitat beschrieben, das System selbst die Umwelt in das System hineinholen. Um diesen Zusammenhang systemtheoretisch zu beschreiben, hat Luhmann die Modelle der *Irritation*, der *strukturellen Kopplung* und der *Systemrationalität* entwickelt.

Durch Irritation wird dem System eine *Information* zugeführt. Nach der Grundlogik der Autopoiesis muss das System die angebotene Information selbst aufgreifen und dadurch den eigenen Systemzustand verändern. Dies geschieht durch "einen internen Vergleich von (zunächst unspezifizierten) Ereignissen mit eigenen Möglichkeiten vor allem mit etablierten Strukturen, mit Erwartungen" (1997: 118). Den Effekt der Irritation bezeichnet Luhmann auch als *Resonanz* (2002a: 124). Wesentlich ist in diesem Zusammenhang, dass diesen Begriffen nicht das klassische Gleichgewichtsmodell unterstellt werden darf, nach dem das System mit einer Korrekturmaßnahme auf eine Störung reagiert und anschließend wieder den vorherigen Zustand einnimmt. Bei Irritation ist die Resonanz *offen*: Die bestehenden Strukturen können bestätigt oder verändert werden (2002a: 125).

Neben Irritation bildet der Begriff der *strukturellen Kopplung* einen weiteren Kernbegriff im Bezugsrahmen der Theorie autopoietischer Systeme: "Strukturelle Kopplungen beschränken den Bereich möglicher Strukturen, mit denen ein System seine Autopoiesis durchführen kann" (Luhmann 1997: 100). Wendet man diese Definition auf das Thema der Autonomie an, so operiert im Falle struktureller Kopplung das System nicht autonom, da die Variationsbreite seiner Operationen durch ein anderes System eingeschränkt wird. Das hindert allerdings das System nicht daran, diese eingeschränkten Operationen selbst im Sinne der operativen Geschlossenheit auszuführen, was dem Grundpostulat der Theorie autopoietischer Systeme entspricht. Wie funktioniert strukturelle Kopplung konkret? Nach Luhmann verfügen soziale Systeme intern über Ja/Nein-Optionen, mit denen sie auf Irritationen der Umweltsysteme reagieren können. Durch die Oszillation dieser Optionen ist in das soziale System eine Dynamik eingebaut, weil die Entscheidungen für die eine oder andere Ausprägung der Optionen wechseln können.

Neben in Kap. 2.1.1.3 dargestellten strukturellen Kopplung des psychischen und sozialen Systems wendet Luhmann das Modell auf eine Reihe anderer Systemkonstellationen an. Ein klassisches Beispiel ist die strukturelle Kopplung des politischen und ökonomischen Systems über das Medium Geld (2002b: 383). Das Wirtschaftssystem stellt der Politik Geld in kanalisierter Form, z.B. durch Steuern, zur Verfügung. Umgekehrt begrenzt das politische System mit geldpolitischen Maßnahmen und Institutionen wie der Zentralbank den Handlungsspielraum der Wirtschaft. In beide Richtungen eröffnet die strukturelle Kopplung den Systemen neue Handlungsmöglichkeiten, z.b. der Wirtschaft die Option der Geldvermehrung durch Kredite. Für die Organisationstheorie wesentlich sind strukturelle Kopplungen durch Organisationen, in dem z.b. Schulen als Organisationen das psychische System des Schülers mit der Gesellschaft strukturell koppeln (2002b: 396). In Abbildung 47 werden die beiden Mechanismen der Systemverknüpfung dargestellt.

Abbildung 47: Mechanismen der Systemverknüpfung

Irritation	*Strukturelle Kopplung*
Interner Vergleich von Informationen mit dem eigenen Systemzustand	Dauerhafte Beschränkung des Bereichs möglicher Strukturen, mit denen ein System seine Autopoiesis durchführen kann

In der Systemtheorie Luhmanns wird die System-Umwelt Beziehung neu gefasst: Die Umwelt greift nicht mehr wie in der klassischen Systemtheorie in das System ein, sondern das System wird *irritiert* durch die Umweltsysteme. Trotzdem sind Systeme in der Lage, durch Selbstorganisation sich darauf zu trainieren, die Umwelteinflüsse so zu filtern, dass das System eine möglichst große Anpassung an die Umwelt erreicht. Luhmann verwendet für diese Überlebensfähigkeit von sozialen Systemen in der Umwelt den Begriff der *Systemrationalität,* die er als die Fähigkeit von Systemen definiert, angemessen auf Umweltanforderungen und -änderungen reagieren zu können. In der Vorlesung über Systemtheorie erklärt Luhmann seinen Studenten den Begriff der Systemrationalität als Verstärkung der Reaktionsfähigkeit des Systems auf die Umwelt:

> Von Systemrationalität möchte ich in dem Maße sprechen, als Aspekte der Umwelt im System in Rechnung gestellt werden können. Wenn Sie sich daran erinnern, dass der Systembegriff über eine Differenz zur Umwelt, über operationale Schließung, das heißt über Indifferenz zur Umwelt definiert ist, dann bedeutet Systemrationalität, dass man das wieder rückgängig macht, dass man die Gleichgültigkeit, die Indifferenz - was in der Umwelt passiert, passiert nicht uns - wieder aufhebt und die Irri-

2.5 Institutionelle Einbettung

tierbarkeit, die Sensibilität oder die Resonanz, wie immer diese Termini lauten, im System verstärkt. (Luhmann 2002a: 190)

Vergleicht man die drei Dimensionen der System-Umwelt-Beziehung, *Irritation, strukturelle Kopplung und Systemrationalität*, mit dem Neo-Institutionalismus, so lassen sich die typischen empirischen Phänomene der Einflussnahme von Umweltinstitutionen und die Ausbreitung von Moden in Branchen auch mit dem Luhmannschen Modell erklären. Die strukturelle Kopplung zwischen Wirtschaftsorganisationen und dem gesellschaftlichen Funktionssystem der Politik ist ein Beispiel für eine institutionelle Einbettung. In beiden Theorien lassen sich die beobachteten Phänomene mit konkreten Mechanismen beschreiben und erklären. Der entscheidende Unterschied ist, dass die Systemtheorie ein allgemeines Theoriegebäude darstellt, das sich auf beliebige Phänomene anwenden lässt, ohne jeweils neue Begriffs- und Modellkonstruktionen entwickeln zu müssen. Innerhalb des Neo-Institutionalismus drängt sich der Eindruck auf, dass die Modelle ad hoc zu jeweils beobachteten Phänomenen konstruiert worden sind. Bei diesem Verfahren wird auf die theoretische Abstraktion und Geschlossenheit weniger geachtet. Das Verdienst des Neo-Institutionalismus liegt daher nicht in der Theoriebildung, sondern in der Entdeckung und Beschreibung von neuen empirischen Phänomenen in Organisationen.

2.5.2 Beispiel: Führungs- und Steuerungsstruktur

Der Neo-Institutionalismus hat durch seine empirische Ausrichtung den Vorteil, bestimmte Institutionalisierungsprozesse, wie die Etablierung der ISO-Norm, präzise zu beschreiben. Allerdings erweist sich für eine umfassende organisationstheoretische Analyse der institutionellen Einbettung die Beschränkung auf normative Regelsysteme und die Entkopplung der institutionellen von den technisch-operativen Bereichen als Nachteil.

Um die institutionelle Einbettung organisationstheoretisch umfassender zu analysieren, benötigt man ein Modell, das die normativ-institutionelle Dimension ebenso enthält wie die operative und strategische Dimension. Zusätzlich müssen sowohl organisationsinterne Prozesse als auch die Umweltbeziehung in dem Modell enthalten sein. Von den theoretisch begründeten und in Anwendungsbeispielen erprobten Organisationsmodellen erfüllt das *Strukturmodell der lebensfähigen Unternehmung* diese Bedingungen. F. Malik[180] hat in seiner Habilitationsschrift (1989) dieses Modell ausgearbeitet. Der theoretische Begründer ist

---

180 Fredmund Malik ist Professor an der Universität St. Gallen in der Schweiz und Leiter des Beratungsunternehmens Management Zentrum St. Gallen (MZSG).

Stafford Beer (1995) mit der Theorie der *Viable Systems*, die aus der Gehirnforschung abgeleitet ist. Das in Abbildung 48 dargestellte Modell ist die von Malik auf Wirtschaftsorganisationen angepasste Version (MZSG 1990), in der fünf Subsysteme unterschieden werden.

Abbildung 48: Strukturmodell der lebensfähigen Unternehmung

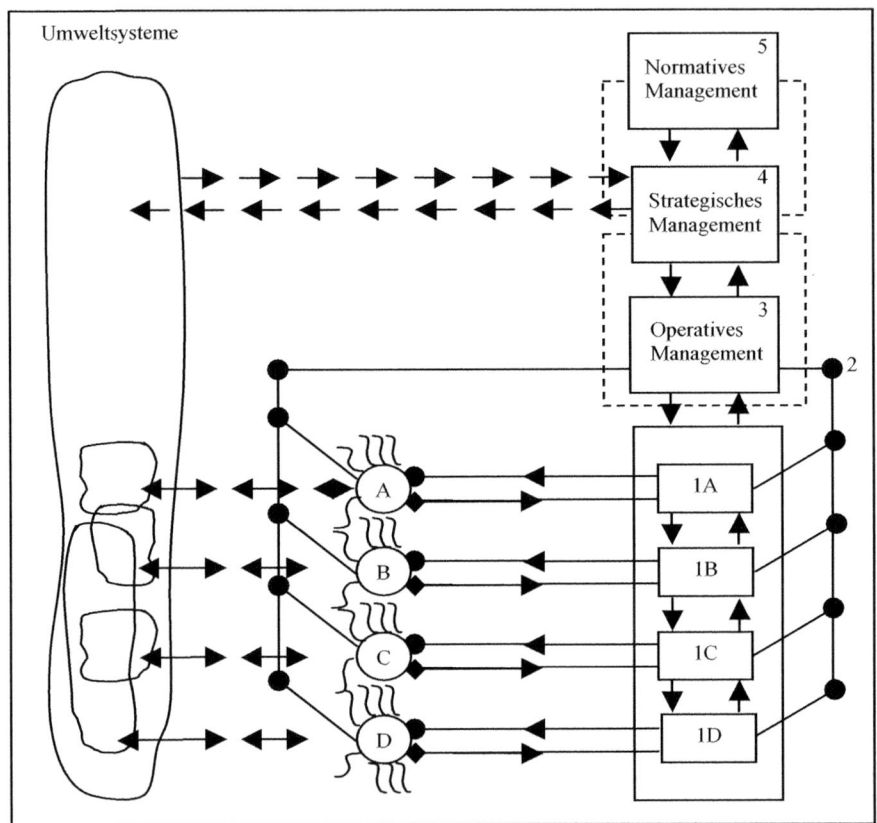

Einsersysteme (System 1) sind die operativen Einheiten, die konkrete Produkte oder Dienstleistungen dem Markt als Umweltsystem anbieten. Die Business Units sind Beispiele, die als Einsersysteme über technisch-operative Einheiten

2.5 Institutionelle Einbettung 147

(A, B, C, D) verfügen[181]. Diese technisch-operativen Einheiten produzieren die Produkte und Dienstleistungen für den Markt als Umweltsystem. Zusätzlich verfügen Einsersysteme über eine Managementfunktion, die für die Leistungserbringung und Gewinnerzielung verantwortlich ist. Im Falle der Business Unit handelt es sich um den Business Unit Leiter und seine zentralen Koordinationsfunktionseinheiten, z.B. Controlling, technische Anwendungsentwicklung oder Verkaufsinnendienst. Wie in der Business Unit Organisation arbeiten mehrere Einsersysteme parallel und können produkt- oder marktorientiert ausgerichtet sein.

Das *Zweiersystem (System 2)* erfüllt die *Koordinationsfunktion* der Einsersysteme. Die konkrete Form der Zweiersysteme kann unterschiedlich ausgebildet sein. Eine klassische Organisationsform ist ein IT-Controlling System[182], das aus der IT-gestützten Geschäftsabwicklung der Einsersysteme automatisch Daten abzieht und auswertet. In vielen Handelsunternehmen ist es Standard, dass am Abend jeden Verkaufstages sämtliche Tagesumsätze im IT-System abrufbar sind. Weniger automatisiert ist die Datensammlung durch Formulare[183], die von Einsersystemen regelmäßig ausgefüllt und an das zentrale Controlling gesendet werden. Eine dritte Form des Koordinationssystems sind regelmäßige Besprechungen, z.B. Controlling-Meetings, in denen die Vertreter der Einsersysteme ihre Daten mit dem zentralen Controlling durchsprechen, Abweichungen gegenüber den Planzahlen begründen und Maßnahmen vorstellen, um die Abweichungen auszugleichen. Diese Beispiele repräsentieren unterschiedliche Formen der Controllingfunktion. Andere Beispiele von Koordinationssystemen sind Einsatzzentralen in Taxiunternehmen oder Flugleitsysteme.

Das *Dreiersystem (System 3)* besteht aus der operativen Führung der Organisation, z.B. Geschäftsführung oder Vorstand. Die wichtigste Aufgabe des Managementsystems ist das Treffen von *Entscheidungen*, die das Geschäft direkt betreffen, wie z.B. Angebots- oder Einkaufsentscheidungen ab einer definierten Wertgrenze, oder strategische Entscheidungen über Investitionen oder Personalkapazität. Das operative Management ist verantwortlich für die Führung der Leiter von Einsersystemen, die an den Inhaber der Managementfunktion berichten. Neben diesem hierarchischen Zugriff auf die Leiter der Einsereinheiten nutzt das operative Management das Koordinationssystem (System 2), um möglichst ungefilterte Informationen aus den Einsersystemen zu bekommen. Ein dritter Informationskanal sind *informelle* Kontakte, auf die keine erfahrene Führungs-

---

181 Eine Business Unit ist ein selbständiger Geschäftsbereich innerhalb eines Unternehmens; vgl. Kap. 2.4.2.
182 SAP, BaaN oder NAVISION enthalten als Kernmodule solche Controllingsysteme. Diese ERP-Systeme werden in Kap. 2.4.3 erläutert.
183 In Papierform oder PC-gestützt.

kraft verzichtet. Hierunter fallen persönliche Kontakte zu Mitarbeitern unterschiedlicher Hierarchieebenen, die Informationen an das operative Management weiterleiten. Die obligatorischen Rundgänge früh morgens durch die Produktionseinheiten oder informelle Kontakte zu Betriebsratsmitgliedern sind weitere informelle Informationsquellen. In Abbildung 48 wird dieser Kommunikationskanal durch die Verbindungslinie, die links von den operativen Einheiten (A, B, C, D) eingezeichnet ist, grafisch dargestellt.

Das *Vierersystem* (System 4) erfüllt die strategische Funktion der Zukunftsplanung und die Ausrichtung des Unternehmens auf die langfristigen Ziele[184]. Das Vierersystem hat, wie in Abbildung 48 mit gestrichelten Pfeilen dargestellt wird, eine enge Verbindung zur Umwelt. Diese ist notwendig, weil die strategische Ausrichtung sich an zukünftigen Anforderungen der Umwelt orientiert. Große Unternehmen richten spezialisierte Abteilungen für das strategische Management ein, z.B. *Unternehmensstrategie*. Allerdings handelt es sich hier um Stabsbereiche, die Analysen und Konzepte entwickeln und dem operativen Management vorstellen. Die letzte Entscheidung über die strategische Ausrichtung trifft das normative Management zusammen mit dem operativen Management. Beispiele für strategische Entscheidungen sind der Aufbau neuer Produktlinien, der Eintritt in neue Märkte, die Aufgabe von Geschäftsbereichen, die Akquisition anderer Unternehmen oder die Fusion mit einem Wettbewerber.

Das *Fünfersystem (System 5)* erfüllt die Funktion der *normativen* Verankerung des Unternehmens: "Hier geht es darum, die aus der Interaktion von System 3 und 4 resultierenden grundsätzlichen Probleme des Ausbalancierens von Gegenwert und Zukunft, von Innenwelt und Außenwelt der Unternehmung durch oberste, Normen setzende, Entscheidungen zu lösen" (MZSG 1990: 24). Standardmäßig wird diese Funktion der unternehmerischen Intuition des Eigners zugeschrieben. In Aktionsgesellschaften nehmen Vorstand und Aufsichtsrat und in GmbHs die Geschäftsführung mit dem Beirat diese Funktionen wahr. Im Idealfall ist die normative Orientierung in der Unternehmenskultur verwurzelt. Ein anschauliches Beispiel für die grundlegende Veränderung des normativen Managements stellt die Privatisierung von Staatsbetrieben, wie Bahn oder Post dar. Die Besetzung des Topmanagements durch Personen aus der Privatwirtschaft signalisiert den grundlegenden Orientierungswandel vom öffentlichen Auftrag zum ertragsorientierten Wirtschaftsunternehmen.

Die *institutionelle Einbettung* der Organisation in die Umweltsysteme ist die Aufgabe des Fünfersystems. Für das Beispiel der Implementierung des *Corporate Governance*[185] trifft diese Aussage zu. Allerdings wirken institutionelle Regelsysteme, z.B. Gesetze, Auflagen oder Branchentrends, auch über andere

---

184 Diese Funktion wird in Kap. 2.2.2 am Beispiel des Strategieprozesses einer BKK dargestellt.
185 Vgl. von Werder 2004; Lorsch/Graff 2002.

2.5 Institutionelle Einbettung 149

Kanäle auf das Unternehmen ein. Das strategische Management erkundet in Marktstudien und Trendanalysen neben den Kunden- und Marktanforderungen auch die institutionellen Entwicklungen. Der Ausbau bestimmter Produktlinien hängt wesentlich von der Entwicklung von institutionellen Normensystemen ab. Ein Beispiel sind Dämmkunststoffe, deren Vermarktung von länderspezifischen Brandschutzverordnungen abhängen. Rechtlich haftend bei Verstößen gegen gesetzliche Bestimmungen ist zuerst das operative Management, so dass hier eine hohe Aufmerksamkeit gegenüber institutionellen Regelungen besteht. Schließlich sind auch die Einsersysteme darauf angewiesen, sich mit den institutionellen Rahmenbedingungen zu arrangieren.

Das "St. Gallener Management-Konzept" (Schwaninger/Körner 2003: 79) hat sich in Theorie und Praxis als "Drei-Ebenen-Modell" - operatives, strategisches und normatives Management - (2003: 79) bewährt. Eine erfolgreiche Anwendung bildet das "Systemische Projektmanagement", in dem das Drei-Ebenen-Modell das dritte von insgesamt fünf Instrumenten bildet (2003: 79-81).

2.5.3 Das Institutionenmodell von Anthony Giddens

Dem britischen Soziologen Anthony Giddens (geb. 1938) ist es mit der Theorie der Strukturation gelungen, neben den etablierten Paradigmen der Systemtheorie, der interpretativ-interaktionistischen Theorie und der Rational-Choice Theorie ein eigenständiges Paradigma innerhalb der Soziologie einzuführen. In seinem im Jahr 1984 veröffentlichten theoretischen Hauptwerk *Die Konstitution der Gesellschaft* (1997) entwickelt Giddens das Modell der *Strukturation*, in das er den Begriff der Institution integriert.

Die Leitidee der Theorie der Strukturation ist die *Dualität von Strukturen* als einerseits einschränkend für das Handeln und andererseits als Rahmen, der soziales Handeln ermöglicht und anregt. Die Theorie der Strukturation hat eine erfolgreiche Verbreitung in der Organisationsforschung gefunden (Ortmann/Sydow/Windeler 2000: 342-343)[186]. Der Begriff *Strukturation* besteht als Kunstwort aus den beiden Bestandteilen "Struktur..." und "...ation". Die Endung "...ation" verweist auf Aktivität im Gegensatz zu dem statischen Begriffsbestandteil "Struktur...". Der zentrale Begriff der *Strukturmomente* übernimmt die Doppelfunktion der *Einschränkung (constraining)* und der *Ermöglichung (enabling)*, wie in Abbildung 49 dargestellt ist.

---

186 Empirisch orientierte Forscher neigen dazu, ein theoretisches Modell lediglich in der Einleitung zu zitieren und dann zur Interpretation der Forschungsergebnisse nicht substantiell zu nutzen. Daher ist bei Forschungsarbeiten, die sich auf die Strukturationstheorie berufen, jeweils kritisch zu prüfen, ob ihnen eine ernsthafte Anwendung der Theorie gelingt.

Abbildung 49: Strukturmomente

Strukturen bestehen aus Regeln und Ressourcen (1997: 45), die sozial verfestigt sind und für das konkrete Handeln einen Rahmen bilden und es in bestimmte Bahnen lenken. *Regeln* teilen sich auf in *normative Elemente* und *Signifikationscodes* als Sinnstrukturen. Anders ausgedrückt unterscheidet Giddens bei Strukturen soziale und kulturelle Regeln. *Ressourcen* teilt Giddens in *autoritative* und *allokative* Ressourcen (1997: 45), wobei autoritative *Ressourcen* die Fähigkeit zur "Koordination des Handelns von Menschen" (1997: 45) und allokative Ressourcen die "Kontrolle über materielle Produkte oder bestimmte Aspekte der materiellen Welt" (1997: 45) umfassen. Die Unterteilung der Struktur wird in Abbildung 50 dargestellt.

Abbildung 50: Strukturmodell

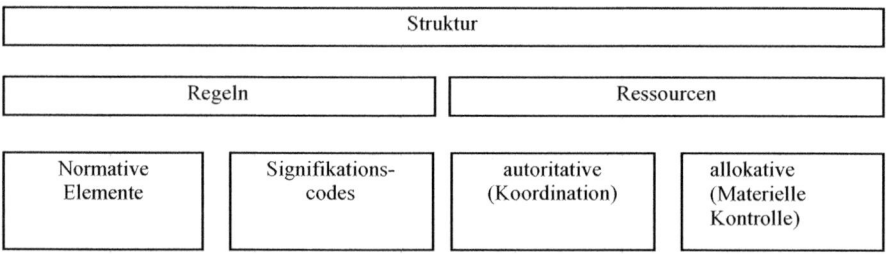

Als Handlungstheoretiker legt Giddens den theoretischen Fokus nicht auf Strukturen, sondern auf den Prozess der *sozialen Reproduktion* durch konkrete Handlungen von Individuen. Für Strukturen gilt, dass sie "an der sozialen Reproduktion rekursiv mitwirken" (1997: 43). Im Unterschied zu Strukturen als soziale Verfestigungen von Regeln und Ressourcenverteilungen haben *Strukturmomente* den Effekt, "dass Beziehungen über Raum und Zeit stabilisiert werden" (1997:

2.5 Institutionelle Einbettung 151

43). Diese abstrakte Definition wird greifbarer, wenn man sie im Kontext des Reproduktionskreislaufs sieht, der in Abbildung 51 dargestellt ist[187].

Abbildung 51: Dualität der Struktur

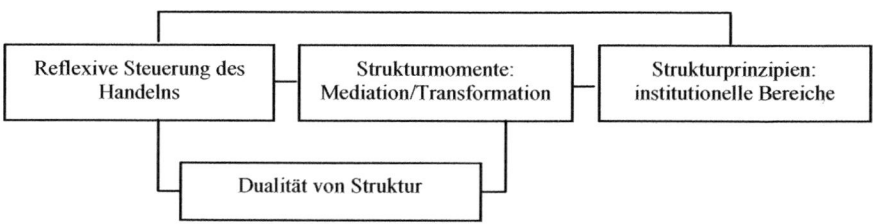

Die Strukturmomente leisten eine *Mediation bzw. Transformation* zwischen den Strukturprinzipien (als gesellschaftlich verankerte Strukturen) und der reflexiven Handlungssteuerung durch Akteure (1997: 246). Einerseits greifen die Akteure auf Strukturmomente als Mittel zu, die ihnen Handlungsmöglichkeiten eröffnen und andererseits sind Strukturmomente das Ergebnis von Handlungen, indem bestehende Strukturmomente bestätigt oder neue Strukturmomente eingeführt werden: "Alle Strukturmomente sozialer Systeme, dies als Wiederholung eines Leitsatzes der Theorie der Strukturierung, sind Mittel und Ergebnis der kontingent ausgeführten Handlungen situierter Akteure" (1997: 24).

Handeln ist nach Giddens jeweils einem bestimmten *Individuum* zuzurechnen, das mit der Handlung an sich selbst und bei anderen Akteuren eine Wirkung erzielt, die ohne die Handlung nicht eingetreten wäre. Der Handelnde verfügt über die Wahl zwischen Handlungsalternativen, und jede Handlung kann unterschiedliche Handlungseffekte auslösen: "Handeln betrifft Ereignisse, bei denen ein Individuum Akteur in dem Sinne ist, daß es in jeder Phase einer gegebenen Verhaltenssequenz anders hätte handeln können. Was immer auch geschehen ist, es wäre nicht geschehen, wenn das Individuum nicht eingegriffen hätte" (1997: 60).

Neben Handeln und Strukturmomenten bilden Institutionen den dritten Baustein des Dualitätsmodells (vgl. Abbildung 51). *Institutionen* sind für Giddens die "dauerhaften Merkmale des gesellschaftlichen Lebens" (1997: 76) und damit sozial verbindliche Strukturkomplexe. Wie in Abbildung 52[188] dargestellt, unterscheidet Giddens *Signifikation, Herrschaft* und *Legitimation* als die drei Dimensionen von Institutionen.

---

187 Abbildung 51 ist identisch mit Abbildung 11 in Giddens (1997: 246).
188 Abbildung 52 ist identisch mit Abbildung 2 in Giddens (1997: 81).

Abbildung 52: Institutionenmodell

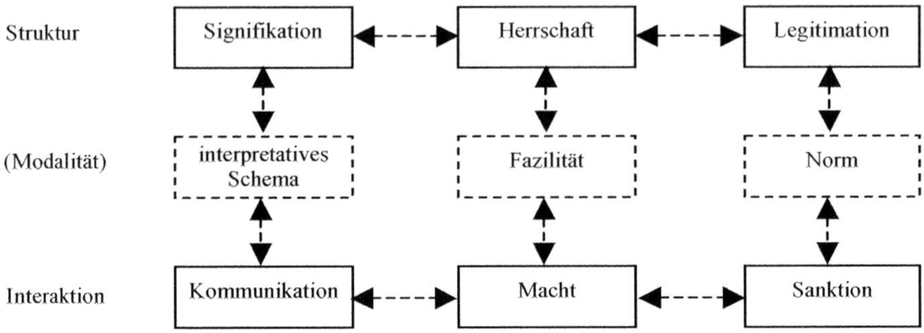

Struktur	Signifikation ←---→ Herrschaft ←---→ Legitimation
(Modalität)	interpretatives Schema ┆ Fazilität ┆ Norm
Interaktion	Kommunikation ←---→ Macht ←---→ Sanktion

Die Dimensionen der Signifikation als kulturelle Sinnstruktur und der Legitimation als normative Ordnungsstruktur wurden bereits im Zusammenhang mit der Unterscheidung von Regeln als Signifikationscodes und normative Elemente dargestellt. Zusätzlich führt Giddens die für ihn zentrale Machtdimension ein, die er auf der Strukturebene als Herrschaft definiert, die die Macht gesellschaftlich rechtfertigt und ihr auf diese Weise soziale Geltung verleiht. Auf der Ebene der Interaktion entspricht *Kommunikation* der Signifikation, *Macht* der Herrschaft und *Sanktion* der Legitimation.

Zwischen die Struktur- und Interaktionsebene fügt Giddens die *Strukturierungsmodalitäten* ein. Mit dieser Ebene wird die Dualität von Struktur zur Geltung gebracht: "Akteure beziehen sich auf diese Modalitäten in der Reproduktion der Interaktionssysteme, und im selben Zug rekonstruieren sie deren Strukturmomente" (1997: 81). Hier unterscheidet er zwischen *interpretativem Schema (interpretive scheme)* als Vermittlung von Signifikation und Kommunikation, *Norm (norm)* als Strukturierungsmodalität zwischen Legitimation und Sanktion und *Fazilität (facility)* als Modalität zwischen Herrschaft und Macht.

Das Institutionenmodell von Giddens ist als Bezugsrahmen für die institutionelle Einbettung von Organisationen theoretisch umfassender angelegt als das konkrete Regelsystem des Neo-Institutionalismus. Das Giddensche Modell hat mit dem RC-Institutionalismus gemeinsam, dass es die institutionelle Ebene mit der Handlungsebene der Akteure verbindet. Anders als der RC-Institutionalismus verankert Giddens die Handlungsebene nicht in der Kostenkalkulation der Akteure. Stattdessen betont Giddens die drei Dimensionen der Dualität, indem jeweils das Handeln der Akteure durch Strukturen der Signifikation, Herrschaft und Legitimation eingeschränkt werden, und gleichzeitig der Akteur durch diese

Strukturen Handlungsmöglichkeiten gewinnt. Entsprechend dem Modell der Strukturmomente als intermediäre Ebene benötigt die Strukturation in den drei Dimensionen jeweils einen verbindenden Mechanismus: Interpretatives Schema, Fazilität und Norm.

Diese Zwischenebene ist für die Anwendung der Strukturationstheorie auf Organisationen von Vorteil, weil sich dadurch die institutionellen Regeln der *Umwelt* (Signifikation, Herrschaft, Legitimation) von den in der *Organisation* verankerten Regeln (Interpretatives Schema, Fazilität und Norm) besser unterscheiden lassen. Innerhalb des Institutionalismus hat die Ethnomethodologin Lynne Zucker[189] die Unterscheidung zwischen *Umwelt* als Institution (1987: 444-446) und *Organisation* als Institution (1987: 446-447) beschrieben. Diese Unterscheidung ist notwendig für die empirische Organisationsforschung, die institutionelle Regelsysteme *außerhalb* und *innerhalb* von Organisation getrennt analysiert. Dadurch wird erstens die Beschreibung der organisationalen Wirklichkeit präziser, und zweitens lassen sich die Wechselbeziehungen zwischen internen und externen institutionellen Elementen analysieren.

Stephen R. Barley und Pamela S. Tolbert stellen in dem Artikel *Institutionalization and Structuration: Studying the Links between Action and Institution (1997)* als Unterschied zwischen Neo-Institutionalismus und Strukturationstheorie heraus, dass der Neo-Institutionalismus trotz seiner empirischen Ausrichtung den *Prozess* der Institutionalisierung nicht genau genug analysieren kann. Da diese Prozesssicht die Stärke der Strukturationstheorie von Giddens ist, schlagen Barley und Tolbert ein Modell der *Institutionalisierung* als *Strukturationsprozess*[190] vor, mit dem sie den Neo-Institutionalismus in die Strukturationstheorie integrieren (1997: 93).

2.6 Organisationaler Wandel

2.6.1 Theorien organisatorischer Veränderung

2.6.1.1 Organisationales Lernen

Das Thema des Lernens auf Organisationsebene ist in den 70er Jahren des 20. Jahrhunderts aufgekommen. Ein Pionierwerk ist das von Chris Argyris und Donald A. Schön 1978 veröffentlichte Buch *Organizational Learning*. In der Neu-

---

189 Der ethnomethodologische Institititutionalismus Zuckers ist ein interessanter Beitrag zur Organisationstheorie des Institutionalismus; vgl. Miebach (2006: 182-186).
190 Eine Anwendung dieses Modells ist der Prozess der Institutionalisierung der *institutionellen Theorie* selbst in der Organisationsforschung (Tolbert/Zucker 1996).

fassung *Organizational Learning II* (1996) grenzen die beiden Autoren das organisationale[191] Lernen von Modellen der *Lernenden Organisation (learning organization)* ab. Während Argyris und Schön die Konzepte der lernenden Organisation als unkritische Kochrezepte für Praktiker betrachten, bezieht sich der Begriff des organisationalen Lernens auf wissenschaftlich fundierte Theorien (1996: xix). Diese schematische Abgrenzung ist zwar überzogen, beschreibt aber zutreffend die Tendenz der Publikationen zur lernenden Organisation, obwohl es Ausnahmen gibt. Hauptvertreter der *lernenden Organisation* ist Peter Senge, der mit dem 1990 erschienenen Buch *The Fifth Discipline - The Art and Practice of the Learning Organization* (1990) zum Managementguru aufgestiegen ist.

In der Wissenschaft und in der Organisationspraxis ist unbestritten, dass Individuen lernen können. Lernpsychologen und Pädagogen stellen sich das individuelle Lernen als Veränderung des Kurz- und Langzeitgedächtnisses vor und entwickeln Instruktionsmethoden, um diesen individuellen Lernprozess anzuregen und zu steuern, wie in Abbildung 53 schematisch zusammengefasst ist.

Abbildung 53: Individuelles Lernen[192]

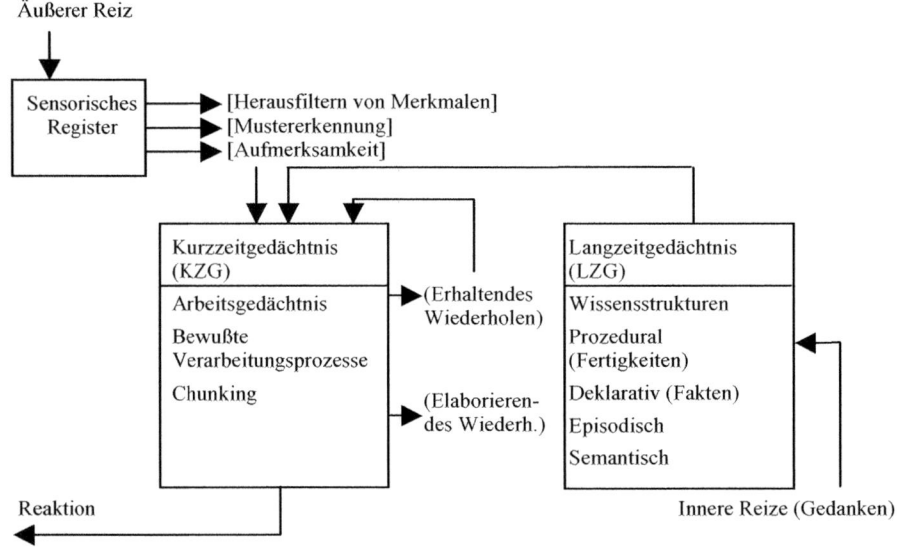

---

191 Wahrscheinlich wäre die Übersetzung *organisatorisches Lernen* angemessener, klingt aber nicht wie ein Fachbegriff. Daher hat sich der Begriff des *organisationalen Lernens* durchgesetzt.
192 Abb. 53 ist identisch mit Abb 7.7. in Zimbardo (1992: 290). Eine übersichtliche Darstellung der individuellen Lerntheorien findet sich in Weinert 1996.

2.6 Organisationaler Wandel

Der Begriff "Chunking" als Element des Kurzzeitgedächtnisses bedeutet das Zusammenfassen von Einzelinformationen zu einer Informationsgruppe, die als Ganzheit abgespeichert wird. So können die Ziffern "1", "9", "8" und "4" getrennt im Gedächtnis abgelegt werden oder als die Einheit "1984" ökonomischer abgespeichert werden.

Können auch Organisationen lernen? Oder besteht das organisationale Lernen ausschließlich aus dem individuellen oder gemeinschaftlichen Lernen von Organisationsmitgliedern? Hedberg argumentiert in diesem Zusammenhang, dass ausschließlich Individuen lernen können. Organisationen verfügen über ein Gedächtnis, in dem Verhaltensmuster, Prozesse und Normen unabhängig von einzelnen Individuen gespeichert sind. Der Veränderung des Organisationsgedächtnisses durch die Organisationsmitglieder definiert Hedberg als *organisationales Lernen*.

> Organisationen haben kein Gehirn, aber sie haben kognitive Systeme und Gedächtnis. Wie Individuen ihre persönlichen Handlungsweisen und Anschauungen im Laufe der Zeit entwickeln, so entwickeln Organisationen Vorstellungen von der Welt und Ideologien. Mitglieder kommen und gehen, die Führung wechselt, aber das Gedächtnis der Organisation bewahrt bestimmte Verhaltensweisen, mentale Landkarten, Normen und Werte über die Zeit. (Hedberg 1981: 6; Übersetzung vom Verf.)

Verhaltensrituale, Symbole, Mythen und Legenden als Elemente der Organisationskultur verfestigen die sozialen Strukturen der Organisation. Organisationsmitglieder sind in ihrem konkreten Handeln beeinflusst von der Organisationskultur und übertragen das kulturelle Erbe der Organisation auf neue Mitglieder und nachfolgende Generationen: "Organisationen beeinflussen das Lernen ihrer Mitglieder, und sie speichern die Ergebnisse des vorangegangenen Lernens, nachdem die ursprünglichen Lernenden ausgeschieden sind" (1981: 6; Übersetzung vom Verf.). Eine griffige Formel für diese Form des organisationalen Lernens ist die Veränderung der *organisatorischen Wissensbasis*[193] durch lernende Individuen. Wie in Abbildung 54 dargestellt wird, unterscheidet sich das Organisationswissen von der Summe des Wissens der Mitglieder, weil die Mitglieder einerseits Wissen zurückhalten und andererseits das Wissen, das sie einbringen, nur teilweise in das Organisationswissen einfließt. Den Prozess der Verfestigung von Wissenselementen in der organisatorischen Wissensbasis nennt Hedberg *Sedimentierung*.

---

[193] Die Veränderung der organisatorischen Wissensbasis wird organisationstheoretisch von Pautzke (1989) beschrieben.

Abbildung 54: Organisationales Lernen nach Hedberg[194]

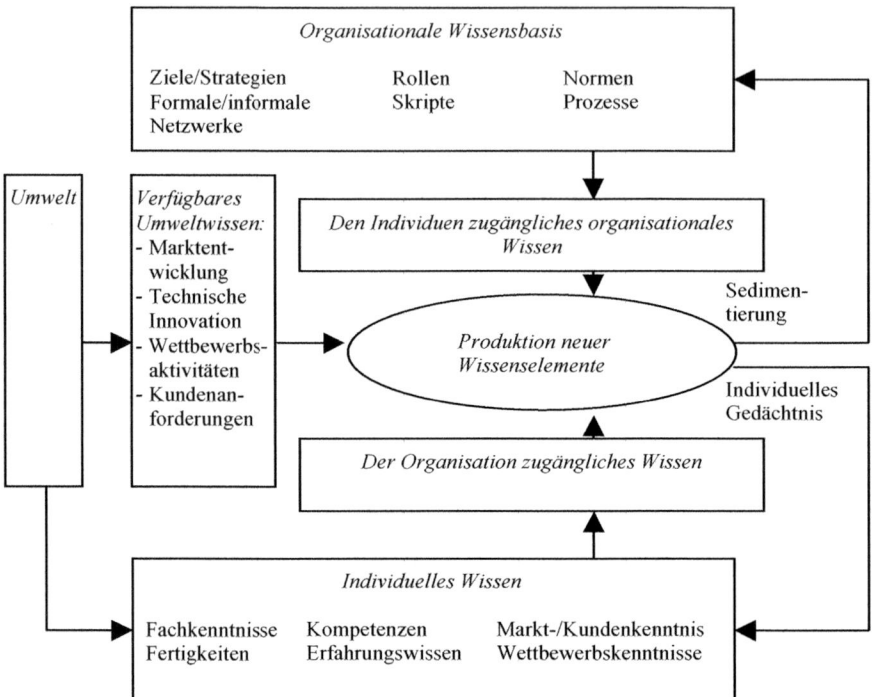

Auch Argyris und Schön führen das organisationale Lernen auf individuelles Lernen zurück. Individuelles Lernen wird ausgelöst, wenn Organisationsmitglieder einen Mangel oder Missstand erleben und nach neuen Lösungen suchen. Im ersten Schritt verändern sie ihre persönlichen Vorstellungen von der Organisation und ihr Verständnis der Organisationsphänomene. Dieser individuelle Lernprozess findet in Organisationen in der Regel nicht isoliert vom Lernen anderer Organisationsmitglieder statt. Stattdessen erfolgt eine interaktive Beeinflussung und Abstimmung der neuen Vorstellungen und Handlungsweisen zwischen *Individuen*[195].

---

194 Die Abbildung stellt die Argumentation von Hedberg (1981) schematisch dar.
195 Diese *interaktive* Ebene wird in dem Modell des Sensemaking von Weick (1995: 70) weiter aufgeteilt in die *intersubjektive* und die *generisch subjektive* Ebene, während die Organisationsebene der *extrasubjektiven* Ebene bei Weick entspricht.

2.6 Organisationaler Wandel

> Jedes Organisationsmitglied macht sich ein eigenes Bild von der handlungsleitenden Theorie des Ganzen, das jedoch immer unvollständig ist. Unablässig versucht der Betreffende, sein Bild dadurch zu vervollständigen, daß er sich mit Bezug auf andere in der Organisation neu beschreibt. Wenn die Bedingungen sich ändern, verfaßt er seine Beschreibung neu; andere Personen handeln ähnlich. Es kommt zu einer ständigen, mehr oder weniger abgestimmten Verknüpfung der Bilder der einzelnen von ihrer Aktivität im Rahmen ihrer gemeinsamen Wechselbeziehungen. (Argyris/Schön 1999: 30-31)

Die Vorstellungen und Verhaltensweisen, die sich aus Interaktionen ergeben, werden beeinflusst durch Artefakte auf Organisationsebene, z.B. Organigramme, Prozessdarstellungen, Verfahrensanweisungen, Richtlinien, Protokolle, Datenbanken und integrierte Organisationssoftware, in denen das organisationale Wissen gespeichert ist[196]. Damit organisationales Lernen stattfindet, müssen die Lernschritte in die individuellen Vorstellungen von der Organisation und in die Artefakte eingebettet werden (1999: 31-32).

Neben den drei Ebenen von Individuum, Interaktion und Organisation unterscheiden Argyris und Schön zwischen dem *Lernergebnis,* dem *Lernprozess* und dem *Lernenden* selbst (1999: 19). Kombiniert man beide Unterscheidungen, so ergibt sich die in Abbildung 55 dargestellte Klassifikation des Lernens in Organisationen.

Abbildung 55: Lernen in Organisationen[197]

	Lernender	Prozess	Ergebnis
Individuum	Individuum	Individuelles Lernen	Individuelle Gedächtnisveränderung
Interaktion	Gruppe als Agent	Interaktives Lernen	Gemeinsame Vorstellung
Organisation	Organisation als Agent	Organisationales Lernen	Artefakte/ Wissensbasis

---

196 Diese Organisationselemente entsprechen den Artefakten (artifacts) und den anerkannten Werten (espoused values) in dem Modell der Unternehmenskultur von Edgar Schein. Das Modell der Organisationskultur von Schein ist dargestellt in Abb. 17, Kap. 2.2.1.1.
197 Diese Tabelle ergibt sich als Konsequenz der Unterteilungen von Argyris und Schön, wird aber von den Autoren in dieser Form nicht dargestellt.

Argyris und Schön gehen davon aus, dass Organisationen nicht selbst handeln, sondern dass Vertreter (agents)[198] für sie handeln, z.B. Geschäftsführer oder Verkäufer (1999: 25), so dass die *Lernenden* nur Individuen sein können, die für sich selbst oder als Vertreter von Gruppen oder Organisationen lernen. *Lernprozess* und *Lernergebnis* sind zwei unterschiedliche Sichtweisen des Lernens, auf die sich das Modell des organisationalen Lernens von Argyris und Schön konzentriert. Die Theorie organisationalen Lernens ist eingebettet in die Handlungstheorie (*theory of action*), die handlungsleitende (*theory-in-use*) und vertretene[199] (*espoused theory*) Vorstellungen umfasst.

> Mit *handlungsleitender Theorie* ("theory-in-use") meinen wir die Aktionstheorie, die in der Durchführung dieses Aktivitätsmusters stillschweigend enthalten ist. Eine handlungsleitende Theorie ist nichts "Gegebenes". Sie muß aus der Beobachtung des fraglichen Aktionsmusters konstruiert werden. Aus dem Material, das man aus der Beobachtung jedes Aktionsmusters erhält, könnte man alternative handlungsleitende Theorien ableiten, die letztlich Hypothesen sind, die gegen die Daten der Beobachtung getestet werden müssen. (Argyris/Schön 1999: 29)

Diese Unterscheidung wenden Argyris und Schön auch auf Organisationen an, in denen offizielle Vorstellungen (*espoused theory*) in der formalen Organisation verankert und durch Artefakte greifbar sind. Die handlungsleitenden Vorstellungen (*theory-in-use*) sind häufig nicht explizit dokumentiert oder symbolisiert, sondern nur aus der Beobachtung des konkreten Handelns der Organisationsmitglieder erkennbar (1999: 29). Das *Mülleimermodell der Entscheidung* ist ein Beispiel für gelebte Regeln, die den normativen Vorstellungen von effektiven Entscheidungsprozessen widersprechen, die in den Organisationsrichtlinien vorgegeben werden[200]. Die handlungsleitenden Vorstellungen (theory-in-use) lassen sich weiter in *individuelle Vorstellungen (private images)* von der Organisation und in *Artefakte* unterteilen, die Argyris und Schön organisatorische Landkarten (*public/organizational maps*) nennen. Dies sind "Beschreibungen der Organisation, die Individuen gemeinsam konstruieren und als Leitfaden für ihre Untersuchungen verwenden" (1978: 17; Übersetzung vom Verf.)[201]. Eine Übersicht über

---

198 Diese Argumentation entspricht dem *Corporate Actor* der Rational-Choice Theorie; vgl. Coleman 1994: Chapt. 16-17. Vgl. auch die Definition des *corporate actors* von Hannan und Freeman (1984: 152), die in Kap. 2.6.3 dargestellt wird.
199 "Mit vertretener Theorie ("espoused theory") meinen wir die Aktionstheorie, die vorgebracht wird, um bestimmte Aktivitätsmuster zu erklären oder zu rechtfertigen" (Argyris/Schön 1999: 29).
200 Das Mülleimermodell bzw. Modell der organisationalen Anarchie (Cohen/March/Olson 1972) wird in Kap. 2.4.1.1 dargestellt.
201 Der Begriff *Untersuchung* (inquiry) wird von Argyris und Schön in der Tradition des amerikanischen Pragmatismus (John Dewey) verwendet: "Wir verwenden "Untersuchung" hier nicht im üblichen Sinn wissenschaftlichen oder juristischen Erforschens, sondern in einem

2.6 Organisationaler Wandel

die Handlungstheorie und deren Anwendung auf die Organisation ist in Abbildung 56 dargestellt.

Abbildung 56: Handlungstheorie

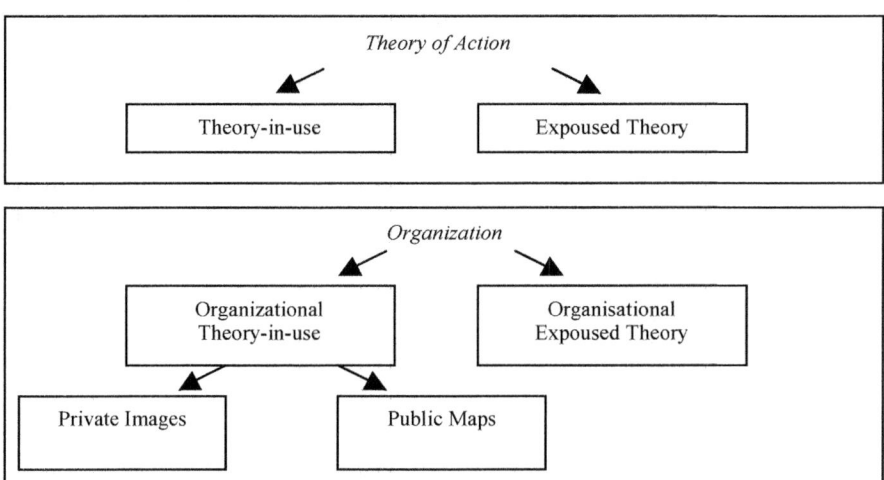

Dieser komplizierte begriffliche Bezugsrahmen ist wahrscheinlich ein Grund dafür, dass in der Organisationsliteratur lediglich die Unterscheidung zwischen der *theory-in-use* (tatsächlich gelebte Vorstellungen) und der *espoused theory* (formal dokumentierte Artefakte und Handlungsregeln) übernommen worden ist. Diese Unterscheidung hat Konsequenzen für die *Organisationsforschung*, weil neben der Analyse der formalen Organisation die konkreten Handlungen der Organisationsmitglieder beobachtet werden müssen, um die tatsächlich gelebten Handlungsvorstellungen zu erkennen.

Die zweite bedeutende Begriffsbildung von Argyris und Schön besteht aus den in Abbildung 57 dargestellten drei Typen des produktiven[202] organisationalen Lernens: *Single loop learning, double loop learning* und *deutero-learning*[203].

---

grundsätzlicheren Sinn, wie John Dewey ihn in seinem Werk gebraucht (1938): der Verflechtung von Denken und Handeln, die vom Zweifel zur Lösung des Zweifels fortschreitet" (1999: 26). Argyris und Schön beziehen sich in dem Zitat auf folgendes Werk: Dewey, J., 1938: Logic. The Theory of Inquiry. New York.

202 Mit dem Begriff des *produktiven* Lernens grenzen Argyris und Schön bewusst andere Formen des Lernens aus, die sie mit Begriffen wie "dysfunktional", "unecht" oder "begrenzt" bezeichnen (1999: 35).

Abbildung 57: Typen des organisationalen Lernens

Single loop learning	Double loop learning	Deutero-Learning
Anpassung an Umweltveränderungen unter Bewahrung der Stabilität der Organisation	Grundlagende Veränderungen der Normen von Organisationen	Lernen aus früherem Lernen

Single loop learning ist ein Anpassungslernen, mit dem sich die Organisation an veränderte Umweltanforderungen anpasst, ohne ihre Strategie, ihre Normen und Denkmuster zu verändern (1978: 18-19). Ein Beispiel für single loop learning ist die Anpassungsreaktion eines produzierenden Unternehmens auf Absatzrückgänge durch verstärkte Konkurrenz am Markt. Es werden die Vertriebsaktivitäten verstärkt, z.B. zusätzlich Marketingkampagnen, intensivere Kundenbesuche der Verkäufer oder Preissenkungen, ohne die Unternehmensstrategie, Verhaltensmuster und Denkweisen der Mitarbeiter oder die Normen und Werte zu ändern.

Bei technologischen Veränderungen, neuen Marktgesetzen oder Änderungen der gesetzlichen Rahmenbedingungen reicht das Anpassungslernen in den meisten Fällen nicht aus. Argyris und Schön erläutern diese Situation an dem Anwendungsfall, wenn der Markt deutlich kürzere Produktentwicklungszeiten fordert als die etablierten Unternehmen aufgrund ihrer internen Regeln leisten können, weil diese Regeln ein Maximum an Sicherheit und Berechenbarkeit verlangen (1999: 37). Ein Beispiel für diese von Argyris und Schön beschriebene Situation ist die Bedrohung der europäischen und amerikanischen Automobilindustrie durch japanische Unternehmen, die über deutlich kürzere Entwicklungszyklen und bessere Qualitätskennzahlen verfügten[204]. Die Privatisierung von

---

203 Single loop learning lässt sich mit "Einschleifenlernen" (Argyris/Schön 1999: 35) oder "Einschlaufiges Lernen" (Argyris 1993: 188) übersetzen. Entsprechend wird double loop learning als "Doppelschleifenlernen" (Argyris/Schön 1999:36) oder "Zweischlaufiges Lernen" (Argyris 1993: 191) übersetzt. Deutero-learning lässt sich als Fachausdruck im Deutschen übernehmen als "Deutero-Lernen". Die Übersetzung als "Zweitlernen" (Argyris/Schön 1999: 43) ist eher missverständlich. In der Organisationstheorie ist es übersichtlicher, die englischen Originalbegriffe zu verwenden, weil sich keine Übersetzung allgemein durchgesetzt hat, vgl. Geißler (1995: 97-106) und Wiegand (1998: 211-216). Argyris und Schön schreiben 1978 "deutero-learning" (1978: 26) und 1996 "deuterolearning" (1996: 29). Die Begriffe single loop learning und deutero-learning übernehmen Argyris und Schön von dem Anthropologen Gregory Bateson (1978: 18, 26-27), der auch in der Psychologie und Kommunikationswissenschaft grundlegende Beiträge geleistet hat.
204 Diese Bedrohung wurde der westlichen Autoindustrie durch den Bestseller *Die zweite Revolution der Autoindustrie (The Machine That Charged The World)* von Womack, Jones und Roos (1991) bewusst. In diesem Buch wird eine vergleichende Studie amerikanischer, europäischer und

2.6 Organisationaler Wandel 161

öffentlichen Unternehmen verlangt die Abkehr vom öffentlich-rechtlichen Auftrag zur Wettbewerbsfähigkeit am Markt, die bei den Mitarbeitern eine Umorientierung vom hoheitlichen Auftrag zu privatwirtschaftlichen Denk- und Handlungsmustern erfordert. Damit sind die alten Strategien, Normen und Werte sowie gelebte Kulturen nicht mehr überlebensfähig. Ein Indikator für diese Situationen sind Konflikte zwischen Organisationsmitgliedern und Gruppen innerhalb der Organisationen um die Neuorientierung: Während ein Teil der Mitglieder glaubt, mit Anpassungslernen überleben zu können, sind andere Mitglieder davon überzeugt, dass grundlegendes Lernen erforderlich ist.

Dieses tief greifende Lernen nennen Argyris und Schön *double loop learning*. Es besteht aus der Suche nach neuen organisationalen Normen als Ersatz für alte Normen, die mit der Umwelt nicht mehr kompatibel sind. Dies geschieht durch "das Setzen neuer Prioritäten und Gewichtungen von Normen oder durch die Restrukturierung der Normen selbst zusammen mit den verbundenen Strategien und Annahmen" (1978: 24; Übersetzung vom Verf.). Es entspricht der Logik der Forschung, dass sich die Generationen von Organisationsforschern nach Argyris und Schön nicht damit zufrieden gegeben haben, das Modell des double loop learning einfach zu übernehmen. Neu entdeckte Aspekte des grundlegenden organisationalen Lernens belegen die Forscher mit neuen Begriffen, um sich abzugrenzen und sich selbst in der Organisationstheorie zu etablieren. Eine Gruppe von Organisationsforschern verwendet *Reframing* (Bolman/Deal 1997; Normann 2004), um die veränderte Situationsdefinition von Organisationen zu charakterisieren, während eine andere Gruppe für die grundlegenden Veränderungen den Begriff der organisationalen *Transformation* (Levy/Merry 1986; Schmid 2004) bevorzugt[205].

Bei *deutero-learning* als dritten Typ organisationalen Lernens neben single loop und double loop learning wird in den Lehrbüchern der Organisationstheorie auf den Erfinder des Begriffs, Gregory Bateson, verwiesen. Bateson grenzt den Begriff des *Deutero-Lernens* von *Proto-Lernen* ab. Wie in Abbildung 58 dargestellt wird, erfolgt beim Proto-Lernen als Grundform des Lernens eine Verbesserung des Lernergebnisses bei häufiger Wiederholung des Lernexperiments (1981: 229-230).

---

japanischer Autohersteller dargestellt; die amerikanischen und europäischen Unternehmen deutlich schlechtere Kennzahlen als japanischen Unternehmen bescheinigt.
205 Die *Reframing-Modelle* einschließlich der Konzepte des *Frame-Bending* und *Frame-Breaking* werden weiter unten in diesem Kapitel dargestellt.

Abbildung 58: Beispiel für Deutero-Lernen nach Bateson

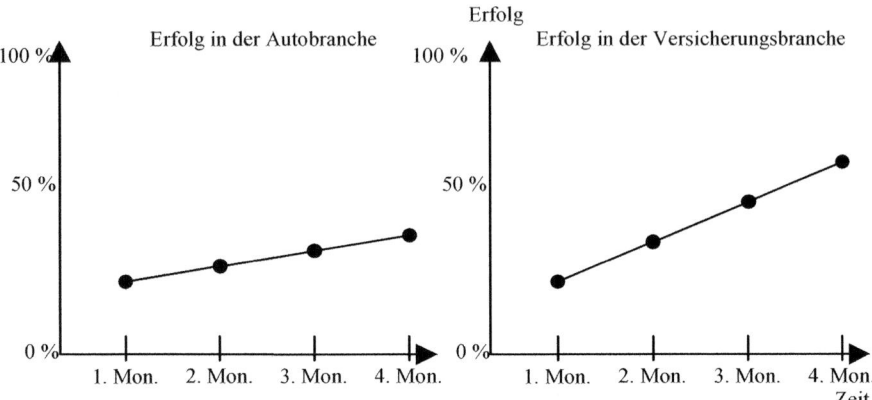

Wenn z.B. ein Verkäufer als Berufsanfänger sein erstes Kundengespräch führt, wird sein Erfolg in der Regel mäßig sein. Mit der Zeit wird er durch Erfahrung seinen Erfolg verbessern. Dies entspricht dem Proto-Lernen des Lernexperiments. Nehmen wir an, dass der Verkäufer von der Auto- in die Versicherungsbranche wechselt, so hat er bereits gelernt, wie er sich in einer neuen Verkaufssituation schneller zurecht findet als in seinem früheren Verkaufsjob. Die Steigung der Lernkurve in Abbildung 58 ist steiler: Er verbessert im vergleichbaren Zeitraum seinen Verkaufserfolg in der Versicherungsbranche stärker als in der Autobranche. Er hat somit gelernt, *schneller zu lernen*. Nach Argyris und Schön beobachten Organisationen ihr eigenes Lernsystem und verbessern es im Zuge des Deutero-Lernens (1999: 44).

> Sie (Organisationen) entdecken, was sie (in der Vergangenheit) getan haben, um das Lernen zu erleichtern oder zu hemmen; sie erfinden neue Lernstrategien; sie setzen diese Strategien um und bewerten und generalisieren, was sie erreicht haben. (Argyris/Schön 1978: 27; Übersetzung und Klammereinschübe vom Verf.)

Entscheidend für D*eutero-Lernen* ist erstens, dass eine Organisation über ein funktionierendes Lernsystem verfügt. Dieses Lernsystem kann single loop oder double loop learning umfassen. Verkaufsgetriebene Unternehmen in einem dynamischen Markt verfügen in der Regel über ein ausgeprägtes Anpassungslernen bei Marktveränderungen. Betrachtet man die Branche der Informationstechnologie, so sind die technologischen Veränderungen und die damit verbundenen veränderten Kundenerwartungen so gravierend, dass Anpassungslernen nicht

2.6 Organisationaler Wandel

ausreicht und das Unternehmen sich jeweils grundlegend durch *double loup learning* erneuern muss. Häufig gelingt dies nur durch Zukauf anderer Unternehmen, die bereits über Erfahrungen mit der neuen Technologie verfügen und bei denen die Mitarbeiter ihre Denk- und Verhaltensmuster bereits auf die neuen Kundenanforderungen ausgerichtet haben.

Ein Beispiel ist der Wechsel von der Großrechnertechnologie auf die Personalcomputer mit Standardsoftware in den 80er Jahren des 20. Jahrhunderts. Hier hat sich nicht nur eine neue Technologie durchgesetzt. Zusätzlich sind mit den Personalcomputern private Endkunden erreicht worden, denen die Großrechnertechnologie nicht zugänglich war. Dieser Kundenkreis reagierte positiv auf die einfachere Menüoberfläche der PC-Software. Das Resultat war eine Krise bei IBM und der Aufstieg von Microsoft. Es stellt sich die Frage, ob Microsoft in der Lage ist, die nächste Revolution im IT-Markt von der Technologie der Personalcomputer zur Web-Technologie erfolgreich zu meistern. Nach Auffassung des Internet-Experten Tim O'Reilly arbeiten Unternehmen der Internetindustrie nach einem bestimmten Erfolgsrezept: "Sie nutzen das Internet als Plattform, sie setzen die kollektive Intelligenz der Internetuser ein, und sie haben Zugriff auf einzigartige, schwer nachzubildenden Datenquellen" (2006: 21). Die Firma Google hat nach Meinung von O'Reilly die größten Erfolgschancen, obwohl das Rennen zwischen Microsoft und Google noch nicht entschieden ist: "Auch Microsoft darf man im Internet nicht auszählen. Sie haben verstanden, wo die Herausforderungen liegen. Aber sie haben das Problem, das IBM früher hatte: Sie müssen ihr Geschäftsmodell transformieren" (2006: 21). Dies hängt - nach dem Modell organisationalen Lernens - davon ab, ob Microsoft das *double loop learning* beherrscht. Die zusätzliche Fähigkeit zum *deutero-Lernen* würde bedeuten, dass der jeweilige Marktführer die Lernschritte zur Eroberung der Marktherrschaft über die nächsten Generationen neuer Technologien immer schneller und effektiver vollzieht, also das *Lernsystem* verbessern und damit die Lerngeschwindigkeit erhöhen kann.

Das organisationale Lernen findet handlungstheoretisch in der *theory-in-use* statt. Das Ergebnis des Lernens wird sich dann in den Artefakten der *espoused theory* niederschlagen. Häufig wird bei Veränderungen der Organisation zuerst die *espoused theory* neu gestaltet, indem man z.B. das Erscheinungsbild (corporate design) verändert und neue Leitlinien und Verfahrensweisen einführt. So entsteht z.B. ein neues Logo, und die Gestaltung der Geschäftsräume wird erneuert. Nach dem Grundsatz, dass organisationales Lernen in der gelebten Organisation (theory-in-use) stattfindet, muss sich aber zusätzlich das Denken und Verhalten der Organisationsmitglieder individuell und in Interaktionszusammenhängen ändern. Dies erzeugt Widerstand. Argyris (1999: 111) verwendet dazu den Begriff der *Abwehrroutinen (defensive routines)*. Die Funktionsweise der

Abwehrroutinen ist aus dem in Abbildung 59 dargestellten *Modell I* handlungsleitender Theorien[206] ersichtlich.

Abbildung 59: Modell I handlungsleitender Theorien

Leitvariablen	*Handlungsstrategien*	*Folgen für die Verhaltenswelt*	*Folgen für Lernen und Effektivität*
Ziele bestimmen und versuchen, sie zu erreichen	Die Umwelt einseitig entwerfen und leiten	Akteur wird gesehen als defensiv, widersprüchlich, unvereinbar, beherrschend, als ängstlich, verletzt zu werden	Selbst-Isolierung Verminderte langfristige Effektivität
Das Gewinnen maximieren und das Verlieren minimieren	Die Aufgabe an sich ziehen und kontrollieren	Defensive interpersonelle und Gruppenbeziehung (abhängig vom Handelnden, wenig Hilfe für andere)	Einschleifen-Lernen
Das Erzeugen oder Ausdrücken negativer Gefühle minimieren	Sich einseitig schützen	Defensivnormen	Theorien werden öffentlich kaum getestet. Privat werden Theorien viel getestet.
Rational sein	Einseitig andere vor Schäden schützen		

Die Logik dieses Organisationsmodells besteht in der Vorgabe von Zielen und formalen Regeln, um die Ziele zu erreichen. Es handelt sich also um das klassische ökonomische Modell der rationalen Organisation (Kieser/Walgenbach 2003: 6)[207]. Unter der Bedingung der *Unsicherheit* bildet dieses Modell einen allgemeinen Handlungsrahmen, so dass die *espoused theory* nur einen Teil der Organisationswirklichkeit erfasst. Blendet die Organisation die *theory-in-use* aus, so laufen die Organisationsmitglieder Gefahr, dass ihr gelebtes Verhalten als nicht regelkonform angesehen wird und sie mit negativen Sanktionen durch die Vorgesetzten bestraft werden. Dies führt zu defensiven Routinen, um den Sanktionen zu entgehen. Gleichzeitig werden die Handlungsursachen verborgen, so dass bei Änderungsbedarf der Organisation nur eine geringe Chance besteht, die zentralen Hebel der Veränderung zu steuern und damit einen Wandel der *theory-*

---

206 Abb. 59 ist eine verkürzte Darstellung der Tabelle in Argyris/Schön 1999: 104-105.
207 Vgl. Kap. 1.

2.6 Organisationaler Wandel

in-use zu erreichen: "Eine Abwehrroutine ist jede Handlung oder Politik, die verhindert, daß Beschämung und Bedrohung hautnah herankommen, und gleichzeitig dadurch unterbindet, daß die Ursachen der Beschämung oder Bedrohung behandelt werden" (Argyris 1993: 189). Indikatoren für eine nicht lernfähige Modell I Organisation sind folgende Verhaltensregeln: "Gib Botschaften aus, die Widersprüche enthalten", "Handle so, als wären die Botschaften nicht widersprüchlich", "Tabuisiere die Mehrdeutigkeit und den Widerspruch in der Botschaft" und "Tabuisiere auch die Tabuisierung des Tabuisierten" (Argyris/Schön 1999: 111). Die Formulierungen klingen zunächst überspitzt, entsprechen aber den Erfahrungen vielen Mitarbeiter von Modell I Organisationen, die in dem nachfolgenden Zitat ausgedrückt werden: "Wir ermuntern jeden, innovativ und risikofreudig zu sein. Das verstehen wir unter 'bevollmächtigen'. Natürlich erwarten wir von Ihnen auch, daß Sie Schwierigkeiten vermeiden" (Argyris/Schön 1999: 111). Wie sich der Mitarbeiter auch verhält, er ist durch den Vorgesetzten immer angreifbar. Daher verwendet er defensive Routinen, um negative Sanktionen zu vermeiden.

Abbildung 60: Modell II handlungsleitender Theorien

Leitvariablen	Handlungsstrategien	Konsequenzen der Verhaltenswelt	Folgen für das Lernen	Folgen für die Effektivität
Gültige Informationen Freie und sachliche Wahl Inneres Engagement für die Entscheidung und ständige Überwachung ihrer Durchführung	Situationen planen, in denen die Beteiligten Handlungsursprung sein können und starke persönliche Ursächlichkeit erleben Aufgabe wird gemeinsam überwacht Selbstschutz ist ein gemeinsames Vorhaben und am Wachstum orientiert Bilateraler Schutz anderer	Akteur als kaum defensiv erlebt Kaum defensive interpersonelle Beziehungen und Gruppendynamik Lernorientierte Normen	Widerlegbare Prozesse Doppelschleifen-Lernen Häufiges öffentliches Überprüfen der Theorien	Erhöhte langfristige Effektivität

Wie lässt sich das Modell I der Organisation überwinden und eine lernfähige Organisation implementieren, die Argyris und Schön mit dem in Abbildung 60[208] dargestellten *Modell II* handlungsleitender Theorien beschreiben? Um eine Modell I in eine Modell II Organisation zu transformieren, müssen die in Abbildung 61[209] dargestellten "Voraussetzungen für Irrtümer" als Merkmale der Modell I Organisation durch die "Korrekturreaktionen" als Regeln der Modell II Organisation ersetzt werden.

Abbildung 61: Merkmale von Modell I und II

Voraussetzungen für Irrtümer	*Korrekturreaktionen*
Unklarheit	Spezifizieren
Mehrdeutigkeit	Klären
Unbeweisbarkeit	Nachweisbar machen
Verstreute Informationen	Zusammenfassen
Zurückgehaltene Informationen	Preisgeben
Undiskutierbarkeit	Diskutierbar machen
Unsicherheit	Untersuchen
Widerspruch/Unvereinbarkeit	Lösen

Die Verhaltensweisen der Korrekturreaktionen entsprechen nach Argyris und Schön (1978: 145) den Regeln der *guten organisationalen Dialektik (good organizational dialectic)*. Eine einfache Methode für die Organisationspraxis zur Implementierung der organisationalen Dialektik ist die *Zwei-Spalten Dokumentation* von Organisationssituationen durch die Organisationsmitglieder in Seminaren. In die rechte Spalte schreiben die Teilnehmer z.B. ein Gespräch auf, so gut wie sie sich erinnern können. Für die linke Spalte geben Argyris und Schön die folgende Anweisung: "In die linke Spalte schreiben Sie alle Gedanken und Empfindungen, die Sie im Verlauf des Gesprächs hatten (bzw. die Sie voraussichtlich haben werden, wenn das Treffen demnächst stattfindet)" (1999: 90). Ein Beispiel für diese Methode ist die in Abbildung 62[210] dargestellte Aufzeichnung eines Geschäftsführers (CEO) über ein Gespräch mit seinem engsten Führungskreis, in dem Maßnahmen zur Kostensenkung beschlossen werden sollen.

---

208 Abb. 60 ist identisch mit der Tabelle in Argyris/Schön 1999: 127.
209 Abb. 61 ist identisch mit der Tabelle in Argyris/Schön 1999: 102.
210 Abb. 62 ist identisch mit der Tabelle in Argyris/Schön 1999: 91.

2.6 Organisationaler Wandel

Abbildung 62: Beispiel der Zwei-Spalten Dokumentation

Unausgesprochene Gedanken und Empfindungen	Das Gespräch
Ich hoffe, wir arbeiten gut zusammen. Ich fürchte, das werden wir nicht.	CEO: *Ich bin zwar sicher, Sie und ich haben dieselben Ziele. Wir müssen unsere letzten Kostenvoranschläge überdenken.* Anderer: *Die letzten Voranschläge sind nicht die zuverlässigsten...*
Was ist mit ihm los? Er hat das Wichtigste vergessen.	CEO: *Wie ich sehe, können einige Kosten gesenkt werden (dank Ihrer Empfehlung), aber dann bleibt immer noch ein sehr großes Problem.* Anderer: *Die ursprünglichen Voranschläge wurden von anderen gemacht. Wir waren nie wirklich damit einverstanden.*
Er will die Verantwortung abwehren; er möchte mich verantwortlich machen.	CEO: *Wir müssen mit diesen Voranschlägen arbeiten. Das ist die Realität.*

Mit Hilfe der Zwei-Spalten Methode trainieren Organisationsmitglieder die Regeln der organisationalen Dialektik, indem sie die defensiven Routinen in Modell I erkennen und gemeinsam diskutieren, wie die Regeln von Modell II eingeführt und dann gelebt werden können[211].

Bezieht man den Begriff der *lernenden Organisation* auf die Begriffe von Argyris und Schön, so muss eine Organisation permanent lernen. Dies kann sich auf single loop learning und auf double loop learning beziehen. Zusätzlich wird man erwarten, dass nicht nur gelernt wird, sondern sich auch das Lernen selbst verbessert, so dass deutero-learning stattfindet. Das bekannteste Modell der lernenden Organisation stammt von Peter Senge, der sich an der Ingenieurwissenschaft orientiert. Senge empfiehlt als Methode das *Prinzip des Hebels*, um die Hinderungsgründe zu erkennen und um Beschränkungen zu überwinden. In Abbildung 63 wird das Prinzip des Hebels auf eine in Wirtschaftsunternehmen häufig vorfindbare Situation angewendet. Das Unternehmen gerät durch den verstärkten Wettbewerb in die Lage, dass bei gleichen Preisen der Absatz deutlich sinkt. Daraufhin werden Maßnahmen zur Kostenreduzierung eingeleitet, um die Preise senken zu können und auf diese Weise verlorene Marktanteile zurück zu gewinnen. Typische Maßnahmen zur Kostenreduzierung sind Personalabbau und Druck auf Lieferanten, die Lieferpreise zu senken.

---

[211] Argyris und Schön beschreiben diese Methode der Organisationsentwicklung ausführlich in dem Kapitel "Eine umfassende Modell-II-Intervention" (1999: 159-185).

Abbildung 63: Prinzip des Hebels

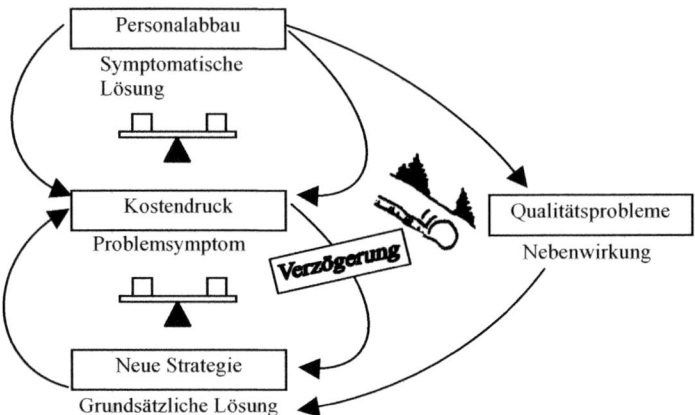

Diese Maßnahmen führen zwar zu einer kurzfristigen Entlastung der Ergebnissituation des Unternehmens, lösen aber das Problem nicht grundsätzlich. Dazu wäre es erforderlich, die Unternehmensstrategie zu verändern, indem in die Entwicklung marktgerechter Produkte stärker investiert wird und die Mitarbeiter lernen, sich konsequent an den Anforderungen der Kunden zu orientieren. Diese Ausrichtung des Unternehmens auf die Kundenanforderungen und die konsequente Kommunikation mit den Kunden klingt selbstverständlich. Trotzdem scheitern viele Unternehmen an der Umsetzung. Anschauliche Zitate sind ironische Sprüche wie "Kunde droht mit Auftrag" oder "Alles wäre gut, wenn es die Kunden nicht gäbe".

Nach Senge sind die eingeleiteten Maßnahmen *symptomatische Lösungen,* die mit bestimmten *Problemsymptomen* einhergehen. Die symptomatischen Lösungen führen zu einer *Problemverschiebung,* anstatt das Problem grundsätzlich zu lösen. Dazu wäre der Ausbruch aus dem Kreis der Problemverschiebung erforderlich: Die Erarbeitung und Umsetzung einer kundenorientierten Produkt- und Verhaltensstrategie anstelle von Kostenreduzierungen. Hier erwartet Senge ebenso wie Argyris und Schön Widerstände gegen Veränderungen, die zur *Verzögerung* der grundlegenden Problemlösung führen: "Der untere Kreis arbeitet mit einer Verzögerung. Er steht für eine grundsätzlichere Reaktion auf das Problem, bei der es länger dauert, bis die Auswirkungen sichtbar werden. Aber die grundsätzliche Lösung ist wesentlich effektiver - sie ist wahrscheinlich die einzige Möglichkeit, um das Problem auf Dauer zu lösen" (Senge 1997: 133). Verstärkt wird die Verzögerung der Problemlösung durch *Nebenwirkungen,* die sich

2.6 Organisationaler Wandel

aus dem oberen Kreis der symptomatischen Lösung ergeben und die Realisierung der Lösung erschweren. In dem Beispiel hat der Personalabbau zur Folge, dass die Qualität der Produkte und des Service sinkt. Dies resultiert einerseits aus Kapazitätsengpässen und andererseits daraus, dass am ehesten die guten Mitarbeiter das Unternehmen bei Krisen verlassen, weil sie sich zutrauen, eine neue Stelle zu finden.

Das *Prinzip des Hebels* lässt sich in Seminaren als Methode einsetzen, um erstens symptomatische Lösungen aufzudecken und zweitens grundsätzliche Lösungen zu entwickeln. Sowohl die Entwicklung als auch die Realisierung von Maßnahmen zur Überwindung der symptomatischen Lösungen setzen bestimmte Fähigkeiten voraus, die nach Senge eine *lernende Organisation* auszeichnen. Diese Fähigkeiten bilden die fünf Disziplinen der lernenden Organisation (1997: 452-453): Team-Lernen (*team learning*), Aufbau gemeinsamer Visionen (*building shared visions*), Mentale Modelle (*mental models*) der Offenheit und Wahrheitssuche, Persönlichkeitsentwicklung (*personal mastery*) und Systemdenken (*systems thinking*). Die fünfte Disziplin des *Systemdenkens* ist entscheidend für den Erfolg der lernenden Organisation. Aus diesem Grund wählt Senge *Die fünfte Disziplin* als Titel seines bekannten Werkes. Der Schlüssel zur fünften Disziplin des Systemdenkens ist die Analyse der Kreise von symptomatischen Lösungen und Problemverschiebungen, der Entwicklung grundsätzlicher Lösungen und der Festlegung von *Hebeln* zur Überwindung der Verzögerungsgründe gegenüber grundsätzlicher Lösungen, wie in Abbildung 63 dargestellt ist.

Hedberg argumentiert, dass die Handlungstheorie der Organisationsmitglieder aus Strategien in Form von *Handlungshypothesen* besteht. Diese Handlungshypothesen sind eingebettet in *Mythen* als Bestandteile der handlungsleitenden Theorien. Hier handelt es sich um Grundorientierungen der Organisationsmitglieder, die als Kern der Organisationskultur nicht eindeutig zu entschlüsseln sind und mit Ritualen in Wechselbeziehung stehen (1981: 12). Mythen werden durch unterschiedliche Mechanismen verändert: "Sie können untergraben werden, wenn ihre Strategien und Handlungen nicht die gewünschten Resultate bringen. Da alle Mythen im besten Fall Abbildungen der Realität sind, werden früher oder später Zweifel über die Gültigkeit der Mythen aufkommen" (1981: 12; Übersetzung vom Verf.). Da die Mythen nicht eindeutig zu fassen sind, verlaufen Lernzyklen der Veränderung nicht eindeutig, sondern sind unvollständig (incomplete)[212]. Das unvollständige Modell des kulturellen Lernens von Hedberg ist in Abbildung 64[213] dargestellt.

---

212 Hedberg zitiert hier die bekannte Unterscheidung von March und Olson zwischen *Complete Cycle of Choice* und *Incomplete Learning Cycles* (March/Olson 1976: 54-59).
213 Abb. 64 entspricht Figure 4 in Hedberg (1981: 12; Übersetzung vom Verf.).

Abbildung 64: Wechselbeziehung von Mythen, Strategien und Realität

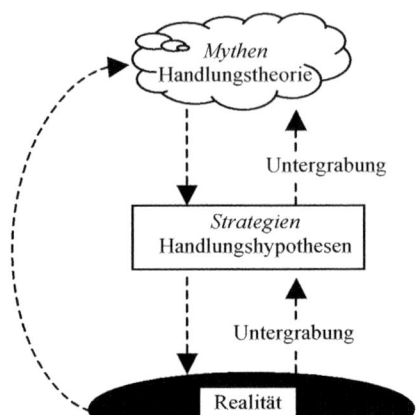

Edgar Schein ist innerhalb der Organisationstheorie der Spezialist für das Thema der Organisationskultur[214] und hat in seinem Hauptwerk *Organizational Culture and Leadership* (1997) ein Modell der kulturellen Veränderungsprozesse in Organisationen entwickelt. Nach Schein erfordern unterschiedliche Lebensphasen von Organisationen jeweils spezifische Methoden des Wandels, die in Abbildung 65 dargestellt sind.

Die Gründer- und Wachstumsphase von Organisationen wird wesentlich durch die Gründer-Persönlichkeiten bestimmt, deren Orientierungen, Strategien und Verhaltensstile die Kultur der Organisation prägen. Die Möglichkeiten der Kulturveränderung sind eng begrenzt. Durch die Vielfältigkeit der Geschäftsvorfälle ergeben sich trotzdem Gelegenheiten zu evolutionären Veränderungen, die von den Gründern initiiert oder aufgegriffen werden. Häufig sind Gründer besorgt, ihr Unternehmen könnte sich nicht schnell genug entwickeln und den Anschluss an die Konkurrenz verlieren. Dann veranlassen sie Organisations-Therapien, die auf gezielten Interventionsmaßnahmen beruhen. Schließlich werden drittens so genannte "Hybride" gefördert. Mit diesem Begriff bezeichnet Schein bewährte Mitarbeiter der Organisationen, die aufgrund ihrer Qualifikation neuen Herausforderungen an die Organisation besser gewachsen sind. Sie werden als "Hybride" bezeichnet, weil sie die alte und neue Organisation gleichzeitig repräsentieren.

---

214 Vgl. Kap. 2.2.1.1.

2.6 Organisationaler Wandel

Abbildung 65: Kulturelle Veränderungsmechanismen

Organisationale Phase	Veränderungsmechanismen
Gründung und frühes Wachstum (Founding and early growth)	1. Inkrementelle Veränderung durch generelle und spezifische Evolution 2. Veränderung durch Einsichten aus Organisations-Therapie 3. Veränderung durch die Förderung von "Hybrids" innerhalb der Kultur
Mittlere Lebensphase (Midlife)	4. Veränderung durch systematische Förderung bestimmter Subgruppen 5. Geplanter Wandel durch Organisationsentwicklungsprojekte und die Entwicklung paralleler Lernstrukturen 6. Auftauen und Veränderung durch technologische Verlockungen
Reife und Niedergang (Maturity and decline)	7. Veränderung durch Infusion mit Externen 8. Auftauen durch Skandale und Mythen 9. Veränderung durch radikale Wende (turnaround) 10. Veränderung durch zwanghafte Beeinflussung (coercive persuasion) 11. Zerstörung und Wiedergeburt

In der mittleren Lebensphase wird die Hybrid-Methode ausgedehnt auf bestimmte Subgruppen, die den neuen Anforderungen besonders gut gewachsen sind. Die Differenzierung unterschiedlicher Subgruppen ist nach Schein das zentrale Merkmal der mittleren Lebensphase von Organisationen. Die Therapie-Projekte der Gründerphase werden in der mittleren Phase zu Organisationsentwicklungsprojekten ausgebaut, in denen alle Bereiche der Organisation dem Veränderungsprozess (Auftauen - Restrukturierung - Einfrieren)[215] unterzogen werden. Eine alternative Methode ist die Einrichtung von parallelen Lernstrukturen, um in einem geschützten Rahmen (häufig auch räumlich ausgelagert) neue Organisationsformen zu entwickeln und zu erproben, die bei Erfolg auf die anderen Einheiten übertragen werden. Eine weitere Methode der Veränderung ist die Einführung neuer Technologien, aus denen kulturelle Veränderungen resultieren. Die Nutzung neuer Informations- und Kommunikationstechniken, wie z.B. E-Mail, elektronischer Kalender oder integrierte Auftragsabwicklungssoftware, aber auch

---

215 Dieses Phasenmodell *(unfreeze-move-freeze)* stammt von Kurt Lewin (1982: 278-9) und wird in dem Lehrbuch der *Organisationsentwicklung* von French und Bell im Hinblick auf die Bedeutung für die Survey-Feedback Methode (1994: 42) und die Aktionsforschung (1994: 118-120) beschrieben.

neue Organisationstechniken wie Qualitätsmanagementsysteme können einen kulturellen Wandel auslösen. In der Reifephase etablieren sich die Subgruppen mit spezifischen Subkulturen, die Prozesse und Strukturen vertiefen sich, und Rituale bestimmen das Alltagsleben der Organisation. Die starke Unternehmenskultur mit ihrer Funktion als "defensiver Mechanismus zur Vermeidung von Unsicherheit und Angst" (Schein 1997: 307, Übersetzung vom Verf.) wird zum Hemmnis gegen Neuerungen. In dieser Situation werden Externe als Führungs- und Fachkräfte hereingeholt, um frischen Wind und neues Denken in das Unternehmen zu bringen. Die bekanntesten Veränderungsmaßnahmen in der Spätphase von Organisationen sind Restrukturierungen, häufig begleitet vom Verkauf von Geschäftszweigen, von Massenentlassungen, von der Ausrichtung auf neue Produkte und Dienstleistungen und von veränderter Arbeits- und Prozessorganisation. Die Mitarbeiter werden mit der Androhung des Arbeitsplatzverlustes unter Druck gesetzt. Wenn diese Reorganisationen nicht zum Erfolg führen, wird das Unternehmen in seiner früheren Form aufgelöst, z.B. durch Konkurs oder Übernahme durch einen Wettbewerber. Wie die Beispiele von Firmenzusammenbrüchen zeigen, leben viele Unternehmensteile in neuen Konstellationen - als Teil eines anderen Unternehmens oder selbständig - anschließend erfolgreich wieder auf.

Den Begriff des *second order change* verwenden die Kommunikationspsychologen Watzlawick, Weakland und Fisch in Ihrem Buch *Change* (1974: 82) und identifizieren *reframing* als zentralen Mechanismus des grundlegenden Wandels (1974: 83). Reframing setzt gemäß der konstruktivistischen Argumentation der Autoren voraus, dass die Erfahrung der Welt auf Kategorisierungen von Wahrnehmungsobjekten in Klassen basiert (1974: 98). Die Zuordnung von Objekten zu diesen Klassen wird von den Individuen als die Realität angesehen, so dass andere Klasseneinteilungen unsinnig oder böse sein müssen (1974: 99). Mit reframing wird die Klassifizierung von Objekten verändert, so dass ein Potenzial für second order change entsteht. Der Wandel kann dann nicht mehr rückgängig gemacht werden, weil sich die Weltsicht verändert hat und das Bewusstsein die neue Sichtweise nicht mehr ablegen kann (1974: 99).

Parallel zu den Kommunikationspsychologen der Interaktionssoziologe Goffman sein letztes Hauptwerk *Rahmen-Analyse (frame analysis)*. Goffman (1977: 35) definiert den Rahmen[216] als Situationsdefinition von Individuen in

---

[216] Goffman beruft sich auf Gregory Bateson als Quelle für den Rahmen-Begriff (Goffman 1977: 15). Bateson (1996) definiert den "psychologischen Begriff" des Rahmens als kognitive Kategorie. Das bedeutet, dass Rahmen gedankliche Operationen von Individuen sind. In dieser kognitiven Operation greift das Individuum auf real existierende Rahmen zurück, die in der Regel bereits mit Begriffen belegt sind, wie z.B. "Spiel", "Film", "Interview", "Beruf", "Sprache" (1996: 253). Es kann auch vorkommen, dass für den Rahmen "kein ausdrücklicher sprachlicher Bezug" (1996: 253) vorhanden ist und es sich eher um eine schemenhafte Vorstellung handelt. Ein Rahmen ist

2.6 Organisationaler Wandel

sozialen Kontexten: "Ich gehe davon aus, daß wir gemäß gewissen Organisationsprinzipien für Ereignisse - zumindest für soziale - und für unsere persönliche Anteilnahme an ihnen Definitionen einer Situation aufstellen; diese Elemente, soweit mir ihre Herausarbeitung gelingt, nenne ich "Rahmen" (Goffman 1977: 19).

Im Hinblick auf organisatorischen Wandel stellt sich die Frage, wie verfestigte Rahmen aufgebrochen und neu strukturiert werden können. Für diese Problematik haben Bolman und Deal (1997: 17) dem Begriff *reframing* gegenüber den konkurrierenden Begriffen "Schemata", "Repräsentationen", "kognitive Landkarten", "Paradigma", "soziale Kategorisierungen" und "mentale Modelle" den Vorzug gegeben[217]. In Organisationen sind multiple Rahmen zu unterscheiden, die Bolman und Deal (1997: 15) als *Vier-Rahmen-Modell (four-frame-model)* zusammenfassen: *Strukturelle* Rahmen mit Regeln, Rollen, Zielen, politischer Taktik, Technologie und Umwelt, *personale* Rahmen mit Bedürfnissen, Fertigkeiten und Beziehungen, *politische* Rahmen mit Macht, Konflikt, Wettbewerb und Organisationspolitik sowie *symbolische* Rahmen mit Kultur, Sinn, Metaphern, Ritualen, Zeremonien, Geschichten, Helden. Rahmen übernehmen nach Bolman und Deal die Funktion der Sinnstiftung und Orientierung für die Mitglieder innerhalb einer komplizierten und mehrdeutigen Welt (1997: 28). Gemäß dem Rahmen-Modell ergeben sich für Veränderungen vier Bereiche, in denen sich die jeweiligen Prozesse und Konflikte abspielen. Bolman und Deal argumentieren, dass alle Rahmen verändert werden müssen, wenn ein substantieller organisatorischer Wandel stattfinden soll (1997: 279). Das Reframing erfordert die Überwindung von Widerständen (barriers) gegen Veränderungen in allen vier Funktionen. Während bei Bolman und Deal die kulturell-symbolische Veränderung nur eine von vier Dimensionen darstellt, konzentrieren sich Frost, Moore, Louis, Lundberg und Martin in ihrem Sammelband *Reframing Organizational Culture* (1991) auf die Organisationskultur.

Ein alternativer Ansatz des Reframing ist das Modell des *Frame-Breaking Change*. Entscheidend ist die Annahme, dass Veränderungsprozesse aus *disruptiven* (nicht-kontinuierlichen) Veränderungen bestehen, die nach Phasen *inkrementellen* (kontinuierlichen) Wandels eine grundlegende Veränderung von Strategie, Strukturen und Systemen auslösen (Tushman/Newman/Romanelli 1986: 31, 43). Dieses Transformationsmodell beziehen die Autoren auf industrielle Diskontinuitäten, Sprünge im Produkt-Lebenszyklus und interne Unternehmensdynamiken (Tushman/Newman/Romanelli 1986: 36-37). Da Frame-Breaking die Unsicherheit verstärkt, können zu lange Phasen von Frame-Breaking die Organi-

---

gleichzeitig exklusiv und inklusiv, indem er bestimmte Mitteilungen oder Handlungen als zugehörig (Inklusion) und andere als nicht zugehörig ausschließt (Exklusion).
217 Bolman und Deal übernehmen den Rahmenbegriff von Goffman (1997: 17).

sation schädigen, so dass die Autoren nach längeren konvergenten Phasen jeweils kurze Frame-Breaking Phasen empfehlen, wenn entsprechender Veränderungsbedarf besteht: "Weil Reorientierungen so disruptiv und mit Unsicherheit verbunden sind, können Organisationen desto schneller die Vorteile der nachfolgenden konvergenten Periode nutzen, je kürzer die disruptive Veränderung realisiert wurde" (Tushman/Newman/Romanelli 1986: 39; Übersetzung vom Verf.). Für den Change Manager empfehlen Nadler und Tushman die Methode des *Frame-Bending*, die neben der Veränderung von Strategie, Strukturen und Systemen die weichen Faktoren der politischen Gestaltung und der Motivation der Mitarbeiter betont (Nadler/Tushman 1989: 195). In dem Frame-Bending Modell werden neben Strategien und Strukturen auch Führungsstrukturen, Werte und Kultur verändert (Nadler/Tushman 1989: 196). Trotz dieser Erweiterung bleiben die Modelle des Frame-Breaking und des Frame-Bending pragmatische Leitfäden zur Veränderung von Wirtschaftsorganisationen.

C.J.G. Gersick (1991) verwendet das Frame-Breaking als Beispiel für das *Punctuated Equilibrium Paradigm*. Der Bezugspunkt für dieses Modell bildet die *Tiefenstruktur (deep structure)* von Systemen, die in Phasen des *Gleichgewichts (equilibrium)* sich inkrementell verändert, während sie in *revolutionären Perioden (revolutionary periods)* einem fundamentalen Wandel unterworfen wird (Gersick 1991: 12). Daraus ergibt sich das Modell des *punctuated equilibrium*: "Jede der analysierten Theorien hat als Zentrum dasselbe Paradigma, oder dieselbe Basisgestalt, von Evolution: relativ lange Perioden von Stabilität (equilibrium), punktuiert durch kompakte Perioden von qualitativem, metaphorischem Wandel (Revolution)" (Gersick 1991: 11-12; Übersetzung vom Verf.). Der Unterschied zwischen den Phasen von Gleichgewicht und Revolution ergibt sich daraus, dass die inkrementellen Veränderungen während der Gleichgewichtsphase zu keiner Veränderung der Tiefenstruktur führen, während in der Revolutionsphase die Tiefenstruktur zerlegt (disassemble), rekonfiguriert (reconfigurate) und transformiert (transform) wird (1991: 12).

Levy und Merry (1986) unterscheiden zwischen organisationaler Transition und Transformation. *Transition* stellt eine *zielorientierte* Veränderungsstrategie dar, mit der ein Zustandswechsel des Systems geplant und ausgeführt wird. Die *Transformation* ist stattdessen eine *prozessorientierte* Strategie (*processes-oriented* strategy), mit der das System in die Lage versetzt wird, eine Transformation der grundlegenden Orientierungen durch die Bewusstmachung von alternativen Denkmustern, Zielen und Visionen zu vollziehen: "Alle diese Beschreibungen behandeln die allerersten Stufen des Prozesses des second-order change. Der Hauptfokus besteht aus Prozessen der Aufmerksamkeit, dem Bewusstmachen des Unbewussten, der Entdeckung alternativer Realitäten und Entscheidungsfindung" (Levy/Merry 1986: 168; Übersetzung vom Verf.).

2.6 Organisationaler Wandel

Eine ausgeprägte Form organisationaler Stabilität stellt die *Pfadabhängigkeit* als selbstverstärkender Mechanismus dar (Arthur 2000; Schreyögg/Sydow/Koch 2003; Miebach 2009: 148-153). Das bekannteste technologische Beispiel ist die Pfadabhängigkeit der Schreibmaschinentastatur QWERTY (Arthur 2000: 15; Schreyögg/Sydow/Koch 2003: 264-265; Schimank 2002: 224-226), die sich in der Mitte der 1890er Jahre in den USA durchgesetzt hat. Obwohl eine Vielzahl von später entwickelten Tastaturen ein effizienteres Schreiben ermöglicht hätte, wurde QWERTY nicht abgelöst und hat sogar den Übergang von der Schreibmaschine zum Personalcomputer überlebt. Die Ökonomie erklärt die Pfadabhängigkeit durch das Prinzip *wachsender Erträge (increasing returns)*: mit einem höherem Marktanteil sinken die Kosten für den Produzenten und und es erhöht sich der Nutzen für den Konsumenten durch den hohen Verbreitungsgrad (Ackermann 2003: 227). Entscheidend für die Entstehung der Pfadabhängigkeit ist die *critical juncture*: "Darunter ist das erstmalige Auftreten eines Ereignisses zu verstehen, das nachhaltige selbstverstärkende Effekte ausübt, d.h. Increasing Returns treten zum ersten Mal und nachhaltig auf" (Schreyögg/Sydow/Koch 2003: 263). Anschließend wird der Pfad verriegelt (*Lock-in*): "Ab jetzt gibt es keine Alternativen mehr. Eine Technologie bzw. eine Regel hat sich endgültig durchgesetzt" (Schreyögg/Sydow/Koch 2003: 263). Organisationstheoretisch interessant ist die Übertragung des Modells der Pfadabhängigkeit von technischen auf organisationale Strukturen (Dobusch 2010: 443), wie *Interorganisationale Routinen* (Gersch/Goeke/Wessel 2009) und *Strategische Pfade* (Koch 2007; 2009)

Angesichts des Beharrungsvermögens von Pfaden stellt sich die Frage, wie bestehende Pfade aufgebrochen werden können. Das von Schreyögg, Sydow und Koch entwickelte Modell der *Pfadkreation* "hebt die Perspektive der Pfadkreation auf die Möglichkeit der Exploration und Schaffung neuer technologischer und organisatorischer Wege durch strategisch handelnde Akteure ab" (2003: 282). Den handelnden Akteuren stehen als Methoden der Pfadkreation erstens die *bewusst geplante Abweichung (mindful deviation)* und zweitens das *Generieren eines Momentums (generating momentum)* zur Verfügung. Mindful deviation erfolgt z.B. durch Einsatz neuen organisationalen Wissens, während durch ein *generating momentum* die Voraussetzung für ein vom Pfad abweichendes individuelles oder kollektives Handeln erzeugt wird, z.B. "mittels der Ausnutzung von interorganisationalen Abhängigkeiten oder anderer Machtbasen" (2003: 282).

Wie der alte Institutionalismus wird auch der Neo-Institutionalismus kritisiert, weil er institutionelle Veränderungen und organisationalen Wandel nicht ausreichend erklärt (Walgenbach/Meyer 2008: 85-86), obwohl der Neo-Institutionalismus die Konzepte der *Deinstitutionalisierung* und der *Diffusion* im Hinblick auf organisationale Veränderungen verwendet. Den Begriff *Wandel*

(Change) definiert Scott als "die Herausbildung neuer institutioneller Formen und damit verbundener Veränderungen in organisatorischen Feldern und Populationen sowie individuellen Organisationen, soweit diese Einheiten auf den Anpassungsdruck an neue Strukturen und Praktiken reagieren" (Scott 2001: 181; Übersetzung vom Verf.). Der erste Veränderungsschritt besteht in der *Deinstitutionalisierung*, bezogen auf Symbolsysteme, konkretes Verhalten, Handlungsschemata und Ressourcen (Scott 2001: 182). Campbell definiert in dem Abbildung 66 dargestellten Modell des institutionellen Wandels *Diffusion* als "Ausbreitung von institutionellen Prinzipien und Praktiken mit kleinen Modifikationen innerhalb einer Population von Akteuren" (Campbell 2004: 77, Übersetzung vom Verf.). Die neu entstehenden institutionellen Regelsysteme und Verfahrensweisen werden durch Diffusion (Walgenbach/Meyer 2008: 97) ausgebreitet und lösen damit in den betroffenen Organisationen Veränderungen aus. Die drei Mechanismen der isomorphen Veränderung von DiMaggio und Powell (1991: 67) beschreiben die Diffusionsprozesse genauer: Isomorphismus durch Zwang (z.B. Gesetze), mimetischer Isomorphismus (z.B. Nachahmung von Best Practice) und normativer Isomorphismus (z.B. Professionalisierung). Das ökonomische Modell der Pfadabhängigkeit zielt nach Campbell auf einen *evolutionären Wandel*, indem aus mehreren Variationen in der Phase der *critical juncture* eine selektiert und dann durch *lock-in* stabilisiert wird (2004: 65-66).

Abbildung 66: Modell des institutionellen Wandels nach Campbell

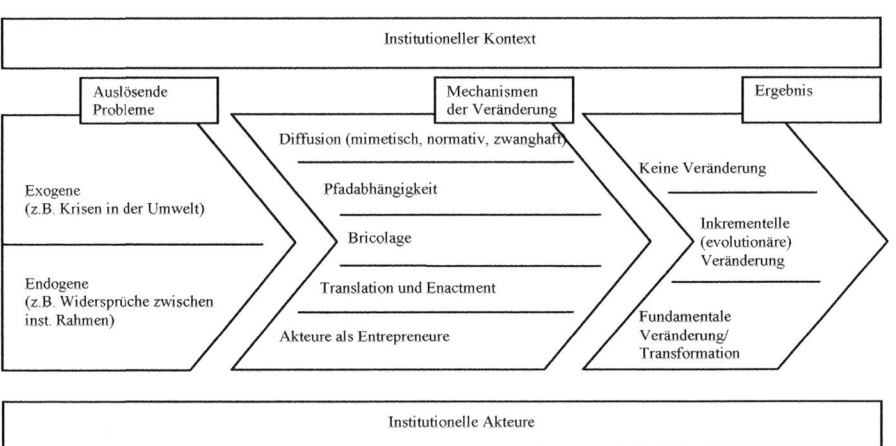

Quelle: nach Campbell (2004)

2.6 Organisationaler Wandel

Als wichtigste Weiterentwicklung wird in Kap. 2.5.1.1 das Konzept des *institutionellen Entrepreneurs* als Motor von organisationalen Veränderungen (Greenwood/Suddaby 2006: 41), mit dem das *paradox of embedded agency* (2006: 27) überwunden wird. Für Campbell ergeben sich organisatorischen Veränderungen aus kleinen Schritten der Rekombination von bereits bestehenden Prinzipien und Praktiken, für die sich der Begriff *Bricolage* (2004: 69-70) im Sinne von Basteln etabliert hat. Somit Entrepreneure "Personen, die verantwortlich sind für die Rekombination von institutionellen Elementen in innovativer Weise (Campbell 2004: 74; Übersetzung vom Verf.). Als dritten Mechanismus greift Campbell auf die konstruktivistischen Konzepte von *Translation* und *Enactment* zurück: "Neue Ideen werden kombiniert mir bereits existierenden institutionellen Praktiken und daher übersetzt (translated) in lokale Praktiken in unterschiedlichem Ausmaß und auf eine solche Weise, die Prozesse involviert, die sehr ähnlich zu Bricolage sind" (Campbell 2004: 80; Übersetzung B.M.). Diese Prozesse institutionellen Wandels sind *Mechanismen*, "die kausale Beziehungen zwischen Variablen erklären" (Campbell 2004: 63, Übersetzung vom Verf.).

2.6.1.2 Rational Choice Modelle des organisatorischen Wandels

Douglass C. North hat in seinem Buch *Institutions, Institutional Change and Economic Performance* ein Modell des institutionellen Wandels aus ökonomischer Perspektive entwickelt. Unter den Begriff der *Institution* fasst North insbesondere auch Regelsysteme in Organisationen, so dass sich das Modell auf den Wandel von Organisationen ebenso anwenden lässt wie auf gesellschaftliche Institutionen. Wandel vollzieht sich nach North eher in inkrementellen kleinen Schritten als in diskontinuierlichen Sprüngen. Selbst typische diskontinuierliche Veränderungen, wie Revolutionen oder Eroberungen, sind nach North nicht vollständig diskontinuierlich, weil auch sie das Resultat einer Einbettung in informelle gesellschaftliche Einschränkungen (constraints) sind (1990: 6). Diese informellen institutionellen Bedingungen eröffnen den Organisationen Chancen, die sie zu ihrem Vorteil nutzen und auf diese Weise einen stetigen institutionellen Wandel bewirken können (1990: 7). Genauer lässt sich der Pfad des institutionellen Wandels in zwei Aspekte aufteilen (1990: 7): das *Einloggen (lock-in)* der Organisationen in die Institutionen, die Anreizstrukturen für die Organisationen bereitstellen und der *Rückkopplungsprozess (feedback process)*, durch den Individuen die veränderten Chancen (changes in the opportunity set) wahrnehmen und darauf reagieren.

Institutioneller Wandel wird nach North in *Organisationen* als zielorientierte Einheiten ausgelöst, deren Strukturen den Handelnden Chancen bieten (1990:

73). In diesem Kontext verfolgen die Akteure das Ziel, ihre Kosten bei größtmöglichem Nutzen zu minimieren. Dies geschieht durch Ausnutzen von Handlungschancen innerhalb des organisationalen Ziel- und Strukturrahmens. Das Ergebnis dieser Ausschöpfung von Chancen sind Veränderungen der informellen constraints, woraus sich langfristig auch Veränderungen der formellen constraints ergeben, wie in Abbildung 67 dargestellt wird.

Abbildung 67: Modell des Wandels nach North

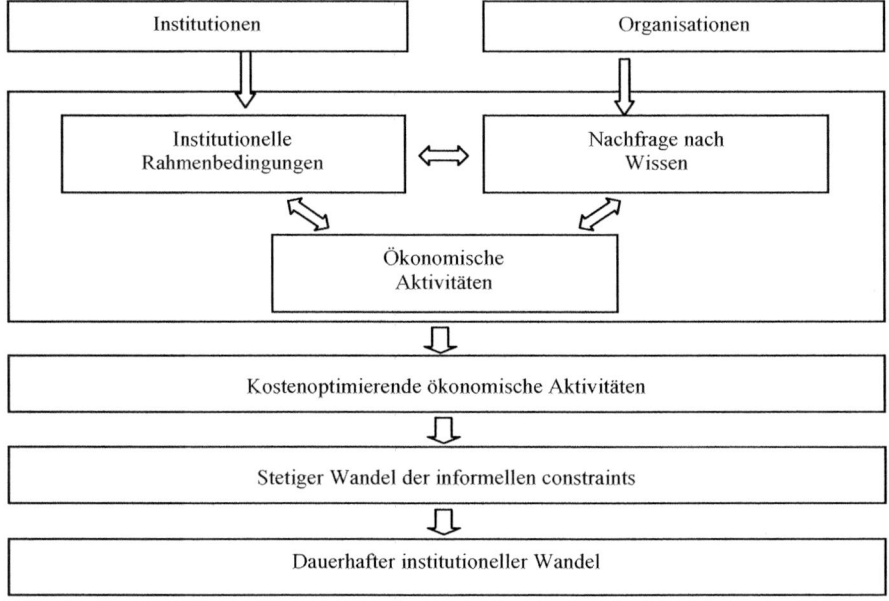

Mit diesem Modell des institutionellen Wandels liefert North eine Erklärung für permanente Veränderungen im Bezugsrahmen des Rational-Choice Ansatzes. Entscheidend sind erstens die Verortung des Wandels in kulturell verankerten informellen Regeln und zweitens das Interesse der Handelnden an der optimalen Erreichung ihrer Ziele, die North als Kostenziele operationalisiert.

Akzeptiert man dieses Modell des stetigen Wandels, so stellt sich die Frage, wie diskontinuierlicher Wandel, z.B. Revolutionen, zu erklären ist. Hier hat North eine einfache Lösung: Falls die Organisationen nicht in der Lage sind, einvernehmliche Lösungen zur Erreichung der Kostenziele zu realisieren, wird

2.6 Organisationaler Wandel

sich die aufgebaute Spannung in diskontinuierlichem Wandel sprunghaft entladen (1990: 88). Gründe für die Unfähigkeit der Organisation zur stetigen Veränderung sind typischerweise Mangel an konfliktlösenden Institutionen und fehlende Möglichkeiten für Unternehmer, ihren Verhandlungsspielraum auszuschöpfen und gleichzeitig die Loyalität der wichtigsten Gruppen der Organisation zu sichern (1990: 90).

In ihrem Buch *Governing the Commons* beschreibt und interpretiert Elinor Ostrom (2003) empirische Studien zur Selbstorganisation und Selbstverwaltung der *Common Pool Resources* (CPR). Damit sind Ressourcen wie z.B. Bewässerungssysteme in trockenen Regionen gemeint, die den Bürgern gemeinsam zur Verfügung stehen. Unter der Bedingung, dass die Anwohner als Grundbesitzer ein hohes Interesse an langfristiger Stabilität und Überleben haben, entwickeln sich in den von Ostrom untersuchten internationalen Beispielen nachhaltige Systeme der *Selbstorganisation*, wenn bestimmte Prinzipien beachtet werden. So sollten die Beiträge der einzelnen Haushalte klar definiert sein, die einzelnen Haushalte an den Entscheidungen mitwirken und wirksame Sanktionsprozeduren und Konfliktlösungsmechanismen bei abweichendem Verhalten existieren (2003: 90). Institutionen entwickeln sich inkrementell in kleinen Schritten. Entscheidend für die Verfestigung von Institutionen ist, dass der Nutzen des ersten Schrittes realisiert ist, bevor der nächste Schritt angegangen wird. Auf diese Weise bildet der Erfolg der vorangegangenen Schritte einen Anreiz für die Individuen, die Institution weiter auszubauen und ihre Regeln zu akzeptieren. Dieser Prozess mündet in eine Phase der Selbstverstärkung und Selbststabilisierung, wo sich Individuen gegenseitig positiv beeinflussen und institutionelle Arrangements mit individuellen Strategien zu regelkonformem Verhalten verschmelzen. Dieses Verhalten ist nicht perfekt, aber stabil (2003: 137).

Die Entstehung von Institutionen führt Ostrom im Sinne der Rational-Choice Theorie auf individuelle Nutzenabwägungen zurück, wie in Abbildung 68 dargestellt wird. Zusätzlich beschreibt sie eine Entwicklungsdynamik der Regelbildung in Institutionen, die für die Individuen nur dann zur Routine wird, wenn sie dauerhaft aus der Institution Vorteile ziehen können und wenn soziale Mechanismen zur Verstärkung von Konformität und zur Abschwächung von Abweichung gegenüber den institutionellen Regeln wirksam sind. Auch in der Erklärung des Wandels von Institutionen bleibt Ostrom dem Rational-Choice Ansatz treu. Institutioneller Wandel ergibt sich, wenn die Akteure einen Wechsel der institutionellen Regeln forcieren. Dies werden die Akteure genau dann tun, wenn sie von dem Wechsel der institutionellen Regeln einen Vorteil erwarten (2003: 194).

Abbildung 68: Wandel des kollektiven Handelns

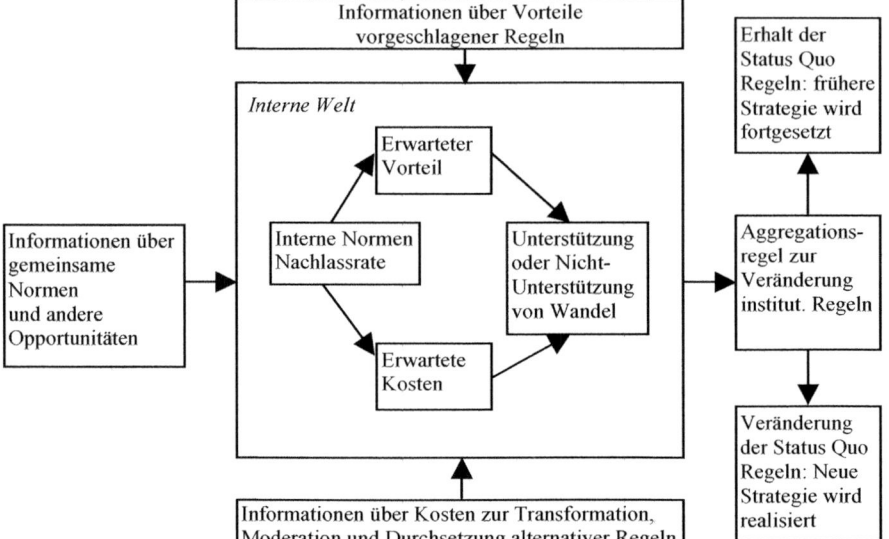

Das Modell umfasst als Inputvariablen *Informationen* der Akteure über bestehende Normen und den damit verbundenen Vorteilen, über die Vorteile der neuen Regeln und über die Kosten des Übergangs von den alten zu den neuen institutionellen Regeln. Mit diesen Informationen erfolgt die rationale Entscheidung für oder gegen die neuen Regeln auf Basis einer Kosten-Nutzen Analyse der Akteure. Diese Entscheidung ist abhängig von den *internalisierten Normen* und von der Einbettung des Akteurs in die bestehenden Institutionen, die sich bei hoher Einbettung als niedrige und bei niedriger Einbettung als hohe *Nachlassrate* gegenüber den bestehenden Normen niederschlägt.

Ostrom gibt zu den einzelnen Variablen Operationalisierungen zur empirischen Messung an und vertritt die These, dass bei sorgfältiger Erhebung der Variablen und unter Berücksichtigung des externen politischen Regimes der institutionelle Wandel von Common Pool Resources (CPR) prognostiziert werden kann (2003: 210-214).

2.6 Organisationaler Wandel

2.6.1.3 Systemtheoretisches Veränderungsmodell

Luhmann entscheidet sich im Rahmen der Systemtheorie für das Evolutionsmodell zur Beschreibung und Erklärung organisationaler Veränderungen. Er folgt dem klassischen Evolutionsmodell mit der Unterscheidung von *Variation, Selektion* und *Restabilisierung* (1997: 425). Abweichend von der Darwinistischen Evolutionstheorie gilt für soziale und psychische Systeme nicht das Prinzip der natürlichen Auslese, sondern die "Co-Evolution strukturell gekoppelter, autopoietischer Systeme" (1997: 427). Aus Co-Evolution ergibt sich einerseits eine gegenseitige Abhängigkeit der strukturell-gekoppelten Systeme. So ist z.B. die Entwicklung von Bewusstseinssystemen abhängig von der gesellschaftlichen Evolution und umgekehrt. Die Evolution moderner Wirtschaftssysteme setzt als weiteres Beispiel die entsprechende evolutionäre Entwicklung des politischen Systems voraus. Andererseits lässt die strukturelle Kopplung den Systemen ausreichenden Freiraum für autopoietische Reproduktion und evolutionäre Entwicklungen (1997: 447). Evolutionäre Veränderungen benötigen als Anstoß die Beobachtung einer System-Umwelt-Differenz durch das jeweilige System: "Nur die *Differenz* von System und Umwelt ermöglicht Evolution. Anders gesagt: Kein System kann aus sich heraus evoluieren" (1997: 433). In Abbildung 69 ist das Evolutionsmodell Luhmanns zusammengefasst.

Abbildung 69: Evolutionsmodell

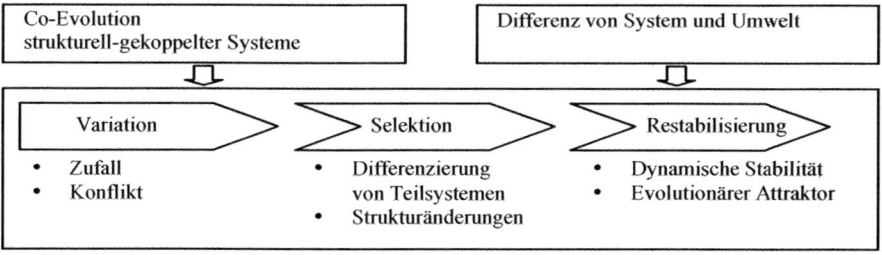

Die erste evolutionäre Phase ist *Variation*, die "in einer abweichenden Reproduktion der Elemente durch die Elemente des Systems besteht, die in sozialen Systemen als unerwartete, überraschende Kommunikation auftritt" (Luhmann 1997: 454). Wodurch entstehen solche Abweichungen? Allgemein ergibt sich aus dem Strukturbegriff ein Potenzial von Variation, da Strukturen dem Prozess der autopoietischen Reproduktion einen Freiraum lassen (2000: 50). Neben dieser grundsätzlichen Verankerung der Variationsmöglichkeit im Bezugsrahmen der Systemtheorie beschreibt Luhmann mit *Zufall* und *Konflikt* die beiden Hauptmechanismen zur Generierung von Variation. Wenn ein System, das in Co-Evolution mit einem anderen strukturell gekoppelt ist, die Irritation durch seine Umwelt nicht mit den aus dem Gedächtnis abrufbaren Strukturen synchronisieren kann und die Irritation in die Systemreproduktion aufnimmt, dann entsteht eine Variation, die Luhmann *Zufall* nennt. In diesem Fall ist das System in der Lage, "Ereignisse zu benutzen, die nicht durch das System selbst (also nicht im Netzwerk der eigenen Autopoiesis) produziert und koordiniert werden können" (1997: 450). Diese Zufallsvariation wird vom System als Risiko oder Chance wahrgenommen.

Konflikte bilden die zweite Möglichkeit zur Steigerung der Variationsmöglichkeiten. Unter Konflikt versteht Luhmann in sozialen Systemen "die Ablehnung kommunikativer Sinnofferten" (1997: 467), also einen Widerspruch (1984: 530) in Form der Negation von erwarteten Anschlussoperationen in der Kommunikation. Die Negation wird nach dem Grundsatz der Autopoiesis vom System selbst ausgeführt und kann intern z.B. durch Selbstreferenz oder extern z.B. durch strukturelle Kopplung ausgelöst werden. Konflikte werden wie Zufälle als Gefahren oder Chancen vom System wahrgenommen.

Variationen sind "normalerweise ein evolutionär folgenloses Geschehen" (2002b: 411), weil die meisten Irritationen vom System abgepuffert werden oder in der Systemkomplexität verschwinden. Evolutionär folgenreich können Variationen nur durch Selektion werden, wodurch die Variationen vom System aufgegriffen und gegen bestehende Strukturen auf Brauchbarkeit abgeprüft werden. In sozialen Systemen bestehen Strukturen aus Erwartungen, die Kommunikation steuern. Entsprechend wählt das System solche Sinnbezüge (Variationen) aus, die *Strukturaufbauwert* versprechen und für wiederholte Verwendung besser geeignet sind als die bislang im Systemgedächtnis gespeicherten. Abgelehnte Variationen werden vom System dem Vergessen überlassen (1997: 454).

Die *Selektion* von Variationen durch das System führt zur *Strukturänderung* in Form von Umweltanpassung, Fremdanpassung oder Morphogenese (1984: 480). *Umwelt-* und *Selbstanpassung* bestehen aus der Verarbeitung von fremd- und selbstinduzierter Irritation, so dass die Konflikte mit der Umwelt bzw. im System entschärft werden, ohne grundlegende Strukturveränderungen auszulösen. Erst die *Morphogenese*[218] führt zu einer nicht vorhersagbaren Strukturänderung des Systems (1984: 480-481). Die Auslöser sind, wie bereits dargestellt, Zufall und Konflikt. Systeme sind offen für Variation, weil sie als autopoietische Systeme grundsätzlich in Bewegung sind und dabei nicht ein Strukturmuster

---

218 Umwelt- und Fremdanpassung entspricht dem single loop learning und Morphogenese dem double loop learning bei Argyris und Schön (vgl. Kap. 2.6.1.1). Luhmann zitiert nicht Argyris und Schön und verweist stattdessen auf Maruyamas "Second Order Cybernetics" (Luhmann 1984: 480).

2.6 Organisationaler Wandel

strikt reproduzieren, sondern in loser Kopplung Unschärfen und Bruchstellen selbst erzeugen, die zur Variation einladen.

Falls neu selektierte Strukturen sich über einen längeren Zeitraum gegenüber der Umwelt durchsetzen können, spricht Luhmann von *Restabilisierung*. Die Restabilisierung erfolgt somit durch "die Erhaltung des evoluierenden Systems in einer auf dessen Evolution nicht eingestellten Umwelt" (2002b: 411). Das Ergebnis der Restabilisierung ist kein stabiles Gleichgewicht nach dem Modell der klassischen Systemtheorie, sondern eine *"dynamische Stabilität"* (1997: 52, 495): "Evolutionsfähig sind gerade dynamische Systeme, die sich fernab vom Gleichgewicht halten und reproduzieren können" (1997: 486)[219]. Das Evolutionsmodell ist geeignet zur Beschreibung langfristiger Systemänderungen, die sich in einer definierten Umwelt stabilisieren. Andere Veränderungsprozesse sollten daher mit den in Abbildung 70 dargestellten Begriffen und Modellen der Theorie beobachtender Systeme beschrieben werden.

Entscheidungsprämissen und Kompetenzen von Stelleninhabern sind Strukturen, die im Verlauf der Organisationsprozesse laufend variiert werden. Entsprechend der Theorie beobachtender Systeme werden die Variationen vom System beobachtet, z.B. im Hinblick darauf, ob die nachgelagerten Stellen im Prozess die Abweichung akzeptieren. Das System wird eine beobachtete Differenz zu den bislang praktizierten Praktiken ignorieren oder in die *Selbstbeschreibung* aufnehmen. Nach dem Grundsatz der operativen Geschlossenheit speichert das System im Rahmen der *Selbstorganisation* (1997: 93) die neuen Handlungen und dazu gehörenden Selbstbeschreibungen als Strukturänderungen im Systemgedächtnis.

Abbildung 70: Systemische Veränderungsmechanismen

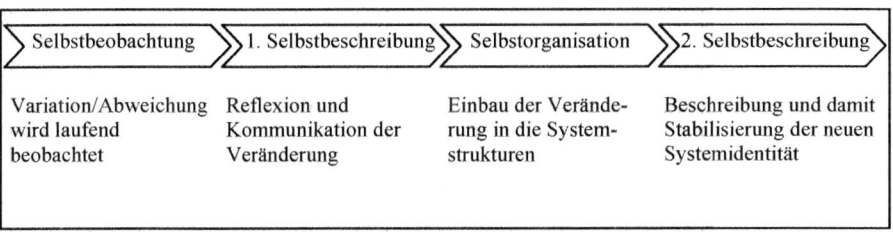

---

219 Luhmann bezieht sich mit dem Begriff *dynamische Systeme* auf die Systemtheorie II. Eine Übersicht über die naturwissenschaftlichen Modelle der Selbstorganisation bzw. nichtlinearen Dynamik findet sich in an der Heiden (1992) und eine mathematisch exakte Darstellung in Verhulst (2000). Vgl. auch Müller-Benedict (2000) zu einer sozialwissenschaftlichen Anwendung.

Stellen wir uns als Anwendungsbeispiel ein Restrukturierungsprojekt in einem Unternehmen vor mit der Zielsetzung, die Beschaffungsprozesse zu verbessern. Es sollen beispielsweise die durchschnittlichen Beschaffungszeiten von 6 auf 2 Wochen und die Anzahl der reklamierten Lieferungen von 10 % auf 2 % reduziert werden. Im ersten Schritt werden die am Beschaffungsprozess beteiligten Stellen von dem Prozessmoderator zur *Selbstbeobachtung* aufgefordert. Als erste Möglichkeit der Selbstbeobachtung dokumentieren die Einkäufer über einen gewissen Zeitraum die Durchlaufzeiten ihrer Bestellungen. Alternativ könnten diese Zeiten aus dem IT-System ermittelt werden. Eine dritte Möglichkeit ist die Schätzung der Zeiten in einem Workshop der am Beschaffungsprozess beteiligten Stelleninhaber. In diesem Workshop wird - aufbauend auf der Selbstbeobachtung - im nächsten Schritt eine *Selbstbeschreibung* in Form einer Prozessgrafik[220] erstellt, in der alle Prozessschritte mit Verantwortlichen, Hilfsmitteln, zeitlicher Reihenfolge und der jeweiligen Durchlaufzeit dokumentiert werden.

In diesem Workshop werden zusätzlich Verbesserungsideen als Möglichkeiten der Prozessveränderung diskutiert, die ebenfalls dokumentiert werden. Daraus entsteht das Konzept der neuen Prozessorganisation, die einen Entscheidungsprozess auslöst und nach Freigabe durch die Unternehmensleitung im Rahmen der *Selbstorganisation* durch die am Beschaffungsprozess beteiligten Stellen realisiert wird. Zur Stabilisierung des Prozesses sind drei Voraussetzungen erforderlich. Erstens müssen die Prozesse mit allen Beteiligten kommuniziert und operativ (z.B. im IT-System) umgesetzt werden. Zweitens ist für die erfolgreiche Realisierung ausschlaggebend, dass alle Stelleninhaber ihre Aufgaben und Kompetenzen im Sinne der veränderten Prozesse neu definieren und in den nachfolgenden Einkaufsprozessen praktizieren. Die veränderte Praxis wird drittens vom System beobachtet und durch Selbstbeschreibung und Selbstbeobachtung stabilisiert. Ein Anwendungsbeispiel dieser Veränderungstheorie ist die im nachfolgenden Kapitel dargestellte Restrukturierung von Geschäftsprozessen.

2.6.2 Beispiel: Restrukturierung von Geschäftsprozessen

Das Beispiel der Einführung einer Business Unit Organisation[221] zeigt, wie sich der Leitsatz *Struktur folgt der Strategie* (Chandler 2003: 14) praktisch umsetzen lässt. In diesem Fall steht die Veränderung der Aufbauorganisation im Vordergrund, indem die Struktur der autonomen Landesgesellschaften in verschiedenen europäischen Ländern reorganisiert wird in auf Märkte ausgerichtete Geschäfts-

---

220 Vgl. die Beispiele für *Prozessgrafiken* in Abb. 39 (Kap. 2.4.3) für den Prozess des Ankaufs von Werkzeugmaschinen und in Abb. 73 (Kap. 2.6.2) für den Prozess der Bewerberauswahl.
221 Die Gestaltung der Business Unit Organisation wird in Abb. 38, Kap. 2.4.2, dargestellt.

2.6 Organisationaler Wandel

bereiche (Business Units), die für ihr Segment international verantwortlich sind. Die Geschäftsprozesse[222] als Abfolge von arbeitsteilig organisierten Aktivitäten, wie Angebotserstellung und Auftragsabwicklung, ändern sich durch die Business Unit Organisation nur geringfügig.

Die direkte Veränderung der Aufbauorganisation zur Umsetzung einer neuen strategischen Ausrichtung, wie im Beispiel der Business Unit Organisation, stellt ein mögliches Vorgehensmodell der Reorganisation dar. Nach dem Standardweg der Reorganisation wird allerdings *zuerst die Prozessorganisation* verändert und dann anschließend die Aufbauorganisation. In komplexen arbeitsteiligen Prozessen liegen die Hebel der Effizienzsteigerung in der Verkürzung der Durchlaufzeit, der Flexibilität der Reaktion auf Kundenwünsche, der kostenoptimierten Ausführung und der Qualität der Prozessaktivitäten sowie der Qualität des Prozessergebnisses in Form von Produkten oder Dienstleistungen. Daher ist es plausibel, dass neue Geschäftsziele durch eine Optimierung der Geschäftsprozesse erreicht werden. In der Regel folgt aus einer veränderten Prozessorganisation auch eine Veränderung der Aufbauorganisation. Diese beiden Zielsetzungen der *Geschäftsprozessoptimierung* sind in Abbildung 71 zusammen gefasst.

Abbildung 71: Ziele der Geschäftsprozessoptimierung

Geschäftsprozesse/ Informatik	Strukturen/ Verantwortung
· Verkürzung der Durchlaufzeiten · Schnelle Reaktionsfähigkeit gegenüber Kundenwünschen · Durchgehende Nutzung der Informationssysteme · Vermeidung von Doppelarbeiten und Reduzierung von Reibungsverlusten · Risikoerkennung und -vermeidung	· Ausrichtung der Aufbauorganisation auf die Geschäftsprozesse · Reduzierung übertriebener Arbeitsteiligkeit durch Funktionsbündelung · Durchgehende Verantwortung für Geschäftsprozesse und Teilprozesse · Stärkung von Prozessverantwortung und Qualitätsbewusstsein bei den Mitarbeitern

Wie können diese Ziele im Rahmen eines Reorganisationsprojektes erreicht werden? Es hat sich in der Praxis der Organisationsberatung bewährt, sich an dem Vorgehensmodell zu orientieren, das in Abbildung 72 für das Beispiel der Reorganisation des Einstellungsprozesses von neuen Verkäufern in der Finanzdienstleistungsbranche dargestellt ist. Wie im Fall der Business Unit Organisati-

---

222 Zur Definition von Geschäftsprozessen vgl. Kap. 2.4.3.

on müssen zuerst die *Ziele* festgelegt werden, die mit der Restrukturierung erreicht werden sollen. Hilfreich zur Entscheidungsfindung ist das Einholen von Feedbackdaten, z. B. durch eine Befragung von Personen, die das Unternehmen freiwillig verlassen haben[223]. Wichtig sind auch die Sammlung und Aufbereitung von verfügbaren Daten über die Prozessergebnisse, z.B. die Statistik des Verkaufserfolgs der in den letzten Jahren eingestellten Mitarbeiter. Die zu erreichenden Prozessziele ergeben sich nicht automatisch aus den Analysen, sondern erfordern eine Entscheidung des Managements.

Abbildung 72: Vorgehensmodell der Prozessoptimierung

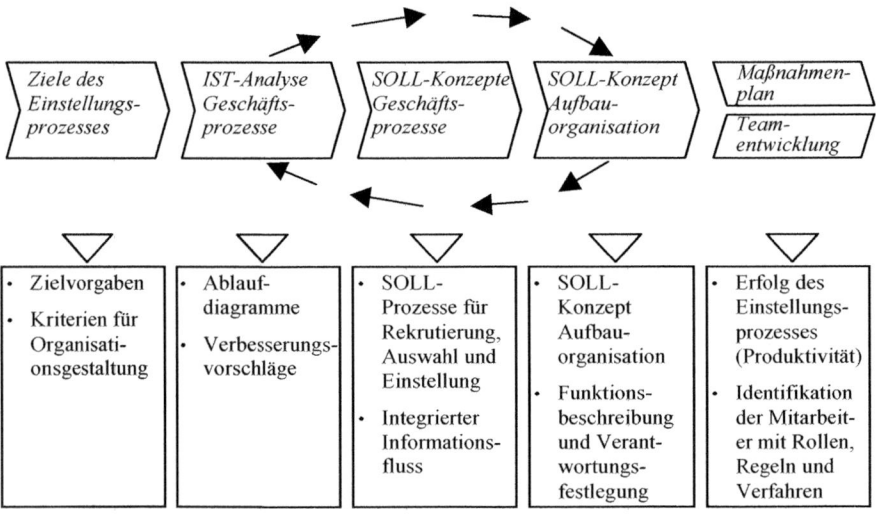

Der erste Schritt der Prozessgestaltung besteht aus der Dokumentation und kritischen Hinterfragung der bestehenden Prozesse in einem Workshop mit den Prozessverantwortlichen. Das Ergebnis dieses Workshops wird dokumentiert durch Ablaufdiagramme der bestehenden Prozesse (*IST-Prozesse*) und der Verbesserungsideen der Workshopteilnehmer. Darauf folgt der schwierigste Schritt: Die Erarbeitung der veränderten Prozesse (*SOLL-Prozesse*), mit denen die vorgegebenen Ziele erreicht werden können. Häufig sind die Workshopteilnehmer so kreativ, dass sich die SOLL-Prozesse direkt aus den Verbesserungsideen ergeben. Es kommt auch vor, dass der Organisationsberater einen Vorschlag für den

---

223 Diese Methode der Fluktuationsbefragung wird in Kap. 2.1.2 dargestellt.

2.6 Organisationaler Wandel

SOLL-Prozess entwickelt und dann in einem Nachfolgeworkshop zur Diskussion stellt[224]. Ein wesentlicher Bestandteil der Prozessoptimierung ist die Ausgestaltung der IT-gestützten Informationsflüsse, wozu IT-Experten zu Rate gezogen werden[225]. Den SOLL-Prozess sollte das Workshopteam anhand von unterschiedlichen Geschäftsvorfällen durchspielen, um die Qualität des neuen Prozesses zu testen.

Zur Realisierung der Prozessziele, z.B. Verkürzung der Durchlaufzeit und Kostenreduzierung, sind in der Regel auch Eingriffe in die Aufbauorganisation notwendig. So werden Funktionen, die auf verschiedene Abteilungen verteilt sind, unter einer Zuständigkeit gebündelt. Zusätzlich lässt sich die Qualität der Prozessergebnisse erhöhen, indem die Aufgaben auf Spezialisten übertragen werden. Beliebte Mittel der Restrukturierung Zentralisierung und Dezentralisierung oder Outsourcing von Aufgaben. Die Argumentation für die eine oder andere Lösung ist selten betriebswirtschaftlich schlüssig nachweisbar. Der wesentliche Effekt scheint eher in dem Aufbrechen von verkrusteten Prozess- und Machtstrukturen zu liegen. Wie in Abbildung 72 die Pfeile andeuten, ist es in der Praxis erforderlich, die Phasen der Analyse, der Erarbeitung von SOLL-Prozessen und der Gestaltung der Aufbauorganisation mehrfach zu durchlaufen, bis die Ziele erreicht sind. Die neue Aufbauorganisation wird durch das Organigramm dokumentiert. Zusätzlich erleichtern Aufgabenbeschreibungen für die einzelnen Stellen den Mitarbeitern die Orientierung in der neuen Organisation.

Falls das Management entschieden hat, die Ablauf- und Aufbauorganisation zu einem definierten Termin zu starten, werden die konkreten Maßnahmen zur Realisierung geplant und mit den betroffenen Mitarbeitern und dem Betriebsrat diskutiert. Die neuen Prozesse sollten mit einem Team aus allen am Prozess beteiligten Bereichen durchgesprochen und an Testbeispielen trainiert werden. Entscheidend ist die *Akzeptanz* der neuen Organisation durch die Mitarbeiter und deren Identifikation mit den neuen Aufgaben und Rollen. Eine nicht akzeptierte Organisation lässt sich nur sehr schwer mit Macht durch das Management durchsetzen, weil die vielfältigen Geschäftsvorfälle weder überschaubar noch kontrollierbar sind. Wenn die Mitarbeiter massiven Widerstand leisten gegen die Organisation, kann man die Reorganisation als gescheitert betrachten.

In dem Beispiel des Einstellungsprozesses von Verkäufern eines Finanzdienstleistungsunternehmens[226], das Abbildung 72 zugrunde liegt, ergibt sich die Zielsetzung der Prozessoptimierung aus der hohen Fluktuationsrate, die in der

---

224 Hier entscheidet der Zeitrahmen des Restrukturierungsprojektes, ob die Gruppe komplett alle Phasen der Prozessoptimierung gemeinsam durchläuft.
225 Für die Auftragsabwicklung handelt es sich um ERP-Systeme; vgl. Kap. 2.4.3.
226 Das organisationstheoretisch begründete *Fluktuationsmodell* ist in Abb. 13, Kap. 2.1.2, dargestellt.

Finanzdienstleistungsbranche bis zu 90% beträgt: *Reduzierung der Fluktuationsrate durch professionelle Rekrutierungs- und Auswahlverfahren und verstärkte Integration der guten Mitarbeiter.* Subziele sind dann Kosteneinsparungen und Erhöhung des durchschnittlichen Verkaufserfolgs. In der Ausgangssituation des Restrukturierungsprojekts verfügt das Unternehmen über keinen geeigneten Auswahlprozess. Die Bewerber durchlaufen einige unstrukturierte Interviews mit Führungskräften. Dies kann in Einzelfällen zu sehr guten Auswahlergebnissen führen. Statistisch erweist es sich aber als erfolgreicher, zusätzlich zu den Bewerbergesprächen wissenschaftlich abgesicherte Auswahlverfahren unter der Mitwirkung eines internen Experten durchzuführen. Dadurch ist ein Lerneffekt der Organisation am ehesten zu erreichen. Zusätzlich werden die Prozessschritte in einer zentralen Datenbank erfasst und auf diese Weise transparent. Der erarbeitete SOLL-Prozess ist in Abbildung 73 vereinfacht dargestellt.

Abbildung 73: SOLL-Prozess Bewerberauswahl

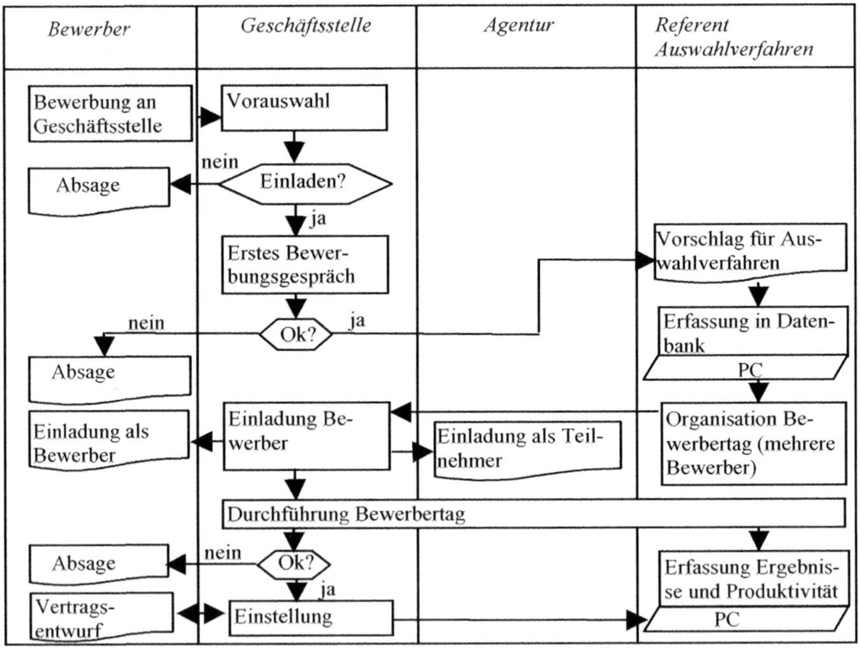

Bewerber	Geschäftsstelle	Agentur	Referent Auswahlverfahren
Bewerbung an Geschäftsstelle	Vorauswahl		
Absage	nein — Einladen?		
	ja ↓ Erstes Bewerbungsgespräch		Vorschlag für Auswahlverfahren
nein Absage	Ok? ja		Erfassung in Datenbank PC
Einladung als Bewerber	Einladung Bewerber	Einladung als Teilnehmer	Organisation Bewerbertag (mehrere Bewerber)
	Durchführung Bewerbertag		
Absage	nein Ok? ja		Erfassung Ergebnisse und Produktivität PC
Vertragsentwurf	Einstellung		

Mit der Restrukturierung des Prozesses sind aufbauorganisatorische Veränderungen verbunden, z.B. die Einrichtung der Stelle *Referent Auswahlverfahren*.

2.6 Organisationaler Wandel

Eine weitere Maßnahme ist die Einbindung des Agenturleiters, in dessen Agentur der Bewerber später eingesetzt werden soll. Hier soll durch eine frühzeitige Verantwortungsübernahme des Agenturleiters eine bessere Integration des Bewerbers erreicht werden.

Wesentlich für den Erfolg der Prozessoptimierung ist die *Identifikation* der betroffenen Mitarbeiter mit den neuen Rollen, Regeln und Verfahren. Eine Voraussetzung für diese Akzeptanz der neuen Prozesse ist die offene Information der Mitarbeiter. Zusätzlich ist zu empfehlen, die Veränderungen in Workshops mit den Mitarbeitern intensiv durchzusprechen und an Geschäftsvorfällen durchzuspielen. Auf diese Weise lassen sich die Veränderungsängste und Widerstände abbauen. Falls die Prozesse noch einen Gestaltungsfreiraum offen lassen, sollten die Mitarbeiter weitere Verbesserungsideen einbringen können. Die Verbindlichkeit der neuen Prozesse ist größer, wenn die betroffenen Mitarbeiter an der Erarbeitung der Prozesse mitwirken. Ein weiteres Erfolgskriterium neben Information, Training und Partizipation ist, dass die Führungskräfte hinter den neuen Prozessen stehen. Dies wird von den Mitarbeitern aufmerksam beobachtet.

Falls diese Voraussetzungen erfüllt sind, müsste die Geschäftsprozessoptimierung gelingen. Wichtig ist eine schnelle Umsetzung der Maßnahmen, damit die Phase der Unsicherheit so kurz wie möglich ist[227]. Dieses Kriterium hat die nachfolgend dargestellte Population Ecology Theorie eindrucksvoll belegt.

2.6.3 Population Ecology Theorie

Luhmann beschreibt den organisationalen Wandel im Rahmen der Systemtheorie als Evolutionsprozess[228]. Entgegen der gängigen Vorstellung von evolutionären Ausleseprozessen wendet Luhmann das Evolutionsmodell nicht auf Populationen von Organisationen an, sondern auf die Veränderung einzelner Organisationen. In diesem Falle unterliegt eine *Population von Entscheidungen* (2000: 350) den evolutionären Prozessen der Variation, Selektion und Restabilisierung[229].

---

227 Dazu ist die "Paretoregel" hilfreich, dass 80 % Perfektion ausreicht.
228 Vgl. Kap. 2.6.1.3.
229 Vgl. Abb. 69 in Kap. 2.6.1.3. Ein ähnliches Evolutionsmodell des Wandels einzelner Organisationen entwickelt Karl Weick bereits 1969 in seinem bekannten Buch *Der Prozess des Organisierens* (1985). Weick unterscheidet drei Prozesse: "*Gestalten* (Einklammern eines Teilstücks des Erlebensstroms zwecks weiterer Behandlung), *Auswählen* (»Selektion« - dem eingeklammerten Teilstück einen begrenzten Satz von Interpretationen auferlegen) und *Festhalten* (»Retention« - Speicherung der interpretierten Segmente für zukünftige Anwendung)" (1985: 68).

Einen grundlegend anderen Weg gehen Hannan und Freeman mit der 1976 erstmals veröffentlichten *population ecology of organization*[230]. Diese Organisationstheorie hat einen vergleichbar spektakulären Erfolg wie die im gleichen Jahr veröffentlichte Theorie des Neo-Institutionalismus erzielt. Hannan und Freeman treffen zwei forschungslogische Entscheidungen, mit denen sie sich gegenüber der Organisationstheorie abgrenzen. Erstens gehen sie nicht von *einer* Organisation aus, sondern analysieren *Populationen* und *Populationsgemeinschaften* von Organisationen (1995: 297): "Gleichwohl können wir Klassen von Organisationen identifizieren, die sich bezüglich ihrer Umweltverletzlichkeit als relativ homogen erweisen" (1995: 298). Präziser formuliert handelt es sich um Systeme mit einer definierten Beziehung zur Umwelt: "Derartige Systeme, wie sie für die Untersuchung von Organisation-Umwelt-Beziehungen relevant sind, werden gewöhnlich durch die Geographie der Population, durch politische Grenzen, durch Märkte oder durch Produkte definiert" (1995: 300). Eine für Wirtschaftsunternehmen typische Population sind die Unternehmen einer *Branche*.

Die zweite Entscheidung von Hannan und Freeman besteht darin, neben der Anpassungsfähigkeit von Organisationen zusätzlich die *Selektion* als Veränderungsprinzip zu betrachten. Gemäß der in der Organisationstheorie vertretenen *Anpassungsperspektive* "suchen organisatorische Untereinheiten - für gewöhnlich Manager oder dominante Koalitionen - die Umwelt nach Opportunitäten und Bedrohungen ab, formulieren strategische Reaktionen und stellen die Organisation entsprechend um" (1995: 292). Die Anpassungsperspektive ist nach Hannan und Freeman nicht ausreichend in der Lage, die Veränderungsprozesse in Organisationspopulationen zu erklären. Der Grund liegt in der *Trägheit (inertia)* von Organisationen gegenüber dem Veränderungsdruck[231].

> Die Adaptionsfähigkeit von Organisationen unterliegt einer Anzahl offensichtlicher Beschränkungen, das heißt, es gibt eine Reihe von Prozessen, die strukturelle Trägheit hervorrufen. Je nachhaltiger die entsprechenden Drücke sind, desto geringer ist die organisatorische Adaptionsflexibilität und desto wahrscheinlicher greift die Logik der Umweltselektion. Folglich ist für die Wahl zwischen Adaptions- und Selektionsmodellen zentral, ob es eine derartige strukturelle Trägheit gibt.
> (Hannan/Freeman 1995: 293)

Wie lässt sich die Trägheit von Organisationen begründen? Hannan und Freeman führen folgende Faktoren auf: Erstens *Kosten*, die für Investitionen entstanden und auf diese Weise in Produktionsanlagen, Infrastruktur und Personal "versun-

---
230 In den deutschsprachigen Lehrbüchern wird der englische Begriff *population ecolgy* verwendet. Am ehesten ließe sich der Begriff als *Evolutionsmodell der Organisation* übersetzen.
231 Argyris und Schön beschreiben den Widerstand gegenüber Veränderungen als *defensive Routinen*, vgl. Kap. 2.6.1.1.

2.6 Organisationaler Wandel

ken" sind, zweitens die *Dynamik politischer Koalitionen* zur Erhaltung des Status Quo und drittens die Tendenz, dass der Status Quo als *normativer Standard* von den Organisationsmitgliedern akzeptiert wird (1984: 149). Wenn die strukturelle Trägheit notwendige Anpassungen an Umweltanforderungen verhindert, so greift die *natürliche Selektion* in einer Population von Organisationen, indem die fitten Organisationen überleben und die trägen sterben. Ein anschauliches Beispiel ist die von Hedberg (1981: 23) beschriebene Palastorganisation[232], die an Wassermangel stirbt, weil sie sich mit immer höherer Einzäunung gegenüber der Umwelt abschirmt und die lebensbedrohlichen Veränderungen durch die Verödung der Umwelt nicht mehr wahrnimmt.

Entgegen der Rationalitätsannahme sind Organisationen nur selten in der Lage, ihre Ziele durch effizienten Ressourceneinsatz zu erreichen. Stattdessen verwenden Organisationen "einen substantiellen Anteil ihrer Ressourcen zur Erhaltung und Reproduktion ihrer Strukturen" (1984: 152). Überspitzt stellt sich die Frage, wie große Organisationen angesichts der Verschwendung von Ressourcen überhaupt bestehen können. Die Antwort ist wahrscheinlich, dass alle Organisationen ihre Ressourcen in einem bestimmten Ausmaß vergeuden, weil Organisationsmitglieder nur begrenzt rational handeln und individuelle Interessen und Machtstrukturen ihren Preis fordern. Trotzdem sind Organisationen in einer Population gefährdet, wenn ihre Trägheit größer als die von Wettbewerbsorganisationen ist.

Welche Faktoren sind ausschlaggebend dafür, dass bestimmte Organisationen erfolgreicher sind als andere und sich in dem evolutionären Selektionsprozess durchsetzen? Der erste Faktor ist die *Zuverlässigkeit (reliability)*, die sich in *Querschnittszuverlässigkeit* und *Zuverlässigkeit über Zeit* aufteilt. Die Querschnittszuverlässigkeit bemisst sich daran, dass eine bestimmte Gruppe von Organisationen eine geringere Schwankungsbreite (Varianz) in einer Zufallsstichprobe von Produkten aufweist als die anderen Organisationen. Die zeitliche Zuverlässigkeit ist definiert als die Schwankungsbreite der Qualität einschließlich der Lieferzeit in einer bestimmten Zeitperiode (1984: 153). Der zweite Faktor ist die Fähigkeit einer Organisation, über die Verwendung der Ressourcen *Rechenschaft* abgeben zu können. Zusätzlich sind sie in der Lage, die Abfolge der organisatorischen Entscheidungen, Regeln und Aktivitäten zu rekonstruieren, die ein bestimmtes Ergebnis produziert haben (1984: 153). Diese Fähigkeit der professionellen Transparenz bezeichnen Hannan und Freeman als *accountability*[233].

Obwohl die beiden Kriterien *reliability* und *accountability* für die Überlebensfähigkeit von Organisationen abstrakt klingen, sind sie für konkrete Situa-

---

232 Vgl. den Anfang des Kap. 2.4.1.1.
233 Wörtlich übersetzt bedeutet *accountability* die Zurechenbarkeit von Verantwortung und die Fähigkeit, Rechenschaft abzulegen über die vollzogenen Handlungen.

tionen einfach anwendbar. In dem Beispiel des Einstellungsprozesses für Verkäufer in der Finanzdienstleistungsbranche lassen sich die Veränderungsvorschläge diesen Kriterien zuordnen: Der Einsatz von professionellen Auswahlverfahren unter Aufsicht von internen Experten erhöht die Zuverlässigkeit (*reliability*) der Bewerberauswahl, gemessen an den Zielen der verringerten Fluktuation und dem Erfolg der neuen Mitarbeiter. Durch den Einsatz der zentralen Datenbank wird die Transparenz über den Einstellungsprozess erhöht, so dass sich die Prozessschritte rekonstruieren lassen (*accountability*). Zusätzlich verfügt die Organisation damit über ein Frühwarnsystem bei Prozessabweichungen. Ein anderes Beispiel ist die Boomphase einer neuen Branche, wie der Internetboom im Jahr 2000. Nach der Argumentation von Hannan und Freeman haben solche Unternehmen die größten Überlebenschancen, die erstens über eine ausreichende Zuverlässigkeit (*reliability*) bei ihren Produkten und Dienstleistungen verfügen, und deren Prozesse und Kosten für das Management transparent und damit steuerbar sind (*accountability*).

Aus diesen Faktoren der evolutionären Überlebensfähigkeit ergibt sich die verblüffende Konsequenz, dass die *Trägheit* von Organisationen innerhalb der Population von Organisationen *die Überlebensfähigkeit erhöht*.

> Theorem 1: *Die Selektion innerhalb von Populationen von Organisationen in modernen Gesellschaften bevorzugt Organisationen, deren Strukturen eine hohe Trägheit aufweisen.* (Hannan/Freeman 1984: 155; Übersetzung vom Verf.)

Dieses Theorem widerspricht der Veränderungseuphorie der Managementliteratur, von der auch Organisationstheoretiker infiziert sind. Die Begründung ergibt sich aus den beiden Faktoren der *reliability* und *accountability,* die durch häufige Restrukturierungen geschwächt und durch strukturelle Trägheit gestärkt werden. Das höchste Risiko für eine negative Selektion und damit für den Tod der Organisation besteht, nachdem der durch die Gründergeneration getragene Anfangserfolg abklingt und die Expansion der Geschäfte neue Prozesse und Strukturen erforderlich macht. Dieses Anfälligkeit von Neuerungen (liability of newness) tritt nicht nur in der Lebenskurve von Organisationen auf, sondern gefährdet nach jeder Restrukturierung das Überleben der Organisation: "*Strukturelle Reorganisation produziert die Anfälligkeit von Neuerungen"* (1984: 160; Übersetzung vom Verf.). Eine Konsequenz aus dieser Argumentation ist, dass die Sterberate von Organisationen mit der Dauer von Reorganisationen ansteigt (1984: 160)[234].

---

234 Hier liefern Hannan und Freeman die theoretische Begründung für die Empfehlung der Autoren des *Frame-Breaking* Modells (Tushman/Newman/Romanelli 1986: 39), die Veränderungsphasen gegenüber den Stabilitätsphasen kurz zu halten; vgl. Kap. 2.6.1.1. Gleichzeitig wird die Empfehlung am Ende von Kap. 2.6.2 begründet, die Umsetzungsphase von Geschäftsprozessoptimierungen kurz zu halten.

2.6 Organisationaler Wandel

Die Organisationswelt wäre nach diesen Hypothesen sehr gemütlich, wenn nicht die Umwelt den Organisationen immer wieder Veränderungen abverlangen würde, die Restrukturierungsbedarf erzeugen. Unter dieser Bedingung sind die Organisationen im Vorteil, die die Phase der Restrukturierung kurz halten und als erste in der Population wieder hohe reliability und accountability erreichen (1984: 163). Hier sind Organisationen mit *hoher Komplexität* im Nachteil, weil die Komplexität die Trägheit gegenüber Veränderungen verstärkt und damit die Dauer der Restrukturierung verlängert (1984: 162)[235]. Während die Trägheit also grundsätzlich die Überlebenschance in einer Population vergrößert, wirkt sie bei turbulenten Veränderungen der Umwelt mit hohem Restrukturierungsbedarf negativ auf die Überlebensfähigkeit der Organisation. Dieser Zusammenhang wird in Abbildung 74 grafisch dargestellt.

Abbildung 74: Kritische Pfade im Reifeprozess einer Unternehmung[236]

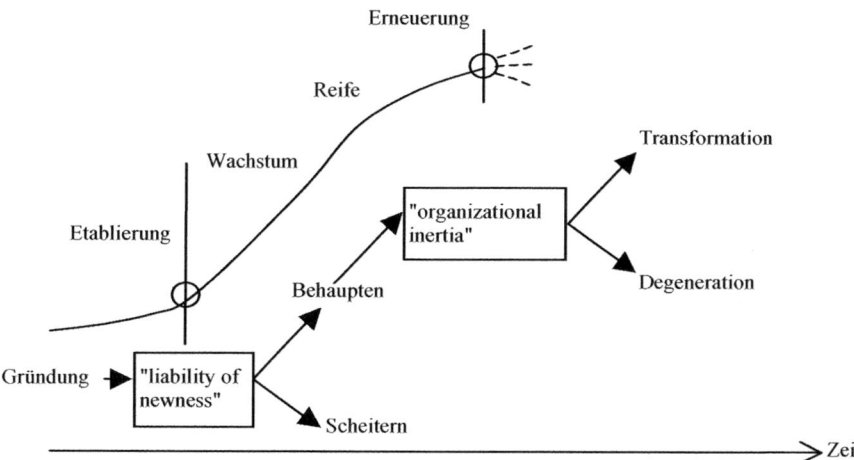

Während in der Anfangsphase die Anfälligkeit von Neuerungen (*liability of newness*) lauert, kann sich in der Reifephase die organisatorische Trägheit (*organizational inertia*) für die Organisation als Stolperstein erweisen, falls die Umwelt grundlegende Veränderungen abfordert. In diesem Fall ist die Fähigkeit

---

235 Dieser Zusammenhang wird in analoger Weise im Hinblick auf die *Organisationskultur* in Kap. 2.2.3 beschrieben: Eine starke Unternehmenskultur erhöht den Erfolg so lange, bis die Umwelt eine gravierende Veränderung fordert. Dann kann die starke Unternehmenskultur durch ihr Beharrungsvermögen den notwendigen Wandel verzögern oder sogar verhindern.
236 Die Abbildung ist dem Buch von Perich (1983: 382) entnommen.

zur Transformation durch schnelles *organisationales Lernen* notwendig, um bei der evolutionären Selektion erfolgreich zu überleben.

Ein wesentlicher Treiber für das Entstehen neuer Wirtschaftsorganisationen und die radikale Veränderungen bestehender Unternehmen sind *Innovationen.* T. Burns und G.M. Stalker haben 1961 mit *The Management of Innovation* das klassische Werk zum Thema der Innovation in Organisationen veröffentlicht. Das theoretische Modell der Unterscheidung zwischen *mechanistischem (mechanistic)* und *organischem (organic)* System wird von Burns und Stalker im Rahmen einer empirischen Studie auf die Entwicklung der elektronischen Industrie in Schottland angewendet. Das mechanistische System entspricht einer bürokratisch-hierarchischen Organisationsform, während das organische System Wissen und fachliche Kompetenz betont sowie eine kollegiale und an dem Gesamtergebnis orientierte Kommunikationsform aufweist. Burns und Stalker stellen die These auf, dass nur ein organisches System in der Lage ist, grundlegende Technik- und Marktinnovationen zu realisieren (2001: 121). Wie der Artikel *Organizing for Innovation* von D. Dougherty (1996) zeigt, konzentriert sich die Innovationsforschung in Organisationen in der Nachfolge von Burns und Stalker weiterhin auf das strukturelle Arrangement und das notwendige Handwerkszeug für erfolgreiche Innovationen. Ein aktuelleres Beispiel ist das *Management des intellektuellen Kapitals* (Teece 2002).

Nach den Erkenntnissen des MIRP-Teams[237] ist der Innovationsprozess nicht rational planbar, sondern ein *"nichtlinearer Zyklus von divergierenden und konvergierenden Aktivitäten, die sich auf der Zeitachse und auf unterschiedlichen Organisationsebenen wiederholen, falls Ressourcen zur Verfügung stehen, um den Zyklus zu erneuern"* (Van de Ven/Polley/Garud/Venkataraman 1999: 16; Übersetzung vom Verf.). Präskriptive Phasenmodelle sind nach den empirischen Ergebnissen der MIRP-Studien ebenso ungeeignet, den Innovationsprozess abzubilden, wie Modelle des Anpassungslernens (1999: 4). Stattdessen handelt es sich bei Innovationsprozessen um Reisen mit unbestimmtem Ergebnis, das im Falle des Erfolgs eher einer *sozial konstruierten Realität (socially constructed reality)* entspricht als einer objektiven Realität (1999: 58).

---

237 *MIRP* ist die Abkürzung für das 1983 gestartete *Minnesota Innovation Research Program* (Van de Ven/Polley/Garud/Venkataraman 1999). Das Forscherteam greift auf einen Pool von 14 Längsschnittstudien von Innovationsprojekten im Rahmen des MIRP sowie auf die Erfahrungen assoziierter Prozessforschungsteams zurück (1999: 23).

3 Entwicklung der Organisationstheorie

Die Geschichte der Organisationstheorie lässt sich nach dem zeitlichen Verlauf und nach der Verankerung der jeweiligen Organisationskonzepte in der Struktur- und Handlungstheorie einteilen, wie in Abbildung 75 dargestellt wird.

Abbildung 75: Entwicklung der Organisationstheorie[238]

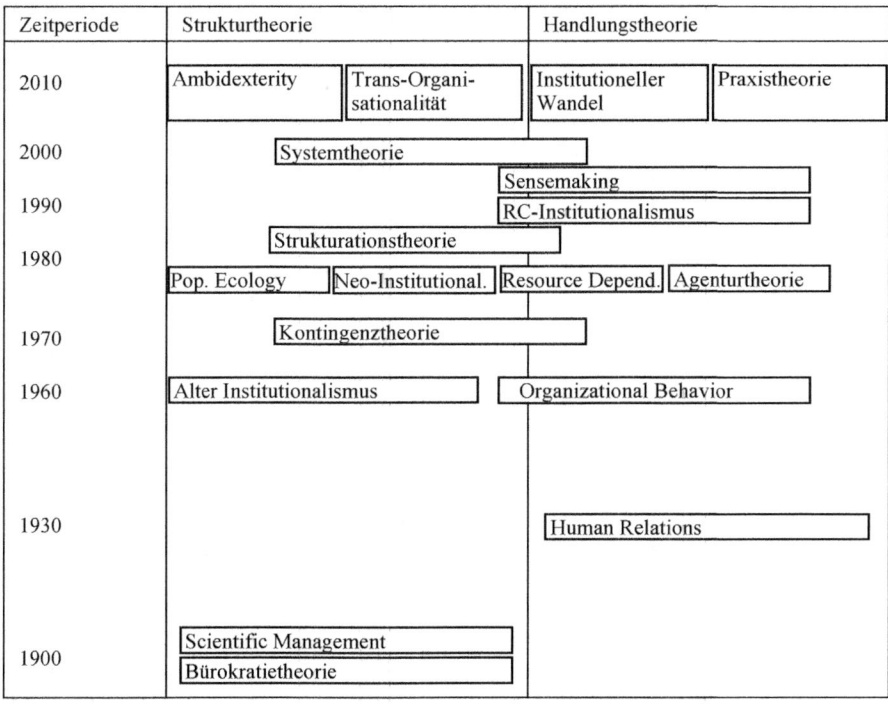

---

238 Die Unterteilung in Struktur- und Handlungstheorie dient nur als grobe Orientierung, weil sich die meisten Organisationstheorien bemühen, die Mikro- und Makroebene zu integrieren.

Zu den *Strukturtheorien* werden primär solche Organisationstheorien gerechnet, die davon ausgehen, dass sich das konkrete Organisationshandeln aus den Strukturen ergibt. *Handlungstheorien* legen den Fokus auf den Akteur und betrachten die Organisationsstrukturen als Resultat des Akteurhandelns.

In dem von Kieser und Ebers (2006) herausgegebenen Standardwerk ist die Geschichte der Organisationstheorie dokumentiert. Weik und Lang (2001; 2003) beschreiben die modernen Organisationstheorien. Auch in den Lehrbüchern zur Organisation finden sich jeweils Darstellungen zur Entwicklung der Organisationstheorie (z.B. Kieser/Walgenbach 2003; Bea/Göbel 1999). Selbst in organisationstheoretischen Monographien zur Handlungstheorie (Friedberg 1995) und zur Systemtheorie (Luhmann 2000) fassen die Autoren am Anfang des Buches die Geschichte der Organisationstheorie zusammen. Etwas zu kurz kommt in diesen Darstellungen die Einbettung der Organisationskonzepte in das entsprechende Paradigma der Handlungstheorie.

Die historische Einordnung und die Bezeichnung der organisationstheoretischen Ansätze sind in den Lehrbüchern umso homogener, je älter die Theorien sind. Das ist verständlich, weil durch den historischen Abstand eine Standardisierung der Begriffe und der Bewertung erfolgt. Einigkeit besteht darin, dass die Organisationstheorie einerseits durch die Bürokratietheorie (Kieser 2001: 39-64) Max Webers und andererseits durch die wissenschaftliche Managementlehre (Kieser 2001: 65-99) begründet wurde, die als *scientific management* mit Frederic W. Taylor assoziiert wird. Das Bürokratiemodell hat mit dem Etikett *Bürokratismus* den Beigeschmack von Starrheit, Formalismus und Aufgeblähtheit bekommen. Entsprechend betonen z.B. die politischen Parteien den Bürokratieabbau im Wahlkampfprogramm. Trotz dieser Kritik an der Bürokratie ist der Grundgedanke der Berechenbarkeit und Nachvollziehbarkeit von Organisationshandeln durch formale Strukturen weiterhin aktuell[239]. Auch der Ansatz des *scientific management* ist durch den Begriff *Taylorismus* unter die Räder gekommen, weil damit übertriebene Arbeitsteiligkeit und Fragmentierung von Arbeitsprozessen verbunden wird. Zum Inbegriff des Taylorismus ist die starre Fließbandarbeit geworden, die im Extremfall einem Mitarbeiter nur einen einzigen Handgriff abverlangt. Wie das Bürokratiemodell lebt auch das scientific management weiter. Ein Beispiel ist die Zerlegung von Geschäftsprozessen in kleinste Einheiten, um sie in einem IT-System abbilden zu können. Der dritte klassische Ansatz ist die *Human-Relations-Bewegung* (Kieser 2001: 101-131), die individuelle Bedürfnisse und Gruppenverhalten am Arbeitsplatz analysiert. Dieser Ansatz hat sich ohne vergleichbare Blessuren wie Bürokratismus oder

---

[239] Charles Perrow (1986) ist ein moderner Vertreter des Bürokratieansatzes.

3 Entwicklung der Organisationstheorie

Taylorismus über die Zeit gerettet und lebt heute weiter im Human Resources Management[240].

Mit der *Verhaltenswissenschaftlichen Entscheidungstheorie*[241] *(organizational behavior)* wird ein wichtiger Meilenstein der Entwicklung der Organisationstheorie erreicht, indem individuelle und strukturelle Dimensionen des Verhaltens in Organisationen in einem anspruchsvollen theoretischen Modell integriert werden. Das 1958 von James G. March und Herbert A. Simon veröffentlichte Buch *Organizations* (1993) und das 1963 erschienene Werk *A Behavioral Theory of the Firm* von Richard M. Cyert und James G. March (1963) gehören auch heute noch zu der organisationstheoretischen Standardlektüre[242]. Die Gegenbewegung zu der akteurorientierten verhaltenswissenschaftlichen Entscheidungstheorie, die ihre Wurzeln in den Wirtschaftwissenschaften hat, bildet die soziologisch orientierte *Kontingenztheorie*[243]. Hier steht die Frage im Vordergrund, welche Organisationsstrukturen für bestimmte Umweltanforderungen am besten geeignet sind, und welchen Einfluss Organisationsmerkmale wie Größe oder Formalisierungsgrad auf das Verhalten der Organisationsmitglieder haben. Meilensteine der Kontingenztheorie sind der Artikel *Differentiation and Integration in Complex Organizations* von Paul R. Lawrence und Jay W. Lorsch (1967) und das 1967 erschienene Buch *Organizations in Action* von James D. Thompson (2005).

Eine Weiterentwicklung der Kontingenztheorie bildet die 1978 von Jeffrey Pfeffer und Gerald R. Salancik in dem Buch *The External Control of Organizations* (2003) veröffentlichte *Resource Dependance Theorie*, die Machtprozesse zwischen der Organisation und den Umweltsystemen in das Zentrum der Analyse stellt[244]. Crozier und Friedberg veröffentlichen 1977 das Buch *Die Zwänge*

---

240 Einige Grundzüge der Human-Relations-Bewegung und des Human Resources Managements werden in Kap. 2.1.1.1 dargestellt.
241 Vgl. Kieser (2001: 133-168). Das verhaltenswissenschaftliche Modell von March und Simon wird in Kap. 2.1.1.1 im Hinblick auf die Integration von Organisation und Individuum dargestellt, z.B. die Einflussfaktoren für den Wunsch des Jobwechsels in Abb. 4.
242 Ein Vorläufer der Theorie des Organisationsverhaltens (organizational behavior) ist das einflussreiche Buch *The Functions of the Executive* von Chester I. Barnard (1968), das die Relation von Individuum und Organisation analysiert, formale und informelle Organisation unterscheidet und bereits ein Kapitel zu Anreizsystemen (1968: 139-160) enthält.
243 Die *Kontingenztheorie* wird in Kap. 2.4.1.1 dargestellt. In der deutschen Organisationsliteratur wird synonym zu dem Begriff Kontingenztheorie der von Kieser (2001) bevorzugte Begriff *Situativer Ansatz* verwendet.
244 Die *Resource Dependance* Theorie wird in Kap. 2.4.1.1 dargestellt.

kollektiven Handelns (1993), das mikropolitische Machtprozesse in Organisationen als handlungstheoretische *Spielmodelle* beschreibt[245].

Der Neo-Institutionalismus[246] betritt auch 1977 mit dem Artikel *Institutionalized Organizations: Formal Structure as Myth and Ceremony* von John W. Meyer und Brian Rowan (1991) die Bühne der Organisationstheorie und greift den alten Institutionalismus von Parsons und Selznick auf, um die Abhängigkeit der Organisationen von der institutionellen Einbettung in die Umweltsysteme zu analysieren. Mit dem *paradox of embedded agency* (Greenwood/Suddaby 2006: 27) wurde der Neo-Institutionalismus kritisiert, weil das Diffusionsmodell des Wandels und die Ausblendung des Einflusses von Entrepreneuren als gestaltende Akteure zu kollektivistisch ausgerichtet sind und dem Stand der modernen Handlungstheorien nicht mehr entsprechen. Darauf hat sich der Neo-Institutionalismus in der letzten Dekade quasi neu erfunden (McKinley 2010: 56) und ein Modell des institutionellen Wandels unter Einbeziehung institutioneller Akteure und von Theorien organisationaler Veränderung entwickelt (Walgenbach/Meyer 2008; Campbell 2004).

Im Jahr 1977 veröffentlichen Michael T. Hannan und John Freeman (1995) die Theorie der *population ecology*[247], die sie in den nachfolgenden Jahren systematisch ausbauen (1984). Dieser Ansatz verwendet eine Population oder eine Populationsgemeinschaft als Untersuchungseinheit für den evolutionären Selektionsprozess.

Die 1984 veröffentlichte *Strukturationstheorie* von Anthony Giddens verbindet die Handlungs- und Strukturdimension mit dem Modell der Dualität[248] und hat damit das Potenzial, den theoretischen Bezugsrahmen für eine dynamische Organisationstheorie zu liefern. Nach Ortmann, Sydow und Windeler (2000) sind eine Vielzahl von organisatorischen Fragestellungen bereits mit der Strukturationstheorie bearbeitet worden[249]. Es zeigt sich allerdings, dass in diesen Arbeiten die Strukturationstheorie als *theoretischer Bezugsrahmen* verwendet wird und nicht als konkretes organisationstheoretisches Modell[250]. Neben Giddens ist neben Bourdieu der wichtigste Auslöser für den *Practice Turn* der

---

245 Kieser und Walgenbach widmen in ihrer Zusammenfassung der Organisationstheorien dem "Spiele-Konzept von Crozier und Friedberg" (2003: 56-58) ein eigenes Kapitel. Das Spiele-Konzept wird als machttheoretisches Modell in Kap. 2.3.1.2 dargestellt.
246 Der *Neo-Institutionalismus* wird in Kap. 2.5.1.1 und die Erweiterung der Theorie um *Institutionelle Entrepreneure* und *Institutionellen Wandel* wird in Kap. 2.6.1.1 dargestellt.
247 Das Modell der *population ecology* wird in Kap. 2.6.3 dargestellt.
248 Vgl. Abb. 51 in Kap. 2.5.3.
249 Vgl. Abb. 5 in Ortmann/Sydow/Windeler (2000: 342-343).
250 "Die Theorie der Strukturation wird nicht 'getestet'. Sie geht vielmehr als Interpretationsrahmen in die Arbeit ein, durch den oft ein zweiter, anderer Blick auf das untersuchte Phänomen geworfen wird" (Walgenbach 2001: 373).

3 Entwicklung der Organisationstheorie

Organisationsforschung, der in den 1990er startete und mittlerweile neben dem modernen Neo-Institutionalismus die Organisationstheorie wesentlich prägt (Reckwitz 2003; Schatzki 2006). Im Hinblick auf die empirische Anwendung der Praxistheorie hat sich eine produktive Verbindung mit der Managementtheorie *Strategy-as-Practice* (Golsorkhi/Rouleau/Seidl/Vaara 2010) entwickelt. Anschauliche Beispiele für die empirische Praxisforschung bilden die Analysen der Wechselbeziehung zwischen Technologie, insbesondere IuK-Systeme, und organisationalen Veränderungen[251].

Ein weiterer Meilenstein der Organisationstheorie ist der *Rational-Choice Institutionalismus*[252], den Douglass C. North (1990) in dem Buch *Institutions, Institutional Change and Economic Performance*[253] darstellt. Der RC-Institutionalismus lässt sich den *Institutionenökonomischen Theorien der Organisationen* zuordnen, zu der auch die Agenturtheorie[254] gehört. Nach North könnte sich in Zukunft eine Synthese aus Kognitionswissenschaft und ökonomischem Institutionalismus entwickeln (2005: 25-28). Eine andere Option für die Weiterentwicklung organisationstheoretischer Konzepte wäre die Anwendung der aktuellen ökonomischen Modelle auf Organisationsphänomene, z.B. der *Spieltheorie*[255].

Während der RC-Institutionismus dem Rational-Choice Paradigma verpflichtet ist, lässt sich die *konstruktivistische* Organisationstheorie dem interpretativ-interaktionistischen Paradigma zuordnen. Hauptvertreter ist der Sozialpsychologe Karl E. Weick, der in seinem Werk *The social psychology of organizations*[256] 1969 die dynamische Definition der Organisation in die Organisationstheorie einführt[257]. Mit dem Buch *Sensemaking* (1995) baut Weick die konstruktivistische Organisationstheorie weiter aus[258]. Das systemtheoretische Pendant zur Theorie des Sensemaking bildet die *Systemtheorie der Organisation*, die Niklas Luhmann in dem Buch *Organisation und Entscheidung* (2000[259]) umfassend darstellt.

---

251 Vgl. Kap. 4.1.2.
252 Das Modell der Veränderung von Organisationen im Rahmen des RC-Institutionalismus wird in Kap. 2.6.1.2 dargestellt.
253 Das Buch ist unter dem Titel *Institutionen, institutioneller Wandel und Wirtschaftsleistung* (1992) in deutscher Übersetzung verfügbar.
254 Die *Agenturtheorie* wird in Kap. 2.1.3 dargestellt. Ein weiteres Hauptmodell der Institutionenökonomischen Theorien ist die *Transaktionskostentheorie*, die auf das 1985 veröffentlichte Buch *The Economic Institutions of Capitalism* von Oliver E. Williamson zurückgeht.
255 Holler und Illing (2003) geben einen Überblick über den Entwicklungsstand der ökonomischen Spieltheorie.
256 In deutscher Übersetzung: *Der Prozess des Organisierens* (1985).
257 Vgl. Kap. 1.
258 Die Theorie des *Sensemaking* von Weick wird in Kap. 2.4.1.2 dargestellt.
259 Das Buch wurde nach Luhmanns Tod von dem Systemtheoretiker Dirk Baecker veröffentlicht.

Nach North wird die Entwicklung der Sozialwissenschaften aus dem Spannungsfeld zwischen Theorie und der sich ständig wandelnden Gesellschaft angetrieben (1992: 13). Clarke und Clegg (1998) identifizieren die Themen der *Globalisierung* und *Digitalisierung* als Megatrends, die auf eine angemessene Einbettung in organisationstheoretische Modelle warten[260]. Das Buch *Managing Across Borders* von Bartlett und Ghoshal (2002) mit der Theorie der *transnationalen* Organisation[261] stellt ein solches Modell der globalen Vernetzung von Organisationen dar. Ein Kernbegriff bildet *boundaryless organization* (Barley/Kunda 2001: 78). Als eine Kandidatin für eine theoretische Fundierung der transnationalen Organisation hat sich die *Netzwerktheorie*[262] profiliert. Wie zu erwarten, konkurrieren hier bereits unterschiedliche Ansätze. Ronald S. Burt konzentriert sich auf *soziale* Netzwerke mit dem Modell der *structural holes* (1995), das er weiter ausbaut zu der Theorie des *Sozialen Kapitals* (2005). Alternativ zu dem Modell der *structural holes* hat Bruno Latour die *Actor-Network-Theory (ANT)* entwickelt, die neben sozialen Objekten auch technische Objekte in die *work-nets* (2005: 132) einbezieht[263].

Für den alternativen Ansatz der *Wissens-Ökonomie* (Teece 2002) bildet die Beherrschung der *Dynamik* des Wissens den entscheidenden Wettbewerbsfaktor in der globalisierten Wirtschaft. Dadurch rückt das *Innovationsmanagement* (Burns/Stalker 2001; Van de Ven/Polley/Garud/Venkataraman 1999) in das Zentrum der Organisationsanalyse. Ausgehend von den Begriffen *Exploitation* und *Exploration* hat das Modell der *Beidhändigkeit (Ambidexterity)* als Organisationsstruktur an Popularität gewonnen, wonach Unternehmen sowohl innovativ sind als auch die etablierten Produkte wirtschaftlich an Markt durchsetzen (Konlechner/Güttel 2009)[264].

Ähnlich wie in den 1970er Jahren konkurrieren in der letzten Dekade verstärkt neue Organisationstheorien, um für die Megatrends erklärungskräftige Modelle zu liefern (McKinley 2010: 48). Es bleibt spannend, welche Modelle sich in der Organisationsforschung bewähren und dauerhaft etablieren werden.

---

260 Ein weiterer Trend stellt die Umsetzung ethischer Ansprüche durch *wertbasierte Führung (value-based leadership)* dar, wodurch die *Macht der Werte (Power of values)* stärker zur Geltung kommt (Clegg/Courpasson/Phillips 2007: 337). Zu den von Barley und Kunda (2001: 78) dokumentierten Trends vgl. Kap. 2.4.1.1.
261 Parallel wird das Konzept *trans-organisationaler* Beziehungen verwendet, vgl. Kap. 2.4.1.1.
262 Als Einführungen in die Netzwerktheorie eignen sich Jansen (2006) und Powell (1990). Windeler (2001) erweitert den Netzwerk-Ansatzes mit der Strukturationstheorie von Giddens. Zum Begriff des Netzwerks vgl. Kap. 2.5.1.2.
263 Vgl. Kap. 4.3.
264 Vgl. Kap. 2.1.4.1 und 2.2.3.

4 Technik und Organisation

4.1 IT-gestützte Prozessorganisation

4.1.1 Technikabhängige Organisation

Nach Peter Druckers Analyse *Managing in the Next Society* (Drucker 2007) befindet sich die westliche Gesellschaft in einer Phase nach der *Information Revolution* durch Computer. Analog zur Ausbreitung der industriellen Revolution durch die Eisenbahn als Transportmedium erlangt die Informationstechnologie erst durch das *Internet* als Ausbreitungsmedium für E-Commerce eine zentrale Rolle in Wirtschaft und Gesellschaft (Drucker 2007). Nach der ersten Phase der Computer und der zweiten Phase des Internets bildet für Drucker die dritte Phase die *Knowledge Society*, die dem wachsenden Einfluss der *Knowledge Worker* ausgesetzt ist, von denen insbesondere die *Knowledge Technologists* das größte Wachstum verzeichnen (Drucker 2007: 165).

Die Techniksoziologie ist darauf spezialisiert, die Auswirkungen der Technik auf die Gesellschaft, auf Organisationen und Individuen zu analysieren (Weyer 2008; Degele 2002, Rammert 2007a). Der Managementberater T.H. Davenport verankert mit seinem 1993 veröffentlichten Buch *Process Innovation. Reengineering Work through Information Technology* das Ziel, die Informationstechnologie (IT)[265] als die entscheidende *treibende Kraft* (*enabler*) von Prozessinnovation in der Organisationswissenschaft: "Aufgrund ihrer Macht und Popularität ist keine singuläre Geschäftsressource besser positioniert als die Informationstechnologie, um radikale Verbesserungen in Geschäftsprozessen hervorzubringen" (Davenport 1993: 17; Übersetzung vom Verf.). Natürlich kann die IT keine Prozesse selbst ändern, sondern ist auf organisationale und menschliche *treibende Kräfte* (*enabler*) angewiesen (Davenport 1993: 17). Das Ergebnis der Prozessinnovation ist nach Davenport eine divisionale, schlanke und teamorientierte Organisationsform, die durch IT-Einsatz die organisatorischen und menschlichen Ressourcen mehr zur Entfaltung bringt (1993: 17). Davenport

---

265 Der Begriff IT hat die alte Bezeichnung EDV (Elektronische Datenverarbeitung) abgelöst. Um die Kommunikationstechnik zu integrieren, wird auch das Kürzel IuK (Informations- und Kommunikationstechnologie) verwendet. Im Verlauf dieses Kapitels werden IT, IuK und Computer synonym verwendet.

ordnet die IT-unterstützte Prozessinnovation dem Business Reengineering unter, wobei er die IT als das zentrale Hilfsmittel zur Innovation ansieht (1993: 200). A. Picot, R. Reichwald und R.T. Wigand (2003) beschreiben den anstehenden Paradigmenwechsel der Organisationsgestaltung im Informationszeitalter. Den Ausgangspunkt bilden die Potenziale der IuK zur Überwindung von Handlungsbeschränkungen: "Unternehmen werden in ihren Handlungsmöglichkeiten durch verschiedene Faktoren wie z.b. räumliche Entfernungen, Raum- und Zeitknappheit, Wissensmängel, Kapazitätsengpässe und mangelnde Flexibilität begrenzt. Die Anwendungspotenziale von IuK-Techniken im Wettbewerbsprozeß stellen die Überwindung solcher Grenzen in das Zentrum neuer Lösungsansätze für betriebswirtschaftliche Innovationen" (2003: 6). Die organisationalen Innovationen werden gemessen an den *Transaktionskosten*[266].

Abbildung 76: Transaktionskostenanstieg in Abhängigkeit von Spezifität[267]

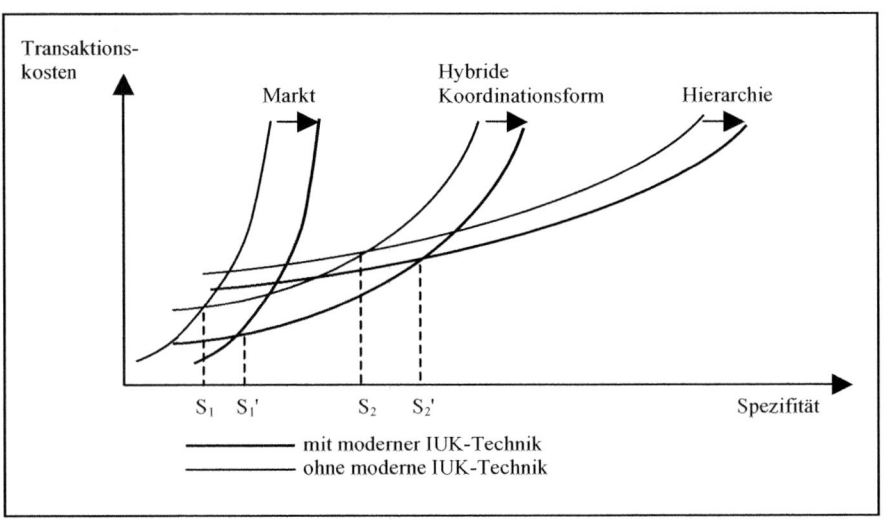

---

266 Die Transaktionskosten bestehen bei ökonomischen Transfers aus Marktkosten, z.B. gesetzlichen Abgaben, Vermittlungsgebühren, Versicherungskosten, und aus den Kosten für den Zeitaufwand zur Sammlung und Suche von Informationen (North 1990: 62).
267 Abb. 76 ist identisch mit Abb. 2-14 in Picot/Reichwald/Wigand (2003: 72). S_1 markiert den Wert Spezifität, an dem die Transaktionskosten für die hybride Koordinationsform günstiger als für die marktliche Koordinationsform werden. S_1' stellt den entsprechenden Übergangswert für die informationsbasierte Organisation. Analog markieren S_2 und S_2' die Übergangswerte von hybrider zu hierarchischer Koordinationsform.

4.1 IT-gestützte Prozessorganisation

Je nach *Spezifität* des Marktes, also des Spezialisierungsgrades von Produkten und Dienstleistungen, sind für unterschiedliche Koordinationsformen die Verlaufskurven für den Anstieg der Transaktionskosten unterschiedlich steil, wie in Abbildung 76 dargestellt wird. Die marktliche Koordinationsform der prozessorientierten Organisation startet mit den niedrigsten Transaktionskosten, verzeichnet bei wachsender Spezifität aber den größten Anstieg. Den Gegenpol bildet mit einem hohen Grad der Spezialisierung die hierarchische Koordinationsform, die mit den höchsten Transaktionskosten startet und den flachsten Anstieg bei steigender Spezifität aufweist. In der Mitte liegt die hybride Organisationsform der prozessorientierten Organisation mit einem hohen Ausmaß von Symbiosen und Netzwerken des Kernunternehmens mit Lieferanten und strategischen Partnern. Aus der spezifischen Nutzung der IuK-Technik ergeben sich die drei Organisationstypen *Modularisierung, Symbiosen/Netzwerke* und *Elektronische Märkte*, die jeweils auf eine Koordinationsform spezialisiert sind[268].

Die Organisationsform der *Modularisierung*[269] entspricht der prozessorientierten Organisation im Hinblick auf die Ausrichtung auf Geschäftsprozesse in divisionaler Anordnung mit dezentraler Ergebnisverantwortung und flacher Hierarchie und nutzt die Technologie der *Client-Server-Architektur* mit gemeinsamen Informations- und Wissensbasen in Form *integrierter verteilter Datenbanken* (Picot/Reichwald/Wigand 2003: 277-278). Der Organisationstyp *Symbiosen/Netzwerke* beruht als *hybride* Koordinationsform auf der *vertikalen Integration*, die durch das *Netzwerkunternehmen* realisiert wird, das zu Lieferanten und strategischen Partnern in unterschiedlichen vertraglichen Konstellationen[270] eine Arbeitsteilung entlang der Gesamt-Prozesskette praktiziert (2003: 316).

Die dritte durch IuK-Nutzung geprägte Organisationsform bilden *elektronische Märkte*, in denen die kommerzielle Nutzung des Internets im Zentrum steht (2003: 337). Elektronische Märkte bestehen aus einem Drei-Ebenen-Modell mit *elektronischen Marktplätzen* auf der untersten Ebene, gefolgt von *elektronischen Handelssystemen*, z.B. Auktionen oder Börsen, und schließlich der obersten Ebene von *Marktunterstützungssystemen*, z.B. Portale und Suchmaschinen. Mit elektronischen Märkten zeichnen sich auch neue strategische und wirtschaftliche Gesetzmäßigkeiten mit Folgen für die Wettbewerbsfähigkeit ab: "Erfolgreich ist, wer in einem kurzen Zeitraum möglichst viel Aufmerksamkeit auf sich konzentrieren kann und eine kritische Masse an Kunden erreicht. Diese Ziele werden durch hohe Investitionen in die eigene Bekanntheit und eine aggressive Preispo-

---

268 Nach Siedenbiedel (2010: 307-324) umfasst die *Virtuelle Organisation* neben virtuellen technischen Objekten und IuK-Systemen auch virtuelle Teams und Netzwerke.
269 Vgl. Kap. 2.4.1.1.
270 Z.B. Kooperation, Joint Venture, Liefervertrag, Kapitalbeteiligung oder Beherrschungsvertrag (Picot/Reichwald/Wigand 2003: 302-313).

litik - bis hin zum Verschenken von Produkten - verfolgt. Profite können erst anschließend aus der starken Marktposition gewonnen werden" (2003: 384).

In Organisationen ändern sich die *Arbeitsbedingungen* der Mitarbeiter durch die Nutzung der IT-Systeme. Der Wirtschaftsinformatiker Rolf konkretisiert die Organisationsform des Netzwerkunternehmens im Hinblick auf die Nutzung der IT-Systeme: "Netzwerkorganisationen sind durch einen langen Pfad informationstechnischer Innovationen, insbesondere durch die Verbreitung von Personalcomputern, Arbeitsplatzrechnern sowie durch das Internet, entstanden. Überall, wo diese Techniken vorhanden sind, bilden sich Knoten im Netz. Das Internet legt ein elektronisches Verkehrsnetz auf die weltweit verteilten Rechner in Organisationen und Privathaushalten. Die ökonomischen Beziehungen lassen sich so neu organisieren. Die Nutzer - Organisationen, private Nutzer, Verbraucher, Lieferanten oder staatliche Behörden - "arbeiten" über das Internet zusammen. Einsparung von Transaktionskosten, Überwindung von Raum und Zeit und Beschleunigung der Transaktionen sind die Resultate" (Rolf 2008: 57).

Eine Auswirkung der IT-gestützten Netzwerkorganisation ist die Möglichkeit, Arbeitskräfte flexibler im Hinblick auf zeitliche und räumliche Verfügbarkeit einzusetzen, weil sie mit Hilfe des Computers zu zeitversetzt und räumlich entfernt arbeiten können. Dies kann mit variablen Arbeitsverhältnissen verbunden sein, z.B. Freelancer mit "Koordination & Kooperation durch Internet (virtuelle Organisation)" (Rolf 2008: 189). Als Konsequenz wird der ehemalige Mitarbeiter zum *Arbeitskraftunternehmer* (Pongratz/Voß 2003: 21-27) mit der damit verbundenen Neugestaltung der Persönlichkeit (Bammé 2007: 66).

Die Bedingungen und Formen IT-gestützter Arbeit weisen eine große Bandbreite von durch *Skripting* (Davenport 2005: 94) standardisierter und elektronisch überwachter Arbeit, z.B. in Call-Centern, zu anspruchsvollen Aufgabengebieten der *Knowledge Worker* ab, deren Arbeit weniger oder überhaupt nicht strukturierbar ist (Davenport 2005: 15). Knowledge Worker unterlaufen die IT-gestützte Prozessorganisation: "Die Spezifikation detaillierter Schritte und Abfolgen Wissens intensiver Prozesse ist weniger lohnend und schwieriger als für andere Typen von Arbeit" (Davenport 2005: 17; Übersetzung vom Verf.). Trotz dieser Abneigung gegen eine durch IT vorstrukturierte und kontrollierte Prozessorganisation verbringen Knowledge Worker 40% ihrer Arbeitszeit mit Information Processing, z.B. Shared Networks oder E-Mails (Davenport 2005: 123). Zwischen diesen Polen liegt die IT-gestützte Prozessorganisation mit der Nutzung von ERP-Systemen[271].

Hoch qualifizierte Knowledge Worker beanspruchen Handlungsfreiräume parallel zu standardisierten IT-Prozessen und Entwicklungsmöglichkeiten inner-

---

271 ERP-Systeme sind Softwareprogramme, z.B. SAP, die alle wichtigen Geschäftsprozesse in Wirtschaftorganisationen abbilden; vgl. Kap. 2.4.2. und 4.2.

4.1 IT-gestützte Prozessorganisation

halb der Organisation. Daraus ergibt sich die Anforderung, die *Humanressourcen*[272] gezielt zu fördern, um die technischen Herausforderungen der Wissensgesellschaft zu bewältigen. Als Kernkompetenz schlägt Baecker das von Weick und Sutcliffe für technische Höchstleistungsorganisationen entwickelte Konzept der *Mindfulness* vor (Baecker 2007: 50). Konkret beruht Mindfulness auf aufmerksamer Beobachtung und kreativer Verarbeitung von Informationen in *High Reliability* Situationen. Die erste Gruppe von notwendigen Fähigkeiten betrifft die Antizipation von möglichen Risiken: "Beschäftigung mit Fehlern (Preoccupation with failure)", "Abneigung gegenüber vereinfachten Interpretationen (Reluctance to simplify interpretations)" und "Aufmerksamkeit gegenüber Operationen (Sensitvity to operations)". Die zweite Gruppe soll nicht vorhersehbare Ereignisse in Schach halten: "Verpflichtung zu Elastizität (Commitment to resilience)", um flexibel auf Fehler zu reagieren, und "Wertschätzung von Expertise (Deference to expertise)" (Weick und Sutcliffe 2001: 10; Übersetzung vom Verf.). Die Mitglieder von High Reliabilty Teams akzeptieren als Knowledge Worker nicht die Standardisierung und Kontrolle ihrer Arbeit durch die von ERP-Systemen unterstützte und gesteuerte Prozessorganisation, sondern bevorzugen eher *Tools* und *Templates* (Davenport 2005: 79) oder *Frameworks* (Becker/Mathas/Winkelmann 2009: 110).

4.1.2 Praxis der IT-gestützten Prozessorganisation

Die Organisationsforschung hat einen *practice turn* (Chia/Holt 2006: 638; Whittington 2006: 614-615; Golsorkhi/Rouleau/Seidl/Vaara 2011: 2-3) vollzogen, der in der Strukturationstheorie von Giddens[273] und in der Feldtheorie von Bourdieu[274] verankert ist. Zusätzlich werden unter dem Sammelbegriff *Practice* Organisationsstudien mit Bezug zu weiteren Theoretikern subsumiert, z.B. Garfinkel (Suchman 2009), Foucault (Allard-Poesi 2011) oder Goffman (Orli-

---

272 Nach Harmon erfordern dynamische und strategische wichtige Kernprozesse auf die Fokussierung auf die Prozessmitarbeiter: "Complex, Dynamic Processes of High Value: Untertake Business Process Improvement Efforts that Focus on People" (Harmon 2007: 171).
273 Zur Strukturationstheorie vgl. Kap. 2.5.3. Die Anwendung der Strukturationstheorie in der Praxisforschung wird von Whittington (2011) zusammengefasst.
274 Das Programm der *Social Praxeology* wird von Bourdieu und Wacquant (1992) programmatisch und anhand von Workshop-Berichten dargestellt. Bourdieus Praxisforschung verbindet die Feld- und Habitustheorie (Gomez 2011: 150). Die Begriffe *Feld* und *Habitus* werden in Kap. 2.3.3 dargestellt. Trotz der programmatischen Bedeutung spielt die Bourdieusche Praxeologie in der empirischen Organisationsforschung nur eine Nebenrolle (Gomez 2011: 151; Übersetzung des Verf.). Eine Ausnahme bilden die Studien zum Feld der Macht (Maclean/Harvey/Chia 2010); vgl. Kap. 2.3.3.

kowski/Gash 1994). Im Hinblick auf Technologie konzentriert sich die Praxisforschung auf die "'Materialität' sozialer Praktiken in Abhängigkeit von Körpern und Artefakten" (Reckwitz 2003, 282). Die Praxisforschung hebt die Dichotomie von Makrotheorien (Institutionalismus) und Mikrotheorien (Handlungstheorien) auf, indem sich die fortlaufende soziale Praxis als Verwirklichung von institutionellen Rahmenbedingungen (Makro) *und* individuellem Handeln (Mikro) ergibt, wobei sich ein Eigenleben der Praxis ausprägt (Reckwitz 2003: 292).

Die Organisationsforscherin L. Zucker veranschaulicht die Abgrenzung der Praxisperspektive der Ethnomethodologie gegenüber dem Mikroansatz der interpretativen Soziologie (Luckmann 1992) anhand der Ergebnisse ihres Experiment zur Erforschung der Wirkung von institutionellen Regeln: "Es wird argumentiert, dass hier Internalisierung, Selbstschätzung oder andere intermediäre Prozesse nicht wirksam sein müssen, um kulturelle Fortdauer zu garantieren, weil institutionalisiertes Wissen als Teil der objektiven Realität direkt auf dieser Basis vermittelt werden kann. Für hoch institutionalisierte Handlungen ist es ausreichend, wenn eine Person einfach der anderen erzählt, dass dies so ist, wie die Dinge getan werden" (Zucker 1991: 83, Übersetzung vom Verf.). Gegenüber dem Makroansatz des Institutionalismus[275] grenzt sich das praktische Handeln ab, indem es die soziale Ordnung im praktischen Handeln jeweils herstellen muss, weil sich die institutionellen Normen und Regeln nicht automatisch entfalten: "Wenn die emergente Kultur im Fokus steht, dann wird das Problem der Herstellung von Faktizität zum zentralen Problem. In diesem Fall wird der moralische Charakter der sozialen Tatsachen zum zentralen Thema" (Zucker 1991: 106; Übersetzung vom Verf.)[276].

Die programmatische Abgrenzung gegenüber der Makro- und Mikroperspektive ist zwar ein wichtiger Schritt, muss aber aufgefüllt werden durch die genauere Beschreibung der Merkmale sozialer Praxis. Ein zentrales Element ist das praktische Wissen, das in Routineprozessen angewendet wird und in dem organisationalen Gedächtnis[277] verankert ist: "das Praxisgedächtnis (practice memory) garantiert die Fortdauer der Praxisstruktur" (Schatzki 2006: 1869; Übersetzung und Klammereinschub vom Verf.). Orlikowski (2002: 257) ermit-

---

275 Vgl. Kap. 2.5.1.
276 Nach Reckwitz setzt die *praxeologische* Perspektive kulturelle Codes nicht als Entitäten voraus, "sondern fragt immer nach ihrer Verarbeitung im praktischen Wissen" (2009: 174). Ebenso konsequent wie gegenüber der Makroperspektive grenzt sich die Praxisforschung gegenüber der Mikroperspektive des intentionalen Handelns von Individuen ab: "Für die Praxistheorie ist es nicht die vorgebliche Intentionalität, sondern die wissensabhängige Routinisiertheit, die das einzelne 'Handeln' anleitet" (Reckwitz 2003: 293).
277 Wie in Kap. 2.6.1.1 (Abbildung 54) dargestellt wird, bildet nach Hedberg (1981) die organisationale Wissensbasis die Basis für Veränderung oder Statik der Organisation.

4.1 IT-gestützte Prozessorganisation

telt mit einer empirischen Studie eines großen Softwareunternehmens fünf Praxisformen, mit denen Wissen in der Praxis konstituiert wird:
(1) Gemeinsame Identität (Sharing identity) durch gemeinsames Training und Sozialisation mit dem Effekt des geteilten organisationalen Wissens
(2) Interaktion unter Anwesenden (Interacting face to face) durch Vertrauensbildung und Commitment mit dem Effekt, die Spieler im Spiel kennen zu lernen
(3) Kopplung von Anstrengungen (Aligning Effort) durch die Nutzung gemeinsamer Modelle und Methoden mit dem Effekt des Wissens, wie über Zeit und Raum koordiniert werden kann
(4) Praktisches Lernen (Learning by doing) durch Investition in Personalentwicklung mit dem Effekt des Wissens, wie individuellen Fähigkeiten entwickelt werden
(5) Unterstützung von Partizipation (Supporting of Participation) durch global verteilte Arbeit an der Produktentwicklung mit dem Effekt des Wissens, wie Innovation erreicht wird.

Ein zentrales Konzept der Praxisforschung bildet die *Rekursivität*[278] in dem Sinne, dass sich bestimmte Sequenzen aus dem Wissen der Akteure ergeben, wie aus einer bestimmten Aktivität der Übergang zur nächsten erfolgt (Jarzabkowski 2004: 532). Konkrete Mechanismen der Rekursivität von Organisationsprozessen sind *Pfadabhängigkeit*[279], persistente organisationale *Routinen*[280] und das organisationale *Gedächtnis*[281]. Jarzabkowski ordnet die Rekursivität der *Strategy-as-Practice* als neuen Ansatz der Organisationsforschung zu, für die Chia und MacKay schon mit *s-as-p* (2007: 218) ein Kürzel eingeführt haben[282]. Obwohl sich in der sozialen Praxis historisch übermittelte *Regularien (Regularities)*, entfalten, sind diese Regeln nicht auf der kulturellen Ebene, sondern nur in real ablaufenden Prozessen beobachtbar (Chia/MacKay 2007: 227).

Die Ethnomethodologin Suchman (2009) analysiert *Sociomaterial Configurations* (2009: 268). Mit dem Modell der *situated action* erweitert Suchman den theoretischen Bezugsrahmen wie Rammert um Non Humans (Suchman 2009: 70). Dann nutzt sie das Potenzial der Ethnomethodologie erstens, um die Realitätsreproduktion der Entwickler und Anwender von Kopiergeräten[283] mit dem Ergebnis, dass in der Inkompatibilität dieser Welten zu Hindernissen an der

---

278 Rekursivität ist auch ein zentraler Begriff der Systemtheorie des Computers; vgl. Kap. 4.1.3.
279 Vgl. Kap. 2.6.1.1.
280 Vgl. die Studie von Zucker (1991: 106).
281 Vgl. Schatzki (2006: 1869) und Orlikowski (2002: 257).
282 Wie der Sammelband zu *Strategy as Practice* (Golsorkhi/Rouleau/Seidl/Vaara 2011) eindrucksvoll belegt, haben sich die Begriffe *Strategy as Practice* und *Practice Turn* in der Organisations- und Managementliteratur gegenüber *Praxeologie* oder *Praxistheorie* durchgesetzt.
283 Wie die *Practice* Studie der Servicespezialisten von Brown und Duguid (2002) untersucht Suchman (2009) Prozesse bei der Firma XEROX.

Mensch-Maschine Schnittstelle führt, indem der Nutzer weder die von Entwicklern vorgegebenen Instruktionen noch die Hilfetexte bei Eingabefehlern versteht (2009: 145). Im zweiten Schritt weist Suchman nach, dass Nutzer im Umgang mit Technologie die aus direkter Kommunikation gewohnte Rekursivität von Interaktionsprozessen erwarten: Das Auftauchen einer neuen Anweisung am Gerät wird verstanden als Bestätigung, dass die vorangehende Operation erfolgreich abgeschlossen wurde, obwohl der Kopierer anders programmiert ist (2009: 146). Die Enttäuschung dieser Erwartung führt dann zu Misserfolg (2009: 167).

Eine erfolgreiche Anwendung des Rahmenbegriffs (Goffman 1977: 19)[284] auf Technologie in Organisationen bildet das Modell der *Technological Frames*: "zugrunde liegende Annahmen, Erwartungen und Wissen, über die Personen in Bezug auf Technolgie verfügen" (Orlikowski/Gash 1994: 174; Übersetzung des Verf.). Die Hauptthese lautet, dass Technological Frames einen wesentlichen Einfluss auf Entscheidungen zur Gestaltung und Nutzung von Technologien haben (Orlikowki/Gash 1994: 179). Für die erfolgreiche Implementierung und Anwendung ist die *Kongruenz* der Vorstellungen der unterschiedlichen Akteure in Organisationen entscheidend (1994: 180, 192)[285].

Der ursprünglich als Modell des partizipativen Lernens in Organisationen von Lave und Wenger eingeführte Begriff der *Community of Practice* (Lave/Wenger 2003: 91-117, Wenger 2003: 4, 55-57, 251-253, Wenger/Snyder 2000: 139-140) wird von Brown und Duguid (2002) zu einem Prozessmodell ausgebaut. Neben der in der Workflow-Methode eingebauten Linearität kritisieren Brown und Duguid an der Prozessorganisation die Fokussierung auf Inputs und Outputs (2002: 94-95). Als Alternative verweisen die Autoren auf die *Sinnkomponente (meaning)*, mit der sich die Spannung zwischen den Prozessanforderungen und den Bedürfnissen der Praxis überbrücken lässt (2002: 95). Die Sinnkomponente entfaltet sich nicht schematisch, sondern erfordert *Improvisation* (Brown/Duguid 2002: 108) und *Processing* (Brown/Duguid 2002: 109) durch die Akteure, um die Lücke zwischen den Prozessstrukturen und der gelebten Praxis zu schließen (2002: 143).

Aus dem *Practice Turn* folgt ein Paradigmenwechsel gegenüber dem Prozessansatz[286] zur *post-prozessualen (post-processual)* Organisationsforschung, die anstelle der die *immanente Logik der Praxis (immanent logic of practice)* analysiert (Chia/MacKay 2007: 219).

---

284 Wie in Kap. 2.6.1.1 dargestellt wird, übernimmt Goffman den Rahmenbegriff von Bateson. Zur Goffmanschen Definition des Rahmens (2007: 19) vgl. Kap. 2.4.1.1.
285 Lin und Silva wenden das Modell der Technological Frames in ihrer Fallstudie auf die Gruppen "Project Team", "User Group" und "Management" an und bestätigen die Kongruenzthese (2005: 57).
286 Der Prozessansatz betrachtet die Ebene der regulativen Struktur als *a structure for action* (Davenport 1993: 5; Gaitanides 1998: 371), wie in Kap. 2.4.3 dargestellt wird.

4.1.3 Systemtheorie des Computers

Die in Kap. 4.1.2 dargestellten Studien zeigen, dass seit den 1990er Jahren die modernen soziologischen Theorien auf das Wechselspiel von Technologie und Organisationen erfolgreich angewendet wurden und dass sich mit der *Praxisforschung* eine theoretische und methodologische Klammer in der Organisationsforschung für unterschiedliche soziologische Paradigmen etabliert hat. Die *Systemtheorie* von Luhmann, Baecker und Esposito verfolgt das konträre Ziel, innerhalb *eines* Theoriegebäudes Begriffe, Modelle und methodische Vorgehensweisen zu entwickeln, die zur umfassenden Beschreibung und Erklärung von Technik in Relation zu sozialen Systemen geeignet sind.

Luhmann definiert den Begriff *Technik* mit den Merkmalen der festen[287] Kopplung und der kausalen Abhängigkeit der gekoppelten Elemente: "Der Begriff der Technik soll sehr formal definiert werden als feste Kopplung von kausalen Elementen, gleichviel auf welcher materiellen Basis diese Kopplung beruht" (2000: 370). Die systemtheoretische Analyse von Computern in den 1990er Jahre war geprägt von dem Bild des Computers als leistungsfähige Maschine zur Ausführung von komplexen Algorithmen. Diese Funktion des *automatic data processing* umfasst erstens die Speicherung und den Abruf von strukturierten Daten, zweitens die Verarbeitung von Daten mit Hilfe programmierter Algorithmen, drittens die Organisation von Input und Output an der Schnittstelle zum sozialen System und viertens die Steuerung von Organisationsprozessen durch Workflows, die den Nutzer veranlassen, auf der Basis von bestimmten Outputs des Computers neue Eingaben auszuführen. Diese Form der Datenverarbeitung zeichnet sich durch die Merkmale großer Speicherkapazität (*storage*) und extremer Rechengeschwindigkeit (*speed*) aus (Esposito 2002, 331-332). Als drittes Merkmal neben *storage* und *speed* identifiziert Esposito die *control revolution*[288]: "Es geht nicht um einen Vergleich mit einem äußeren Ziel, sondern mit den vorangegangenen Operationen des Systems selbst" (Esposito 2002, 332).

Der Computer kann z.B. mit großer Geschwindigkeit in der Datenbasis eines ERP-Systems[289] suchen, um z.B. die Eingabe einer Materialbezeichnung mit mehr als 20.000 Materialstammsätzen abzugleichen. Hat er einen geeigneten Stammsatz gefunden, werden weitere Prüfschritte und Folgeoperationen automatisch ausgelöst, z.B. Produktkonfigurationen, in die der Computer weitere Datenobjekte wie Beziehungswissen einbaut. Das Gedächtnis des Internets unter-

---

287 Synonym zu dem Attribut *fest* verwendet Luhmann auch das Attribut *strikt*.
288 Baecker (2007, 167) verwendet den Begriff *Kontrollüberschuss*, der sich beim Nutzer als ein Spiel mit dem Zufall der Kontrolloperationen niederschlägt.
289 ERP (Enterprise Resource Planning) Systeme werden am Anfang von Kap. 4.2 definiert.

scheidet sich von Datenbanken, indem sich die Such- und Verlinkungsergebnisse aus *Knoten* ergeben, "in denen sich multiple Konditionierungen kreuzen" (Esposito 2002, 341). Das Internetgedächtnis besteht dann nicht aus gespeicherten Informationen, sondern aus der Geschichte der Verlinkungsentscheidungen (Esposito 2002, 345).

Angesichts der Komplexität moderner IT-Systeme schränkt Luhmann die Kausalitätsannahme mit dem *Theorem selbsterzeugter Ungewissheit* ein: "Denn man kann aus dem Einsatz von Kausaltechnologien nicht ohne weiteres schließen, dass das System, sei es überall, sei es an der Spitze, die Übersicht über sich selbst behält oder doch jeweils feststellen kann, in welchem Zustand es sich befindet. Das gilt in dem Maße weniger, als die technischen Kopplungen komplex werden und der zeitliche Einsatz der Faktoren variabel wird. Dann greift auch hier das Theorem selbsterzeugter Ungewissheit. In geradezu geometrischer Progression steigt die Unsicherheit wieder an, und zwar speziell angesichts von nicht vorgesehenen Überraschungen, Störungen oder Gelegenheiten" (Luhmann 2000: 374).

Für die komplexen Computerprogramme ist diese Aussage aus unterschiedlichen Gründen plausibel trotz der Anstrengungen der Anbieter, den Anschein der Kausalität zu bewahren. Erstens gehen Entwickler zwar davon aus, dass jede Reaktion des Programms deterministisch erzeugt wird, weil es sich letztlich um Programmcodes handelt. Allerdings verfügen Computerspezialisten weder über die durchgehende Kenntnis der verschachtelten Programme noch haben sie die Zeit, den Fehlern auf den Grund zu gehen. Im Bereich der Personalcomputer haben sich die Anwender daran gewöhnt, anstelle einer systematischen Fehlersuche bei auftretenden Fehlern das Programm neu zu starten oder sogar neu zu installieren in der Hoffnung, dass das Problem nicht wieder auftritt. Bei ERP-Systemen werden regelmäßig neue "Patches" (Patch 2010) eingespielt, damit bestimmte Fehler nicht mehr auftreten. Zweitens treten Fehler in einer bestimmten Datenkombination auf, die später nicht mehr reproduzierbar sein können. Drittens verändern ERP-Systeme ihre Datenbasis, wenn neue Stammdaten angelegt werden oder bestehende Stammdaten verändert werden mit dem Risiko, dass die anderen Anwender nicht darüber informiert werden. Die Datenbasis verändert sich auch laufend in den Bewegungsdaten, indem z.B. während der Abwicklung eines Kundenauftrags neue Daten hinzugefügt werden. Das Internet erhöht diese Dynamik, indem bei jedem neuen Zugriff jeweils andere Links möglich werden, weil neue Quellen eingegeben oder Verweise verändert wurden. Es ist kein Zufall, dass die Zitierregel für Internetquellen vorschreibt, das Datum des Herunterladens anzugeben, weil möglicherweise zu einem späteren Zeitpunkt die Quelle in dieser Form nicht mehr reproduzierbar ist. Esposito bringt diesen

4.1 IT-gestützte Prozessorganisation

Sachverhalt auf den Punkt: "Alles ist geordnet und dennoch wesentlich unvorhersehbar" (2002, 329). Organisationen mit komplexer Technik sind nach Luhmann darauf angewiesen, parallel zu der strikten Kopplung der technischen Systeme organisatorische Prozesse mit loser Kopplung zu installieren: "Organisationen, die Arbeitsvollzüge technisieren, werden demnach immer feste Kopplungen und lose Kopplungen nebeneinander und im Verbund miteinander vorsehen müssen" (2000: 375). Für den Anwender ist die Bedieneroberfläche von den inneren Prozessen des Computers, die durch Eingaben auf der Oberfläche initiiert werden, grundsätzlich entkoppelt. Daraus folgt, dass Anwender spezifische Verfahrensweisen entwickeln, um unter der Bedingung von "Virtueller Realität" (1997: 305) des Innenlebens von Computern trotzdem zu brauchbaren Ergebnissen in der Nutzung zu kommen: "Die Verbindung von Oberfläche und Tiefe kann über Befehle hergestellt werden, die die Maschine anweisen, etwas auf dem Bildschirm oder durch Ausdruck sichtbar zu machen. Sie selbst bleibt unsichtbar" (1997: 304).

Neben der Mehrdeutigkeit der IuK-Ausgabe ergeben sich aus der Nutzung des Internets als Medium der technisch vermittelten Kommunikation weitere Konsequenzen, die in Abbildung 77 zusammen gefasst sind.

Abbildung 77: Merkmale technisch vermittelter Kommunikation

Aufhebung der Einheit von Information, Mitteilung, Verstehen in technisch vermittelter Kommunikation			
Soziale Entkopplung des Computers	*Überwindung von Raum*	*Überwindung von Zeit*	*Mehrdeutigkeit der IuK-Ausgabe*
- Verzicht auf Autorität der Quelle - Nicht-Erkennbarkeit der Absicht einer Mitteilung	Weltweite Kommunikation	- Zeitabstrakte Modelle - Verzicht auf Serialität	Verwandlung von Eindeutigkeit der Eingabe in Mehrdeutigkeit der Ausgabe
Folgen: - Neue Formen struktureller Kopplung - Anstoß für unabsehbare gesellschaftliche Evolution			

Kommunikation als Grundoperation sozialer Systeme leistet eine Integration von Information, Mitteilung und Verstehen (Luhmann 2000: 377). Diese Leistung von mündlicher oder schriftlicher Kommunikation können Computer nicht leisten (2000: 377). Stattdessen besteht das wichtigste Merkmal von technisch vermittelter Kommunikation, insbesondere durch das Internet, in der *Aufhebung der Einheit* von Information, Mitteilung und Verstehen. Die erste Dimension dieser Aufhebung der Kommunikationseinheit bildet die *soziale Entkopplung* (1997: 309) des Computers Damit ist die Abkopplung des Verstehens von der Mitteilung gemeint, indem erstens die Autorität der Quelle entbehrlich wird und zweitens die Absicht des Mitteilenden nicht eindeutig zu erkennen ist (1997: 309).In technisch vermittelter Kommunikation wird neben der Überwindung des Raumes (1997: 314) im Hinblick auf die Zeitdimension die für mündliche und schriftliche Kommunikation charakteristische *Serialität* aufgehoben, indem man als Nutzer : "sich fallweise etwas heraussucht, das man selbst dann neu kombiniert, und in denen nicht ein Satz auf den anderen folgt, sondern eine Information da ist und dann ein Spektrum von Verweisungen auf andere Informationen gegeben ist" (2002a: 314). Ein Beispiel für die Konsequenzen der Aufhebung von Serialität der IT-Systeme ist die Entstehung *zeitabstrakter Modelle*, die unabhängig von ihren zeitlichen Entstehungs- und Verwendungskontexten jederzeit abgerufen und verwendet werden können (Luhmann 1997: 310).

Luhmann, Esposito und Baecker gehen davon aus, dass Computeroperationen nicht Elemente von sozialen Systemen sind. Stattdessen ist der Computer strukturell mit dem sozialen System gekoppelt, das aus der Verkettung von Operationen und Anschlussoperationen im Zeitverlauf besteht. Das soziale System ist operativ geschlossen, indem die Operationen und die Verkettungen der Operationen nur durch das System ausgeführt werden.[290] Im Zeitverlauf operieren Systeme *gleichzeitig* und können durch *strukturelle Kopplung* als unvermeidbare Dauerirritation miteinander verbunden sein, z.B. psychisches und soziales System oder Gesellschaft und Computer. Strukturell gekoppelte Systeme sind darauf angewiesen, ihre Operationen kompatibel zu halten zu dem Umweltsystem (Luhmann 1997, 102),[291] bilden aber "unterschiedliche Ereignissequenzen" (115) und folgen jeweils einer unterschiedlichen inneren Logik von Operationen und Anschlussoperationen.

Angesichts der Belastung des sozialen Systems durch strukturelle Kopplungen drängt sich die Frage auf, warum sich soziale Systeme auf die strukturelle Kopplung mit Computern überhaupt einlassen. Die Gründe sind erstens eine "Entlastung sinnverarbeitender Prozesse" (Luhmann 1975, 71) im Sinne von Technik als funktionierender Simplifikation und zweitens die kombinatorischen Gewinne der Technik: "Es geht bei Technik, anders gesagt, um das Ausprobieren von Kombinationsspielräumen, um kombinatorische Gewinne. Daß es funktioniert, wenn es funktioniert, ist auch hier der einzige Anhaltspunkt dafür, daß die

---

290 Luhmann verwendet auch den Begriff Autopoiesis, womit gemeint ist, dass ein System "sein eigenes Werk" ist (Luhmann 2002a, 111); vgl. Kap. 2.1.1.3
291 Zum Begriff der strukturellen Kopplung vgl. auch Kap. 2.1.1.3 und 2.5.1.3.

4.1 IT-gestützte Prozessorganisation

Realität so etwas toleriert" (Luhmann 1992b, 263).[292] Die damit verbundene Dynamisierung des Wissens führt zu einer Steigerung der Irritierbarkeit sozialer Systeme und damit zu einer Leistungssteigerung: "Das System kann dann mehr Überraschendes und noch Unbekanntes typisieren und verarbeiten und damit den Bereich von Kommunikation vergrößern, der verstanden werden kann" (Luhmann 2002b, 46).

Wie reagieren soziale Systeme auf die Herausforderungen der strukturellen Kopplung mit dem Computer? Luhmann Antwort sind *rekursiv vernetzte Prozesse*. Rekursive Operationen sind in der Systemtheorie Luhmanns *zeitpunktbezogen*, indem sie in Beziehung zu vorangehenden und nachfolgenden Ereignissen stehen: "also Rückgriffe und Vorgriffe auf jeweils nicht aktuelle andere Operationen im selben System" (Luhmann 1997a, 139). Die Rekursivität als sequenzielle Verkettung von Systemoperationen versteht Luhmann als *reflexive Rekursivität* (1997a, 141). Die aktuelle Kommunikation wird erstens in Beziehung zu potenziellen Systemoperationen gestellt und zweitens erfolgt die Ausdeutung der aktuellen Kommunikation erst retrospektiv durch Verortung der erfolgten Operation in dem Strom vergangener und zukünftiger Ereignisse: "Das bedeutet nicht zuletzt, daß Kommunikation sich selbst nur retrospektiv erfassen kann und dabei mitbeobachtet, daß es eine noch zu entscheidende Zukunft gibt" (Luhmann 1997a, 140).[293] Damit unterscheidet sich die *sinnbasierte* Rekursivität der Kommunikation grundsätzlich von der *kausalen* Rekursivität technischer Prozesse.

Lassen sich aus dem theoretischen Modell empirisch greifbare Anforderungen an den Nutzer und die Organisation ableiten? Eine konkrete Anforderung an die Mitglieder von Organisationen lautet, "am Bildschirm reaktionsschneller, abstraktionsfähiger, konzentrationsfähiger und genauer zu arbeiten als je zuvor" (Baecker 2007, 71). Den Akteuren wird eine hohe technische und soziale *Aufmerksamkeit* gegenüber dem Computer abverlangt, um unter der Bedingung des Informations- und Kontrollüberschusses erfolgreich im sozialen System zu kommunizieren (Baecker 2007, 50; Esposito 2002, 344). Allgemeiner vertritt Baecker die systemtheoretische These, dass die strukturelle Kopplung von Computern und sozialen Systemen von dem Anspruch des *Verstehens* auf *Beobachten* umgestellt werden muss (2007, 170): IT-gestützte Prozesse als Sequenzen von Kontingenzen erfordern den auf Beobachtung beruhenden Abgleich der selektierten Aktivitäten mit dem Kontingenzraum. Die Herausforderung lautet, den vom Computer laufend erzeugten Kontrollüberschuss ein handhabbares Maß zu reduzieren und ihn gleichzeitig zu erhalten (Baecker 2007, 173). Dies erfordert

---

[292] In Bezug auf dieses Merkmal stimmen die Analysen der Systemtheorie und der Techniksoziologie (Rammert 2007a, 57) überein.
[293] Baecker (2005, 23) formuliert diese Aussage als "Kontext von etwas Unbestimmtem, aber Bestimmbaren".

in Organisationen die "Humanressource eines Personals, das als die bislang einzige 'Universalmaschine' gelten kann, der man eine parallel geführte Konzentration sowohl auf die Operationen als auch auf ihren Kontext zumuten kann" (2007, 49) im Gegensatz zur Personalqualifikation mit Fokus auf Autorität der Hierarchie oder auf Rationalität der formalen Prozessorganisation.

4.2 ERP-Systeme

IT-Systeme haben sich zu einem kritischen Erfolgsfaktor von Organisationen entwickelt, und die Prozessorganisation in mittleren und großen Unternehmen ist in der Regel IT-gestützt (Rolf 2008: 45-46).[294] Die IT-Systeme sind modular aufgebaut, decken alle wesentlichen Unternehmensfunktionen ab und sind über eine gemeinsame Datenbasis integriert. Für diese Informationssysteme wird der Begriff *Enterprise Resource Planning* (*ERP*) verwendet (Ehie/Madsen 2005: 545).[295] ERP-Systeme[296] wie SAP oder NAVISION unterstützen alle Geschäftsprozesse (Becker/Mathas/Winkelmann 2009: 7) und legen eine bestimmte Prozessorganisation nahe.

Vor der Einführung von ERP-Systemen wurden Organisationsprozesse vorwiegend über Formulare gesteuert, die eine Abfolge von Aktivitäten vorgeben, zu denen die ausführenden Mitarbeiter Informationen eintragen und die Erledigung der Aktivität quittieren. Anschließend wird das Formular der nächsten Station des Abarbeitungsprozesses übergeben. Das ERP-System gibt wie das Formular eine bestimmte Abfolge von Aktivitäten verschiedener Organisationsbereiche vor und verlangt den Eintrag relevanter Daten und die Quittierung des Vorgangs durch die "Enter"-Taste. Im Unterschied zu Formularen liegt dem ERP-System eine Datenbank zugrunde mit hinterlegten Stammdaten und den im Verlauf eines bestimmten Prozesses erfassten Bewegungsdaten. ERP-Systeme lassen sich so einrichten, dass die Dateneingaben in einer bestimmten Reihenfolge durchgeführt werden müssen. Zusätzlich nimmt die Software dem Anwender neben Prüfungen von Eingaben auch bestimmte Algorithmen ab, z.B. Spesenermittlung für Reisekosten.

ERP-Systeme teilen mit Geschäftsprozessen das Merkmal der vorgegebenen Reihenfolge von Prozessschritten (Brown/Duguid 2002: 94). Diese Linearität von Prozessen ist nach Rolf ihr Definitionsmerkmal: "Prozesse sind eine

---

294 Nach der Konradin ERP-Studie 2009 verfügen 92 % der 1500 befragten deutschen Unternehmen mit mindestens 50 Mitarbeitern über ein ERP-System (Monitor Online 2009).
295 Parallel wird auch der Begriff Enterprise System (ES) verwendet (Davenport 1998).
296 Eine kurze Darstellung von ERP-Systemen findet sich in Kap. 2.4.3.

4.2 ERP-Systeme

Reihung logisch aufeinander folgender Aufgaben, die in vorgegebener Ablauffolge zu erledigen sind" (Rolf 2008: 44). Bei genauer Betrachtung von ERP-Systemen trifft die Linearitätsthese nur eingeschränkt zu. Es werden Prozesse auch parallel bearbeitet, z.B. die gleichzeitige kaufmännische und technische Auftragsabwicklung. Entscheidend ist, dass zu bestimmten Meilensteinen die Teilprozesse zusammengeführt werden und dann eine Abhängigkeitsbeziehung besteht.

Anspruchsvolle ERP-Systeme können mit Hilfe von Konfiguration[297], Customizing[298] und Parametrisierung[299] eine Vielzahl von Prozessen und Prozessvarianten IT-technisch unterstützen (Becker/Mathas/Winkelmann 2009: 9). Trotzdem ist es - mit Ausnahme von automatisierbaren Prozessen - nicht möglich, die realen Prozesse mit ERP-Systemen vollständig abzubilden. Daraus ergeben sich zwei mögliche Vorgehensweisen bei der Implementierung von IT-Systemen. Der erste Weg besteht darin, die Unternehmensprozesse durch Standardisierung an die Möglichkeiten des ERP-Systems anzupassen (Davenport 1998: 125). Das Ergebnis sind Standardprozesse, die zu keinem entscheidenden Wettbewerbsvorteil führen, weil auch die Konkurrenz über vergleichbare Systeme verfügt (Harmon 2007: 474). Der alternative Weg besteht in der Anpassung und Erweiterung der ERP-Systeme mit dem Nachteil hoher Investitionskosten und langer Einführungszeiten. Ein Auslöser für dieses Zuschneiden (Tayloring) des ERP-Systems auf die Anwenderwünsche ist der "management-by-deals" Ansatz (Ciborra 2009: 20), mit dem das Management die Mitarbeiter zu motivieren versucht, das ERP-System zu nutzen.[300]

ERP-Systeme entfalten ihr Potenzial zur Kosten- und Durchlaufzeitreduzierung vorwiegend bei standardisierbaren Prozessen (Harmon 2007: 474-475, Rolf 2008: 56). Die Anbieter von ERP-Software haben daher Branchenlösungen[301] entwickelt, die als Standardlösungen auf spezifische Prozessorganisationen zu-

---

297 "Unter Konfiguration (synonym: Modularisierung) ist die Auswahl der benötigten bzw. gewünschten Programmbausteine zu verstehen, die i.d.R. zum Zeitpunkt der Installation erfolgt. Eine nachträgliche Umkonfiguration (insbesondere eine Erweiterung um zusätzliche Module) ist üblicherweise möglich" (Becker/Mathas/Winkelmann 2009: 9).
298 "Customizing umfasst alle Maßnahmen zur Anpassung einer Standardsoftware an die kundenindividuellen Anforderungen und Gegebenheiten" (Becker/Mathas/Winkelmann 2009: 9).
299 Customizing wird durch Parametrisierung technisch realisiert: "Bei der Parametrisierung wird das Verhalten von Standardsoftware durch das Setzen von vordefinierten Parametern an die individuellen Anforderungen angepasst" (Becker/Mathas/Winkelmann 2009: 9).
300 Nach Ciborra (2009: 20) verfahren ca. 50 % der ERP-Projekte nach "management-by-deals". Der Vorschlag von Kieser und Koch, durch Prototyping im Rahmen des "transactive organizational learning" (Kieser/Koch 2008: 335) die Akzeptanz der Anwender zu erhöhen, kann das Problem der fehlenden Eignung von ERP-Systemen für dynamische Prozesse zwar reduzieren, aber nicht aufheben.
301 Vgl. als Beispiel die Beschreibung von SAP in Wikipedia: SAPWIKI.iwoars.net.

geschnitten sind. Zusätzlich haben sich ERP-Systeme mit webbasierten Portalen und E-Business Lösungen auch gegenüber dem Internet geöffnet (Harmon 2007: 475).

Davenport bekräftigt in seiner kritischen Analyse der Reengineering-Bewegung seine Prozessdefinition als "a structure for action" (Davenport 2000: 137) und stellt klar, dass sich diese Prozessdefinition auf das erwünschte Verhalten bezieht und auf diese Weise von den wirklichen Prozessen abstrahiert, für die sich in der Organisationsforschung der Begriff *Practice* durchgesetzt hat (2000: 137). Die Hauptursache für die mangelhafte Abbildung der Praxis durch das abstrakte Prozessdesign ist in der linearen Abfolge von Aktivitäten in *Workflows* begründet, die das wichtigste Tool der Prozessdesigner bilden (Davenport 2005: 78). Diese Aussage trifft insbesondere auf die durch ERP-Systeme vorgegebenen Prozessschritte zu, die vom Anwender eine hohe Disziplin im Hinblick auf die Vollständigkeit und Qualität der Dateneingabe und die Anpassung der eigenen Arbeitsweise an die vom ERP-System vorgegebene zeitliche Reihenfolge verlangt. Die Folge ist eine grundsätzliche Lücke zwischen der durch das ERP-System vorgegebenen Prozessorganisation und den tatsächlich von den Anwendern praktizierten Prozessen. Je weniger standardisierbar die Prozesse sind und je höher der Anteil von anspruchsvoller Wissensarbeit ist, desto größer ist die zu erwartende Lücke.

Innerhalb der Wirtschaftswissenschaft und der Informatik fokussiert sich die Erforschung der IT-gestützten Prozessorganisation mit der "Success Factor Research" (Kieser/Nicolai 2005) auf die Fragestellung, wie IT-Systeme erfolgreich implementiert werden können. In einer ersten Gruppe von Studien wird aus der Literatur eine Liste von ca. 20 *Critical Success Factors (CSFs)* extrahiert, und dann werden Experten gefragt, wie wichtig bestimmte Faktoren für die erfolgreiche Implementierung von ERP-Systemen sind. Das Ergebnis ist eine Rangfolge mit dem höchsten Rang für Unterstützung durch das Top-Management, gefolgt von Merkmalen des Projektmanagements und der abteilungsübergreifenden Kommunikation und Zusammenarbeit (Somers/Nelson 2001: 7). Für die Anwendung der Forschung auf die praktische Projektarbeit erweist sich die differenzierte Analyse der CSFs pro Phase der Implementierung eines ERP-Systems (Somers/Nelson 2001: 7) als hilfreich. Die Forschergruppe um Nah unterscheidet die vier Phasen "Chartering Phase" mit Vorbereitung, Analyse und Design, "Implementation" mit Projekt- und Einführungsphase und "Maintenance" mit der produktiven Nutzung und Evaluation des ERP-Systems (Nah/Lau/Kuang 2001: 290). Die CSFs sind unterschiedlich relevant und wirksam in den unterschiedlichen Phasen (Nah/Delgado 2006: 106). Die Perspektive des Projektverlaufs ist vorwiegend in Fallstudien untersucht worden (Parr/Shanks 2000; Snider/da Silveira/Balakrishan 2009), in denen mit Hilfe von

4.2 ERP-Systeme

Experteninterviews und Dokumentenanalyse die Bedeutung der CSFs in den Projektphasen rekonstruiert werden. Echte Longitudinalstudien mit unterschiedlichen Erhebungszeitpunkten bilden die Ausnahme (Plant/Willcocks 2007).

Innerhalb der Querschnittstudien hat sich eine Standard-Vorgehensweise etabliert. Im ersten Schritt wird eine Liste von CSF-Kandidaten durch Literaturrecherche ermittelt. Anhand einer eigenen Befragung werden die CSFs in einem zweiten Schritt in eine Rangfolge gebracht. Zur besseren Übersicht nehmen die Forscher drittens mit Hilfe einer explorativen Faktoranalyse eine Dimensionsreduktion auf 5-8 CSFs vor, die dann als Faktorscore oder Index aus den einzelnen Items neue Variablen bilden. Im vierten Schritt werden diese neuen CSFs als unabhängige Variablen in Beziehung zu separat erhobenen Variablen zur direkten Messung des Erfolgs von ERP-Systemimplementierungen (Ehie/Madson 2005: 552) gesetzt. Differenziert man die (abhängige) Erfolgsvariable weiter auf, so ergibt sich erwartungsgemäß ein differenzierteres Bild der Effekte von CSFs auf Erfolg von ERP-Systemen (Gericke/Kleese/Winter/Wortmann 2010: 686). Inhaltlich zeigt sich in den neuesten Studien ein besonderes Gewicht der Variablen des technischen Systems, die differenzierter als in den früheren CSF-Studien erhoben werden (Gericke/Kleese/Winter/Wortmann 2010: 686).

Die Erfolgsvariablen teilen sich in zwei Blöcke auf: Erstens "Product Performance" Sinne von Prozessverbesserungen und Produktivitätssteigerungen und zweitens "Process Performance" als Erfolg der Implementierungsprojekts durch Einhaltung von Kostenbudget und Termintreue (Wallace/Keil/Rai 2004: 292). Die Studie von Wallace/Keil/Rai ist ein Musterbeispiel der Erfolgsfaktorenforschung. Neben der erwähnten Unterteilung der beiden Erfolgsvariablen werden die unabhängigen Variablen in die drei Gruppen "Social System Risk", "Project Management Risk" und "Technical Subsystem Risk" (Wallace/Keil/Rai 2004: 294) aufgeteilt, mit denen die Schwerpunkte der bisherigen Forschung in ein Modell gebracht werden. Mit der Weiterentwicklung der CSF-Forschung um Risikofaktoren wird empirisch belegt, dass das technische System, z.B. neue Architekturen der "Infrastruktur der Serviceorientierung" (Aier/Bucher/Winter 2011: 78), deutlich mehr Anteil am Erfolg von ERP-Implementierungen hat (Hörmann/Schermann/Krcmar 2010: 2144).

Nicolai und Kieser haben mit ihrer These "eklatanter Erfolgslosigkeit" (2002: 579) die Erfolgsfaktorenforschung kritisiert. Geht man von wirtschaftlichen Kennzahlen des Unternehmenserfolgs aus, ist nicht zu erwarten, dass allgemeine Merkmale der Organisation zu verallgemeinerbaren Prognosen des Unternehmenserfolgs führen. Für ERP-Systeme ermitteln Poston und Grabski einen Kostenanstieg durch ERP und einen Rückgang des Anteils der Personalkosten im Jahr nach der ERP-Einführung (2000: 479). Selbst der positive Effekt der Reduzierung von Personalkosten wird dadurch relativiert, dass Unternehmen ohne ERP im gleichen Zeitraum mehr Personalabbau betrieben haben (Poston/Grabski 2000: 479). Auch für die IT-gestützten Beschaffungsprozesse (Supply Chains), die sich in den letzten Jahren zu einem Schwerpunkt der ERP-Systeme entwickelt haben, zeigen die Forschungsergebnisse, dass der Rationalisierungseffekt nicht in dem geplanten Umfang eintritt (Botta-Genoulaz/Millet 2005: 518). Damit lässt sich die CSF-Forschung nicht auf den Unternehmenserfolg, sondern auf den Implementierungserfolg von ERP-Systemen anwenden. Für die Organisationspraxis lassen sich somit aus den CSF-Ergebnissen Anleitungen für ERP-Projekte ableiten, damit sich die hohen Investitionen in die ERP-Systeme durch erhöhte Produktivität sowie sicherere und transparentere Prozesse auszahlen.

4.3 Material Agency

Rammert verwendet für die Techniksoziologie einen weiten Begriff der *Technik*, der ingenieurtechnische Konstruktionen *und* Prozesse sozialen Handelns umfasst, die durch Regeln, Routinen oder Schemata sozial programmiert sind: "*Techniken sind also nicht allein ingenieurtechnische Konstruktionen wirksamer Werkzeuge und Maschinen, sondern zugleich auch soziale Konstruktionen der Mittel und Formen, wie in Gesellschaften gearbeitet, geforscht, kommuniziert und gelebt wird. Techniken sind nicht nur technische Installationen aus physischer Materie, Energie und Information, sondern zugleich auch material vermittelte soziale Institutionen*" (Rammert 2007a: 14).

Für Technik ist ein Trägermedium notwendig, z.B. eine Maschine, ein Computer oder ein Handlungsskript. Entscheidend ist allerdings, wie Menschen individuell oder in sozialen Beziehungen diese Trägermedien nutzen (Rammert 2007b: 8-9). Die Trägermedien und die Aktivitäten der Nutzer bilden nach Rammert zusammen eine *soziotechnische Konstellation* (2007a: 17, 35), die Non-Humans (z.B. Maschinen, Computer) *und* Interaktionen von Akteuren umfassen[302]. Non-Humans (z.B. Maschinen, Computer) wird innerhalb der soziomateriellen Konfiguration eine *Material Agency*[303] ein, indem technische Systeme Tätigkeiten übernehmen, die vorher von Menschen ausgeübt wurden (Rammert 2007a: 105). Neben diesen an die Technik delegierten Aktivitäten bilden die auf Technik bezogenen sozialen Handlungen von Akteuren das zweite Hauptelement der soziotechnischen Konstellationen: "Die Beiträge der Non-Humans werden

---

302 Vgl. auch den Begriff der *soziomateriellen Konfiguration* von Suchman (2009: 268), der in Kap. 4.1.2 dargestellt wird.
303 Den Begriff "Material Agency" zitiert Rammert (2007b: 14) nach A. Pickering.

4.3 Material Agency

von den Menschen sinnförmig weiterprozessiert, und meistens sind es diese Nachkonfigurationen der Verstehensbemühungen, die den hybriden Kommunikationsprozess am Laufen halten" (Lorentzen 2002: 107)[304].

Die Frage, *wie* Maschinen handeln, beantworten Rammert und Schulz-Schäffer (2002) mit dem dreistufigen *gradualisierten Handlungsbegriff* (2002: 49). Die erste Stufe des *Bewirkens von Veränderungen*[305] kann in konkreten Handlungsprozessen sowohl von menschlichen Akteuren als auch von Computern geleistet werden. So bewirkt im Beispiel einer webbasierten Buchbestellung die Rückmeldung des Programms jeweils eine weitere Handlung des Anwenders. In diesem Fall "handelt" der Computer stellvertretend für den Buchlieferanten als juristische Person (Weiß 2002: 65). Die zweite Stufe des *kontingenten Handelns* (auch-anders-handeln können) und damit das Erzeugen von Flexibilität mit positiven oder negativen Überraschungen kann auch von Computern geleistet werden (Rammert/Schulz-Schaeffer 2002: 46). Insbesondere fortgeschrittene Computerspiele sind so konstruiert, damit sie beim Spieler zumindest den Eindruck kontingenten Handelns erwecken (2002: 46).

Auf der dritten Stufe der *Intentionalität und Reflexivität des Handelns* gehen Rammert und Schulz-Schaeffer zunächst davon aus, dass die interne Komplexität der Technik den Anwender dazu zwingt, eine intentionale Beschreibungssprache für die technischen Prozesse zu verwenden (2002: 47). Das bedeutet für Computer, dass die Anwender die Outputs des Computers interpretieren müssen, weil sie keinen direkten Zugriff auf die systeminternen Operationen der Maschine haben[306]. Neben der Interpretation des Anwenders verwendet die Technik auch selbst intentionales Vokabular: "Software-Agenten können natürlich im Rahmen ihrer programmierten Eigenschaften aus den Verhaltensweisen der Nutzer Schlüsse ziehen, sich ein Nutzermodell mit seinen Eigenheiten und Erwartungen machen und dementsprechend das eigene Verhalten - in gewisser Weise "reflexiv" auf diese Erfahrungen hin - verändern" (Rammert 2007a: 84)[307].

Neben der Integration der Material Agency konzentriert sich die Technikforschung auf die "Perspektive praktisch konstruierter Beziehungen" (Rammert

---

304 Um die besonderen Anforderungen von Computern an soziale Systeme als Verwendungskontext in einem Modell abzubilden, wird der Begriff *Social Interface* (Miebach 2012) vorgeschlagen.
305 Rammert und Schulz-Schaeffer (2002: 50) beziehen sich hier explizit auf den Handlungsbegriff von Giddens.
306 Die Wirtschaftsinformatik verwendet die Begriffe "De- und Rekontextualisierung" (Rolf 2008: 98), um die Übergänge zwischen technischen und sozialen Systemen zu beschreiben.
307 Rammert und Schulz-Schaeffer lassen die Grundsatzfrage offen, ob diese Verwendung intentionaler Begriffe durch die Technik tatsächlich die Qualität intentionalen Handelns aufweist (2002: 47). Stattdessen konzentrieren sie sich "pragmatistisch" (2002: 47) auf die Beobachtung gesellschaftlicher Praktiken.

2007a, 63)[308] und empfehlen die empirische Methode der *Technografie* (2007b), um die Nutzung der Technik detailliert zu dokumentieren. B. Latour hat mit M. Cannon und J. Law diese ethnografische Vorgehensweise im Rahmen der *Actor-Network-Theory (ANT)* etabliert (Belliger/Krieger 2006) und Latour bringt mit einem fiktiven Dialog zwischen einem Promotionsstudenten und einem ANT-Professor. Der Student formuliert zunächst den positivistischen Standpunkt der empirischen Forschung: "Mit 'Rahmen' meine ich eine Theorie, ein Argument, eine allgemeine Fragestellung, ein Konzept - etwas, damit die Daten Sinn machen. Man braucht immer einen Rahmen" (Latour 2007: 248). Der Rat des Professors lautet: "Wenn ich Sie wäre, würde ich von Rahmen insgesamt Abstand nehmen. Beschreiben Sie nur den vorliegenden Sachverhalt" (2007: 249).

Dieser Rat ist für den Studenten nicht hilfreich, solange er nicht weiß, wie man die Lage der Dinge wissenschaftlich beschreibt. Dies erklärt ihm der Professor: "Ich habe einfach gesagt, daß Ihre Erklärung entweder relevant ist, und das bedeutet in der Praxis, daß Sie einen neuen Agenten zur Beschreibung hinzufügen - das Netzwerk ist umfassender, als Sie dachten -, oder es ist kein Akteur, der einen Unterschied macht, und dann fügen Sie bloß etwas Irrelevantes hinzu, das weder der Beschreibung hilft noch der Erklärung. In diesem Fall sollten Sie es sein lassen" (2007: 254-255). Anstelle von Interpretation und Anwendung von Bezugsrahmen soll der Student einfach die Wirklichkeit beschreiben und einen Text erstellen (2007: 258)[309]. Die wissenschaftliche Erklärung liefern die Akteure selbst, so dass der Forscher gut beraten ist, auf eigene Erklärungsmodelle zu verzichten: "Auch die Akteure vergleichen, auch sie produzieren Typologien, auch sie entwerfen Standards; auch sie verbreiten ihre Maschinen und ihre Organisationen, Ideologien, Geisteszustände" (2007: 258-259).

Mit dem Leitsatz, dass "Information stets Transformation ist" (2007: 261), grenzt sich Latour gegenüber dem strukturtheoretischen Standpunkt ab. Eine Struktur ist ein Netzwerk, über das man nur grobe Informationen hat. Es sollte beschrieben werden, wie Akteure mit ihrem Handeln etwas tun, das einen Unterschied macht, anstatt sie als abstrakte Platzhalter für Handlungsmuster zu betrachten. Was den Unterschied ausmacht, ist genau die *Transformation* innerhalb der Interaktionsprozesse, die Akteure produzieren. Ein anschauliches Beispiel für die Anwendung der ANT-Methode stellt die Studie von Callon über den Anbau von Kammmuscheln in der Bretagne (Callon 2006) aus dem Jahr 1986 dar, die in dem Sammelband zur ANT von Belliger und Krieger (2006) abgedruckt ist[310].

---

308 Damit vollzieht Rammert mit der Techniksoziologie den "practice turn"; vgl. Kap. 4.1.2.
309 Diese Argumentation zeigt die methodische Nähe zwischen ANT und Ethnomethodologie.
310 Einen Überblick über den Stand der ANT bietet auch Kneer/Schroer/Schüttpelz (2008). Bammé (2008) analysiert die ANT aus wissenschaftstheoretischer Perspektive.

Literaturverzeichnis

Ackermann, R., 2003: Die Pfadabhängigkeitstheorie als Erklärungsansatz unternehmerischer Entwicklungsprozesse. In: G. Schreyögg, J. Sydow (Hg.), Managementforschung 13. Wiesbaden, 225-255.
Abele, A.E., Spurk, D., Volmer, J., 2011: The construct of career success: Measurement issues and an empirical example. Journal for Labour Market Research 43(3): 195-306.
Ahlers, G.M., 2006: Organisation der integrierten Kommunikation. Entwicklung eines prozessorientierten Organisationsansatzes.Wiesbaden.
Aier, S.; Bucher, T.; Winter, R., 2011: Kritische Erfolgsfaktoren für die Gestaltung serviceorientierter Informationssysteme. Ableitung und empirische Evaluation eines Kausalmodells. WIRTSCHAFTSINFORMATIK, 2: 75-87.
Allard-Poesi, F., 2011: A Foucauldian perspective on strategizing. In: D. Golsorkhi, L. Rouleau, D. Seidl, E. Vaara (Hg.), Cambridge Handbook of Strategy as Practice. Cambridge, 168-182.
Allweyer, T., 2005: Geschäftsprozessmanagement. Strategie, Entwurf, Implementierung, Controlling. Herdecke.
Alvesson, M., (2002) 2005: Understanding Organizational Culture. London.
Alvesson, M., Sveningsson, S., 2008: Changing Organizational Culture. Cultural change work in progress. London.
An der Heiden, U., 1992: Selbstorganisation in dynamischen Systemen. In: W. Krohn, G. Küppers (Hg.), Emergenz: Die Entstehung von Ordnung, Organisation und Bedeutung. Frankfurt/M., 57-88.
Argyris, C., 1993: Defensive Routinen. In: G. Fatzer (Hg.), Organisationsentwicklung für die Zukunft. Köln, 179-226.
Argyris, C, Schön, D.A., 1978: Organizational Learning: A Theory of Action Perspective. Reading.
Argyris, C., Schön, D.A., (1996) 1999: Die lernende Organisation. Grundlagen, Methode, Praxis. Stuttgart.
Arthur, W.B., (1994) 2000: Increasing Returns and Path Dependence in the Economy. Ann Arbor.
Bacharach, S.B., Lawler, E.J., 1980: Power and Politics in Organizations. San Francisco.
Bachmann, R., 2001: Trust, Power and Control in Trans-Organizational Relations. Organization Studies 22: 337-365.
Baecker, D., 1999: Organisation und System. Frankfurt/M.
Baecker, D., 2005: Form und Formen der Kommunikation. Frankfurt/M.
Baecker, D., 2007: Studien zur nächsten Gesellschaft. Frankfurt/M.
Baecker, D., 2012: Postheroische Führung. In: D. Baecker, Organisation und Störung. Aufsätze. Frankfurt/M., 269-288.
Bamberber, I. Wrona, T., 2004: Strategische Unternehmensführung. Strategien, Systeme und Prozesse. München.
Bammé, A., 2007: Die Neuordnung des Sozialen durch Technologie. Marburg.
Bammé, A., 2008: Wissenschft im Wandel. Bruno Latour als Symptom. Marburg.
Barley, S.R., 2010: Building an Institutional Field to Corral a Government: A Case to Set an Agenda for Organization Studies. Organization Studies 31 (6): 777-805.
Barley, S.R., Kunda, G., 2001: Bringing Work Back In. Organization Science 12(1): 76-95.

Barley, S. R., Tolbert, P.S., 1997: Institutionalization and Structuration: Studying the Links between Action and Institution. Organization Studies 18: 93-117.
Barnard, C.I., (1938) 1968: The Functions of the Executive. Cambridge.
Bartlett, C.A., Ghoshal, S., (1998) 2002: Managing Across Boarders. The Transnational Solution. Boston.
Bateson, G. (1972) 1996: Ökologie des Geistes. Anthropologische, psychologische, biologische und epistemologische Perspektiven. Frankfurt/M.
Battilana, J., 2006: Agency and Institutions: The Enabling Role of Individuals' Social Position. Organization 13(5): 653-676.
Baurmann, M., 2002: Vertrauen und Anerkennung. In: A. Maurer, M. Schmid (Hg.), Neuer Institutionalismus. Zur soziologischen Erklärung von Organisation, Moral und Vertrauen. Frankfurt/M., 107-132.
Bea, F.X., Göbel, E., 1999: Organisation. Stuttgart.
Becker, J., 1998: Marketing-Konzeption. Grundlagen des strategischen und operativen Marketing-Managements. München.
Becker, J., Mathas, C., Winkelmann, A., 2009: Geschäftsprozessmanagement. Berlin.
Becker, M., 2005: Personalentwicklung. Bildung, Förderung und Organisationsentwicklung in Theorie und Praxis. Stuttgart.
Beckert, J., 1999: Agency, Entrepreneurs, and Institutional Change. The Role of Strategic Choice and Institutionalized Practices in Organizations. Organizational Studies 20: 777-799.
Beer, S. (1985) 1995: DIAGNOSING THE SYSTEM for organizations. Chichester.
Belliger, A., Krieger, D.J. (Hg.), 2006: ANThology. Ein einführendes Handbuch in die Akteur-Netzwerk-Theorie. Bielefeld.
Benz, A., Lütz, S., Schimank, U., Simonis, G. (Hg.), 2007: Handbuch Governance. Theoretische Grundlagen und empirische Anwendungsfelder. Wiesbaden.
Binnewies, C., Sonnentag, S., 2006: Arbeitsbedingungen, Gesundheit und Arbeitsleistung. In: S. Leidig, K. Limbacher, M. Zielke von Dustri (Hg.), Stress im Erwerbsleben: Perspektiven eines integrativen Gesundheitsmanagements. Lengerich, 47-69.
Bösenberg, D., Metzen, H., (1992) 1995: Lean Management. Vorsprung durch schlanke Konzepte. Landsberg/Lech.
Bolman, L.G., Deal, T.E., 1997: Reframing Organizations. San Francisco.
Borg, I., 2000: Führungsinstrument Mitarbeiterbefragung. Theorien, Tools und Praxiserfahrungen. Göttingen.
Botta-Genoulas, V., Millet, P.-A., 2005: A classification for better use of ERP system. Computers in Industry 56: 573-587.
Bourdieu, P., 1985: Sozialer Raum und « Klassen ». Frankfurt/M.
Bourdieu, P., (1994) 1998: Praktische Vernunft. Zur Theorie des Handelns. Frankfurt/M.
Bourdieu, P., (1998) 2005a: Die männliche Herrschaft. Frankfurt/M.
Bourdieu, P., (1979) 1999: Die feinen Unterschiede. Kritik der gesellschaftlichen Urteilskraft. Frankfurt/M.
Bourdieu, P., 2005b: Die verborgenen Mechanismen der Macht. Hamburg.
Bourdieu, P., Wacquant, L.J.D., 1992: An Invitation to Reflexive Sociology. Chicago.
Bowling, N.A., 2007: Is the job satisfaction-job performance relationship spurious?: A meta-analytic examination. Journal of Vocational Behavior 71: 167-185.
Braun, D., 1999: Theorien rationalen Handelns in der Politikwissenschaft. Eine kritische Einführung. Opladen.
Breisig, T., 1998: Personalbeurteilung - Mitarbeitergespräch - Zielvereinbarungen. Frankfurt/M.
Brown, J. S., P. Duguid, P., 2002: The social life of information. Boston.
Bruhn, M., 2004: Unternehmenskommunikation. In: G. Schreyögg, A. von Werder (Hg.), Handwörterbuch Unternehmensführung und Organisation. Stuttgart, 1531-1539.

Bruhn, M., 2006: Integrierte Unternehmens- und Markenkommunikation. Strategische Planung und operative Umsetzung. Stuttgart.
Bühl, W.L., 1990: Sozialer Wandel und Ungleichgewicht: Zyklen, Fluktuationen und Katastrophen. Stuttgart.
Burns, T., Stalker, G.M. (1961) 2001: The Management of Innovation. Oxford.
Burt, R. S., (1992) 1995: Structural Holes. The Social Structure of Competition. Cambridge.
Burt, R. S., 2005: Brokerage and Closure: An Introduction to Social Capital. Oxford.
Callon, M., (1986) 2006: Einige Elemente einer Soziologie der Übersetzung. Die Domestikation der Kammmuscheln und der Fischer der St. Brieuc-Bucht. In: A. Belliger, D.J. Krieger (Hg.), ANThology. Ein einführendes Handbuch in die Akteur-Netzwerk-Theorie. Bielefeld, 135-174.
Campbell, J.L., 2004: Institutional Change and Globalization. Princeton.
Carter, C., 2008: A Curiosly British Story. Foucault Goes to Business School. International Studies of Management and Organizations 38 (1): 13-29.
Castells, M. (2001) 2005: Die Internet-Galaxie. Internet, Wirtschaft und Gesellschaft: Wiesbaden.
Chandler, A.D., (1962) 2003: Strategy and Structure. Chapters in the History of the American Industrial Enterprise. Washington.
Chia, R., Holt, R., 2006: Strategy ac Practical Coping: A Heideggerian Perspecitve. Organization Studies 27 (5): 635-655.
Chia, Robert, MacKay, B., 2007: Post-processual challenges for the emerging strategy-as-practice perspective: Discovering strategy in the logic of practice. Human Relations 60 (1): 217-242.
Ciborra, C. U., 2009: A Critical Review of the Literature on the Management of Corporate Information Infrastructure. In: C. U. Cibarro and Associates (Hg.), From Control to Drift. The Dynamics of Corporate Information Structures. Oxford, 16-40.
Clarke, T., Clegg, S., 1998: Changing Paradigms. The Transformation of Management Knowledge for the 21st Century. Croydon/Surrey.
Clegg, S.R., 1989: Frameworks of Power. London.
Clegg, S.R., Courpasson, D., Phillips, N., (2006) 2007: Power and Organizations. Los Angeles.
Cohen, M.D., March, J.G., Olsen, J.P., 1972: A Garbage Can Model of Organizational Choice. Administrative Science Quarterly 17: 1-25.
Coleman, J.S., (1990) 1994: Foundations of Social Theory. Cambridge.
Crozier, M., Friedberg, E., (1977) 1993: Die Zwänge kollektiven Handelns. Frankfurt/M.
Cyert, R. M., March, J. G., 1963: A Behavioral Theory of the Firm. Englewood Cliffs.
Davenport, T.H., 1993: Process Innovation. Reengineering Work through Information Technology. Boston.
Davenport, T. H., 1998: Putting Enterprise into the Enterprise System. Harvard Business Review July-August: 121-131.
Davenport, T. H., 2000: Mission Critical. Realizing the Promise of Enterprise Systems. Boston.
Davenport, T.H., 2005: Thinking for a Living. How to Get Better Performance and Results from Knowledge Workers. Boston.
Deal, T.E., Kennedy, A.A., (1982) 1997: Corporate Cultures. The Rites and Rituals of Corporate Life. Reading.
Deetz, S., 2001: Conceptual Foundations. In: F.J. Jablin, L.L. Putnam (Hg.), The New Handbook of Organizational Communication. Advances in Theory, Research and Methods. Thousand Oaks, 3-46.
Degele, N., 2002: Einführung in die Techniksoziologie. München.
Diekmann, A., (1995) 1999: Empirische Sozialforschung. Grundlagen, Methoden, Anwendungen. Reinbeck bei Hamburg.
DiMaggio, P.J., Powell, W.W., (1983) 1991, The Iron Cage Revisited: Institutional Isomorphism and Collective Rationality in Organization Fields. In: W.W. Powell, P.J. DiMaggio (Hg.), The New Institutionalism in Organizational Analysis. Chicago, 63-107.

Dobusch, L., 2010: Kaskaden der Komplementarität: Pfadabhängigkeit organisationaler und technischer Strukturen. Zeitschrift für betriebswirtschaftliche Forschung 62: 422-451.
Domsch, M., Schneble, A., 1992: Mitarbeiterbefragungen. Heidelberg.
Dougherty, D., 1996: Organizing for Innovation. In: S.R. Clegg, C. Hardy, W.R. Nord (Hg.), Handbook of Organizational Studies. London, 424-439.
Donaldson, L., 2001: The Contingency Theory of Organizations. Thousand Oaks.
Driver, M., 2009: Struggling with Lack: A Lacanian Perspective on Organizational Identity. Organization Studies 30 (1): 55-72.
Drucker, P., 2007: Managing in the next Society. Oxford.
Ebers, M., Gotsch, W., 2001: Institutionenökonomische Theorien der Organisation. In: A. Kieser (Hg.), Organisationstheorien. Stuttgart, 199-251.
Ehie, I.C., Madsen, M. 2005: Identifying critical issues in enterprise resource planning (ERP) implementation. Computers in Industry 56: 545-557.
Eisenberg, E. M., Riley, P., 2001: Organizational Culture. In: F.J. Jablin, L. L. Putnam (Hg.), 2001: The New Handbook of Organizational Communication. Advances in Theory, Research and Methods. Thousand Oaks, 291-322.
Eisenhardt, K.M., 1989: Agency Theory: An Assessment and Review. Academy of Management Review 14: 57-74.
Esser, H., 1999: Soziologie. Spezielle Grundlagen. Bd. 1: Situationslogik und Handeln. Frankfurt/M./N.Y.
Esser, H., 2001: Soziologie. Spezielle Grundlagen. Bd. 6: Sinn und Kultur. Frankfurt/M./N.Y.
Esposito, E., 2002: Soziales Vergessen. Frankfurt/M.
Fietze, S., 2011: Arbeitszufriedenheit und Persönlichkeit: "Wer schaffen will, muss fröhlich sein!". SOEPpapers on Multidisciplinary Panel Data Research. Berlin.
Foucault, M., (1976) 1994a: Überwachen und Strafen. Die Geburt des Gefängnisses. Frankfurt/M.
Foucault, M., (1972) 1994b: Die Ordnung des Diskurses. Frankfurt/M.
Foucault, M., (1973-74) 2005: Die Macht der Psychiatrie. Frankfurt/M.
Frank, U., 2004: Informationstechnologie und Organisation. In: G. Schreyögg, A. von Werder (Hg.), Handwörterbuch Unternehmensführung und Organisation. Stuttgart, 471-487.
French, W.L., Bell, C.H. (1973) 1994: Organisationsentwicklung. Stuttgart.
Frese, E., (1980) 2005: Grundlagen der Organisation. Entscheidungsorientiertes Konzept der Organisationsgestaltung. 9., vollständig überarbeitete Auflage. Wiesbaden.
Frese, E., Stöber, H. (Hg.), 2002: E-Organisation. Strategische und organisatorische Herausforderungen des Internet. Wiesbaden.
Fried, A., 2001: Konstruktivismus. In: E. Weik, R. Lang (Hrsg.), Moderne Organisationstheorien. Eine sozialwissenschaftliche Einführung. Wiesbaden, 29-60.
Friedberg, E., (1993) 1995: Ordnung und Macht. Dynamiken organisierten Handelns. Frankfurt/M.
Frost, P.J., Moore, L.F., Louis, M.R., Lundberg, C.C., Martin, J. (Hg.), 1991: Reframing Organizational Culture. Newbury Park.
Gabriel, Y., (1999) 2004: Organizations in Depth. The Psychoanalysis of Organizations. London.
Gaitanides, M., 1998: Business Reengineering/Prozeßmanagement - von der Managementtheorie zur Theorie der Unternehmung. Die Betriebswirtschaft 58: 369-381.
Gaitanides, M., 2004: Prozessorganisation. In: G. Schreyögg, A. v. Werder (Hg.), Handwörterbuch Unternehmensführung und Organisation. Stuttgart, 1208-1218.
Gaitanides, M., 2007: Prozessorganisation. München.
Gaitanides, M., 2008: Zur Innovationskraft des Prozessmanagements - Verdrängt "Exploitation" "Exploration"? In: M. Hock, K-I. Voigt (Hg.), Operations Management in Theorie und Praxis. Aktuelle Entwicklungen des Industriellen Managements. Wiesbaden, 45-65.
Garfinkel, H., (1967) 2006: Studies in ETHNOMETHODOLOGY. Cambridge.
Geißler, H., 1995: Grundlagen des Organisationslernens. Weinheim.

Gericke, A., Klesse, M.; Winter, R.; Wortmann, F., 2010: Success Factors of Application Integration: An Exploratory Analysis. Communications of the AIS, 27(1): 677-694.
Gersch, M., Goeke, C., Wessel, L., 2009: Interorganisationale Routinen - Enstehung, Implikationen sowie Möglichkeiten und Grenzen einer zielorientierten Gestaltung. Zeitschrift für Management (4): 209-234.
Gersick, C.J.G., 1991: Revolutionary Change Theories: A Multilevel Exploration of the Punctuated Equilibrium Paradigm. Academy of Management Review 16: 10-36.
Giddens, A., (1984) 1997: Die Konstitution der Gesellschaft. Frankfurt/M.
Gigerenzer, G., Selten, R.(Hg.), 1999: Bounded Rationality. The Adaptive Toolbox. Cambridge.
Goffman, E., (1961) 1973: Asyle. Über die soziale Situation psychiatrischer Patienten und anderer Insassen. Frankfurt/M.
Goffman, E., (1974) 1977: Rahmen-Analyse. Ein Versuch über die Organisation von Alltagserfahrungen. Frankfurt/M.
Golsorkhi, D., Rouleau, L., Seidl, D., Vaara, E. (Hg.), (2010) 2011: Cambridge Handbook of Strategy as Practice. Cambridge.
Gomez, M.-L., 2011: A Bourdieusian perspective on strategizing. In: D. Golsorkhi, L. Rouleau, D. Seidl, E. Vaara (Hg.), Cambridge Handbook of Strategy as Practice. Cambridge, 141-154.
Granovetter, M., (1985) 2000: Ökonomisches Handeln und soziale Struktur: Das Problem der Einbettung. In: H.-P. Müller, S. Sigmund (Hg.), Zeitgenössische amerikanische Soziologie. Opladen, 175-207.
Greif, S., 2004: Geschichte der Organisationspsychologie. In: H. Schuler (Hg.), Lehrbuch Organisationspsychologie. Bern, 21-57.
Greenwood, R., Suddaby, R., 2006: Institutional Entrepreneurship in Mature Fields: The Big Five Accounting Firms. Academy of Management Journal 49 (1): 27-48.
Habermas, J., 1981a: Theorie des kommunikativen Handelns. Bd. 1: Handlungsrationalität und gesellschaftliche Rationalisierung. Frankfurt/M.
Habermas, J., 1981b: Theorie des kommunikativen Handelns. Bd. 2: Zur Kritik der funktionalistischen Vernunft. Frankfurt/M.
Hammer, M., Champy, J., (1993) 1994: Business Reengineering. Die Radikalkur für das Unternehmen. Frankfurt/M.
Hannan, M.T., Freeman, J., 1984: Structural Inertia and Organizational Change. American Sociological Review 49: 149-164.
Hannan, M.T., Freeman, J., (1976) 1995: Die Populationsökologie von Organisation. In: H.-P. Müller, M. Schmid (Hg.), Sozialer Wandel. Modellbildung und theoretische Ansätze. Frankfurt/M., 291-339.
Harmon, P., 2007: Business Process Change. Burlington, MA.
Harvard Business Manager, 2005: Harvard Business Review - erweiterte deutsche Ausgabe. Mai: 112-130.
Hasse, R., Krücken, G., 2005a: Neo-Institutionalismus. Bielefeld.
Hasse, R., Krücken, G., 2005b: Organisationsgesellschaft und Weltgesellschaft im soziologischen Neo-Institutionalismus. In: W. Jäger, U. Schimank (Hg.), Organisations-Gesellschaft. Facetten und Perspektiven. Wiesbaden, 124-147.
Hedberg, B., 1981: How organizations learn and unlearn. In: P.C. Nystrom, W. H. Starbuck (Hg.), Handbook of organizational design. New York, Vol. 1, 3-37.
Helfen, M., 2009: Soziale Netzwerke und Organisation. Die soziale Einbettung des Verhaltens von und in Unternehmen. In: G. Schreyögg, J. Sydow (Hg.), Verhalten in Organisationen. Managementforschung 19, 179-220.
Hess, T., Schuller, D., 2005: Business Process Reengineering als nachhaltiger Trend? Eine Analyse der Praxis in deutschen Großunternehmen nach einer Dekade. Zeitschrift für betriebswirtschaftliche Forschung 57: 355-373.

Hickson, D.J., Hinings, C.R., Lee, C.A., Schneck, R.E., Pennings, J.M., 1971: A Strategic Contingencies' Theory of Intraorganizational Power. Administrative Science Quarterly 16: 216-229.
Hill, P.B., 2002: Rational-Choice-Theorie. Bielefeld.
Hinings, C.R., Hickson, D.J, Pennings, J.M., Schneck, R.E., 1974: Structural Conditions of Intraorganizational Power. Administrative Science Quarterly 19: 22-44.
Hinterhuber, H.H., 1992: Strategische Unternehmensführung. I Strategisches Denken. Berlin.
Hoch, J.E., Wegge, J., Schmidt, K.-H., 2009: Führen mit Zielen. Report Psychologie 34: 308-320.
Höflich, J.R., 1996: Technisch vermittelte interpersonelle Kommunikation. Opladen.
Hoffman, B.J., Woehr, D.J., 2006: A quantitative review of the relationship between person-organization fit and behavioral outcomes. Journal of Vocational Behavior 68:389-399.
Hofstede, G., 2001: Culture's Consequences. Second Edition. Thousand Oaks.
Hofstede, G., Peterson, M.F., 2000: Culture: National Values and Organizational Practices. In: N.M. Ashkanasy, C.P.M. Wilderom, M.F. Peterson (Hg.), Handbook of Organizational Culture & Climate. Thousand Oaks, 401-415.
Holler, M.J., Illing, G., (1991) 2003: Einführung in die Spieltheorie. Berlin.
Hörmann, S., Schermann, M.; Krcmar, H., 2010: Eine quantitative Perspektive auf die Priorität von Risikofaktoren in IT-Projekten. Proceedings Multikonferenz Wirtschaftsinformatik 2010: 2139-2150.
Hornke, L., Winterfeld, U., 2004: Eignungsbeurteilungen auf dem Prüfstand: DIN 33430 zur Qualitätssicherung. Heidelberg.
Husted, B.W., 2007: Agency, Information, and the Structure of Moral Problems in Business. Organization Studies 28 (2): 177-195.
Hutzschenreuter, T., Voll, J., 2007: Internationalisierungspfad und Unternehmenserfolg - Implikationen kultureller Distanz in der Internationalisierung. Zeitschrift für betriebswirtschaftliche Forschung 59: 814-846.
Jablin, F.J., Putnam, L.L. (Hg.), 2001: The New Handbook of Organizational Communication. Advances in Theory, Research and Methods. Thousand Oaks.
Jäger, W., Schimank, U. (Hg.), 2005: Organisationsgesellschaft. Facetten und Perspektiven. Wiesbaden.
Jansen, D., 2006: Einführung in die Netzwerkanalyse. Grundlagen, Methoden und Forschungsbeispiele. Wiesbaden.
Jarzabkowski, P., 2004: Strategy as Practice: Recursiveness, Adaptation, and Practices-in-Use. Organization Studies 25 (4): 529-560.
Kaplan, R.S., Norton, D.P., 1997: Balanced Scorecard. Stuttgart.
Keller, G., Teufel, T., 1997: SAP R/3 prozeßorientiert anwenden. Iteratives Prozeß-Prototyping zur Bildung von Wertschöpfungsketten. Bonn.
Kieser, A. (Hg.), 2001: Organisationstheorien. Stuttgart.
Kieser, A., 2007: Entwicklung von Organisationstheorien als Zeitgeistphänomen. Zeitschrift für betriebswirtschaftliche Forschung 59: 678-705.
Kieser, A., Ebers, M. (Hg.), 2006: Organisationstheorien. Stuttgart
Kieser, A., Koch, U., 2008: Bounded Rationality and Organizational Learning Based on Rule Changes. Management Learning 39 (3): 329-347.
Kieser, A., Nicolai, A. T., 2005: Success Factor Research. Overcoming the Trade-Off Between Rigor and Relevance? Journal of Management Inquiry 14 (3): 275-279.
Kieser, A., Walgenbach, P., 2003: Organisation. Stuttgart.
Kindermann TCV GmbH, 2010: 101 Geschäftsvorfälle abgebildet in NAVISION Microsoft Dynamics NAV. Berlin.
Kirchner, K., 2003: Integrierte Unternehmenskommunikation. Theoretische und empirische Bestandsaufnahme und eine Analyse amerikanischer Großunternehmen. Wiesbaden.

Kirsch, W., 1977: Einführung in die Theorie der Entscheidungsprozesse. Zweite, durchgesehene und ergänzte Auflage der Bände I bis III als Gesamtausgabe. Wiesbaden.
Kneer, G., Schroer, M., Schüttpelz, E., 2008: Bruno Latours Kollektive. Frankfurt/M.
Koch, J., 2007: Strategie und Handlungsspielraum: Das Konzept der strategischen Pfade. Zeitschrift Führung + Organisation 76 (5): 283-291.
Kohnlechner, S.W., Güttel, W.H., 2009: Kontinuierlicher Wandel mit Ambidexterity. Vorhandenes Wissen nutzen und gleichzeitig neues entwickeln. Zeitschrift Führung + Organisation 78 (1): 45-53.
Kosiol, E., 1962: Organisation der Unternehmung. Wiesbaden.
Kotter, J.P., Heskett, J.L., 1992: Corporate Culture and Performance. New York.
Kuhn, T.S., (1974) 1978: Neue Überlegungen zum Begriff Paradigma. In: T.S. Kuhn, Die Entstehung des Neuen. Studien zur Struktur der Wissenschaftsgeschichte. Frankfurt/M., 389-420.
Latour, B., 2005: Reassembling the Social. An Introduction to Actor-Network-Theory. Oxford.
Latour, B., 2007: Eine neue Soziologie für eine neue Gesellschaft. Frankfurt/M. (deutsche Ausgabe von Latour 2005).
Laux, H., Liermann, F., 2003: Grundlagen der Organisation. Die Steuerung von Entscheidungen als Grundproblem der Betriebswirtschaftslehre. Heidelberg.
Lave, J., Wenger, E., (1991) 2003: Situated Learning. Legitimate Peripheral Participation. Cambridge.
Lawrence, P.R., Lorsch, J.W., 1967: Differentiation und Integration in Complex Organizations. Administrative Science Quarterly 12: 1-47.
Levy, A., Merry, U., 1996: Organizational Transformation. Approaches, Strategies, Theories. New York.
Lewin, K., 1982: Kurt-Lewin-Werkausgabe. Band 4: Feldtheorie (herausgegeben von Carl-Friedrich Graumann). Stuttgart.
Lichtsteiner, R. A., 2001: Neue Tendenzen im HRM aus der Sicht der Praxis. In: N. Thom, R. J. Zaugg (Hg.), Excellence durch Personal- und Organisationskompetenz. Bern, 21-36.
Lin, A., Silva, L., 2005: The social and political construction of technological frames. European Journal of information systems: EJIS / Operational Research Society 14 (1): 49-59.
Lindblom, C.E., 1969: The Science of "Muddling Through". In: Etzioni, A. (Hg.), Readings in Modern Organizations. Englewood Cliffs, 154-166.
Lindblom, C.E., 1979: Still Muddling, Not Yet Through. Public Administration Review 39 (6): 517-526.
Lorentzen, K.F., 2002: Luhmann goes Latour - Zur Soziologie hybrider Beziehungen. In: W. Rammert, I. Schulz-Schaeffer (Hg.), Können Maschinen handeln? Soziologische Beiträge zum Verhältnis von Mensch und Technik. Frankfurt/M./New York.
Lorsch, J., Graff, S. K., 2002: Corporate governance. In: A. Sorge (Hg.), Organization. London, 107-126.
Luckmann, T., 1992: Theorie des sozialen Handelns. Berlin.
Luhmann, N., (1968) 1973: Vertrauen. Ein Mechanismus zur Reduktion sozialer Komplexität. Stuttgart.
Luhmann, N., 1975: Macht, Stuttgart.
Luhmann, N., 1984: Soziale Systeme. Grundriss einer allgemeinen Theorie. Frankfurt/M.
Luhmann, N., 1988: Sozialsystem Familie. System Familie 1. 75-91.
Luhmann, N., 1992a: Organisation. In: W. Küpper, G. Ortmann (Hrsg.), Mikropolitik: Rationalität, Macht und Spiele in Organisationen. Opladen, 165-185.
Luhmann, N., 1995a: Das Risiko der Kausalität. In: Zeitschrift für Wissenschaftsforschung, 9/10: 107-119.
Luhmann, N., 1992b: Die Wissenschaft der Gesellschaft. Frankfurt a.M.
Luhmann, N., 1997: Die Gesellschaft der Gesellschaft. Frankfurt/M.

Luhmann, N., 2000: Organisation und Entscheidung. Wiesbaden.
Luhmann, N., 2002a: Einführung in die Systemtheorie. Herausgegeben von D. Baecker. Heidelberg.
Luhmann, N., 2002b: Die Politik der Gesellschaft. Frankfurt/M.
Luhmann, N., 2005: Einführung in die Theorie der Gesellschaft. Heidelberg.
Lukes, S., (1974) 2005: Power. A Radical View. Houndmills/New York.
Lyons, J.B., Schneider, T.R., 2009: The effects of leadership style on stress outcomes. The Leadership Quarterly 20(5): 737-748.
Maclean, M., Harvey, C., Chia, R., 2010: Dominant Corporate Agents and the Power Elite in France and Britain. Organization Studies 31 (3): 327-348.
Madauss, B.J., (1984) 2000: Handbuch Projektmanagement. Mit Handlungsanleitungen für Industriebetriebe, Unternehmensberater und Behörden. Stuttgart
Maletzke, G., 1998: Kommunikationswissenschaft im Überblick. Grundlagen, Probleme, Perspektiven. Wiesbaden.
Malik, F., 1989: Strategie des Managements komplexer Systeme. Ein Beitrag zur Management-Kybernetik evolutionärer Systeme. Bern.
March, J.G., Olsen, J.P., 1976: Ambiguity and choice in organizations. Bergen.
March, J.G., Olsen, J.P., 1989: Rediscovering Institutions. The Organizational Basis of Politics. New York.
March, J.G., Simon, H.A., (1958) 1993: Organizations. Cambridge.
Maturana, H.R., 1985: Die Organisation des Lebendigen: eine Theorie der lebendigen Organisation. In: H.R. Maturana, Erkennen: Die Organisation und Verkörperung von Wirklichkeit. Braunschweig, 138-156.
Maurer, A., Schmid, M., 2002: Die ökonomische Herausforderung der Soziologie. In: A. Maurer, M. Schmid (Hg.), Neuer Institutionalismus. Zur soziologischen Erklärung von Organisation, Moral und Vertrauen. Frankfurt/M., 9-38.
Maylett, T., 2009: 360-Degree Feedback, The Transition from Development to Appraisal. Compensation and Benefits Review: 1-8.
McKinley, W., 2010: Organizational Theory Development: Displacement of Ends? Organization Studies 31 (1): 47-68.
Merten, K., Zimmermann, R., Hartwig, H.A. (Hg.), 2003: Das Handbuch der Unternehmenskommunikation. München.
Meyer, J.W., Rowan, B., (1977) 1991: Institutionalized Organizations: Formal Structure as Myth and Ceremony. In: W.W. Powell, P.J. DiMaggio (Hg.), The New Institutionalism in Organizational Analysis. Chicago, 41-62.
Miebach, B., 2009: Prozesstheorie. Wiesbaden.
Miebach, B., 2010: Soziologische Handlungstheorie. Eine Einführung. Wiesbaden.
Miebach, B., 2012: Computer und soziale Systeme: Strukturelle Kopplung oder Material Agency? Soziale Systeme 17(1): 97-119.
Mintzberg, H., 1983: Power in and around organizations. Englewood Cliffs.
Monitor Online, 2009: Verbreitung von ERP-Systemen gestiegen. http://www.monitor.co.at/index.cfm/storyid/11457 (zuletzt gesehen am: 02.11.2009).
Müller-Benedict, V., 2000: Selbstorganisation in sozialen Systemen. Opladen.
Müller-Stewens, G., Lechner, C., 2003: Strategisches Management. Wie strategische Initiativen zum Wandel führen. Stuttgart.
MZSG, 1990: Strukturmodell der lebensfähigen Unternehmung. In: MZSG, Unterlagen zum Seminar "Systemorientiertes Management" am MZSG. St. Gallen.
Nadler, D.A., Tushman, M.L., 1989: Organizational Frame Bending: Principles for Managing Reorientation. The Academy of Management EXCECUTIVE 3: 194-204.
Nah, F.F.-H., Delgado, S., 2006: Critical Success Factors for Enterprise Resource Planning Implementation and Upgrade. Journal of Computer Information Systems, H. Special Issue: 99-113.

Nah, F.F.-H.; Lau, J.L.-S.; Kuang, J., 2001: Critical Factors for Successful Implementation of Enterprise Systems. Business Process Management Journal 7(3): 285-296.
Nee, V., Ingram, P., 1998: Embeddedness and Beyond: Institutions, Exchange and Social Structure. In: M.C. Brinton, V. Nee (Hg.), The New Institutionalism in Sociology. Stanford, 19-45.
Neuberger, O., 1995: Mikropolitik. Der alltägliche Aufbau und Einsatz von Macht in Organisationen. Stuttgart.
Neuberger, O., 2000: Das 360°-Feedback. München.
Neuberger, O., 2002: Führen und führen lassen. Ansätze, Ergebnisse und Kritik der Führungsforschung. Stuttgart.
Nicolai, A., Kieser, A., 2002: Trotz eklatanter Erfolglosigkeit: Die Erfolgsfaktorenforschung weiter auf Erfolgskurs. DBW 62 (6): 579-596.
Nöcker, R., 2006: Willkommen im Panoptikum. Frankfurter Allgemeine Zeitung Nr. 228 (30.09.2006): C1.
Normann, R., (2001) 2004: Reframing Business. When the Map Changes the Landscape. Colchester.
North, D.C., 1990: Institutions, Institutional Change and Economic Performance. Cambridge.
North, D.C., (1990) 1992: Institutionen, institutioneller Wandel und Wirtschaftsleistung. Tübingen.
North, D.C., 2005: Understanding the Process of Economic Change. Princeton.
O'Reilly III, C.A., Tuchmann, M.L., 2004: The Ambidextrous Organization. Harvard Business Review: 74-81.
O'Reilly, T., 2006: Nach IBM und Microsoft haben wir jetzt die Google-Ära. Interview. Frankfurter Allgemeine Zeitung Nr. 270 (20.11.2006): 21.
Orlikowski, W. J., 2002: Knowing in Practice: Enacting a Collective Capability in Distributed Organizing. Organization Studies 13 (3): 249-273.
Orlikowski, W. J., Gash, D. C., 1994: Technological Frames: Making Sense of Information Technology in Organizations. ACM Transactions on Information Systems 12 (2): 174-207.
Ortmann, G., Sydow, J., Windeler, A., (1997) 2000: Organisation als strukturelle Reflexion. In: G. Ortmann, J. Sydow, K. Türk (Hg.), Theorien der Organisation. Wiesbaden, 315-354.
Ostrom, E., Gardner, R., Walker, J., (1994) 2003: Rules, Games, Common-Pool Resources. Ann Arbor.
Ouchi, W.G., 1981: Theory Z. How American Business Can Meet the Japanese Challenge. Reading.
Parsons, T., 1959: General Theory in Sociology. In: R.K. Merton u.a. (Hg.), Sociology Today, Vol. I. New York, 3-38.
Parsons, T., (1945) 1973: Systematische Theorie in der Soziologie. Gegenwärtiger Stand und Ausblick. In: T. Parsons, Beiträge zur soziologischen Theorie. Darmstadt und Neuwied, 31-64.
Parsons, T., (1966) 1975: Gesellschaften. Evolutionäre und komparative Perspektiven. Frankfurt/M.
Parsons, T., (1961) 1976: The Point of View of the Author. In: M. Black (Hg.), The Social Theories of Talcott Parsons. Carbondale, Ill., 311-363.
Parsons, T., 1980: Zur Theorie der sozialen Interaktionsmedien. Opladen.
Parsons, T., Platt, G.M., (1973) 1974: The American University. Cambridge.
Parr, A., Shanks, G., 2000: A model of ERP project implementation. Journal of Information Technology 15: 289-303.
Patch, 2010: Patch (Software). In: Wikipedia. Die freie Enyklopädie. http://de.wikipedia.org/wiki/Patch_%28Software%29 (Stand 10.03.2010).
Plant, R., Willcocks, L., 2007: Critical Success Factors in International ERP Implementations. A Case Research Approach. Journal of Computer Information Systems: 60-70.
Pautzke, G., 1989: Die Evolution der organisationalen Wissensbasis. Bausteine zu einer Theorie des organisationalen Lernens. München.
Perich, R., 1993: Unternehmensdynamik, Bern.
Perrow, C., (1972) 1986: Complex Organizations. A Critical Essay. New York.

Peters, T.P., Waterman, R.H., 2003: Auf der Suche nach Spitzenleistungen. Was man von den bestgeführten US-Unternehmen lernen kann. Landsberg.
Pfeffer, J., (1992) 1994: Managing with Power - Politics and Influence in Organizations. Boston.
Pfeffer, J., Salancik, G.R., (1978) 2003: The External Control of Organizations. A Resource Dependence Perspective. Stanford.
Pflaum, D., Linxweiler, R., 1998: Public Relations der Unternehmung. Landsberg/Lech.
Picot, G., 2005: Personelle und kulturelle Integration. In: G. Picot (Hg.), Handbuch Mergers & Acquisitions. Planung, Durchführung, Integration. Stuttgart, 449-490.
Picot, A., Reichwald, R., Wigand, R.T., (1996) 2003: Die grenzenlose Unternehmung. Information, Organisation, Management. Lehrbuch zur Unternehmensführung im Informationszeitalter. Wiesbaden.
Pierson, P., 2004: Politics in Time. History, Institutions, and Social Analysis. Princeton.
Pongratz, H. J., Voß, G. G., 2003: Arbeitskraftunternehmer : Erwerbsorientierungen in entgrenzten Arbeitsformen. Berlin.
Popitz, H., 1992: Phänomene der Macht. Tübingen.
Poston, R., Grabski, S., 2000: The impact of enterprise resource planning systems on firm performance. In: International Conference on Information Systems. Proceedings of the Twenty First International Conference on Information Systems. Atlanta: Association for Information Systems, 479-493.
Porter, M.E., (1985) 1989: Wettbewerbsvorteile (Competetive Advantage). Spitzenleistungen erreichen und behaupten. Frankfurt/M.
Powell, W.W., 1990: Neither Market nor Hierarchy: Network Forms of Organization. Research in Organizational Behavior 12: 295-336.
Powell, W.W., DiMaggio, P.J. (Hg.), 1991: The New Institutionalism in Organizational Analysis. Chicago.
Rammert, W., 2007a: Technik - Handeln - Wissen. Wiesbaden.
Rammert, W., 2007b: Technografie trifft Theorie. http://www.ssoar.info/ssoar/files/2008/317/tuts_wp_1_2007.pdf (abgerufen am 20.10.2011).
Rammert, W., Schulz-Schaeffer, I., 2002: Technik und Handeln. Wenn soziales Handeln sich auf menschliches Verhalten und technische Artefakte verteilt. In: W. Rammert, I. Schulz-Schaeffer (Hg.), Können Maschinen handeln? Frankfurt/M., 11-64.
Rayport, J.F., Sviokla, J.J., 1996: Die virtuelle Wertschöpfungskette - kein fauler Zauber. Harvard Business Manager 18: 1996: 104-113.
Reckwitz, A., 2003: Grundelemente einer Theorie sozialer Praktiken. Eine sozialtheoretische Perspektive. Zeitschrift für Soziologie 32: 282-301.
Reckwitz, A., 2009: Praktiken der Reflexivität: Eine kulturtheoretische Perspektive auf hochmodernes Handeln. In: F. Böhle, M. Weihrich (Hg.), Handeln unter Unsicherheit. Wiesbaden, 169-182.
Reed, M. I., 2001: Organization, Trust and Control: A Realist Analysis. Organization Studies 22 (2): 201-228.
Reinbacher, P., 2008: Werte, Kultur und die "Kultivierung" der Organisation. Zeitschrift Führung + Organisation 77 (6): 360-366.
Roberts, J., 2004: The Modern Firm. Organizational Design for Performance and Growth. Oxford.
Rodgers, R., Hunter, J.E., 1991: Impact of Management by Objectives on Organizational Productivity. Journal of Applied Psychology 76: 322-336.
Rolf, A., 2008: Mikropolis 2010. Marburg.
Rosenstiel von, L., 1999a: Motivation von Mitarbeitern. In: L. von Rosenstiel, E. Regnet, M. E. Domsch (Hg.), Führung von Mitarbeitern. Handbuch für erfolgreiches Management. Stuttgart, 173-192.
Rosenstiel von, L., 1999b: Arbeitszufriedenheit. In: L. von Rosenstiel, E. Regnet, M.E. Domsch (Hg.), Führung von Mitarbeitern. Handbuch für erfolgreiches Management. Stuttgart, 193-204.

Literaturverzeichnis 231

Rosenstiel von, L., 1999c: Grundlagen der Führung. In: L. von Rosenstiel, E. Regnet, M. E. Domsch (Hg.), Führung von Mitarbeitern. Handbuch für erfolgreiches Management. Stuttgart, 3-24.

Rosenstiel von, L., 2000: Grundlagen der Organisationspsychologie. Stuttgart.

Sackmann, S.A., Bertelsmann Stiftung, 2004: Erfolgsfaktor Unternehmenskultur. Mit kulturbewusstem Management Unternehmensziele erreichen und Identifikation schaffen - 6 Best Practice-Beispiele. Wiesbaden.

Schatzki, T. R., 2006: On Organizations as they Happen. Organization Studies 27 (12): 1863-1873.

Schein, E.H., (1985) 1997: Organizational Culture and Leadership. San Francisco.

Schein, E.H., 2006: From Brainwashing to Organizational Therapy: A Conceptual and Empirical Journey in Search of 'Systemic' Health and a General Model of Change Dynamics. A Drama in Five Acts. Organization Studies 27: 287-301.

Schimank, U., 2002: Handeln und Strukturen. Eine Einführung in die akteurtheoretische Soziologie. Weinheim und München.

Schimank, U., 2005: Die Entscheidungsgesellschaft. Komplexität und Rationalität der Moderne. Wiesbaden.

Schmid, M., 2004: Rationales Handeln und soziale Prozesse. Beiträge zur soziologischen Theoriebildung. Wiesbaden.

Scholz, R., 1994: Geschäftsprozeßoptimierung. Crossfunktionale Rationalisierung oder Strukturelle Reorganisation. Bergisch Gladbach.

Schoppek, W., Putz-Osterloh, W., 2004: Informationsverhalten. In: G. Schreyögg, A. von Werder (Hg.), Handwörterbuch Unternehmensführung und Organisation. Stuttgart, 489-497.

Schreyögg, G., 1998: Organisation. Grundlagen moderner Organisationsgestaltung; mit Fallstudien. Wiesbaden.

Schreyögg, G., Sydow, J., Koch, J., 2003: Organisatorische Pfade - Von der Pfadabhängigkeit zur Pfadkreation? In: G. Schreyögg, J. Sydow (Hg.), Managementforschung 13. Wiesbaden, 257-294.

Schreyögg, G., von Werder, A. (Hg.), 2004: Handwörterbuch der Unternehmensführung und Organisation. Stuttgart.

Schütz, A., (1932) 1974: Der sinnhafte Aufbau der sozialen Welt. Eine Einleitung in die verstehende Soziologie. Frankfurt/M.

Schuler, H., 1999: Auswahl von Mitarbeitern. In: L. von Rosenstiel, E. Regnet, M.E. Domsch (Hg.), Führung von Mitarbeitern. Handbuch für erfolgreiches Management. Stuttgart, 131-160.

Schuler, H. (Hg.), 2004: Lehrbuch Organisationspsychologie. Bern.

Schwaninger, M., Körner, M., 2003: Systemisches Projektmanagement. Ein Instrumentarium für komplexe Veränderungs- und Entwicklungsprojekte. Zeitschrift Führung und Organisation 72 (2): 75-85.

Scott, W.R., (1995) 2001: Institutions and Organizations. Thousand Oaks.

Scott, W.R., Meyer, J.W., (1983) 1991: The Organization of Societal Sectors: Propositions and Early Evidence. In: W.W. Powell, P.J. DiMaggio (Hg.), The New Institutionalism in Organizational Analysis. Chicago, 108-140.

Seibert, S.E., Silver, S.R., Randolph, W.A., 2004: Taking Empowerment to the next Level: A Multiple-Level model of Empowerment, Performance, and Satisfaction. Academy of Management Journal 47 (3): 332-349.

Sekiguchi, T., 2004: Person-Organization Fit and Person-Job Fit in Employee Selection: A Review of the Literature. Osaka Keidai Ronshu 54 (6): 179-196.

Selznick, P., (1957) 1984: Leadership in Administration. A Sociological Interpretation. Berkeley.

Senge, P., (1990) 1997: Die fünfte Disziplin. Kunst und Praxis der lernenden Organisation. Stuttgart.

Siedenbiedel, G., 2010: Organisation ... leicht verständlich, Stuttgart.

Simon, H.A., 1997: Models of Bounded Rationality. Empirically Grounded Economic Reason. Vol. 3. Cambridge.

Simon, H., Homburg, C., 1998: Kundenzufriedenheit. Konzepte-Methoden-Erfahrungen. Wiesbaden.
Snider, B., da Silveira, G.J.C., Balakrishnan, J., 2009: ERP Implemenation at SMEs: Analysis of five Canadian Cases. International Journal of Operations & Production Management 29 (1): 4-29.
Sofsky, W., Paris, R., (1991) 1994: Figurationen sozialer Macht. Autorität, Stellvertretung, Koalition. Frankfurt/M.
Somers, T.M., Nelson, K., 2001: The Impact of Critical Success Factors across the Stages of Enterprise Resource Planning Implementations. Proccedings of the 34th Hawaii International Conference on System Sciences: 1-10.
Sprenger, R.K., , 2010: Mythos Motivation. Wege aus einer Sackgasse. Frankfurt a.M.
Spurk, D., Abele, A.E., 2011: Who Earns More and Why? A Multiple Mediation Model from Personality to Salary. Journal of Business and Psychology 26: 87-103.
Staehle, W. H., 1991: Management. Eine verhaltenswissenschaftliche Perspektive. München.
Steyrer, J., Meyer, M., 2010: Welcher Führungsstil führt zum Erfolg? Zeitschrift Führung und Organisation 79 (3): 148-155.
Suchman, L., (2007) 2009: Human - Machine Reconfigurations. Plans and Situated Actions, 2nd Edition. Cambridge.
Sydow, J., 2006: How can systems trust systems? A structuration perspective on trust-building in inter-organizational relations. In: Bachmann, R., Zaheer, A. (Hg.), Handbook of Trust Research. Cheltenham, 377-392.
Teece, D.J., (2000) 2002: Managing Intellectual Capital. Organizational, Strategic, and Policy Dimensions. Oxford.
Theis, A.M., 1994: Organisationskommunikation. Opladen.
Thompson, J.D., (1967) 2005: Organizations in Action. Social Science Bases of Administrative Theory. New Brunswick.
Töpfer, A., Zander, E. (Hg.), 1985: Mitarbeiter-Befragungen. Ein Handbuch. Frankfurt/M.
Töpfer, A. (Hg.), 1996: Kundenzufriedenheit messen und steigern. Neuwied.
Tolbert, P. S., Zucker, L., 1996: The Institutionalization of Institutional Theory. In: S. R. Clegg, C. Hardy, W. R. Nord (Hg.), Handbook of Organizational Studies. London, 175-190.
Tosti, T., Addison, R., M., 2009: 360-degree feedback: Going around in circles? Performance Improvement 48: 36-39.
Türk, K., (1997) 2000: Organisation als Institution der kapitalistischen Gesellschaftsformation. In: G. Ortmann, J. Sydow, K. Türk. (Hg.), Theorien der Organisation. Die Rückkehr der Gesellschaft. Wiesbaden, 124-176.
Tushman, M.L., Newman, W.H., Romanelli, E., 1986: Convergence and Upheaval: Managing the Unsteady Pace of Organizational Evolution. California Management Review 24: 29-44.
Van de Ven, A.H., Polley, D.E., Garud, R., Venkataraman, S., 1999: The Innovation Journey. New York.
Verhulst, F., 2000: Nonlinear Differential Equations and Dynamical Systems. Second Edition, Berlin.
Waldforst, S., 2007: Die Wirkung von Zielen auf die Arbeitsleistung von Akteuren. Eine experimentelle Untersuchung. Wiesbaden.
Walgenbach, P., Beck, N., 2000: Von statistischer Qualitätskontrolle über Qualitätssicherungssysteme hin zum Total Quality Management - Die Institutionalisierung eines neuen Managementkonzepts. Soziale Welt 51: 325-354.
Walgenbach, P., 2001: Institutionalistische Ansätze in der Organisationssoziologie. In: A. Kieser (Hg.), Organisationstheorien. Stuttgart, 319-353.
Walgenbach, P., 2002: Neoinstitutionalistische Organisationstheorie - State of the Art und Entwicklungslinien. In: G. Schreyögg, P. Conrad (Hg.), Managementforschung 12, Wiesbaden, 155-202.
Walgenbach, P., Meyer, R., 2008: Neoinstitutionalistische Organisationstheorie. Stuttgart.

Wallace, L.; Keil, M.; Rai, A., 2004: How Software Project Risk Affects Project Performance: An Investigation of the Dimensions of Risk and an Exploratory Model. Decision Sciences 35: 289-321.
Watzlawick, P., Weakland, J., Fisch, R., 1974: Change. Principles of Problem Formation and Problem Resolution. New York.
Weber, M., (1922) 1972: Wirtschaft und Gesellschaft. Grundriss der verstehenden Soziologie. Tübingen.
Weber, M., (1922) 1973: Gesammelte Aufsätze zur Wissenschaftslehre. Tübingen.
Wegge, J., Jeppesen, H.J., Weber, W.G., Pearce, C.L., Silva, S.A., Pundt, A., Jonsson, T., Wolf, S., Wassenaar, C.L., Unterrainer, C., Piecha, A., 2010: Promoting Work Motivation in Organizations: Should Employee Involvement in Organizational Leadership Become a New Tool in the Organizational Psychologist's Kit? Journal of Personnel Psychology 9: 154-171.
Weick, K.E., (1969) 1985: Der Prozeß des Organisierens. Frankfurt/M.
Weick, K.E., 1995: Sensemaking in Organizations. London.
Weick, K.E., Ashford, S. J., 2001: Learning in Organizations. In: F.J. Jablin, L. L. Putnam (Hg.), The New Handbook of Organizational Communication. Advances in Theory, Research and Methods. Thousand Oaks, 704-731.
Weick, K. E., Sutcliffe, K. M., 2001: Managing the Unexpected. San Francisco.
Weik, E., Lang, R. (Hg.), 2001: Moderne Organisationstheorien. Eine sozialwissenschaftliche Einführung. Wiesbaden.
Weik, E., Lang, R. (Hg.), 2003: Moderne Organisationstheorien 2. Strukturorientierte Ansätze. Wiesbaden.
Weinert, A. B., 2004: Organisations- und Personalpsychologie. 5. und vollständig überarbeitete Auflage. Weinheim/Basel.
Weinert, F. E., 1996: Lerntheorien und Instruktionsmodelle. In: F. E. Weinert (Hg.), Psychologie des Lernens und der Instruktion. Göttingen, 1-48.
Wenger, E., Snyder, W. M., 2000: Communities of Practice: The Organizational Frontier. Harvard Business Review. January-February: 139-145.
Wenzel, P., Post, H., (Hg.), 1998: Business Computing mit BaaN. Modellierung, Customizing und Anwendung betriebswirtschaftlich-integrierter Geschäftsprozesse. Braunschweig.
Werder von, A., 2004: Corporate Governance (Unternehmensverfassung). In: G. Schreyögg, A. von Werder (Hg.), Handwörterbuch Unternehmensführung und Organisation. Stuttgart, 159-170.
Westermann, A., 2004: Unternehmenskommunikation im Internet. Bestandsaufnahme und Analyse am Beispiel nationaler und internationaler Unternehmen. Berlin.
Weyer J., 2008: Techniksoziologie. Genese, Gestaltung und Steuerung sozio-technischer System. Weinheim.
Whittington, R., 2006: Completing the Practice Turn in Strategy Research. Organization Studies 27: 616-634.
Whittington, R., 2011: Giddens, structuration theory and Strategy as Practice. In: D. Golsorkhi, L. Rouleau, D. Seidl, E. Vaara (Hg.), Cambridge Handbook of Strategy as Practice. Cambridge, 109-126.
Wilderom, C.P.M., Glunk, U., Maslowski, R., 2000: Organizational Culture as a Predictor of Organizational Performance. In: N.M. Ashkanasy, C.P.M. Wilderom, M.F. Peterson (Hg.), Handbook of Organizational Culture & Climate. Thousand Oaks, 193-209.
Wiegand, M., (1996) 1998: Prozesse Organisationalen Lernens. Wiesbaden.
Williamson, O.E., 1985: The Economic Institutions of Capitalism. Firms, Markets, Relational Contracting. New York.
Windeler, A., 2001: Unternehmensnetzwerke. Konstitution und Strukturation. Wiesbaden.
Winterstein, H., 1998: Mitarbeiterinformation. Informationsmaßnahmen und erlebte Transparenz in Organisationen. München.

Womack, J.P., Jones, D.T., Roos, D, (1990) 1991: Die zweite Revolution in der Autoindustrie. Konsequenzen aus der weltweiten Studie aus dem Massachusetts Institute of Technology. Frankfurt/M.

Zerfaß, A., (1996) 2005: Unternehmensführung und Öffentlichkeitsarbeit. Grundlegung einer Theorie der Unternehmenskommunikation und Public Relations. Wiesbaden.

Zimbardo, P.G., (1988) 1992: Psychologie. Berlin.

Zucker, L.G., 1987: Institutional Theories of Organization. Ann. Rev. Sociol. 13: 443-464.

Zucker, L.G., (1977) 1991: The Role of Cultural Persistence. In: W.W. Powall, P.J. DiMaggio (Hg.), The New Institutionalism in Organizational Analysis. Chicago, 83-107.

Sachregister

Abschirmung *134, 135, 140*
Ablauforganisation *127*
Accountability *191-193*
Action is system *86*
Actor-Network-Theory 200, *220*
Adaptionsfähigkeit *72*
Adhokratie *75, 83*, 88, 112
adverse selection *48*
Agenda Setzung *75*
Agency
-, embedded *177*
-, institutional *137*
-, material *218-220*
-, strategic *137*
Agent *47*, 157-158
Agentur *41-42*
-leiter *189*
-theorie 18-19, *47-50*, 53, 199
Aggregation
-sregel *180*
Akteur
-handeln *103*
-, institutioneller *137*
-, korporativer *158*
Aktionsforschung *171*
Akzeptanz *187*
Ambidexterity (Beidhändigkeit) 72, *99*, 195, 200
ambidextrous *99*
Ambiguität *103*
Anarchie
-, organisationale 87, *103-104*, 118, 158
Anfälligkeit von Neuerungen *192-193*
Anpassung *190*
-, sekundäre *92*
-sstrategien *143*
Anreiz *23*, 101-102, 179
-Beitrags-Bilanz *22*
-struktur *177*
-systeme 26, 49, 53, 122, 197
Ansprüche *35*, 38, 45
anthropologisch *88*

Anti-Diskriminierungsgesetz *136*
Arbeit
-sbedingungen *204*
-seinheit *30*
-skraftunternehmer *204*
-nehmervertreter *114*
-sleistung 26-27, 29
-sprozess *40*
-sschutz *136*
-ssicherheit *136*
-steilung *74*
-szeit *19*
-szufriedenheit *24-26*, 37
Arena
-, Handlungs- *101*
-, politische *77*
Argumentieren *107-109*
Artefakt *51*, 66, 82, 157-159, 163, 206
Assessment Center *45*
Attraktor
-, evolutionärer *181*
Aufbauorganisation *127*
Aufmerksamkeit *213*
Aufsichtsgremien *141*
Auftauen *171*
Ausdifferenzierung 139, 141, *114*
Ausrichtung
-, strategische *72*
Ausrollen *122*
Auswahlverfahren 40, *45-46*, 188
Autoindustrie *160*
Automatic data processing *209*
Autonomy through boundaries *25*
Autopoiesis *34-35*, 39, 57, 110, 114, 116, 118, 143, 181-182, 212
Autorität *89*
- der Quelle *211-212*
BaaN *147*
Balanced Scorecard 99, *136*
Barriers (Widerstände) *173*
Basisannahmen *51-52*
Beauftragte *135-136*

Bedürfnis *174*
-pyramide *25*
-, Grund- *25*
Befähigung *28*
Befragung
-, telefonische *43*
Beidhändigkeit (Ambidexterity) 72, *99*, 200
Benchmark *136*
Beobachtung 45, 109, *114-116*, 158, 181, 213
Berichtsweg *111*, 112
Beschaffungsprozess *183-184*, 218
Beschäftigungsverhältnis
-, kontingentes *99*
Bestechungsdelikte *53*
Betriebsrat *187*
Betrug *140*
Beziehung
-, soziale *90*
Bewerber
-auswahl *188*
-tag *45*
Bewirken *219*
Bewusstsein
-ssystem *34*, 181
Beziehung *19*, 174
Inter-organisationale *76*
-snetz *140*
-, trans-organisationale *76*
Big Five *23*, 33
Bilanz *136*
Bildung *90*
Black Box *89*
BKK *66-69*
Börsenstory *136*
Bonussystem *33*
Boundary
- bridging *137*
-less carrer *40*
-less organization *200*
- misalignment *137*
Brainstorming *115-116*
Branche *190*
-nstandard *136*
Breakdown *76*
Bricolage *176-177*
Brücke *137*
Bürokratie *74*
-theorie 21, *74*, 195-196
-, professionelle *75*

Bürokratismus *74*
Business
-, Process Change *124*
- Process Reengineering *124-125*
- Reengineering 66, *127*, 136, 201-201, 216
- Unit 21, 97, *118-122*, 124, 146-147, 184-185
CEO *166*
Chancenanalyse *122*
Change *172*
-, Second Order *172*
Chemiebranche *97*
Chunking *154-155*
Client-Server Architektur 99, *203*
Co-Evolution *181*
Code
-, Ausführungs- *138*
-, Medien- *79*
-, Signifikations- *150*
Commitment 26, *107-109*, 189
Competence (empoerment) *25*
Computer 16, *201-220*
-programme *210*
Constraints *138-139*, 150, 177-178
Contradiction *137*
Control revolution *209*
Controlling *19*, 147
Corporate
- Governance 53, 136, *148*
- Identity *122*
- Social Responsibility *66*
C-P-These *71-73*
CPR *179-180*
Critical juncture *175-176*
Critical Success Factor (CSF) *216-218*
CRS (Corporate Social Responsibility) *66*
Community of Practice *208*
Customizing *215*
Dangerous explanation *50*
Datenbank
-, integrierte *99*
-, verteilte *99*
defensiver Mechanismus *172*
defensive Routine *163-165*, 190
Deinstitutionalisierung *175-176*
DELL *61*
Dezentralisierung *187*
Dialektik
-, organisationale *166-167*
Differenzierung *96-98*, 171, 181

Sachregister

-, Aus- *114*, 139, 141
Differenz System-Umwelt *181*
Diffusion *175-176*, 198
Digitalisierung 98, *200*
DIN *136*
Diskulturation *92*
Diskurs *70*, 90, 92
., kollektiver *70*
-, Ordnung des Diskurses *92*
Disposition
-, individuelle *41*
disrupted *70*
Distanz
-, kulturelle *53*
Distinktion *89*
Disziplin
-, fünfte *169*
Disziplinarmacht *91*
Disziplinarmaßnahme *88*
Divisonalisierung 21, *97*, 118-119
Drei-Ebenen-Modell (St. Gallen) *149*
Dualität von Struktur *151*
Dynamik *12*, 15
-, nichtlineare *183*
Ebene
-, Gesellschafts- *141-142*
-, institutionelle *141-142*
-, operative *141-142*
E-Commerce *61*, 201, *203*, 216
EDV *136*, 201
Effizienzverbesserung *125*
Effort-Reward Balance *23*
Eigen
-dynamik *82*
-leben *82*
-logik 36, *82*, 90, 105
-tum *79*
Einbettung
-, institutionelle 114, 137, *128-153*
-, soziale *140-141*
Einfrieren *171*
Einloggen *177*
Einsatzzentrale *147*
Einstellungsprozess 40, *185-189*, 192
Eintrittswahrscheinlichkeit *13*
Elite *90-91*
E-Mail *59-61*, 171
Embeddedness *137*
Embedded agency
-, Paradox of *137*

Emotion 70, *91*, 109
Empowerment 21, *25*
- -Klima *25*
- Psychologisches *25*
Enabler *201*
Enactment *108*, 177
Enterprise System (ES) *214*
Entkopplung
-, soziale *211-212*
-, sthese *130-132*, 135, 145
Entlastungsmechanismus *117*
Entlohnungssystem *19*
Entrepreneur *91*, 177, 198
-, institutioneller *137*, 177, 198
Entrepreneurship
-, institutionalized *91*
Entscheidung 13-14, 23-24, 27, 31, 37, *62*, 80-81, 85-87, *102*, 147-148, 180, 186, 191
-sfindung 13, 33, 55, *103*, 186
-sgelegenheit *104*
-skontingenzen *39*
-skriterium *49*, 119
-smacht *85*
-, Population der *189*
-sprämissen 44, *62-64*, 69, *113-114*, 183
-sprogramme 57, 102, *113-115*
-sprozesse *13*, 22, 45, *87*, *102-105*, 184
-sstruktur *104*
-stheorie 13, 22, *102*, 197
-sträger *104*
Entscheidungsprogramme 57, 102, *113-115*
-, prozedurale *102*
-, substantielle *102*
Entscheidungstheorie 13, 22, *102*, 197
-, verhaltenstheoretische *102*
E-Commerce *99*
E-Mail *204*
E-Organisation *61*
Equilibrium
,- Punctuated *174*
Erfolg 15, 41, *44*, 74, 132, 186
Erfolgsfaktoren 74, *216-218*
ERP 99, 124, 147, 187, 204, 209-210, *214-218*
Ertrag
-, wachsender *175*
Erwarten *107-109*
Ethnomethodologie 153, *206*, 220
Evolution 39, 91, 130, 171, 174, *181*, 191-192, 194, 198, 211

-smodell *181-183*, 189-190
Expediting *47*
Expertise *82*
Exploration *71-72*, 99, 125, 200
Exploitation *71-72*, 99, 125, 200
Familie *35*
Fallstudie *216-217*
Fantasie
-, irrationale *70*
Fazilität *152-153*
Feedback *68*
-, 360-Grad- *17-18*
-daten *186*
-prozess 109, *177*
-workshop *37*
-zyklen *98*
Fehlzeiten *24*
Feld
-, institutionelles *137*
-, Kraft- *90*
- der Macht *90*, 205
-, soziales *90*
-theorie *90*, 205
Fertigkeiten *156*, 174
FFM (Big Five) *23*
Field stratification *137*
Finanzamtprüfer *137*
Finanzdienstleistung 41, *187-189*
Finanzmarkt *98*
Firmenkultur *74*
Flugleitzentrale *147*
Fluktuation 24, *40-41*, 186, 192
-sentscheidung *41*, 44-45
-smodell *40-46*, 186-188
-srate *187-188*
Formular *214*
Forschung &Entwicklung (F&E) *125*
Fragebogen 14, *43*
Frame *94*, *172-173*
-bending *161*, *174*
-breaking 161, *173-174*, 192
-, Technological *208*
Framing *94*
Framework *205*
Freelancer *204*
Free-riding *49*
Freiheit *39*
Frühwarnsystem *45-46*
Führung *27*
-serfolg *27-28*

-skontinuität *72*
-spersönlichkeit *28*
-, Postheroische *40*
-squalität *44*
-sprinzip *99*
-sstile 19, *29*, 30
-sstruktur *175*
-, symbolische *30-32*
-, systemische *30*, 32
-sverhalten 27, *29-30*, 72
-, wertbasierte *200*
Fünf-Faktoren Modell (Big Five) *23*
Funktionssysteme 114, *145*
Fusion *66*, 69
Gedächtnis
-, individuelles *154-157*
-, System- 37, 44, 82, *113*, 182-183, 206
Gedanken *34*, 106, 167
Geld *78-79*, 90, 144
geschlossen
-, operativ *34*, 110
Generalisierung *79*
Geschäftsbereich *119*, 122
-sführung *114*
-sorganisation *97*
Geschäftsprozess 121, *124-126*, 184-185, 196, 214
-management *124*
-optimierung 124, *184-189*, 192
Geschäftsvorfall *189*
Geschichte
- der Organisationstheorie *195-200*
Geschichten (narratives) *70*
Gesellschaft 13, *34*, 117, 151-152, *177*, 192, 199
Gestalten 98, *189*
Gewalt 79, *91*
-, symbolische *91-92*
Gewinnmaximierung *27*
Gewohnheit *138*
Globalisierung *98*, 118-119, 200
Global player *177*
Gold *79*
Governance/Government 50
-, corporate 53, 137, *148*
Gradualisierung des Handlungsbegriffs *219*
Gratifikationskrise, berufliche *23*
Group performance pay *49*
Gruppe 117, 156, *175*
-nnormen *19*

Sachregister 239

-nprämie *49*
Gültigkeit *43*
-, Verfahrens- *46*
Habitus *89*, 205
Handeln 56, *151*
-, soziales *56*
Handlung
-shypothesen *169*
-, koordinierte *11-12*
-slogik *131*
-, rationale *14*
Handlungsbegriff
-, gradualisierter *219*
Handlungssystem
-, Allgemeines *129*
Handlungstheorie 170, *195*
-, voluntaristische *129*
Handlungsvermögen *77*
Hawthorne-Experimente *19*
Hebel
-, Prinzip des *167-169*
Helden 52, *174*
Herrschaft *79*, 151-153
-sinteresse *136*
-, legale *73-74,* 79
-, rationale *74*
hidden
- action *47-48*
- information *47-48*
- intention *47-48*
Hindernis *30*
Hierarchie 40, 57, 60, *75*, 81, 88, 98, 105, *110-112,* 148, 214
-, disziplinarische *111*
-, fachliche *112*
High Reliability Team *205*
Holes
-, structural *200*
Humanisierung der Arbeit *26*
Humankapital *53*
Human Relations-Bewegung *19-21,* 195-197
Human-Resource Management *20,* 34, 36, 38, 122, 197
Humanressource *205*
Hybride *170*
IBM 52, *66,* 163
Identifikation 70, 186, *189*
Identität *35,* 37, *52,* 72, 142
-, organisationale *70*
Images

-, private *158*
imaginär *70*
Improvisation *208*
Individualisierungsverfahren *91*
Individuum 12-13, 43, 70, *151*, 156-157, 197
-, disziplinarisches *91*
-, situiertes *141*
Informatik *85*
Information 22, 31, 47-48, 53-54, *56-57*, 59-61, 78, 85-86, 111, 113, 118, 126-127, 138-140, 143, 144, 147-148, 155, 165-166, 180, 189, 196, 198
-sgefälle *48*
-sprozess *111*
-stechnologie 119, 124, *162*
-svorsprung *47*
Information sharing (empowerment) *25*
informell 77, 147
Inkrementalismus *105*
Innovation 72, *195*
-sfähigkeit *99*
-smanagement *200*
-, Markt- *194*
-sprozess *194*
-, technische *156,* 194
Institution 39, 47, 59, 95, 104, 117-118, *128-130, 141,* 144, *151,* 177-179
-enmodell *149-153*
-, totale 88, *92*
Institutionalisierung 39, *128-130,* 145, 153
Institutionalismus *128-141,* 175
-, alter *131*
-, Neo- 73, 76, *131-137,* 142, 145, 152-153, 175-177, 190, 195, 198-199
-, Rational-Choice 130, *138-141,* 152, 177-180, 195, 199
Institutioneller
- Akteur *137*
- Entrepreneur *137*
- Wandel *137*
Institutionenökonomischer Ansatz *47,* 199
Intentionalität *219*
Integration 15, 38, *98*
-smanagement *53*
-, Sozial- *78*
-, System- *78*
-, vertikale *75,* 110
Interaktion *157*
Interessen 90, *136*
-, reale Interessen *75*

Internalisierung 52, *129*
Internet 16, *59*, 163, *201-203*
Interpersonelle Kommunikation *59-61*
Interview *42-43*, 188
Irritation 35, 65, 114,118, *143*, 144-145, 182
Irrtümer *166*
ISO *134-136*, 145
Isomorphismus *135-136,* 176
IT *122*, 187, 201, 210-218
- gestützte Prozessorganisation *99*
-systeme 52, 60, 126-127, 147, 184, 196, 199, 204, *210-212, 214-216*
IuK-Technik *202-203*, 211
Job
-beziehungen *23*
-wechsel *24,* 197
-zufriedenheit *23-24*
Kalkulationssystem *122*
Kapital
-, Intellektuelles *194*
-, kulturelles *90*
-, ökonomisches *90*
-, soziales, *90-91*, 200
- symbolisches *90*
Kammmuscheln *220*
Karriere 27, *38-40*, 57
-, grenzenlose *40*
Kausalität *209*
Kenntnis
-, Fach- *156*
-, Kunden- *156*
-, Markt- *156*
-, Wettbewerbs- *156*
Klima
-, politisches *98*
Knoten (Internet) *210*
Knowledge Worker 201, *204*
Koalition 82, *101*, 190-191
Körperlichkeit *90*
Kommunikation 34-39, 44, *54*, 57, 64, 79, 86-87, 91, 113, 115, 116, 128, 152, 168, 174, 181-182, *211*
-sabteilung *54*
-sakt *56*
-, Anschluss- *64*
-, elektronisch vermittelte *59-62,* 119
-skanal *77-78*
-sinstrumente *58*
-, integrierte *59*
-, Markt- *58*

-, Organisations- *53-63*
-sprozess 17, 53, 70, *58,* 116
-sstruktur *86*
-, symbolische *31*
-, System- *37-38*
-stechnik *171*
-swege 64, *75*, 81, *112-114*
Kommunikationsmedium
-, entsprachlichtes *78*
-, generalisiertes *79-81*
Kommunikationsmodell
-, technisches *55*
Kompetenz
-, fachliche *75*, *112*, 117, 174, 183-184
Komplexität 26, *36*, 107, 111-112, 132, 139, 193
-sbewältigung *40*
-, strukturelle 62, *113*, 116, 118
-, System- *36*, 182
Konfiguration *215*
Konflikt 12-13, 35, 45, 47, 53, 64-65, 74, 85-88, 93, 109, 114-116, 118, 132-134, 136, 142, 161, 174, *181-182*
Konformität *39*, 132, 179
-sdruck *136*
Kongruenz *208*
Konstellation
-, Soziotechnische *218*
Konstruktion
-, narrative *70*
Konstruktivismus 32, 70, *128*
Kontext
-faktor *30*
-, institutioneller *140-141*
- sequentiellen Entscheidens *110*
-, situativer *94*
-, sozialer 90, *94*, 128, 140, 172
kontingentes Beschäftigungsverhältnis *99*
Kontingenz *93*, 100, 219
-kultur *62-67,* 70
-theorie 76, *93-102*, 108, 195, 197
KonTrag *136*
Kontrolle *150*, 175
Kontrollsystem *122*
Kontrollüberschuss *209*, 213
Konversation *70*
Koordination 12, 102, *112, 150*
-ssystem *146-147*
Koordinationsform
-, Hierarchie *202-203*

Sachregister

-, hybride *202-203*
-, Markt *202-203*
-, nicht-hierarchische *99*
Kopiergerät *207-208*
Kopplung
-, feste *40*, 209, 211
-, lose 40, *107*, 183, 211
-, strikte *209*, 211
-, strukturelle 34-35, 38, *141-143*, 145, 181-182, *211-212*
Korrekturmaßnahmen *166*
Korruptionsskandal *53*
Kosten 180, *190*
-kalkulation *152*
-optimierung *49*, 180
-reduktion *138*, 166-167
-senkung *125*
-vorteile *139*
Kraftfeld *90*
Kreativität *70*
Kultur *51-53*, 105, 138, 161, 174-175
-, adaptive *71*
-, Firmen- *74*
-, Kontingenz- *62-67*
-, lernende *72*
-, Organisations- 28, 44, *50-55*, 60, *62-66*, 70, 76, 89, 105, 113, 130, 155, 169-170, 193
-stärke *71-72*
-, strategically appropriate *71*
-, Sub- *53*, 172
-system *129*
-, Unternehmens- 18, 42, *50-53*, 70-73, 74, 148
-veränderung *170-172*
Kunde
-nanforderung *156*
-norientierung *72*
-nstruktur *122*
-nzufriedenheitsanalyse *59*
lack (mangel) *70*
Landkarte
-, kognitive *173*
latent *63*
leadership
-, ambidextrous *99*
lean management *127*
Lebenslauf *39*
Lebensphase
-, organisationale *170-172*
Lebenszyklus

-, Produkt- *98-99*, 173
Legitimation 30, *129*, 151-153
Leistung 24, 28, *30*, 37
-sentstehung *33*
-ssteigerung *33*
Leitbilder *72*
Leitlinien *66*, 71
Lenkung *30*
Lernen
-, deutero *159-163*
-, double loop *159-161*, 163-164, 182
-, exploratives *72*
-, individuelles *154*, 156-157
-, interaktives *156*
-, kulturelles *169-172*
-, organisationales 21, 53, 55, 93, *153-167*, 194
-, produktives *159*
-, Proto- *161-162*
-, single loop *159-161*, 164, 182
-, Team- *169*
Lernender *157*
Lernergebnis *157-158*, 161
Lernprozess *157-158*
Lernzyklus
-, unvollständiger *169*
Liability of newness *192-193*
Lieferkette *99*
Linearität *208*, 214-215
Lock-in *175-176*
Logik *108*
- der Angemessenheit 22
-, Handlungs- *131*, 142
-, der institutionellen Abhängigkeit *133*
- der Situation *94*
-, der Umweltselektion *190*
Longitudinalstudie *217*
Lösung
-, grundsätzliche *168-169*
-, symptomatische *168-169*
Macht 15, 27, 32, 55, *73-92*, 101-102, 112, 136-137, 152, 174-175, 187, 191, 198, 205
-basen *175*
-, datensetzende *82*, 88
-dimensionen *76*
-, Disziplinar- *91*
-elite *90-91*
-, empirische Messung der *76*
-, Disziplinar- *90-92*
-, Experten- *92*

-, generalisiertes Austauschmedium *78-79*
-, generalisiertes Kommunikationsmedium 75-76, *79-81*
-, Handlungs- *77-79*, 83, 86
-, institutionelle *73-77*, 83, 85-89, 91
-ketten *80-82*, 112
-, Mikrophysik der *91-92*
-, Organisations- *81*
-, Personen- *80-81*
-, Prozess- 78. *80*, 111, 137, 197-198
-quellen *77*
-ressourcen *76-77*
-, symbolische *88-91*
-system *81*
-, systemische *78-82*
-theorie *91*
-, Vorgesetzten- *81*
Machtmodell *73-78*
-, spieltheoretisches *77-78*, 198
Makro-Mikro *33*, 206
Mangel (lack) *70*
Management
- by deals *215*
-guru *27*
-mode 127, *135-137*
-modell *27*
-, normatives 146, *148*
-, operatives *146-148*
-, strategisches 99, 146, *148*
-, symbolisches *32*
Managerial Grid *28-29*
Manipulieren *107-109*
Map *158*
Marketing *59*
Markt 48, *120*, 114, 122, 160
-entwicklung *156*
-fokussierung *119*
-position *72*
Maschine *34*
Maschinen handeln *218-220*
Massenmedien *90*
Material Agency *218-220*
Materialität *206*
Mathematik *132*
-Unterrichtsbeispiel *34-35*
Maturity *171*
Meaning *25*, 70
Mechanismen *76*, 177
Mediation *151*
Medium

-, Austausch- *79*
-, Kommunikations- *79-80*
Mehrdeutigkeit der IuK-Ausgabe *211*
Mensch-Maschine Schnittstelle *208*, 211
-, Mehrdeutigkeit der *211*
Mentales Modell *169*, 173
Mentor *45*
Meritokratie 77, *82-83*, 85, 112
Metapher *174*
Methodologischer Individualismus *33*, 94
Midlife *171*
Mikrophysik der Macht *91-92*
Mikro-Makro *33*, 206
Mindfulness *205*
Misplacement *76*
Mission *72*
MIRP *194*
Mitarbeiter 17, 21, *30*
-befragung 37, *59*
-gespräch *32-33*, *38*, 42
-kommunikation 54, *58-59*
Mitgliedschaft *11-12*, 40
-srolle *38-39*, 113, 117
Mitteilung *56-57*
Modalität
-, Strukturierungs- *152*
Modell
-, mentales *169*, 173
Modell I handlungsleitender Thorien *164-166*
Modell II handlungsleitender Theorien *164-166*
Modularisierung 99, *202-203*, 215
Moment *44*
-, Erfolgsstruktur- *41-42*, 44
-, Persönlichkeitsstruktur- 41, *44*
Momentum *175*
moral hazard *48*
Morphogenese *182-183*
Motiv *24-25*, *36-38*, 44
Motivation 20, *22-27*, 30, *36-37*, *40-41*, 43, 175
-smittel *79*
-stheorie *25*
Muddling through *105*
Mülleimermodell 87, *103-105*, 158
Multi-tasking *49*
Mythos *169-171*
MZSG *145-146*
Nachlassrate *180*

Narrative Konstruktion *70*
NAVISION *125*, 147
Nebenwirkung *168-169*
Network
-location *137*
-, Shared *204*
Netzwerk 50, 54-55, 61, 77, 92, 111, 132, *140-141*, 155, 182, 200, *203*, 220
-, informelles *111*
-, Kommunikations- 55, 61
-theorie *200*
-unternehmen *203*
Nicht-Entscheidung *75*
Non-humans *218-220*
Norm 49, 51, 89-90, 128-129, 135, 138, 140, 142, 148, 150, *152-153*, 156, 160-161, 164-165, 180, 191
-, Gruppen- *19*
-, Kleidungs- *51*
-, Qualitäts- *135*
-, technische *136*
-, Verhaltens- *138*
normativ *102-103*, 129, 138, 141, 145 148, 150, 152, 191
Nutzen
-bilanz *24*
-, Kosten- *180*
-maximierung *178, 180*
Öffentlichkeitsarbeit 54, *59*
Ökonomie
-, globalisierte *98*
Operativ geschlossen *34*, 212
Opportunistische Verhaltensweise *53*
Organigramm *12,* 52, 87, 96, 110-111, 122, 123, 157, 187
Orientierung
-, Leistungs- *29*
-sstrukturen *46*
-, Mitarbeiter- *29*
Organisation 11-16, 34, 57, *106-107*, *110*, 114, 153, 156, 178
-, Ablauf- *122-123*
-ales Lernen *153-167*
-, Aufbau- *122-123*, 184-185
-, grenzenlose *98*
-, modulare *98*
-sanalyse *16*
-sberatung *35*, 185-186
-sdefinition 11-*12*
-sentwicklung *19*

-sentwicklungsprozess *19*
-serfolg *132*
-fit *99-100*
-sforschung *159*
-, funktionale *120-121*
-gedächtnis 65, *155*
-sgesellschaft *11*
-sgestaltung *16*
-shandbuch *12*
-skommunikation *53-63*
-skultur 15, 28, 44, *50-55*, 60, *62-66*, 70, 113-114, 130, 155, 169-170, 193
-, lernende 71, 154, *167-169*
-, Matrix- *96*
-smitglieder *12, 13*-14, 70, 95, 156
-, Palast- *93*
-spolitik *174*
-, regionale *121*
-spsychologie *20*, 24-26, 36
-sprozess *122-128*
-ssoziologie *15*, 137
-sstruktur *96*, 117, 122
-stherapie *171*
-sveränderung *153-184*
-swandel 39, *153-184*, 198-199
-, Zelt- *93*
-sziele *12*
Organisationsmodell 16, *141-142*
-, systemtheoretisches *114-118*
Organisationstheorie 11, *15*
-, Entwicklung der *16, 195-200*
Organismus *34,* 130
Organizational Behaviour Theorie *21-24*, 195, 197
Outsourcing *99*, 187
Panopticon *91-92*
Paradigma *16*, 173, 196
-, interpretativ-interaktionistisches *16*, 30-31, 57, 106, 149
-, Rational-Choice *16*, 149
-, Systemtheoretisches *16*, 30, 149
Paradox of embedded agency *177*, 198
Parametrisierung *215*
Paretoregel *189*
Partizipation 33, *37*, 40, 55, 189
Patch 210
Person 28, *35-39*, 40, 43-46, 65, 74, 77, 79, 89, 91, 102-103, *109*, 116-118, 127, 134, 157
Partizipatives Produktivitätsmanagement *33*

Patch *210*
Personal *75*, 92, 190
-abbau *133*, 167, 169
-akquisition *39*
-beurteilung *81*
-computer *163*
-entwicklung *20*
-kosten *217-218*
-macht *81*, 89, 91
-qualifikation *214*
Personenzuschreibung *114-116, 118*
Persönlichkeit
-seigenschaften (Big Five) *23*, 33
-sentwicklung *169*
-smerkmale *27*
-ssystem *25*
Person-Organisation-Fit *26, 39*
Pfadabhängigkeit 109, *175-176*
Pfade
-, Interorganisationale *175*
Pfadkreation *175*
Planung *113-114*
-, Produktions- *111*
-, rationale *70*
Politik *55*
Population *189-190*, 202
Population Ecology Theorie *189-194*, 198
Post-prozessural *208*
Portal *61*, 216
Portfolio
-, BCG- *99*
-, Wachstums- *121*
Position *13*
Postheroische Führung *40*
PPM *33*
Präferenzen
-, subjektive *13*
Practice *205-208*, 216, 219-220
-, Community of *208*
Practice turn 16, 128, 198, *205*, 208, 219-220
Praktiken 90, 128
-, soziale *90*
Praxeologie *205-206*
Praxisforschung 16, *91*, 199, 205-208, 219-220
Praxisgedächtnis *206*
Praxisperspektive *16*
Praxistheorie 16, *195*, 199
Principal Agent Theorie 18-19, *47-50*

Prinzip
-, Hebel- *167-169*
Prinzipal *47*
Privatisierung *160-161*
Problem
-lösung *16*
-lösungsprozess *102*
-symptom *168-169*
-verschiebung *168-169*
Processing *208*
Procter & Gamble *71*
Produkt *122*
-fokussierung *119*
Produktivität 24, 33, *40*, 45, 75, 218
-ssteigerung 26, 33
-smanagement, partizipatives *33*
Produkt-Lebenszyklus *98-99*
Profit Center *97*, 119
Prognose *15*
Projekt *83*
-, Entwicklungs- *84-85*, 88
-leiter *83*, 85, 88, 112
-management 75, *82-88*
-organisation *85*, 112
-ziele *84*
Projektmanagement *82-88*
- systemisches *149*
Prokustesbett *66*
Property-Rights Ansatz *47*
Prozess 12, 14-15, 21, 31, 41, 44-48, 51, 54, 57, 66-70, 75, 78-79, 93, 96-100, *109*, 115, 121, *123*, 125, *127*, 132, 134-136, 139, 141-142, 145, 150, 155-156, 172, 181-182
-, administrativer *125*
-analyse *122-128*
-, Austausch- 32, *139*
-dokumentation *124*
-, Feedback- *18*
-, F&E- *125*
-, Geschäfts- *125*
-grafik *123*, 184, *188*
-, Innovations- *194*
-, Interaktions- *13*
-, Investitions- *125*
-, IST- *124, 186*
-, kommerzieller *125*
-, Kommunikations- 17, *53, 58*, 116
-, Kunden- *125*
-, Logistik- *125*
-, Lösungs- *29*

Sachregister

-mechanismen 45, 81, *105*, 109
-organisation 99, *122-128*, 185, 205-208, 215-216
-, Organisations- *65*, 103, 183
-, Reflexions- *46*
-, Soll- *124, 186-188*
-stabilisierung *184*
-, Strategie- *66-70*
-, System- 39, 105, *118*
-, Veränderungs- 64, *170*, 172, 175, 183
-, Wandlungs- *21*
-ziele *186-187*
Prozessinnovation *201*
Prozessorganisation
-, IT-gestützte 16, *205-208*
Psychoanalyse *70*
Psychologie *15*
Punctuated Equilibrium *174*
Qualifikation *48*
Qualität
-skennzahlen *160*
-smanagement *135*
-ssystem *136*
Querschnittsstudie *217*
QUERTY *175*
Rahmen *94, 172-173*, 208
-analyse *172*
-bedingung *138*
-, Vier-Rahmen-Modell *173*
Rational Choice Modell
-des organisatorischen Wandels *177-180*
Rational Choice Theorie *22*, 24, 26, *32, 47-49*, 102-103, 130-131, 137, 149, *177-180*, 199
Rationalisierung *125*
Rationalität
- begrenzte *13-15, 22*, 131, 133
-smythos *131-133*
-snorm *131-133*
Raum
-, sozialer *90*
-, Überwindung von *211-212*
Reale Interessen *75*
Realität *170*
Rechengeschwindigkeit *209*
Rechenschaft *191-192*
Rechtssystem *139*
Reengineering *216*
Reflexion *183*
-sfähigkeit *46*

-sprozesse *46*
Reflexivität *219*
Reframing 161, *173-174*
Regel 12, 22, 38, 44, 48, 60-61, 76, 78, 101, 107, 110, 127-130, 132-136, 138-139, 145, *148-150*, 152-153, 156, 158-160, 164-167, 177-180, 189, 191
-, handlungsleitende *130*
-, soziale *128*
Regelkreismodell *32*
Regularien *207*
Reifephase *171-172*, 193
Reihe Soziologische Theorie *16*
Rekrutierung 40, *188*
Rekursivität 207, *213*
-, kausale *213*
-, reflexive *213*
-, sinnbasierte *213*
Reliabilität *42*, 191
Reproduktion
-, autopoietische *37*
-, kommunikative *70*
Reputation 49, *140*
Resonanz *143*
Resource Dependence Theorie 73, *76, 101-102*, 137, 195, 197
Ressourcen 30, *76-77*, 86, *150*
-, allokative *150*
-, autoritative *150*
Restabilisierung 181, *183*, 189
Restrukturierung 75, 119, 161, 171-172, *184-188*, 192-193
Retention *189*
Returns
-, increasing *175*
Revolution 174, *178*
Risiko *76*, 217
-analyse *122*
Risk factors *217*
Ritual 50, *52, 70*, 174
-, Vertrauens- *134-135*
-, Zuversichts- *134-135*
Rolle *35-36, 106-109*, 156, 173
-nhandeln *106*
-, institutionalisierte *128-129*
-, Mitgliedschafts- 11, *38-39*, 113, *117*
Routine 12, *106-107*, 109, 138
-, Interorganisationale *175*
Sanktion *152*, 165
SAP *124*, 147, 204, 214-215

Satisfactory *13, 22*
Schema 89, 173
-, interpretatives *152-153*
Schule 12, *144*
Scientific management *195-196*
Second order change *172*
Second order cybernetics *182*
Sedimentierung *155-156*
Selektion *181-183*, 189-191
Selbst
-anpassung *182*
-beobachtung 37, *183-184*
-beschreibung 45-46, 114-115, 118, *183-184*
-bild *23*
-motivation *42*
-organisation 42, 45, 105, 109, 114-115, 118, 144, 179, 183-184
- -stabilisierung *179*
-verstärkung *179*
-zuschreibung *42*
Self-determination (empowerment) 25
Seniorteam 99
Sensemaking 46, 57, 70, *105-109*, 118, 156, 195, 199
Serialität *211-212*
Shareholder-Orientierung *72*
Shareholder Value *27*
Sich-durchwursteln *105*
Signifikation *151-153*
Simplifikation
-, funktionale *212-213*
Sinn *31*, 55-56, 70, 174
-gebung *106*
-komponente *208*
-konstruktion *57*
-orientierung *75*
-stiftung 31, *105-106*, 174
Situated action *207-208*
Situation *27-28*, 30
Situationsdefinition *172*
Situativer Ansatz *94*, 197
Skript *106*, 109, 156
Skripting *204*
Social Interface *219*
Sociomaterial configuration *207-208*
Sozialintegration *78*
Sozialisation *90*
sozialisiert
-, über- *140*
-, unter- *140*

Sozialpsychologie *15*
Soziotechnische Konstellation *218*
Speed (Computer) *209*
Speicherkapazität *209*
Spielmodell 77, 195, *198*
Spielregel *138*
Spieltheorie *199*
Sprache 70, *173*
Stabilität
-, dynamische 181, *183*
Stakeholder *95-96*
Standardisierung
- von Geschäftsprozessen *215*
Statik *13*
Status *28*
Stelle *12-13*, 105, *113*
Stelleninhaber *39*
Steuerung
-, reflexive *46*
-ssysteme *122*
St. Gallener Managenetkonzept *149*
Storage (Computer) *209*
Strategie 67, 119, 142, 156, 170, 175, 180, 184
-prozess *66-70*
-workshop *68-69*
Strategische Pfade *175*
Strategy-as-Practice 199, *207*
Stress *29*
-faktoren *26*
Stressoren *27*
Strom von Interaktionen *104-105*, 118
Structure for action *123*, 127-128, 208, 216
Struktur 12, 14-15, 41, 82, 114, 123, 127-128, *150*, 175, 182-185
-änderung *181-182*
-, divisionale *118-119*
-, Dualität von *151*
-, Entscheidungs- *104-105*
-, formale *12*, *132*
-modell lebensfähiger Systeme *145-149*
-moment *149-151*
-, organisationale *41*
-prinzipien *151*
-theorie *195*
-, Zugangs- *104*
Strukturation *149*, 153
-stheorie 44, 76, 78, 128, *149-153*, 195, 198, 200, 205-208
Strukturmodell

Sachregister 247

-, systemtheoretisches *110-118*
subjektiv
-, extra- *105*, 156
-, generisch- *105-109*, 156
-, inter- *105-109*, 156
Success factor research *216-218*
Supply chain *99*, 218
Survey-Feedback Methode *171*
Symbiose *203*
Symbol *52*
Symbolisierung *79*
System
-, autopoietisches *34*
-denken *169*
-, formales *129*
-gedächtnis *82*
-integration *78*
-, Interaktions- *34*
-klassifikation *34*
-, Kultur- *129*
-mechanismus *118*
-operationen *82, 118*
-, Persönlichkeits- *129*
-, Politisches *144-145, 181*, 198
-prozess 39, *105, 118*
-, psychisches *33-39*, 43, 114, 144, 181, 212
-rationalität *144-145*
-, Sozial- *129*
-, soziales *33-36*, 39, 144, 181, 212
-, Sub- *114*
-Umwelt-Beziehung 101, *142-143*, 190
-, Umwelt- 33, 43, *95, 101*, 114, 130
-Umwelt-Differenz *181*
-vergangenheit *114*
-vertrauen *44*, 47
-, viable *145-149*
- Wirtschafts- *144-145*, 181
- Zukunfts- *114*
Systemisches Projektmanagement *149*
Systemtheorie 30, 82, 129, *141-142*, 195, 199-200, *209-214*
- des Computers *209-214*
- der Organisation *113-118*
Systemtheorie II *183*
Tabuisierung *165*
Takt *37*
Taktik *173*
Task environment *95*
Tayloring *215*
Taylorismus 21, *196,*

Teamarbeit *77*
Teamleistung *25*
Team-Lernen *169*
Team responsibility (empowerment) *25*
Technik 201-208, *209,* 210-217, *218*
Techniksoziologie *201*, 213, 218-220
Technografie *220*
Technological frame *208*
Technologie *95-96*, 163, 171, 173, 199, 203
Teilnahme *28*
Template *205*
Theorem
- selbsterzeugter Ungewissheit *210*
Theorie
- autopoietischer Systeme *34-35*
- beobachtender Systeme *183*
-, handlungsleitende *164-165*
-, institutionelle *153*
-, Population Ecology *189-194*
- strukturell-funktionale *129*
Theory
- of action *158-159*
-, espoused *158-159*, 163-164
- in-use *158-159*, 163-165
Tiefenpsychologie *70*
Tiefenstruktur *174*
Tool kit (Werkzeug) *70*
Tradition *138*
Trägermedium *218-219*
Trägheit 15, 190, 192-193
Training *189*
- der Fähigkeiten *30*
Transaktionaler Führungsstil *29*
Transaktionskosten 47, *199, 202*
Transformation *151, 161,* 174, 220
Transformationaler Führungsstil *29,* 30
Translation *177*
Transition *174*
Transitivität der Macht *81*
Transorganisationale Beziehung 76, 98, 195, 200
Trittbrettfahrer *49*
Turnaround *171*
Überleben
-sfähigkeit *192-193*
Umwelt *156,* 173
-anpassung *182*
-, institutionelle *16*, 153
-selektion *190*
-system 33, 43, *95,* 101, 114, 130

-wissen *156*
unberechenbar *70*
Undurchdringlichkeit
- des psychischen Systems *37*
Unfallhäufigkeit *14*
Ungewissheit 37, 65, 76, *80-81*, 110, 117
-squellen *77*
-szonen *77*, 86
Unsicherheit *13-14*, 15, 22, 37, 62, *64-66*, 80-81, 86, 93, *95*, 97,99, 101-102, 107, 113, 164, 166, 174-175, 189
-sabsorption *14*, 62, 75, 79-81, *110-112*, 116
Unterbewusstsein *70*
Unterbrechung *107*
Unternehmen *41*
-saufsicht *72*
-, individualisiertes *21*
-skommunikation *53-63*
-sprozesse *125*
-, transnationales *21*
Unternehmenskultur 42, *50-53*, 70-73, 173
-, anpassungsfähige *72*
-, Erfolg der *70-73*
-, starke *71-73*
-, strategisch angemessene *72*
Unternehmertum *72*
Unterschiede
-, Die feinen Unterschiede *89*
Untersuchung *158-159*
Validität *43*
Value-based Leadership *200*
Variation *181-182*, 189
Veränderung
-, disruptive *175*
-, evolutionäre *170*
-, kulturelle *170-172*
-, inkrementelle *175*
-smaßnahmen *72*
-, systemtheoretisches Modell *181-184*, 199-200
Verantwortlichkeit 28, 122, 185
Verantwortung
-, gesellschaftliche *72*
Verbesserungsvorschlag *186*
Verflüssigung der Macht *85*
Verinnerlichung *129*
Verhaltenstheorie *20*
-, organisationale 22, 197
Verhaltensweise
-, opportunistische *53*

Verkäufer *40-41*, 117
Vermeidungsalternative *80-81*, 86
Vermittler *40*
Vermögen *90*
Versicherung *40*
Verstehen *56-57*, 213
Vertrag *47-48*
-srisiken *48*
Vertrauen *49*, 76, 79, 140
- in Personen *76*
-srituale *134-135*
-, System- *76*
Vier-Rahmen Modell *173-175*
Virtuelle Organisation *203*
Virtuelle Realität *211*
VISIO *123*
Vision 72, 99, *169*
Vorteil *180*
Wachstum *171*
Wandel 15, 21, 65, 70, *100*, 116, 130, 170, 172-174, *177-184*, 189
-, adaptiver *130*
-, diskontinuierlicher 177, *179*
-, disruptiver *173*
-, evolutionärer 16, *181-184*
-, geplanter 15-16, *65-66*, 171
-, inkrementeller *173*
-, institutioneller 91, 137, 140, *176-177*, 195, 198
-, kultureller 67, *170-172*
-, Rational-Choice-Modell *177-180*
-, Systemtheoretisches Modell *181-184*
-, technologischer 98, *118-120*
Wareneingangskontrolle *135*
Weg-Ziel-Modell *30*
Weisung
-sketten *111-112*
Wende
-, radikale *171*
Werkzeug *70*
-kasten *16*
-maschine *123-124*
Wert 52, 63, 72, 99, 130, 175, 200
-, anerkannter *52*, 86, 70
Wert-Erwartungstheorie *13*, 22
Werte-Kodex *66*
Wertkette *126-127*
-, virtuelle *127*
Wertschöpfungskette *126*
Werturteil *27*

Sachregister

Wettbewerb *114*, 174
-saktivitäten *156*
-skenntnisse *157*
Widerstand *174*, 189
Wirtschaftsprüfer *137*
Wissen *156*, 207
-selemente *156*
-, Erfahrungs- *156*
- und Macht *92*
-s-Ökonomie *200*
Wissensbasis
-, organisatorische *155-157*
Wissenschaft
-, Kommunikations- *54*, 59
-, Medien *54*
-, Wirtschafts- *54*, 59, 197
Workflow
-grafik *121-126*, 188
-methode *208*, 216
WWW *59*
Zentralisierung *111*, *187*
Zeit
-, Überwindung von *211-212*
Zeitabstrakte Modelle *211-212*

Ziel 11, 14-15, *66-70*, 156, 186
- absolutes *26*
-größen *69*
-, Leit- *68*
-orientierung *72*
-, Projekt- *84*
- relatives
-schwierigkeit *26*
-spezifität *26*
Zielvereinbarung *32-33*, 68, 77
-sgespräch 26, 30, *32-33*, 68-69
Zirkulationsfähigkeit *79*
Zufall *181-182*
Zufriedenheit *23-26*, 37, 42, 44
-, Kunden- *59*
zufriedenstellend *13*
Zuschreibung *116*
Zuverlässigkeit *42*, 191
Zuversichtsrituale *134-135*
Zwang *79*, 171
Zwei-Spalten Dokumentation *166-167*

Personenregister

Abele, A.E. 33
Ackermann, R. 175
Addison, R.M. 18
Ahlers, G.M. 59
Aier, S. 217
Alchian, A.A. 47
Allard-Poesi, F. 205
Allweyer, T. 124
Alvesson, M. 54, 70
An der Heiden, U. 183
Ansoff, H.I. 121
Argyris, C. 153-154, 156, 166, 175, 182, 190
Arthur, W.B. 175
Ashford, S.J. 53
Bacharach, S.B. 75, 77
Bachmann, R. 76, 98
Baecker, D. 40, 62, 65, 70, 200, 205, 209, 212-214
Balakrishan, J. 216
Bamberger, I. 99
Bammé, A. 204, 220
Barley, S.R. 98, 137, 153, 200
Barnard, C.I. 197
Bartlett, C.A. 21, 40, 98, 200
Bateson, G. 56, 160, 161, 172, 208
Battilana, J. 137
Baurmann, M. 49
Bea, F.X. 22, 47-50, 141, 196
Beck, K. 54
Beck, U. 135
Becker, Jochen 59, 121
Becker, Jörg 124, 127, 205, 214-215
Becker, M. 20
Beckert, J. 70, 137
Beer, S. 146
Bell, C.H. 171
Belliger, A. 220
Bentele, G. 54
Benz, A. 53
Bertelsmann Stiftung 72
Binnewies, C. 27
Bösenberg, D. 127

Bolman, L.G. 77, 161, 173
Borg, I. 59
Bourdieu, P. 16, 75, 88- 92, 128, 200, 205
Botta-Genoulas, V. 218
Bowling, N.A. 26
Braun, D. 138
Breisig, T. 48
Brown, J.S. 207, 214
Bruhn, M. 58, 59
Bucher, T. 217
Burns, T. 194, 200
Burt, R.S. 200
Campbell, J.L. 137, 176-177, 198
Carter, C. 91
Castells, M. 59
Chia, R. 205, 207-208
Chandler, A.D. 67, 98 119
Champy, J. 127
Chia, R. 90-91, 205
Ciborra, C.U. 215
Clarke, T. 98, 200
Clegg, S.R. 75, 92, 98, 200
Coase, R.H. 47
Cohen, M.D. 102-104, 158
Coleman, J.S., 58, 94 158
Conquergood, D. 53
Courpasson, D. 75, 92, 200
Crozier, M. 76-77, 81 197, 198
Cyert, R.M. 13, 197
Da Silveira, G.J.C. 216
Davenport, T.H. 92, 125, 127, 201-201, 204-205, 208, 214-216
Deal, T.E. 70, 77, 161, 173
Deetz, S. 54, 58
Degele, N. 201
Delgado, S. 216
Demetz, H. 47
Dewey, J. 158, 159
DiMaggio, P. 129, 141, 176
Diekmann, A. 42, 43
Dobusch, L. 175
Domsch, M.E. 59

Donaldson, L. 100
Dougherty, D. 194
Driver, M. 70
Drucker, P. 201
Duguid, P. 207, 214
Ebers, M. 57, 141, 196
Ehie, I.C. 214, 217
Eisenberg, E.M. 54
Eisenhardt, K.M. 48-49
Espósito, E. 209-212
Esser, H. 13, 22, 33, 92, 94
Fietze, S. 23, 24
Fisch, R. 172
Foucault, M. 75, 88, 91-92, 205
Frank, U. 59
Freeman, J. 158, 190-192, 198
French, W.L. 171
Frese, E. 61, 96, 102
Friedberg, E. 76-77, 91, 197, 198
Frost, P.J. 173
Gabriel, Y. 70
Gaitanides, M. 71, 123, 125, 127-128
Garfinkel, H. 205
Garud, R. 194, 200
Gash, D.C. 208
Gericke, A. 217
Gersch, M. 175
Gersick, C.J.G. 174
Geißler, H. 160
Ghoshal, S. 21, 98, 200
Giddens, A. 16, 44, 46, 76-78, 128, 149-153, 198, 200, 205, 219
Gigerenzer, G. 102
Glunk, U. 71, 73
Göbel, E. 22, 47-50, 131, 196
Goeke, C. 175
Goffman, E. 92, 94, 172, 173, 205, 208
Golsorkhi, D. 199, 205, 207
Gomez, M.-L. 205
Gotsch, W. 47
Grabski, S. 217-218
Graff, S.K. 53, 148
Granovetter, M. 140, 141
Greenwood, R. 91, 137, 177, 198
Greif, S. 20
Güttel, W.H. 71-72, 99, 200
Gulick, L. 96
Habermas, J. 78
Hammer, M. 127
Hannan, M.T. 158, 190-192, 198

Harmon, P. 205, 215-216
Hartwig, H.A. 59
Harvey, C. 90-91, 205
Hasse, R. 131, 134
Hedberg, B. 93, 155, 156, 169, 191, 206
Herzberg, F. 25
Heskett, J.L. 71, 72
Hess, T. 124
Hickson, D.J. 74
Hill, P.B. 13
Hinings, C.R. 74
Hinterhuber, H.H. 67
Hoch, J.E. 27, 29-30. 32-33
Hoffman, B.J. 26
Höflich, J.R. 59, 61
Hofstede, G. 52, 53, 63
Holler, M.J. 76, 199
Holt, R. 205
Homburg, C. 59
Hörmann, S. 217
Hornke, L. 46
Hunter, J.E. 33
Husted, B.W. 48, 50
Hutschenreuter, T. 53
Illing, G. 76, 199
Ingram, P. 131
Jablin, F.J. 53, 55
Jäger, W. 11
Jansen, D. 200
Jarzabkowski, P. 207
Jensen, M.C. 47
Jones, D.T. 160
Kaplan, R.S. 99
Keil, M. 217
Keller, G. 124
Kennedy, A.A. 50, 52, 71, 173
Kieser, A. 11-13, 15, 19, 21, 22, 33, 94, 96-98, 133, 141, 164, 197, 198, 215-216
Kindermann,TCV GmbH 124
Kirchner, K. 59
Kirsch, W. 102
Kleese, M. 217
Kneer, G. 220
Koch, J. 175
Koch, U. 215
Körner, M., 149
Konlechner, S.W. 71-72, 99, 200
Konradin ERP-Studie 214
Kosiol, E. 122, 127
Kotter, J.P. 71, 72

Personenregister

Krcmar, H. 217
Krieger, D.J. 220
Kron, T. 16
Krücken, G. 131, 134
Kuang, J. 216
Kunda, G. 40, 98, 200
Lang, R. 196
Latour, B. 200, 220
Lau, J.L.-S. 216
Laux, H. 102
Lave, J. 208
Lawler, E.J. 75, 77
Lawrence, P.R. 95, 97, 98, 197
Lechner, C. 96, 97, 99, 121
Lee, C.A. 74
Levy, A. 161, 174
Lewin, K. 171
Lichtsteiner, R.A. 20, 36
Liermann, F. 102
Lin, A. 208
Lindblom, C.E. 105
Linxweiler, R. 59
Littlejohn, S.W. 54
Lorentzen, K.F. 219
Lorsch, J. 53, 148
Lorsch, J.W. 95, 97, 98, 197
Louis, M.R. 173
Luckmann, T. 206
Lütz, S. 53
Luhmann, N. 33-40, 43-46, 56, 62-67, 70, 75-76, 79-82, 86, 93, 102, 105, 109-118, 128, 129, 142-145, 181-183, 189, 194, 199-200, 209-213
Lundberg, C.C. 173
Lukes, S. 75, 89-90, 92
Lyons,, J.B., 29, 30
MacKay, B. 207-208
Maclean, M. 90-91, 205
Madauss, B.J. 93
Madsen, M. 214, 217
Maletzke, G. 54, 55
Malik, F. 144-145
March, J.G. 11-14, 21, 22, 24, 40, 41, 75, 95, 102-104, 158, 169, 197
Martin, J. 173
Maruyama, M. 182
Maslow, A.H. 25
Maslowski, R. 71, 73
Mathas, C. 124, 127, 205, 214-215
Maturana, H.R. 34

Maurer, A. 130, 138
Maylett, T. 18
Mayo, E. 19
McKinley, W. 98, 198, 200
Mead, G.H. 31
Meckling, W.H. 47
Merry, U. 161, 174
Merten, K. 59
Merton, R.K. 205
Metzen, H. 127
Meyer, J.W. 131-134, 136, 198
Meyer, M., 30
Meyer, R. 136-137, 175-176, 198
Miebach, B. 20, 33, 79, 106, 129, 153, 175
Millet, P.-A. 218
Mintzberg, H. 75, 77, 92, 93, 95-97, 112,176
Monitor Online 214
Moore, L.F. 173
Müller-Benedict, V. 183
Müller-Stewens, G. 96, 97, 98, 119
Münch, R. 20
Nadler, D.A. 174
Nah, F.F.-H. 216
Nee, V. 141
Nelson, K. 216
Newman, W.H. 173-174, 192
Neuberger, O. 18, 32, 34
Nicolai, A.T. 216
Nöcker, R. 18
Normann, R. 161
North, D.C. 130, 138-141, 177, 178, 197, 200, 202-204
Norton, D.P. 99
Olsen, J.P. 102-104, 158, 169
O'Reilly III, C.A. 72, 99
O'Reilly, T. 163
Orlikowski, W. 205-208
Ortmann, G. 149, 198
Ostrom, E. 179, 180
Paris, R. 28, 89
Parr, A. 216
Parsons, T. 78-79, 82, 86, 95, 128, 129, 138, 141, 142, 198
Pautzke, G. 155
Pennings, J.M. 74
Perich, R. 194
Perrow, C. 49, 50, 196
Peters, T.P. 50, 70, 71, 74
Pflaum, D. 59
Pfeffer, J. 74-77, 101-102, 108, 197

Phillips, N. 75, 92, 200
Pickering, A. 218
Picot, A. 99, 202-204
Picot, G. 66
Pierson, P. 109
Plant, R. 217
Platt, G.M. 141
Polley, D.E. 194, 200
Pongratz, H.J. 204
Popitz, H. 82, 88
Porter, M.E. 126, 127, 176
Poston, R. 217-218
Powell, W.W. 129, 141, 176, 200
Putnam, L.L. 53, 55
Putz-Osterloh, W. 59
Rai, A. 217
Rammert, W. 201, 213, 218-220
Randolph, W.A. 25
Rayport, J.F. 127
Reckwitz, A. 199, 206
Reed, M.I. 92
Reichwald, R. 99, 202-204
Reinbacher, P. 66
Riley, P. 54
Roberts, J. 49
Rodgers, R. 33
Rolf, A. 204, 214-215, 219
Romanelli, E. 173-174, 192
Roos, D. 160
Rosenstiel von, L. 20, 24-25, 27-31, 36
Ross, S.A. 47
Rouleau, L. 199, 205, 207
Rowan, B. 131-134, 136, 198
Sackmann, S.A. 72
Salancik, G.R. 76, 101-102, 108, 197
SAP 124, 147, 214
Schatzki, T.R. 199, 206-207
Schein, E.H. 51, 52, 63, 66, 70, 130, 157, 170, 172, 175
Schermann, M. 217
Schimank, U. 11, 53, 105, 175
Schmid, M. 130, 138, 161
Schmidt, K.-H., 27, 29-30. 32-33
Schneble, A. 59
Schneck, R.E. 74
Schneider, T.R., 29,30
Schön, D.A. 153, 154, 156-162, 164-168, 175, 182, 190
Scholz, R. 124
Schoppek, W. 59

Schreyögg, G. 36, 38, 50, 141, 175
Schroer, M. 220
Schüttpelz, E. 220
Schütz, A. 31
Schuler, H. 20, 45
Schuller, D. 124
Schulz-Schaeffer, I. 219
Schwaninger, M., 149
Scott, W.R. 134, 175
Seibert, S.E. 25
Seidl, D. 199, 205, 207
Sekiguchi, T. 26
Selznick, P. 129, 130, 198
Senge, P. 154, 167-168
Shanan, S. 55
Shanks, G. 216
Siedenbiedel, G. 98, 203
Silva, L. 208
Silver, S.R. 25
Simon, H.A. 11-14, 21, 22, 24, 40, 41, 59, 75, 95, 131, 197
Simonis, G. 53
Snider, B. 216

Snyder, W.M. 208
Sofsky, W. 28, 89
Somers, T.M. 216
Sonnentag, S. 27
Sprenger, R. 18, 33
Spurk, D., 33
Stalker, G.M. 194, 200
Steyrer, J. 30
Stöber, H. 61, 99
Suchman, L. 205, 207-208, 218
Suddaby, R. 92, 137, 177, 198
Sveningsson, S. 70
Sviokla, J.J. 127
Sutcliffe, K.M. 205
Sydow, J. 76, 149, 175, 198
Taylor, F.W. 196
Teece, D.J. 109, 194, 200
Teufel, T. 124
Theis, A.M. 54
Thompson, J.D. 95-98, 118
Töpfer, A. 59
Tolbert, P.S. 153
Türk, K. 136
Tushman, M.L. 72, 99, 173-174, 192
Urwick, L. 96
Vaara, E. 199, 205, 207

Varela, F.J. 34
Van de Ven, A.H. 194, 200
Venkataraman, S. 194, 200
Volmer, J., 33
Voll, J. 53
Voß, G.G. 204
Wacquant, L.J.D. 205
Waldforst, S. 26
Walgenbach, P. 11-13, 15, 22, 96-98,133, 135-137, 175-176, 164, 196, 198
Wallace, L. 217
Waterman, R.H. 50, 70, 71, 74
Watzlawick, P. 172
Weakland, J. 172
Weber, M. 27, 31, 55, 56, 73-74, 195
Wegge, J. 27, 29-30. 32-33
Weick, K.E. 31, 32, 46, 53, 57, 105-109, 115, 118, 128, 156, 189, 199, 201, 205
Weik, E. 196
Weinert, A.B. 20, 25, 26, 39
Weinert, F.E. 154
Wenger, E. 208
Werder von, A. 53, 148
Wessel, L. 175
Westermann, A. 59, 61

Weyer, J. 201
Whittington, R. 205
Wiegand, M. 160
Wigand, R.T. 99
Wilderom, C.P.M. 71, 73
Willcocks, L. 217
Williamson, O.E. 47, 199
Windeler, A. 149, 198
Winkelmann, A. 124, 127, 205, 214-215
Winter, R. 217
Winterfeld, U. 44
Winterstein, U. 59
Woehr, D.J. 26
Womack, J.P. 160
Wortmann, F. 217
Wrona, T. 99
Zander, E. 59
Zerfaß, A. 59
Zimbardo, P.G. 154
Zimmermann, R. 59
Zucker, L.G. 153, 206
XEROX 207

GPSR Compliance

The European Union's (EU) General Product Safety Regulation (GPSR) is a set of rules that requires consumer products to be safe and our obligations to ensure this.

If you have any concerns about our products, you can contact us on ProductSafety@springernature.com

In case Publisher is established outside the EU, the EU authorized representative is:

Springer Nature Customer Service Center GmbH
Europaplatz 3
69115 Heidelberg, Germany

Batch number: 08566374

Printed by Printforce, the Netherlands